U0670669

中国信息经济学会电子商务专业委员会 **推荐用书**

"互联网+"战略及实施

杨路明　陈曦 等 编著

重庆大学出版社

内容提要

本书是一本帮助企业、政府及组织实施"互联网+"战略分析、"互联网+"战略制定以及"互联网+"战略评价与控制的教科书。本书从互联网的发展进行讨论,由浅入深,先介绍"互联网+"的概念、内涵及作用,再到"互联网+"战略的商业环境分析及战略的制定。为即将进行"互联网+"战略制定的企业及组织提供相应的方法、步骤、内容以及分析工具。

本书全面涵盖了"互联网+"战略管理的基本理论及相应的学习内容,每一章从"开篇案例"入手,直至本章的案例分析,以促进读者理解并掌握"互联网+"战略的概念,加深对相应内容的理解与认识,极力贴近管理实践的新动态。本书详细介绍了如何运用战略管理的工具和技术,结合环境的特点来制定"互联网+"战略,具有较好的实践性。

本书适用于管理类专业本科生、硕士生、MBA、EMBA 和 MPA 等学员,也适合作为企业管理人员、政府官员及相关学者了解并认识"互联网+"战略的培训用书。

图书在版编目(CIP)数据

互联网+战略及实施 / 杨路明等编著.-- 重庆:重庆大学出版社,2018.1(2025.7重印)

ISBN 978-7-5689-0558-9

Ⅰ.①互… Ⅱ.①杨… Ⅲ.①电子商务—战略 Ⅳ.①F713.36

中国版本图书馆 CIP 数据核字(2017)第 121761 号

"互联网+"战略及实施

杨路明 陈 曦 等 编著

策划编辑:尚东亮

责任编辑:陈 力 版式设计:尚东亮
责任校对:邹 忌 责任印制:张 策

*

重庆大学出版社出版发行

社址:重庆市沙坪坝区大学城西路 21 号

邮编:401331

电话:(023) 88617190 88617185(中小学)

传真:(023) 88617186 88617166

网址:http://www.cqup.com.cn

邮箱:fxk@ cqup.com.cn(营销中心)

全国新华书店经销

重庆新生代彩印技术有限公司印刷

*

开本:787mm×1092mm 1/16 印张:19.25 字数:444 千

2018 年 1 月第 1 版 2025 年 7 月第 5 次印刷

印数:3 501—4 000

ISBN 978-7-5689-0558-9 定价:49.00 元

前　言

　　本书的编写源于互联网的崛起，及其对我国各个行业广泛而深入的渗透。特别是"互联网+"战略的实施，使得企业、政府、农村，乃至中小企业都开始思考如何将互联网与企业、政府、农村进行融合。互联网对于传统行业组织的冲击，使得各级组织不得不重新定位自身在"互联网+"时代的战略，重新思考自身该如何获得竞争优势。因此，如何制定一个符合实际的"互联网+"战略，已经是当前一个重要的内容。

　　迈克·波特提出的竞争性战略理论有着重要的指导意义，管理者应用这些战略管理工具对行业和竞争对手进行理解的过程，决定了竞争战略的形成。但是，在"互联网+"时代，信息化和网络化对传统商业模式的冲击，使得组织对于战略的管理也变得与过去有了较大的差别。如何利用相应的分析工具来帮助管理者理解行业和竞争对手，如何基于"互联网+"来确定组织的战略，提升竞争的优势，已经成为急迫而重要的战略性问题。

　　当我们对来自社会的 MBA、EMBA 学员进行教学时，往往会遇到一个不可避免的问题。组织，诸如企业、政府、地区，诸如省、市、县该如何确定自身的发展，如何利用"互联网+"构建一个合理的战略方向，以使得组织和地区能够在"互联网+"时代赢得先机，抓住机遇，能够乘着"互联网+"的春风，使得自身竞争力能够有效提升。这些是学员们的困惑，也是学员们所关心的重要问题。为此，笔者开始了本书的撰写，希望对企业、政府、组织和地区的"互联网+"战略的制定及实施提供参考和帮助，并且使其通过本书的学习了解战略，掌握战略分析和规划的基本理论工具。

　　本书既适用于在企业中需要制定"互联网+"战略的管理者，也适用于那些想要更深刻理解"互联网+"内容的学者，还适用于商界中有志于应用"互联网+"提升行业竞争力的人士，以及为制定公共政策需要了解"互联网+"所形成的竞争实质的政府官员等。"互联网+"战略不仅在企业制定战略的过程中具有重要性，而且在企业、组织目标和发展方向的定位上也起着举足轻重的作用。我们希望本书能为身在不同职能部门的管理者以及不同组织层面的人士提供与"互联网+"及"互联网+"战略规划相关的有价值的观点与看法。

　　同时，我们也希望本书能为政府在制定合理的公共政策方面提供帮助，特别是应用互联网来提升政府的竞争力，并有效应用"互联网+"实现对传统政务的融合。本书从"互联网+"的概念入手，由浅入深地讨论"互联网+"的基本概念和对当前企业的影响，并通过充分的案例讨论来说明企业应用"互联网+"的可行性及必要性。较为有效地讨论了不同行业及对战略的制定方法。

在本书成稿的过程中,我们得到了很多专家和企业的帮助与支持。重庆大学出版社为我们提供了选题的支持,并用心支持书稿的撰写与出版工作。云南大学提供了一个良好的工作环境让我们得以安心研究。教育部高等学校电子商务类专业教学指导委员会的教授们对本书提出了真诚的意见及建议,他们用专业的眼光使得本书得以完善。

参与本书的主要撰稿人员有:陈曦博士(第1、2、5章);杨路明教授、徐旻博士(第3、4章);刘明博士(第8章);杨路明教授、张惠恒博士(第9章);杨路明教授、单良(第6章)、杨路明教授、武亚娜(第7章);黄淑珍、杨坤(第10章)。研究生刘旭、蒋军、南楠也参与了部分撰稿工作。

在几年的时间里,我们与一群才华出众、敬业勤奋的学者们进行了合作并开展研究。没有他们的帮助和支持,就不会有本书的诞生。我们的硕士、博士生们也参与相关项目的研究中,他们中的每一位都投入了很多时间与精力参与本项目的研究以及书稿的撰写。

在本书撰写的过程中,我们不断讨论,不断修改,不断完善,努力使本书能有效反映出当代的环境及"互联网+"的作用。

我非常感谢来自各位作者、学生的统筹工作,通过不断修正、努力提升才使得本书在许多方面具有独特的观点与看法。最后,我还要借此机会感谢我的 MBA、EMBA 的学生们,他们在结合自己企业的情况构建"互联网+"战略的过程中,有许多来自一线的新的体会以及案例,他们满怀热情,耐心十足,帮助我厘清思路,从多方面构建了本书的整体框架。

值得一提的是,属于不同行业的所有企业都有自己的战略,都有可能应用"互联网+"战略来实现自身的竞争优势。因此,"企业可以通过规划过程明确表示自己实施的战略,也可以通过不同职能部门的活动自然形成某种战略。企业若不加干预,每个职能部门都不可避免地会按照专业的导向和责任归属的原则,以本部门的方法办事。然而,企业部门各自为政,汇总每个部门的行事风格,未必就能形成有利于企业发展的战略"〔迈克尔·波特(Michael E. Porter)〕。

现如今,每一个企业都强调战略规划,但是如何应用"互联网+"来制定战略却没有完全得到企业管理者的真正关注。因此,提高认识并真正有效保证企业协调每个职能部门的政策,为实现企业的共同目标而奋斗,通过互联网的融合,对有效提升企业的竞争力是有极大价值的。

读者可以通过不断深化对本书整体框架的理解,解决"互联网+"战略理念框架的问题;另外,读者也可以随意翻阅书中的具体章节,以了解"互联网+"的基本概念、功能及内涵。本书在内容及整体架构上努力实现由浅入深、层层深入、彼此呼应、相辅相成。

本书在每一章开篇提供案例,并在每一章的结尾再次提供案例,并加入了相应的分析内容。希望读者能通过案例增加实践体会,培养分析能力,并结合案例对"互联网+"战略的制定及实施进行实践。企业只有充分利用内外部的数据进行分析,并客观地评价自身及所处环境,才可能制定出比较符合实际并卓有成效的战略。

本书是为管理者而写的,即是那些希望通过应用互联网来提升企业业绩的经理、顾问、管理学专家,或者其他试图理解和预测"互联网+"对于商业的作用的评论人、为制定公共政策需要迫切了解"互联网+"所形成的竞争实质的政府官员等。

由于作者水平所限,疏漏之处在所难免。希望来自于各界的读者给予批评,并提出建设性的意见,以使我们可以在今后对本书加以完善,使其更好地为企业服务,为各级政府及组织服务。

杨路明

2017.3.11 于云南大学龙泉小区

Lmyanga@163.com

目　录

第 1 章
互联网的发展演进与基本特征

📖 【本章导读】

互联网被誉为 20 世纪以来人类伟大的发明之一,伴随着互联网在各领域的广泛运用,互联网已经成为当今世界推动经济发展和社会进步的重要信息基础设施。中国互联网的发展虽然起步比国际互联网发展晚,但进入 21 世纪以来,却呈现出越发繁荣的态势。伴随着互联网的高速发展,知识社会、互联网社会及其相应的经济社会发展新形态应运而生。本章首先介绍了互联网诞生的背景,其次介绍了国际互联网与中国互联网发展所经历的阶段及各阶段特点,最后进一步从政治、经济、社会、技术角度对互联网时代的基本特征进行解读。

📖 【学习目标】

- 了解互联网诞生的背景
- 了解万维网发展的 3 个阶段及各阶段特点
- 了解中国互联网发展的历程及发展阶段划分
- 掌握互联网时代的基本特征
- 了解互联网时代公共政策的基本特征和公共治理的政策框架
- 了解互联网时代经济发展的新形态及经济发展启示
- 了解互联网时代社会的发展特征及对社会结构的影响
- 了解互联网技术理念和相关特性
- 了解互联网技术当下面临的挑战及未来发展新方向

📖 【开篇案例】

瀛海威:启蒙中国互联网

1995 年,美国完成了互联网的铺设工作,完工后举国欢庆进入"信息高速公路"时代。同年,随着城市化发展的加快,中国国内开始用钢筋水泥铺建大规模的城际高速公路。

仅一年后,这种情况就发生了改变。

1996年春,北京一家名为"瀛海威"的公司在中关村竖起了一个硕大的广告牌,上面清楚地写着:"中国人离信息高速公路有多远——向北1 500米。"这个广告牌成为当年国内受关注的商业事件之一,同时也令瀛海威和它的创始人张树新成为当年的焦点。

尽管在1994年中国人已经向国外发出了第一封电子邮件,但是当时互联网的应用只被清华园及中科院高能物理所的少数精英所掌握,互联网的概念更是仅在科研圈内的专业人士中探讨,新的技术并没有从象牙塔走到十字街头。

商业史中的无数案例证明,行业内的第一个进入者未必会是最后的胜利者,但是它却不得不担当启蒙者的角色。

瀛海威亦不例外。

作为中国第一家互联网公司,无论他们从事的业务还是这家公司本身,在外界看来都是一个"异类"。他们的盈利模式是用户向瀛海威缴纳一定的费用,即可以将电脑接入互联网,进行网络聊天、收发电子邮件以及阅读电子报纸。

这与美国在线的营运模式如出一辙,唯一不同的是,当时美国在线并不需要直面来自其他巨头的竞争。而在中国,却存在一家名为中国电信的巨型企业,只不过它当时尚未意识到互联网接入服务的市场前景,因此瀛海威在中国电信尚未涉足这一领域前,一方面担当了市场的开拓者,另一方面也经历了短暂的辉煌。

瀛海威在中国率先开始发起互联网的"启蒙运动",当时谁也没有想到,若干年后当瀛海威已经成为历史名词的时候,其所倡导的互联网"启蒙运动"却被继承了下来,14年后中国超越美国成为网民人数最多的国家。

"启蒙运动"的具体内容并不神秘。张树新选择在魏公村开办了中国首个民营科教馆,来到这里的人们可以免费学习网络知识,并体验瀛海威网络。"当时我们每天的工作几乎就是向人们解释因特网与英特纳雄耐尔之间的区别。"曾在科教馆工作过的员工在回忆瀛海威的工作经历时说。

张树新开始在电视上频繁露面,报纸上也开始刊登她关于普及网络知识的专栏。她向中国科技馆无偿提供"中国大众化信息高速公路"展区,与此同时开始与北京图书馆合作,在"瀛海威时空"网上提供书目查询,亚特兰大奥运会期间她又为媒体搭建起亚特兰大到北京的新闻信息通道。

张树新试图通过这些尝试告诉民众,信息产业是中华民族崛起于世界的一个重要机会。

这种布道式的普及令张树新和他的员工们看到了成效,张树新开始成为公众人物,随后她以千万级的身价跻身富豪之列。同年,海外留学归来的张朝阳开始仿照雅虎模式创办了自己的公司并为其取名为搜狐。未来的新浪创始人王志东还坐在他硕大的办公室内处理每天堆积如山的文件,那时他在北京一家软件公司担任管理人员。杭州一个默默无闻的31岁英语教师辞职创办了国内第一家商业信息网站"中国黄页"。

一个可以反映当时信息化程度的案例是,就在瀛海威的员工向民众解释因特网与英特纳雄耐尔之间的区别时,雅虎公司已经凭借互联网的概念登录纳斯达克股票市场,上市当日市值就达到8.48亿美元。

互联网究竟能做什么? 能为社会带来什么? 是瀛海威必须努力去向公众以及相关监管

部门解释的一件事。解答这些问题,却要面对来自多方面的阻力。

"这件事情意味着什么?到底是传媒、通信还是信息技术?这个行业谁来管,电信行业管?还是传媒管?也都在争论不休。当时那种情况下我们就贸然进入了这个行业开始商业实践,今天想来其实都是很匪夷所思的。"

瀛海威在 1996 年 9 月达到了公司发展的顶峰。当时由中国兴发集团对瀛海威进行投资,瀛海威的总股本变为 8 000 万元。拿到 8 000 万元投资后,张树新想做的第一件大事就是组建自己的网络,瀛海威以重金租用了两条通信线路。1997 年春,全国大网和上海、广州等 8 个城市的结点开通。

就在瀛海威一切准备进行得非常顺利的时候,意识到互联网接入服务重要性的中国电信突然开始涉足这一领域。

与瀛海威相比,中国电信的接入价格更低,更为重要的是它拥有瀛海威无法比拟的资金优势。一个是资金规模仅为千万元的民营企业,另一个是中国最大的基础网络运营商,拥有世界第一大固定电话网络,手握数十亿现金的特大型国企巨头,在同一市场采用同样的盈利模式,除非进行商业模式的转型,否则不管从任何数据来分析都已注定了瀛海威走向失败的命运。

由于中国电信涉足后大幅降低了互联网接入费用,导致 1997 年年底瀛海威发生巨额亏损并出现了大量的用户流失。

虽然当时曾有人提议瀛海威应转型为雅虎式的门户网站,但由于创始人张树新的错误判断,导致瀛海威依然坚持通过向用户收取互联网接入费用的商业模式。1998 年 6 月,张树新因巨额亏损辞职。尽管随后接手公司管理的兴发集团在瀛海威进行了一系列重组和变革,但并没有收到成效。2001 年,瀛海威开始裁员并逐渐淡出公众视线。

"20 年来,在中国几乎所有的产业领域中,充当领跑者的企业无一不在中途出局,瀛海威的故事无非再添一个令人扼腕的案例而已。"财经作家吴晓波在其著作《大败局》中对瀛海威的失败做了上述评价。

"我们都知道这个普及的成本实在太高,张树新在瀛海威的失败在于她做了一件不应该是由商业公司承担的事情。"长期研究中国互联网的北京大学新闻学院副教授胡泳如此评价。

(本文来源:网易科技报道　作者:方堃)

1.1　互联网的诞生

互联网被称为近一百年来最重要的发明。第一个"织网"的人是美国麻省理工学院的利克里德(J. C. R. Licklider),1962 年,他提出了组建"银河网络"的构想,他相信在不久的将来,人们可以通过"互相连接的网站"进行信息交流,资源共享。1962 年,他负责 DAPRA (Defense Advanced Research Projects Agency),即美国国防部重大科学技术攻关项目组织的研究项目。1964 年,他发表了关于包交换技术理论的第一篇论文并出版了一本专著,成为计算机网络发展的奠基之作。

互联网的前身是美国国防部高级研究计划局(ARPA)主持研制的ARPANET。到了20世纪70年代,ARPANET已经有了好几十个计算机网络,但是每个网络只能实现内部计算机之间互联通信,不同计算机网络之间仍然不能互通。当时正处在冷战时期,美国国防部担心,如果他们的总军事指挥中心受到苏联的核打击,可能会使整个网络瘫痪,无法和各地的军事部门取得联系。为了避免此类状况的发生,美国国防部设想建立一个分散的指挥分部,这个分部由若干子系统组成,而这些分散的指挥部通过通信网络彼此连接。这就是互联网的雏形,从某种程度上可以说互联网是冷战的产物。计算机软件在子系统实现互联的过程中起到了主要作用。1974年,出现了连接分组网络的协议,其中就包括了TCP/IP——著名的国际互联协议IP和传输控制协议TCP。

1983年年初,美国军方正式将其所有军事基地的各子网都连到了ARPANET上,并全部采用了TCP/IP协议,标志着互联网的正式诞生。1986年,NSF将分布在美国各地的5个为科研教育服务的超级计算机中心互联,并支持地区网络,形成NSFNET。1988年,NSFNET替代ARPANET成为互联网的主干网。1989年,ARPANET解散,互联网从军用转向民用。1990年,由MERIT、MCI与IBM公司合作创建的ANS公司(Advanced Network & Service Inc.)接管了NSFNET,从此使互联网开始走向商业化。自此,互联网的应用领域开始向各行各业渗透,已经融入了世界各地人民社会生活的各个方面。

1994年4月20日,中国通过一条64K的国际专线,全功能接入国际互联网,从此中国被国际上正式承认为真正拥有全功能互联网的国家,中国互联网时代从此开启。经过20多年的发展,截至2016年12月,中国网民规模达到7.31亿,互联网普及率达到53.2%,中国居民上网人数已过半。互联网基础设施建设的不断完善、利好政策的持续出台,以及互联网对于各个行业的渗透,共同促进了网民规模持续增长。随着"宽带中国"战略的深化,宽带网络的光纤化改造工作取得快速进展,中国各地光纤网络覆盖家庭数已超过50%。未来互联网作为信息社会的基础设施,将进一步对中国政治、经济、文化、社会等领域发展产生深刻影响。

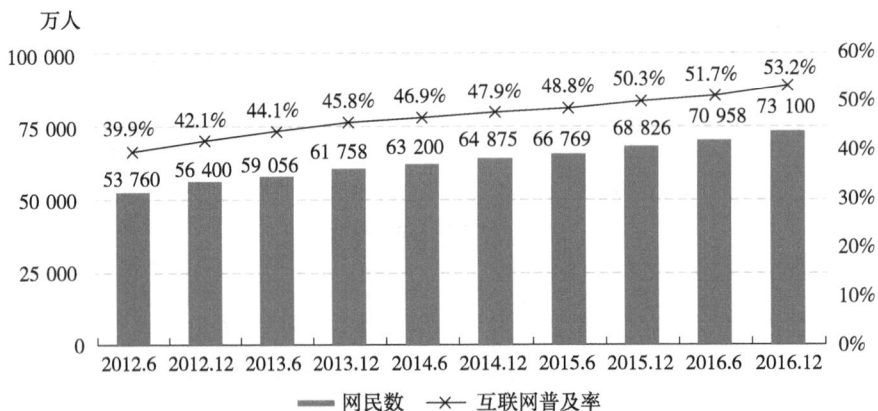

图1.1 中国网民规模和互联网普及率

资料来源:CNNIC互联网调查报告

1.2　互联网发展所经历的阶段

纵观中国互联网的发展历程经历了几个不同的阶段。

1.2.1　万维网发展的3个阶段

万维网(WWW)由英国人 Tim Berners-Lee 发明。自20世纪90年代万维网问世以来,其开始在世界范围内广泛传播。Web(World Wide Web,万维网)成为互联网的核心组成部分,也是互联网的代名词。到目前为止,万维网已经历了 Web 1.0 到 3.0 的发展。

1)Web 1.0 时代

Web 1.0 是万维网发展的第一代,为只读模式的网络。本质是聚合、联合、搜索,其聚合的对象是巨量、芜杂的网络信息。Web 1.0 是静态的、单项的网络,一开始为大型企业、商业公司服务,将企业的信息搬运到网上,向人们宣传企业。此外,第一代 Web 1.0 用途有限,只是简单的信息检索。对 Web 1.0 作出巨大贡献的网络公司有 Netscape、Yahoo 和 Google。Netscape 研发了一个用于商业的网络浏览器,Google 则开发了一个很受大众喜爱的搜索引擎。

Web 1.0 只解决了人们对信息搜索、聚合的需求,而没有解决人与人之间沟通、互动和参与的需求。因此,为了满足用户的交互需求,Web 1.0 进步到了 Web 2.0 时代。

2)Web 2.0 时代

Web 2.0 是一个利用 Web 的平台,由用户主导而生成内容的互联网产品模式,为了区别传统网站由雇员主导生成的内容而定义为 Web 2.0。相对于 Web 1.0,Web 2.0 不再是单维的,逐渐发展为双向交流,另一特征是社交网络的兴起。Web 1.0 主要依赖于 html 语言,最大的缺陷是交互性差,用户每提交一次数据,都要停下来等待互联网的响应,这一缺陷在Web 2.0 被很好地解决了。Web 2.0 模式下的互联网应用具有下述显著特点。

①用户分享。用户可以突破时间和空间限制,可以获取自己需要的信息,也可以将自己喜欢的资源分享在网页上,也可以发表自己对某一社会现象、热点事件的看法。

②信息聚合。越来越多的信息在网上不断涌现,而且信息的稳定性不断上升,数据信息几乎不会丢失。

③以兴趣为聚合点的社群。相同兴趣的人可以聚集在一起。

④开放的平台,活跃的用户。很多网络应用平台对用户来说是免费开放的,用户可以根据自己不同的爱好兴趣选择自己喜欢的平台,他们会积极地参与其中进行互动。

3)Web 3.0 时代

Web 3.0 是以主动性、数字丰富、多样等为特征,以服务为导向的第三代互联网系统。最大的特征就是主动性,用户可以根据自身需求,对自己所需要的资料和数据进行分析。Web 3.0 实现了网络高度虚拟化,给予网民更大的自由空间,更能体现网民的自我需求,体现了高度的个性化,互动性以及更加深入全面的软件应用。Web 3.0 为读者提供了更多的阅读渠道,内容也比之前的 Web 1.0 和 2.0 丰富。Web 3.0 更具个性化特点,能够为用户提供个性化用户体验、个性化配置。其具有如下显著特征:一是拥有 10 MB 的平均带宽;二是提出个人门户网站的概念,提供基于用户偏好的个性化聚合服务;三是让个人和机构之间创建一种互为中心而转换的机制,个人也可以实现经济价值。

1.2.2 中国互联网发展所经历的阶段

中国互联网的发展历程可以归结为引入期(学术牵引期)、商业价值发展期、社会价值凸显期 3 个阶段。

1)第一阶段:引入期

第一阶段代表了互联网作为舶来品从美国引入中国的过程。在这一过程中,互联网从"暗度陈仓"到书面获许,从信息检索到全功能接入,从科研推动到商业化萌芽,每一步都走得十分艰辛。在这一过程中,学术需求推动了互联网在中国的落地、生根、发芽。这一阶段,互联网在中国的应用主要体现在作为信息检索的工具和作为信息通信的工具。应用的主体也主要集中在学术科研机构。

(1)作为信息检索工具的互联网

尽管中国到 1994 年才实现了与国际互联网的全功能接入,但中国对互联网的实际应用并不晚。在政府的努力下,最早在 1980 年 3 月,中国就已经在香港建成了一个国际在线信息检索终端,随后向国内科研机构提供服务。1981 年 12 月,北京通过传真线设立了一个国际在线检索终端。通过租用的卫星线路,这条线链接到美国的 TYMNET 或 TELENET,实现与 APARNET 相连,最终进入 DIALOG 数据库系统。

(2)作为通信工具的互联网

接入互联网时中国刚开始改革开放,中国的许多科研机构都和国外同行开展了学术合作和交流。在这些合作和交流的过程中,通过传统的信息传递方式,效率低而成本高。于是一些学者开始尝试较为新型的信息传输方式——电子邮件。1987 年 9 月,在德国卡尔斯鲁厄大学(Karlsruhe University)维纳·措恩(Werner Zorn)教授带领的科研小组的帮助下,王运丰教授和李澄炯博士等在北京计算机应用技术研究所(ICA)建成了一个电子邮件节点,并于 9 月 20 日向德国成功发出了著名的"越过长城,走向世界"的电子邮件。这个电子邮件节点,是目前所知的中国第一个电子邮件节点。

(3)正式接入国际互联网

1994 年 4 月 20 日,NCFC(中国国家计算机与网络设施)工程通过美国 Sprint 公司接入互联网的 64 KB 国际专线开通,中国实现与国际互联网的全功能连接,互联网被正式引入中国,标志着引入期的结束。在这一时期,无论是推动力量还是应用者,都来自学术和科研机构。同时,中国实现与国际互联网的全功能连接,也标志着中国互联网时代的帷幕慢慢拉开,中国进入互联网发展期。与此同时,中国互联网的应用和推动力量快速向民间转移。

2)第二阶段:商业价值发展期

随着国际社会对中国接入互联网的认可,中国互联网进入商业发展期。这一时期,又可以进一步细分为 4 个亚阶段:准备期、加速期、泡沫期、可持续发展期。

（1）准备期（1994—1996 年）

在这一阶段,中国互联网的基础设施、骨干网络开始布局。1994 年 5 月 21 日,在钱天白教授和德国卡尔斯鲁厄大学的协助下,中国科学院计算机网络信息中心完成了中国国家顶级域名(. cn)服务器的设置,改变了中国的. cn 顶级域名服务器一直放在国外的历史;1994年 9 月,中国公用计算机互联网(CHINANET)的建设启动,并于 1996 年 1 月完成第一期骨干网络建设;1995 年 1 月,邮电部电信总局分别在北京、上海设立的通过美国 Sprint 公司接入美国的 64K 专线开通,并通过电话网、DDN 专线以及 X25 网等方式开始向社会提供互联网接入服务。

（2）加速期（1996—1999 年）

这一时期,来自民间的、商业的、应用层面的力量开始大举进入互联网(主要体现在网站建设上),互联网显现出蓬勃发展之势。国际上,1989 年万维网的发明,使互联网的应用门槛大大降低。一些公司或机构纷纷建立自己的互联网信息站点。在国内,根据中国互联网络信息中心的统计,从 1997 到 1999 年,中国的网站规模迅速从 1 500 个发展到 15 000 余个,后来形成中国互联网商业格局的大公司等,在这一时期基本已诞生。

（3）泡沫期（1999—2002 年）

从资本市场发展历史看,泡沫多来自人们短期内对新技术、新应用前景的过度乐观和非理性追捧。尽管互联网的泡沫在 1999 年才开始在纳斯达克指数上显现,其实在更早的 1995年,这一泡沫就已经开始吹起。在当时,无论是国外还是国内,尽管互联网都受到了资本市场的极力追捧,但互联网并无成熟的盈利模式,无法给投资者带来预期的收益。正是这一原因,导致了互联网泡沫的破裂。盈利模式这一问题在国内互联网领域表现得尤其突出。在美国,网络广告尚能产生一定收益,但在国内,由于当时网民规模小,广告主对网络广告的价值认可度低,因而互联网的广告价值极低。2000 年 11 月 10 日,中国移动推出"移动梦网计划",中国移动提供接入平台和信息通道;各电信运营商利用"移动梦网"这一平台向用户提供各类信息和应用服务,从而获得分成。在互联网商业模式不清晰、盈利困难的环境下,以"移动梦网"为代表的移动增值业务,为中国互联网企业熬过泡沫寒冬、探索盈利模式赢得了时间。

（4）可持续发展期（2002 年至今）

移动增值业务为互联网公司赢得了探索盈利模式的时间。尽管互联网行业遭遇了泡沫,但是用户并未因此停止上网的热情,从 1997 到 2005 年,中国的网民规模从 62 万迅速增长到 1 亿。随着网民规模的快速扩张,中国互联网的商业价值也逐渐得到了认可,盈利模式逐渐成熟起来。一些互联网公司开始摆脱对移动增值模式的过度依赖,探索出网络广告、网络游戏、搜索引擎、电子商务等新的盈利模式。

调查显示,34.0% 的企业在基层设置了互联网专职岗位,24.4% 的企业设置了互联网相关专职团队,13.0% 的企业由决策层主导互联网规划工作。受中国网络零售市场快速发展的带动,企业开展网上销售、采购业务的比例均超过 30%,销售规模增长迅速。随着网络移动端的广泛使用,移动营销成为企业推广的重要渠道。在开展过移动营销的企业中,微信营销推广使用率达 75.3%,成为最受企业欢迎的移动营销推广方式。

3）第三阶段：社会价值凸显期

2005 年以后，随着网络中自媒体、社交媒体获得快速发展，互联网推动社会进入"人即传媒"时代，即每个人都可以成为信息的创造者和传播者。意味着来自社会底层的力量，获得了更有力的推动社会进步的工具。这一阶段，在自媒体等社交媒体的推动下，政府开始探索互联网的治理之道，寻求社会治理和网络民意理性、和谐的互动模式。

（1）社会价值初显

作为媒体的互联网进入中国之初，之所以能够存活下来，与互联网从业者和政府达成的一个默契关系密切：第一，企业以商为重，不问政治话题。第二，政府放开 IT、娱乐、体育等非敏感领域。在这一默契下，互联网站获得了快速的繁荣发展。在社会价值初显期，在信息源上，互联网对传统媒体还存在较大的依赖与依附性。然而从 2005 年开始，随着以博客为代表的 Web 2.0 类应用的兴起，自媒体的影响力不断增强。此时，草根精英借助自媒体的快速崛起，为互联网输送了大量接地气的新闻素材。Web 2.0 不但弱化了互联网对传统媒体信息源的依赖，甚至使互联网成了一些热点事件的原发地，而传统媒体则成了跟进者。互联网与传统媒体的位置开始倒置，互联网逐渐从传统媒体的舆论放大器发展成为舆论引导者。

（2）互联网获得主流媒体地位

2006 年 7 月 18 日，中华全国新闻工作者协会主办的第 16 届"中国新闻奖"揭晓，网络新闻作品首次纳入该奖评选，13 件网络新闻作品获奖，互联网作为主流媒体地位得以确立。伴随着网民规模的扩张，人们对互联网依赖性的增强以及互联网媒体地位的提升，互联网的双面性也日益体现出来：一些网站的内容出现了低俗化倾向，甚至一些网站传播淫秽色情内容；盗版侵权案件屡屡发生；网络攻击也在不断侵犯人们的财产和信息安全。针对网上出现的问题，政府逐渐加大互联网的治理力度，采取了一系列强有力治理措施。

（3）"人即传媒"推动社会个体成长

自媒体等社交媒体的快速普及，使得互联网逐渐进入"人即传媒"时代。首先，作为传播的主体，传播者能够自主地选择受众，并向受众传递自己希望传播的信息。这个时候，虽然依然有互联网作为载体，但是它已经作为基础设施退居后台。其作用就像口口相传需要空气作为介质一样——它是必要的，但不会反过来控制传播者。其次，作为个体，用户可以自主地选择接收谁的信息，也可以自主地选择成为（或者不成为）其他信息传播者与受众之间的信息承载和传递的中介，这个角色在以前则主要由报纸杂志、电台电视承担。这个时候，作为个体的人同时兼具了信息的生产者、传播者、接收者 3 个角色，作为媒体的个人，获得了自我成长的动力。

1.3　互联网时代的宏观环境

2012 年，习近平在参观考察腾讯公司时指出，现在人类已经进入互联网时代这样一个历史阶段。这是一个世界潮流，而且这个互联网时代对人类的生活、生产、生产力的发展都具有很大的进步推动作用。2015 年 3 月，李克强总理在第十二届全国人民代表大会第三次会议开幕会中提出制订"互联网+"行动计划。李克强在政府工作报告中提出，"制订'互联网+'行动计划,推动移动互联网、云计算、大数据、物联网等与现代制造业结合,促进电子商务、工业互联网和互联网金融健康发展,引导互联网企业拓展国际市场。"标志着国家互联网+战略的正式启动。"互联网+"战略是全国人大代表、腾讯董事会主席兼 CEO 马化腾今年向人大提出的 4 个建议之一,马化腾解释说,"互联网+"战略就是利用互联网的平台,利用信息通信技术,把互联网和包括传统行业在内的各行各业结合起来,在新的领域创造一种新的生态。①

随着"互联网+"战略的提出,互联网已经不再是一个行业,而是成了社会性、时代性的议题,互联网本身成了国民经济的引擎。总的来说,互联网时代具备下述 6 大特征。

一是跨界融合。互联网意味着跨界,就是变革,就是开放,就是重塑融合。敢于跨界了,创新的基础就更坚实;融合协同了,群体智能才会实现,从研发到产业化的路径才会更垂直。融合本身也指代身份的融合,客户消费转化为投资,伙伴参与创新等。

二是创新驱动。中国粗放的资源驱动型增长方式早就难以为继,必须转变到创新驱动发展这条正确的道路上来。这正是互联网的特质,用所谓的互联网思维来求变、实现自我革命,也更能发挥创新的力量。

三是重塑结构。信息革命、全球化、互联网业已打破了原有的社会结构、经济结构、地缘结构、文化结构。权力、议事规则、话语权不断在发生变化。互联网社会的治理,以及虚拟社会治理,与现实社会存在很大的不同。

四是尊重人性。人性的光辉是推动科技进步、经济增长、社会进步、文化繁荣的最根本的力量,互联网的力量之所以强大最根本地也来源于对人性的最大限度的尊重、对人体验的敬畏、对人的创造性发挥的重视,例如 UGC(User Generated Content,用户原创内容)、卷入式营销和分享经济等。

五是开放生态。关于互联网的渗透,在各个产业形成了一种生态系统,而生态的本身就是开放的。互联网的发展可以把过去制约创新的环节化解掉,将孤岛式创新连接起来,让研发由人性决定市场驱动,让创业者有机会实现价值。

六是连接一切。互联网可以带来万物的连接,基于互联网的连接是有层次的,并且存在一定程度的差异性,但是连接一切是互联网的功能与基本特征。

1.3.1　互联网时代的政治

1)互联网时代公共政策的基本特征

关于互联网时代的政治,无论就实践还是理论而言,国家治理和公共政策的选择都面临挑战。多年来,各种信息技术和互联网已经广泛地应用在国家治理之中。在国家与社会互动的层面,政府网站、政务微博、政务微信、政务 APP 以及各类监控系统和监测网络形成了政府治理的网络"方阵";在国家系统内部运转的层面,内外网加上各个领域的业务管理系统已经成为大多数政府部门的基本配置,基于计算机的数据分析也已开始进入各级决策体系。

---

① 资料来源:http://cpc.people.com.cn/n1/2015/1216/c64094-27933800.html.

围绕政府治理与信息技术及互联网而展开的公共政策实践呈现出下述主要特征。

首先,一系列重大政策的出台,紧跟了全球公共管理和信息化的发展潮流,旨在促进以云计算、智慧城市、移动互联网、大数据、开放数据等为代表的新技术和新理念在国家治理中的应用,但是正如之前许多类似政策一样,常常出现决策部门一事一策,却统合协调不足,不少执行部门疲于应付而选择"新瓶换旧酒"的情况。

其次,虽然业界早就认识到国家治理的信息化必须要加强顶层设计,但是实践中的"顶层设计"往往要么成为各种信息化工程和项目方案的"合集",要么成为大型技术平台的综合设计,仍然主要遵循了工程技术的模块化思维,缺少人文思想的指引来超越工程学的层次。

再次,许多新技术和新理念在商业上被演绎包装成为无所不能、无所不包的"神话",技术导向实际上仍然是公共政策设计尤其是微观治理创新中的潜在逻辑。技术的商业化对政策实践和理论发展都具有十分重要的影响。

互联网本身就是公共政策的对象,基于"互联网"的治理,即利用互联网工具实现更有效的治理;互联网时代的治理,即将互联网视为公共政策发展与创新的新环境。

2)互联网时代公共治理的政策框架

公共政策研究的基本目的是实现"互联网"的有效治理,其实质是划定互联网上各种权与利的界限,以建立和维护互联网条件下的经济发展、政治稳定和社会和谐。

国家在互联网治理方面已经有大量的政策实践。人们将这些政策划分为两个维度。第一个维度按照互联网相关产业的属性,将互联网治理分为对渠道(或技术)的治理和对内容(或应用)的治理两个方面。第二个维度按照互联网管制的实际需要,将互联网的管理划分为关于规制(安全)和分配(发展)的介绍。

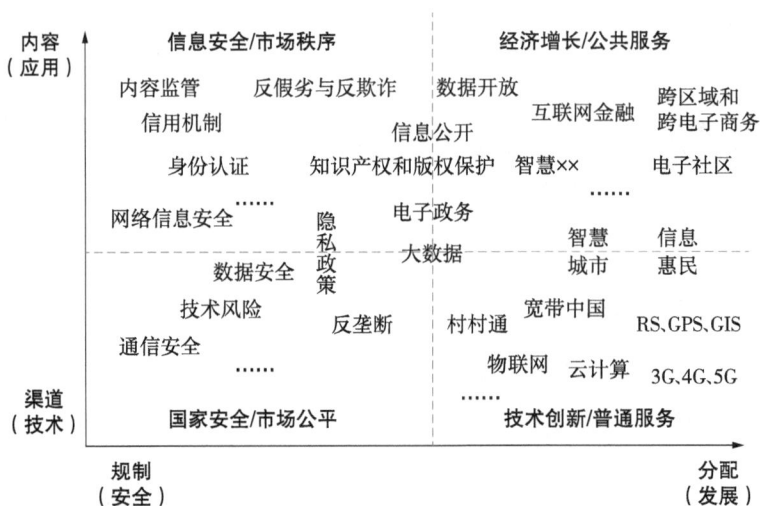

图1.2 互联网治理的政策框架

基于互联网的治理即利用以网络为代表的现代信息工具作为改进国家治理的手段,提高了治理能力。这里互联网是治理工具,包含了传统电子政务和电子治理所讨论的范畴。互联网作为治理工具在中国的发展可以分为两个阶段。

第一个阶段始自1999年的"政府上网"工程,以政府网站为治理工具的代表。根据

CNNIC 的数据,截至 2014 年年底以"gov. cn"为域名后缀的中国各级政府网站数量达到 5.7 万家。拥有网站门户已成为中国政府管理中的新常态。

第二阶段开始于 2009 年。这一阶段各种新技术应用争相亮相。首先,政务微博带来更加直接和频繁的政府与社会的互动,用信息"众筹"方式改善了传统模式中的信息缺陷,开创了共同治理的新模式。其次,政务微信和移动政务 APP 充分利用移动互联网的泛在化特点,可以将政务推送到公众"手"边。2014 年 6 月末,国内政务微信公众号大约在 6 000 个。而截至 2014 年 11 月 27 日,有数据统计的全国政务微信公众号为 16 446 个。其中,中央部委及其直属机构政务微信公众号为 213 个,省(自治区、直辖市)、地市、区县三级地方类政务微信公众号为 16 233 个。到 2015 年年初,国家网信办在石家庄举办的政务新媒体建设发展经验交流会上传出消息,政务微博账号达 24 万个,政务微信账号已逾 10 万个。政务微信公众号从数量到影响力,已是一支不容忽视的传播力量。第三,正在形成的整个社会的数据化与公共决策的智能化日益融为一体,基于互联网的大数据可以为公共政策议程提供新的问题来源,也为政策制定、政策执行和政策评价提供新的方法。第四,智慧城市试图综合大数据、物联网、云计算和移动互联网等为城市提供智能化的基础设施和智慧化的管理模式。第五,与透明政府、开放政府和政府信息资源管理等一脉相承的"开放政府数据"运动在全球的兴起为社会分享政府数据提供了新的思路,致力于降低社会数据生产中的重复成本,促进经济和社会创新性发展。一些地方政府已经悄然开始了与互联网巨头的合作,试图通过互联网提升政府效率,增加行政透明度,助力向服务型政府转型。

1.3.2　互联网时代的经济

1)互联网与中国经济的未来形态

互联网与各行各业的融合,早在多年前就以信息化应用、信息化与工业化融合、制造业服务化等形式在孕育发展。互联网将作为载体对各行各业进行融合,推进中国经济结构转型优化。

(1)互联网经济将极大推动中国经济的转型升级

互联网的融合将从经济结构优化、业态结构优化、市场结构优化 3 个方面产生结构转型的效应。互联网企业将依靠创新驱动,推动经济结构优化,向产业服务化方向调整。互联网不仅仅意味着技术,而且是一种新的生产方式。产业化与服务化最直观的区别在于,产业化是大规模生产,长于降价竞争,进入低端结构,提高 GDP 速度;服务化是差异化生产,长于提价竞争,进入高端结构,提高经济增长质量。互联网与传统行业融合,实际是产业化与服务化相互渗透融合过程,要在保持增长速度的同时提高增长质量。从产业化向服务化转变,就是从传统中国制造向中国创造转变。中国将充分发挥网络空间的智能化提升作用,利用移动智能、大数据、物联网等新技术打造网络服务平台,加快实现向智能化、服务化方向的转型升级,实现各行各业的普遍增值。

(2)互联网经济将给市场竞争带来新的特点

首先,互联网经济更适合差异化竞争中具有沉淀成本的可竞争(Contestable)状态,而非同质化的完全竞争状态,表现为平台类似"自然垄断",而应用(APP)完全竞争的新垄断竞争结构;其次,互联网经济擅长提高的是效能(相对于差异化的效率,即低成本个性化),而不仅是一般效率(低成本同质化),表现为效率与多样性并重;第三,互联网经济长于提高劳动者的多样性产出(如创新,因此具有更高附加值),而不仅仅是劳动生产率,表现为不仅直接创造更多就业,而且可能提供创造性劳动的工作机会,并且在一次分配中实现公平。

(3)互联网经济将引领制造业转型升级

"中国制造2025"与德国的工业4.0、美国的工业互联网代表了下一步制造业与互联网结合的世界性趋势。其中,"中国制造2025"对于推动中国制造由大变强,使中国制造包含更多中国创造元素,促进经济保持中高速增长、向中高端水平迈进,具有重要意义。互联网将帮助中国推进智能制造,提高工艺水平和产品质量,促进生产性服务业与制造业融合发展,带动高附加值的新业态的发育,提升制造业层次和核心竞争力。

(4)互联网将强化现代支撑服务业以激活增值服务

作为现代服务业的一个关键组成部分和先导部队,互联网服务业的升级可以说是整个中国服务业升级的一个风向标。互联网促进了现代服务业的发展,其中以平台化、生态化为特色的电子商务支撑的服务业达到世界先进水平,深刻改变了流通业的面貌,改变了中小企业发展的商业环境。互联网将把这一成功复制到流通业之外的所有服务业中。互联网服务业态上的一个关键特征,是基础平台与增值应用的分离。互联网服务所到之处,势必将这种业态带入服务业中的各个子行业,包括互联网金融、互联网交通、互联网医疗等,在现有的传统服务业基础业务业态上,长于基于数据业务的增值业务业态之中。

(5)互联网经济带来新业态,在信息生产力基础上实现产业升级

与现实经济相比,互联网经济的一个重大改变是通过提高知识形态的虚拟资产在资本中的比重,将服务业固定成本的构成,从现有由物质投入(如大商场的土木工程)为主,转向无形投入(如软件、虚拟商铺)为主。由于这些无形资产可以零成本复制(例如电子商务的虚拟柜台可以零成本无穷复制),使得增值应用(APP)的提供者不必重复构建固定成本,而在"以租代买"的商业模式(即分享型经济模式或称云服务模式)下,只需要自身的边际投入(如创造性劳动),就可用轻资产运作方式创造多样性价值,从而有效降低了多样性价值的复杂性成本。

互联网经济带来的新业态,实质要求是在信息生产力基础上转变产业发展方式。过去说转变发展方式、增长方式,都不说新生产力,只在生产关系中空转,极易落空。互联网经济的新业态,则把生产力引入生产方式的转变中,为发展方式、增长方式转变提供口号之外的实实在在的基础。从生产力与生产方式关系看,旧业态是由规模报酬递增驱动的,面向的是做大,新业态是由范围报酬递增驱动的,面向的是做优。由此推论,互联网经济要产生实效,需要通过创新,降低多样性成本以支持提价竞争,从而实现高附加值的业态转变,并在此基础上实现产业升级。

2)互联网时代经济发展的启示

第一,互联网的发展有很强的经济学逻辑,是不可逆转的趋势。互联网不仅有助于提高实体经济活力和资源配置效率、盘活闲置资源和过剩产能、促进金融普惠,而且有助于节约资源、保护环境,是我国经济结构调整和转型升级的重要推动力。对于传统产业而言,互联

网作为新生事物,不可避免地会冲击现有市场格局,触动现有利益格局,也不可避免会产生其特有的新问题。比如,电子商务发展多年,一直没有找到妥善的征税方案;互联网金融自 2013 年以来在我国金融界引起了较大争议,一些互联网金融机构造成了一定的金融风险;在全球范围内,住处共享公司 Airbnb、打车软件 Uber 分别与酒店业、出租车行业发生了直接冲突,"滴滴打车"在我国也面临很多监管问题。

第二,互联网经济的发展应避免行业垄断和市场壁垒。与互联网有关的领域普遍存在两个特征,一是固定成本很高,但边际成本递减(甚至可以趋近于 0);二是网络效应(也称为网络外部性),即网络参与。网络经济的特征决定了互联网产业容易出现寡头垄断的特征,而为了互联网产业的良性发展,应尽量避免这类现象的产生,为市场赢得更广阔的空间。

第三,互联网经济的发展需要有良好的基础设施作为支撑。一是物理基础设施,包括移动互联网、云计算、物联网、物流系统、大数据存储和处理设备及系统等。二是针对网上交易的信用支持体系。网上交易跨越了地理距离和熟人网络的局限,但也面临着较高的潜在交易对手风险。只有建立起准确有效的身份识别认证系统、社会信用体系以及对违法失信行为的预防惩罚机制,才能缓解交易参与者的顾虑,扩大互联网经济的适用范围。

第四,互联网金融将会发挥更大的促进作用。中国人民银行等十部委于 2015 年 7 月发布的《关于促进互联网金融健康发展的指导意见》,从顶层设计的角度明确了互联网金融的定位,提出了一系列鼓励创新、支持互联网金融稳步发展的政策措施,确立了互联网金融主要业态的监管框架,为我国互联网金融行业下一步发展打下了坚实的基础。

1.3.3 互联网时代的社会

从社会的角度看,互联网对社会的影响体现在压缩社会的连接层次,建立新的、便利的社会连接关系,加强社会的连接效果,以及对传统模式的革命性创新上。

1)现实社会与虚拟社会融合的过程

互联网对于社会连接关系的建立、加强或连接层次的压缩,客观上造成了虚拟社会的不断扩张,进而导致虚拟社会与现实社会的融合。

(1)现实社会由"线下"向"线上"的延伸

可从以下 3 个层次来分析这个"扩展"的过程:第一,网络空间在"线上"扩展,上网人数和平均上网时长逐年递增。第二,社会服务向"线上"扩展,互联网将传统的社会服务领域不断地推向"线上",实现了社会服务的便捷化、智能化和个性化,"私人定制"的服务模式正在来临,这也契合了互联网时代"以人为本"的服务理念和社会发展的趋势。第三,多元社会治理主体向"线上"扩展。互联网时代背景下,传统的由政府包揽公共服务供给的"一元化"模式不得不进行革新,互联网企业在互联网空间服务方面展现出强劲动力和发展态势,政府、市场、社会组织和个人,都能成为公共服务的提供者或中介者。

(2)虚拟社会"线上"向"线下"的延伸

"线上"向"线下"延伸源于社会主体不同的社会动机,可以从下述几个角度来分析。

第一,"线上"市场主体向"线下"延伸。近年来,"O2O"商业模式(Online To Offline 的简称,即通过互联网将线上用户连接到线下经济实体,创造新的商务机会)在社会领域迅速扩张。

第二,"线上"社会组织向"线下"延伸。"线上"社会组织和社会团体是互联网时代虚拟空间发展的一个特定产物和必然产物,具有地理跨度广、参与人数不限、组织协调灵活和活动内容多样的特点。当今中国的社会公益事业和公益活动,正是在没有正式领导的情况下,越来越多地通过社交网络平台志愿发起、志愿组织的志愿工作。比较典型的例子是近年来出现的微博打拐、微博解救乞讨儿童事件等。事实证明,一些诸如"微动员"的社会自组织形式,不仅运行成本低廉,而且效率还较高。

第三,"线上"个体向"线下"延伸。网络空间为公民社会的发展提供了契机,网民也必然以公民的身份参与现实的公共治理中。现在,网民不仅停留在借助互联网平台对公共社会问题展开讨论上,一些网民甚至带着强烈的责任感和道义感,对公共事件展开独立调查、取证和研究,并将结果通过互联网公之于众,引起社会舆论共鸣,形成"线上""线下"互动,最后引起更大规模的社会讨论和社会动员。

第四,"线上"治理向"线下"治理延伸。尽管多元社会治理主体由"线上"向"线下"延伸体现了创新性和正能量,但也存在不少违规、违法的现象,例如:一些互联网彩票业商家存在商业欺诈的现象。因此,互联网时代对传统的监管模式提出了挑战,政府不仅要治理"线上"的违法乱纪,更要将治理的领域延伸到"线下"的社会主体和社会行业。

2) 互联网对社会结构的影响

目前,互联网已逐步融入普通百姓的日常生活中,成为许多人每天工作、生活的重要内容。卡斯特在描述美国的互联网发展速度中曾说:"互联网展现了有史以来最快速的沟通媒介穿透率:在美国,收音机广播花了30年才涵盖6 000万人;电视在15年内达到了这种传播水准;全球信息网发展之后,互联网只花了3年就达到了。"

（1）互联网改变了社会结构的形态

互联网作为一场全新的技术革命,给社会结构的变迁注入了一股新生力量,不仅迅速地改变和重塑着传统社会结构,使其经历着一场解构与重构的革命,还突显出一种全新的组织类型及个人与组织关系模式。从社会分层的角度看,互联网促进了社会利益结构多元化的发展,导致社会群体的关系更加复杂化。当然,从社会学的角度来看,利益关系多元化的社会后果也是多元的。

由于互联网的特点,网络社会中的社会地位和权力差异会发生很大的改变,社会个体在网络社会的地位和权力从形式上、载体上、类型上都有所不同,也产生了与传统社会结构不同的分层状况,并在一定程度上影响着传统的社会结构形态。信息自由发布和获得的非等级化,使得传统意义上的金字塔社会结构变为扁平化社会结构,从某种意义上也实现了人与人的"平等"。然而,互联网社会是现实社会的延伸,现实社会的阶级、阶层在互联网社会中也会有所反映。也就是说传统社会中的社会地位和权力差异会在网络中体现。所以,互联网社会在一定程度上也反映出了现实社会分化的特征与趋势,并且互联网社会是对现实社会的"再造"过程。与此同时,互联网社会也能够反作用于现实的社会分层结构。在研究网络社会分层结构的过程中,更多值得关注的是在互联网影响下或在信息社会中,现实社会分层结构的变化情况。

(2)互联网拓展社会互动的界限

互联网作为一种新的媒介形式,全面打破了传统的时空限制,将世界各地的信息和个人联系在一起,为人们提供了一种强大的交往沟通工具,具有全球性、普遍性、无限性、匿名性等特征。通过一系列的交往形式创新,互联网改变了人的交往与互动的模式。

相对于中国传统社会而言,互联网空间产生了一种新的自我呈现与人际互动的方式。互联网社会内部的互动更多地呈现出一种匿名特征,这使人际互动中完全的身体缺席成为可能,而其匿名性则导致了社会身份的虚无。将社会学家戈夫曼的前后台表演的戏剧理论引入网络互动的讨论,可以把人们在互联网上的表演——如个人主页、博客等——视为前台,而人们的身体则在后台。互联网上的各大论坛和板块、即时通信工具提供了将陌生但是有着共同旨趣的人连接在一起的功能。互联网已成为亿万群众新的沟通方式。相对于以往的空间限制所造成的熟人关系或者熟人社会,空间分离的个体主义情感关系在中国社会逐渐蔓延。大量匿名的陌生人把互联网论坛等虚拟平台作为一种沟通方式,使得每一个成员都有权利按照自身喜恶来选择任意一个对象进行交往,个体主义在某种程度上也因此而被放大。

(3)互联网创造新的利益表达方式

互联网改变了中国人利益表达和政治诉求的方式。中国是超过13亿人口的大国,怎样实现如此巨大人口的社会参与、利益表达,以往没有顺畅的技术手段。互联网第一次使得亿万中国人在一个平台上有了平等的交往。网民地位实现了相对平等和平权,改变了自古以来的单一的层级管理方式。网络言论背后反映了人们的思想和意识。与此同时,网络言论也影响着人们的思想和意识,并进一步塑造了人们的观念和行为,从而推进社会文化的更新和发展。互联网对精英和大众这两个群体都给予了更加顺畅的意见表达渠道。一方面,更多的精英通过网络涌现出来,成为"意见领袖";另一方面,大众的利益诉求也通过网络得以更加充分的释放。更为重要的是,互联网在大众与精英之间搭建了一个沟通互动的平台,并且已经成为"大众孕育精英"的一种有效的发生机制。可以预见,互联网的健康发展必将对中国社会的平稳运行、对社会舆论和利益表达的民主化进程起到积极的推动作用。

(4)互联网重构价值观念和生活方式

人创造了文化,文化也在重塑人。互联网本身就是一种文化产物,是大众化、平民化的,它在提供大众交往平台的同时,也重塑着民众的观念意识。网络是另一个现实社会,网络上一切与观念意识相关的文化活动,都会直接投射到社会文化和民众的心灵深处,影响和重塑着社会的价值观。随着时代的发展,互联网对人类生活进行着无所不在的渗透,对人类的道德和伦理的塑造,产生着越来越直接的影响。互联网作为一个交往和资源流动的平台,已经形成了其固有的文化属性。比如互联网的虚拟性、匿名性、快捷性、开放性,都对网络伦理文化特征的形成起到了至关重要的作用。

从技术角度上讲,互联网无疑提供了人类生活方式的一个新工具。实践证明,互联网是由各种各样的主体为了资源交易与关系强化的目的建立起来的一种资源共享和整合平台。

人们越来越多地使用互联网来完成日常生活中的诸多事务,如购物、教育培训、信息查询等。从深层角度上看,互联网提供的资源在很大程度上改变了人们的生活方式和行为模式,也在空间上重塑了人们的活动场所。值得注意的是,互联网强大的信息传播能力使之成为广大人民表达利益诉求、行使公民权利的平台。

1.3.4 互联网时代的技术

互联网是人类20世纪伟大的基础性科技发明之一。作为信息传播的新载体、科技创新的新手段,互联网的普及和发展改变了人类的生活和生产方式,引发了前所未有的信息革命和产业革命,也必将进一步引发深刻的社会变革。互联网已经成功走过了实验科研阶段和社会化应用启动阶段,正处于社会化应用发展阶段。在互联网逐步成长为国家信息基础设施的过程中,集中体现互联网理念、技术和属性的体系架构已经受到了严峻挑战,导致与体系架构密切相关的网络安全、服务质量、商业模型等问题长期难以解决。

1)互联网技术理念和相关特性

随着社会的发展和技术的进步,人们渴望更加开放、平等、自由的信息交流。20世纪诞生的互联网,正是这样一个可以打破时空局限、交流各种信息的互动平台,使所有人都可能通过网络充分共享全社会的智慧。图1.3概括了互联网的理念、体系架构及其具有的相关特性。

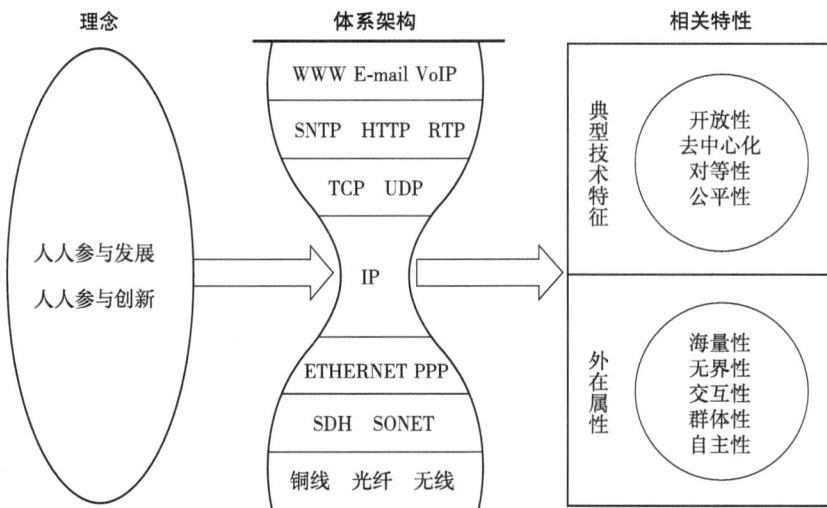

图1.3 互联网的理念、体系架构及其相关特性

来源:中国百科网

(1)互联网的理念与外在属性

互联网在其发展历程中一直秉承着"人人参与"的理念,即人人都能够参与互联网的发展和创新。与传统电话和广播电视等信息网络的用户只能被动接受服务商提供的特定服务不同,互联网的每个用户既可以是信息服务的消费者,也可以是信息服务的提供者。从用户的视角和感受来看,互联网特有的体系架构使其呈现出信息的海量性,网络服务的无界性,用户的交互性、群体性和自主性等鲜明的外在属性。

（2）互联网的体系架构

为了实现"人人参与"的理念，互联网采用了"端到端透明性"的核心设计原则，用户可以利用计算机、手机等终端的智能性产生各种信息，网络只是简单、"尽力而为"地传递信息而不做任何记忆与控制。这种俗称为"智能终端+傻网络"的体系架构有效简化了网络的功能，把信息处理和控制的复杂性最大限度地交给终端节点（包括服务器和用户），使用户拥有了更大的自主性和更广阔的创新空间，从根本上提供了人人参与互联网发展和创新的机会。

（3）互联网的典型技术特征

在"人人参与"理念和"端到端透明性"设计原则的指导下，今天的互联网呈现出了下述典型技术特征。

一是开放性，互联网支持端到端的业务与承载分离，提供标准的、开放的网络层接口，所有人都可以利用相关开放接口设计和提供任何业务和应用；

二是去中心化，互联网是局部自治的，没有集中的资源管理和控制中心；

三是对等性，互联网的网络节点与终端节点是对等的，终端之间也是对等的；

四是公平性，互联网对不同用户、不同业务和应用的流量都提供"尽力而为"的公平服务。

2）互联网技术面临的挑战

在互联网时代，随着网络应用由技术向社会化应用的发展过程中，出现了很多与体系架构密切相关的问题，使得原来理想化的"端到端透明性"的互联网核心设计原则遇到了极大的挑战。

（1）用户群体的变化

互联网最初由具有共同爱好的技术专家设计开发，在一个规模很小、关系密切、对终端具有很强操控能力的用户群体中使用，因此互联网的体系架构也就建立在了用户自律和彼此信任的重要假设之上。随着互联网应用范围的不断扩大，用户构成日益复杂，非专业人员成为主体，普遍缺乏安全防护技能，用户之间信任度降低，甚至不同用户间可能存在利益冲突。互联网用户自律和彼此信任的基本假设在用户群体发生变化的今天已经不复存在，而网络的"端到端透明性"为安全攻击、病毒和其他有害信息的传播打开了方便之门。

（2）应用目的的变化

互联网初期是由科研团体或政府机构管理的非商用的实验网，应用种类较少，主要为教育科研服务。随着互联网进入社会化应用阶段，新技术、新应用层出不穷，并快速向国民经济各部门渗透，已经成为国家信息基础设施的重要组成部分。互联网的安全、商业模型和服务质量等问题成为其规模化应用持续健康发展的瓶颈。

（3）产业链的变化

目前互联网产业链各环节之间缺乏有效的利益分配和协调机制。端到端的业务与承载分离使得网络基本成为透明的传输通道，业务实现与控制的权利和责任完全推向提供商和用户。这一方面使得业务、服务提供商和用户承担过多的责任；另一方面导致业务的开发部署不需要网络服务商的参与，没有使网络服务商成为"利益攸关方"，打击了投资积极性，因而很多与网络属性密切相关的业务无法顺利开展。

（4）原有体系结构存在隐患

基于"端到端透明性"的网络体系架构有很多优点,是互联网蓬勃发展的决定性因素。因为只有这种端到端的业务与承载分离,才能够提供完全开放的网络层应用开发接口,让用户都可以参与到互联网的发展和创新中去,同时大大提高网络的可扩展性。但任何事物都是辩证的。"端到端透明性"在为互联网带来巨大发展优势的同时,也为互联网后来出现的很多问题埋下了几乎难以克服的隐患。在互联网应用场景发生巨变的情况下,现有体系架构使得网络缺乏可控性的弊端日渐凸现。

（5）网络安全和服务质量问题凸显

互联网体系架构支持端到端的业务与承载分离,专注于数据包传递的傻瓜型网络为上层应用提供统一的 IP 接口,将几乎所有控制能力以及安全责任都推到了网络边缘的用户手中。网络对于上层应用不感知、不限制,缺乏奖惩机制,使得用户行为不可控,溯源成本极高,肇事者普遍有恃无恐。另外,这也进一步增加了对互联网内容实施合法监听的困难。

另外,互联网缺乏必要的资源控制管理机制,只能提供"尽力而为"的服务,服务质量的改善只能依赖于网络资源的增加和用户资源使用行为的自律。实际上,互联网不对上层业务和应用提供任何服务质量承诺。此外,互联网的动态路由也在很大程度上增加了互联网服务质量问题的解决难度。

3）互联网技术未来的理念与思路

作为国家信息基础设施的重要组成部分,互联网必将继续向国民经济各部门快速渗透,更加深刻地影响人类的生活和生产方式,大大推动社会信息化的发展进程。同时,互联网在面向新的应用需求和发展中暴露出了一些问题,虽然未来的互联网在很多方面可能都需要进行改变,但应该继续坚持一直崇尚的"人人参与"理念。否则,互联网将失去前进的动力和方向,也就不能再被称为"互联网"。但需要注意的是,坚持互联网的理念并不是要将"人人参与"所衍生出来的开放、平等、自由和创新等精神绝对化和教条化。

（1）互联网的典型技术特征

基于"有条件的端到端透明性"核心设计原则的未来互联网体系架构,将具有如下典型技术特征。

一是继续坚持"开放性"原则,但应增加网络对应用的感知和控制能力。网络对"利益冲突性"或"不受欢迎"的应用将有能力和相应的机制进行协调、控制和惩罚。二是继续"去中心化"原则,但需要一些全球性的协作机制来解决网络安全和垃圾信息等问题。三是继续坚持"对等性"原则。四是鼓励网络技术提供差异化的服务,设法抑制资源滥用的行为,以满足商业模型的多样化需求。

（2）互联网时代技术的演进特征

现有互联网向未来互联网的技术演进方式目前大致有"改良""整合"和"革命"3 种思路。

第一,"改良"思路。考虑到现有互联网的巨大存量,可以利用新技术对现有互联网进行修补,例如使用地址翻译、资源控制、安全监控等技术来解决互联网体系架构中暴露出来的问题,以满足互联网的社会化应用对其不断增长的各种需求。

第二,"整合"思路。对现有互联网技术直接进行零敲碎打式的修补无法真正解决问题,但对互联网进行彻底革新还需要一个很长的过程。面对迫切需要解决的各种问题,应当寻求一个介于零星修补和彻底革新之间的折中方案,即做系统性的、大范围的、整体性的修补。互联网采用覆盖(Overlay)的方法设计了路由器网络,覆盖在各种需要互联的异构网络之上,因此其本身是一种重叠网(Overlay Network)。在现有体系架构的基础上,可以仍然遵循重叠网的思想,在互联网承载层之上、应用层之下增加一个垫层,系统性地在这个垫层中实现承载层中个性化和应用层中共性化的功能,在尊重互联网现实存量的基础上让互联网更加健康地持续发展。

第三,"革命"思路。无论是零星的修补还是系统性的修补,只会让互联网的发展负担更重,现有的互联网体系架构都已经无法承担未来国家信息基础设施的重任,因此需要确定一个长期的目标,设计全新的互联网。目前新型互联网体系架构的研究正逐步成为一个全球性研究热点,各种新思路、新技术不断涌现。

(3)互联网体系架构特征

由于互联网的应用目的发生了很大变化,而且"用户自律"的假设不再适用,因此,应对现有的体系架构做相应的修正和发展,以便在新的历史发展阶段适应新的应用需求。未来,仍将坚持"端到端透明性"的体系架构,但应满足一定的约束条件,即"有条件的端到端透明性"。在保证人人能够继续参与互联网发展和创新的前提下,网络中应内嵌一些对用户透明的管理和控制机制,抑制用户的不自律行为,平衡产业链不同角色之间的职责和利益。

📖 【案例分析】

改变世界的乔布斯

1995 年,美国纪录片制作人 Bob Cringley(后文简称:鲍伯)对乔布斯进行了 70 分钟的深入访谈,其精彩程度甚是罕见。但当时节目只用了 10 分钟,而且母带丢失。幸运的是,导演在 2012 年发现了一份拷贝,访谈内容才得以重见天日,而且基本一刀未剪。

访谈中,鲍伯认为让他印象最深的是乔布斯被问道,"如何看未来 10 年的技术发展趋势"。乔布斯迅速给出了答案:"我看好互联网和 Web。软件行业正在发生两件激动人心的事:一个是面向对象编程,另一个就是 Web。Web 将实现我们盼望已久的梦想,计算机不再仅仅充当计算工具,并已开始承担通信功能。可喜的是微软还没发现这一点。创新的机会很多,Web 将深刻改变我们的社会。你知道美国有 15% 的商品是通过电视购物销售的,电视购物很快会被 Web 取代。网络销售的潜力巨大,网络将成为最直接的销售渠道,而且在网络上小公司与大公司看起来没有区别。如果将来回顾计算机发展历史,Web 技术必然成为重要的里程碑,它的潜力很大,会吸引更多年轻人进入计算机行业。"

乔布斯说:"很显然,计算机产业创新要靠软件,但是长久以来,软件开发方式没有本质变化,对不起,软件开发方式 20 年来一直没有变化。不但没有变化,反而越来越糟。Macintosh 降低了用户的使用难度,这是一项创举,但增加了程序员的工作难度,软件开发越来越复杂。

软件正在向各行各业渗透,成为重要的商业竞争武器。MCI 与 AT＆T 十年来的竞争就是最好的例证,MCI 做了什么? 不过是率先采用客户账单软件,18 个月内就抢走了 AT＆T 数百万美元的市场份额。AT＆T 并非毫不知情,可就是搞不定软件。软件正在释放不可思议的力量,新的软件产品和软件服务将改变我们的社会。"

这些观点在今天看来毫不为奇,但当时全球只有 4 000 万网民、2 万多个网站,亚马逊才成立不到半年。就是在这次采访后的两年,乔布斯重回苹果公司,随着 iMac、iPod+iTunes、iPhone/iPad+Apple Store 等一系列产品的推出,濒临破产的苹果公司重新成为全球创新典范。

乔布斯的名言之一是"领袖和跟风者的区别就在于创新"。苹果公司的掌门人具有这样的指导思想,移动互联网应用创新的旗帜被苹果高擎也就成为了必然。乔布斯的另一句名言是:"活着就是为了改变世界,难道还有其他原因吗?"拥有这种思想的企业家一定会创新出颠覆性的产品。想当初,MP3 是什么样子的? 不过就是一个优盘加上了一个耳机,外观根本谈不上工业设计。2001 年,当外观漂亮、品质优良的 iPod 出现在消费者面前时,怎能不让大家眼前一亮;而 iPod 背后的在线音乐商店 iTunes,当时又有谁能想到其深层的含义。乔布斯说:"专注和简单一直是我的秘诀之一。简单可能比复杂更难做到——你必须努力厘清思路,从而使其变得简单。但最终这是值得的,因为一旦你做到了,便可以创造奇迹。"

乔布斯是希腊先哲苏格拉底的崇拜者,他说:"我愿意把我所有的科技去换取和苏格拉底相处的一个下午。"

乔布斯 2005 年在斯坦福大学毕业典礼上演讲时说道:"你们的时间很有限,所以不要将其浪费在重复其他人的生活上。不要被教条束缚,那意味着你和其他人思考的结果一起生活。不要被其他人喧嚣的观点掩盖你真正的内心的声音。还有最重要的是,你要有勇气去听从你直觉和心灵的指示,它们在某种程度上知道你想要成为什么样子,所有其他的事情都是次要的。""你只有相信自己所做的是伟大的工作,你才能怡然自得。如果你现在还没有找到,那么继续找、不要停下来,只要全心全意地去找,在你找到的时候,你的心会告诉你的。就像任何真诚的关系,随着岁月的流逝只会越来越紧密。所以继续找,直到你找到它,不要停下来!"

2003 年秋季,乔布斯被查出患有胰腺癌,医生告诉他剩余的时间极其短暂。这是一个让人几乎只能与悲观联系起来的消息。但是从那时起一直到乔布斯去世,这段时间恰恰成为他人生最辉煌的一段。面临随时可能降临的死亡,乔布斯反而对人生有了新的感悟。乔布斯说:"'记住你即将死去'是我一生中遇到的最重要箴言。它帮我指明了生命中重要的选择。因为几乎所有的事情,包括所有的荣誉、所有的骄傲、所有对难堪和失败的恐惧在死亡面前都会消失。"

2014 年库克在清华大学透露了接任乔布斯的心路历程,他回忆,乔布斯生前曾两次给他讲沃尔特·迪士尼去世之后,迪士尼公司每况愈下的故事。乔布斯叮嘱库克,此后决策,只做自己。"我做决策的时候,从来不想乔布斯怎么做。过去这几年,我始终没有活在他的阴影之下。"库克承认,乔布斯是一个奇人,没人可以成为第二个乔布斯,包括库克本人在内。

在他接任的这几年时间内,非议一直持续扑面而来。"有人批评我脸皮厚。但是我认为每个CEO都需要有盯住非议的力量,太过敏感的话,耳根太软,你就当不了CEO,社交媒体上有太多噪声,你需要去坚持你的决定。批评别人更容易,更简单,但是告诉你该怎么做的人却很少。那些在电视上、社交媒体上夸夸其谈的批评者很多,你听到这些噪声的时候,千万不要去管。要进入禅定的状态,不要受影响。"

库克还透露,很多乔布斯传记曲解了乔布斯对于金钱的态度,乔布斯有很多钱,但不爱钱,"人在不在乎钱时,思考才能不受金钱影响"。他强调,很多公司高管常犯的错是有时候过多地强调金钱,金钱是结果,而不是动力。一个公司的领袖不能因为想要赚钱,早晨才早早起床,时刻关注产品和用户,才是最重要的。

库克说他非常欣赏不在意金钱的乔布斯,"传记中可能忽略掉了他是一个伟大的人,他帮助了很多人,他没有在媒体上进行宣传。他不在乎金钱,他不会受金钱的影响而去思考。这是对MBA学生的重要教育。对我来说,金钱是一个结果,而不是一个宗旨。当我见到不在意金钱的乔布斯,我非常欣赏他。我从来没有看到乔布斯作出关于个人金钱的决定。所以我希望学生们能做到这一点。"

对于金钱的理解在库克回答学生关于择业问题时也有充分的体现,"不要为了钱,而是因为你对这个产品有热情。如果你只想赚钱,那就算了吧。还是想想干点别的。对于我来说,苹果不是大公司。我们运作方式就像小公司。我们的运作方式就像初创企业,只是不需要再融资。所以我的建议是:追随自己的心,一切都会水到渠成。生命短暂,如果你不喜欢这个事情你就离开。工作就像游戏。你不喜欢就离开,你应该听从自己的召唤。工资都是副产品"。

向那些疯狂的家伙们致敬,他们特立独行,他们桀骜不驯,他们惹是生非,他们格格不入,他们不人云亦云,他们不墨守成规,他们也不安于现状。你可以称赞他们,引用他们,反对他们,质疑他们,颂扬或是诋毁他们,但唯独不能漠视他们。因为他们改变事物。他们发明,他们想象,他们治愈,他们探索,他们创造,他们启迪,他们推动人类向前发展。

也许,他们必须要疯狂。你能盯着白纸,就看到美妙的画作吗?你能静静坐着,就听见美妙的歌曲吗?你能凝视行星,就想到太空巡回科学实验吗?我们为这些家伙创造工具。或许他们是别人眼里的疯子,但他们却是我们眼中的天才。因为只有那些疯狂到以为自己能够改变世界的人,才能真正地改变世界。

(来源:节选汇编自微信公众号"互联网思维")

案例分析题

(1)关于互联网的作用和未来的发展,乔布斯有哪些洞见?
(2)你能从乔布斯的身上学习到什么?

【本章小结】

自20世纪90年代问世以来,万维网就吸引了人们的眼球,引起了社会各界的关注。万维网可以说是互联网的代名词,也是互联网的核心部分。到目前为止,万维网已经经历了

Web 1.0 到 3.0 的发展,从最初的商业用途(把企业信息搬上网络)、综合信息搜索、到博客平台的自我展示,互动发展,整个历程可谓欣欣向荣,一步一个台阶。而中国互联网的发展也相当迅速,可以归结为引入期、商业价值发展期、社会价值凸显期 3 个阶段。

互联网已经成为时代性议题,不再是一个行业,它跳出了行业范畴,而成了国民经济的一个大的引擎。互联网时代主要具备跨界融合、创新驱动、重塑结构、尊重人性、开放生态、连接一切这 6 大基本特征。

互联网时代的政治主要着眼于国家治理和公共政策这两方面。多年来,各种信息技术和互联网已经广泛地应用在国家治理之中。而互联网时代公共政策研究的基本目的是实现互联网的有效治理,其实质是划定互联网上各种权与利的界限,以建立和维护互联网条件下的经济发展、政治稳定和社会和谐。

互联网时代的经济主要体现在互联网与各行各业的融合。以互联网为载体的融合将发展上升到占据新兴业态竞争高地,推进中国经济结构转型优化的新高度,对中国经济转型将产生重要而深远的影响。

从社会的角度看,互联网对现有行业进行改造,就是要产生新的行业模式。这种"改造"体现在压缩社会的连接层次、建立新的、便利的社会连接关系、加强社会的连接效果以及对传统模式的革命性创新。互联网对于社会连接关系的建立、加强或连接层次的压缩,客观上造成了虚拟社会的不断扩张,进而导致虚拟社会与现实社会的融合。互联网对社会结构的影响主要表现在社会结构形态、社会互动界限、利益表达方式、价值观念和生活方式方面。

互联网已经成功走过了实验科研阶段和社会化应用启动阶段,正处于社会化应用发展阶段。它在秉承着"人人参与"的理念和坚持"端到端透明性"的核心设计原则下,呈现出了开放性、去中心化、对等性和公平性的技术特征。在互联网逐步成长为国家信息基础设施的过程中,集中体现互联网理念、技术和属性的体系架构已经受到了严峻挑战,导致与体系架构密切相关的网络安全、服务质量、商业模型等问题长期难以解决。

【关键词】

互联网时代;万维网;公共政策;国家治理;时代特征

【复习思考题】

一、思考题

1. 互联网本质上是一个技术网络吗?

2. 万维网从 Web 1.0 到 3.0 的发展阶段各有什么特点?

3. 为什么建立国家数据战略应当成为互联网治理的核心任务?

4. 在中国,互联网作为国家治理工具主要应用于哪些方面?

5. 互联网对中国经济的未来形态有怎样的影响?

6. 互联网时代经济发展有哪些注意事项?

7. 互联网是怎样对今天的社会结构发生影响乃至重新塑造的？

8. 随着社会的发展和技术的进步,互联网"人人参与"的技术理念是否还有坚持的必要性？

9. 在互联网逐步成长为国家信息基础设施的过程中,互联网技术遇到了哪些挑战？

10. 如何对互联网技术未来的发展进行规划？

二、讨论题

1. 互联网时代的政治发展将会呈现怎样的趋势？

2. 在互联网时代,中小企业经济的发展将会面临哪些机遇和挑战？

3. 互联网将从哪些方面推动中国经济的转型升级？

4. 现有互联网向未来互联网的技术演进方式应遵循什么思路？

5. 为什么说互联网对社会舆论和利益表达的民主化进程起到积极的推动作用？

6. 为适应互联网时代的发展,当代大学生应具备怎样的知识和技能？

三、网络实践题

1. 通过问卷调查或网络的方式收集资料和数据,具体了解互联网在社会生活中的实际运用方向。

2. 上 CNNIC 网络下载最新的互联网发展统计分析报告,并进行阅读和研究。

3. 随着我国加快落实创新驱动发展战略,主动适应和引领经济发展新常态,大众创业、万众创新的新浪潮席卷全国。阅读相关政府文件并阐述互联网对"大众创业,万众创新"的重大意义。

4. 采访身边的同学及朋友,从政治、经济、社会等角度举例说明互联网对人们生活的影响。

第 2 章
"互联网+"概念与定义

📖 【本章导读】

伴随知识社会的来临,驱动当今社会变革的不仅仅是无所不在的网络,还有无所不在的计算、无所不在的数据、无所不在的知识。"互联网+"不仅仅是互联网移动了、泛在了、应用于某个传统行业了,更加入了无所不在的计算、数据、知识,造就了无所不在的创新。推动了知识社会以用户创新、开放创新、大众创新、协同创新为特点的创新2.0,引领了创新驱动发展的"新常态"。本章内容主要分为两部分。第一部分——"什么是'互联网+'",首先对"互联网+"的提出与内涵进行了梳理;其次介绍了"互联网+"对中国的战略意义和"互联网+"与"+互联网"的区别;最后对"互联网+"未来的发展进行了分析预测,即"互联网+"机遇与挑战和"互联网+"趋势与未来。而第二部分——"'互联网+'相关概念",则简单阐述了一些与"互联网+"相关的概念,如互联网化、互联网思维、大数据运营、三网融合等。

在过去,煤炭、蒸汽机的发明和使用是第一次工业革命,继而迎来了第二次工业革命,也就是电气时代,互联网是第三次工业革命,所有行业都应该拥抱这次机遇,不光是 IT 领域。

——马化腾

📖 【学习目标】

- 了解"互联网+"提出的背景
- 了解"互联网+"的内涵
- 掌握"互联网+"对于中国的战略意义
- 了解"互联网+"和"+互联网"之间的区别和联系
- 了解"互联网+"战略的国际化机遇及中国"互联网+"存在的挑战
- 掌握"互联网+"发展十大趋势和"互联网+"的重要发展方向
- 了解"互联网+"相关概念的定义及发展

📖 【开篇案例】

从对手到携手,"互联网+"零售深度跨界竞合

事件:阿里巴巴与苏宁云商共同宣布达成战略合作,其中,阿里巴巴以约283亿元人民币战略投资苏宁云商,占股19.99%,成为第二大股东;而苏宁以140亿元人民币认购不超过2 780万股的阿里新发行股份,占比1.09%,双方开展战略合作,全面打通线上线下。

1. 开启"互联网+"零售的新纪元

京东投资永辉、阿里与苏宁合作,电商与传统零售商"化敌为友",由对抗、竞争走向融合共赢,这是我国零售业独具里程碑意义的事件,标志着行业进入O2O融合新篇章。电商存在着用户服务体验性低、物流费用率高等先天不足,随着电商竞争格局趋于稳定,电商巨头纷纷开始布局O2O生态圈,抢夺线下渠道实现O2O闭环。在目前消费周期性低迷的背景下,互联网巨头主动拥抱拥有线下优势的传统零售企业将提振市场情绪。我们认为,在实体零售经营承压、线上市场整体增速放缓的背景下,线上线下融合将成为零售行业未来发展的必然趋势。而具有供应链、仓储物流资源优势的商超以及社区场景价值的便利超市,易获电商追捧。

2. 阿里:获得供应链、仓储物流、门店资源

线上和线下的合作就是在供应链、仓储物流和线上流量方面互相支持。电商需要供应链、仓储物流,而传统零售商需要流量。与京东及其他垂直电商相比,阿里轻资产的平台扩张模式未能深度嵌入供应链系统。而苏宁具有完善可控的仓储物流服务和广泛分布的门店网络,公司拥有1 600多家线下门店、3 000多家售后服务网点、5 000个加盟服务商等,以及452万平方米仓储面积,660个城市配送中心、10 000个快递点等,未来将与阿里的线上体系进行无缝衔接。同时,苏宁的3C家电品类的市场地位和运营能力,可以有效弥补阿里在此品类的不足。

3. 苏宁:获得流量、大数据营销、资本支持

(1)苏宁此次募集资金共计293.4亿元,重点推进线下门店网络布局、物流与IT体系建设以及互联网金融发展等方面,公司资本实力将显著提升,互联网转型步伐加快,核心竞争优势持续提升。

(2)联姻阿里,为苏宁注入纯正的互联网基因,加速苏宁的互联网改造历程。阿里在大数据、云联网基因等方面的优势突出,苏宁可以获得阿里大数据营销支持,以更好地转化线下消费数据、提升客户体验。另外,通过导入线上流量,公司有望取得更快的门店扩张速度、客户流量及规模增长,实现弯道超车。

(3)看好双雄合作后,苏宁未来互联网生态圈转型。根据战略合作协议,阿里与苏宁未来将重点围绕新商业模式探索与O2O融合开展全方位合作,包括采购、物流、售后、支付、大数据等环节。未来双方还有可能打通苏宁PPTV与阿里娱乐、苏宁门店和银泰商业等其他产业链,合作的想象空间很大。在O2O模式下,线下零售商的商业价值将被重估,线下渠道价值将随着行业集中度提高而递进式凸显。

作为国内最大的电商平台与线下零售实体,阿里与苏宁从对手变为携手,无论从双方市场地位、实力或业务规模等方面,在商业零售行业中史无前例,投资规模亦创下新高,引领并将推进行业整合变革。阿里积极弥补线下缺口,苏宁坚定拥抱互联网转型,双方战略契合度高,管理层执行力强。

(资料来源:东兴证券研究报告2015年8月11日)

2.1 什么是"互联网+"

实施"互联网+"行动计划的总体思路就是要抓住新一轮科技革命和产业变革的历史时机,以改革创新激发全社会发展新经济的积极性,使互联网等新一代信息技术与中国传统产业深度融合,使互联网经济模式促进新型业态的发展成为中国新常态下再创竞争优势的主要形态。通过"互联网+"计划大力推动模式创新、新应用拓展、新技术突破、新服务创造和新资源开发,着力发展"互联网+"新业态,推进中国产业智能化升级,打造万亿级信息经济的核心产业,建设感知互联的智慧城市,全面提升中国经济社会新时期的科学发展水平。

2.1.1 "互联网+"的提出与内涵

1)"互联网+"的提出

国内"互联网+"理念的提出,最早可以追溯到2012年11月易观国际董事长兼首席执行官于扬在易观第五届移动互联网博览会的发言。他认为在未来,"互联网+"公式应该是我们所在的行业的产品和服务,在与我们未来看到的多屏全网跨平台用户场景结合之后产生的这样一种化学公式。

2014年11月,李克强出席首届世界互联网大会时指出,互联网是大众创业、万众创新的新工具。其中"大众创业、万众创新"正是此次政府工作报告中的重要主题,被称作中国经济提质增效升级的"新引擎",可见其作用之重要。[1]

2015年3月,全国两会上,全国人大代表马化腾提交了《关于以"互联网+"为驱动,推进我国经济社会创新发展的建议》的议案,表达了对经济社会创新的建议和看法。他呼吁,我们需要持续以"互联网+"为驱动,鼓励产业创新、促进跨界融合、惠及社会民生,推动我国经济和社会的创新发展。马化腾表示,"互联网+"是指利用互联网的平台、信息通信技术把互联网和包括传统行业在内的各行各业结合起来,从而在新领域创造一种新生态。他希望这种生态战略能够被国家采纳,成为国家战略。

2015年3月5日上午十二届全国人大三次会议上,李克强总理在政府工作报告中首次提出"互联网+"行动计划。李克强在政府工作报告中提出,制订"互联网+"行动计划,推动移动互联网、云计算、大数据、物联网等与现代制造业结合,促进电子商务、工业互联网和互联网金融(ITFIN)健康发展,引导互联网企业拓展国际市场。

---

① 资料来源:http://www.wxyis.org.cn/zyldrhd547/201503/t20150317169093.html。

2015 年 7 月 4 日,经李克强总理签批,国务院日前印发《关于积极推进"互联网+"行动的指导意见》(以下简称《指导意见》),这是推动互联网由消费领域向生产领域拓展,加速提升产业发展水平,增强各行业创新能力,构筑经济社会发展新优势和新动能的重要举措。[1]

2015 年 12 月,《咬文嚼字》杂志发布 2015 年度"十大流行语","互联网+"排第二。

2015 年 12 月 16 日,第二届世界互联网大会在浙江乌镇开幕。在举行"互联网+"的论坛上,中国互联网发展基金会联合百度、阿里巴巴和腾讯共同发起倡议,成立"中国互联网+联盟"。

当前,新一轮信息技术创新应用风起云涌,以物联网、云计算、大数据为代表的新一代信息技术不断取得突破和应用创新。催生新兴产业快速发展。同时通过与传统产业的融合渗透,助推产业转型升级,给人类生产生活方式带来了深刻变革。协同、智能、绿色、服务等新生产方式变革深刻影响着传统产业的核心价值体现;网络众包、生产消费者、协同设计、创客、个性化定制、透明供应链等新模式正在构建新的竞争优势;电子商务、互联网金融、社交网络等互联网经济体的形成加速了产业价值链体系的重构。

信息通信技术的进步,互联网、智能手机、智能芯片等在企业、人群和物体中的广泛应用,为"互联网+"奠定了坚实的基础。未来,新一轮科技革命与产业变革的影响将持续深入,跨界融合渗透成为常态,新产业、新业态、新技术和新模式将层出不穷。消费互联网逐步走向产业互联网,传统产业和服务业等领域的互联网潜力进一步释放,基于物联网、云计算的智能制造、能源共享正在改变传统工业生产模式,基于互联网、大数据的大规模协同、价值共享正在走向主流,驱动未来发展的要素资源从物质能源转向信息知识,众创、众包、众需等不断涌现,构成了"互联网+"发展的新引擎和新动力。

2)"互联网+"的内涵

"互联网+"是指以互联网为主的新一代信息技术(包括移动互联网、云计算、物联网、大数据等)在经济、社会生活各部门的扩散、应用与深度融合的过程,将对人类经济社会产生巨大、深远而广泛的影响。

"互联网+"代表着一种新的经济形态,是依托互联网信息技术实现互联网与传统产业的联合,以优化生产要素、更新业务体系、重构商业模式等途径来完成经济转型和升级。"互联网+"的本质是传统产业的在线化、数据化。这种业务模式改变了以往仅仅封闭在某个部门或企业内部的传统模式,可以随时在产业上下游、协作主体之间以最低的成本流动和交换。

"互联网+"概念的中心词是互联网,它是"互联网+"计划的出发点。"互联网+"具体可分为两个层次的内容来表述。一方面,可以将"互联网+"概念中的文字"互联网"与符号"+"分开理解。符号"+"意为加号,即代表着添加与联合。这表明了"互联网+"计划的应用范围为互联网与其他传统产业,它是针对不同产业间发展的一项新计划,应用手段则是通过互联网与传统产业进行联合和深入融合的方式进行;另一方面,"互联网+"作为一个整体概

---

[1] 资料来源:http://www.xinwenlb.com/xwpd/20150704_25090.html.

念,其深层意义是通过传统产业的互联网化完成产业升级。互联网将在传统产业中充分运用开放、平等、互动等网络特性,通过大数据的分析与整合,试图厘清供求关系,通过改造传统产业的生产方式、产业结构等内容,来增强经济发展动力,提升效益,从而促进国民经济健康有序发展。

(1)外在表征:"互联网+"传统产业

"互联网+"是互联网与传统产业的结合,其最大的特征是依托互联网把原本孤立的各传统产业相连,通过大数据完成行业间的信息交换。事实上,目前在交通、金融、物流、零售业、医疗等行业,互联网已经展开了与传统产业的联合,并取得了一些成果。"互联网+"作为外推力,有利于互联网与传统产业的深度结合。具体如下所述。

"互联网+"零售业。电子商务的高速发展得益于互联网与零售业的深度融合。互联网提供的在线销售模式为消费者提供了新的购物方式选择。利用互联网,一方面,企业完成了产品全方位的展示,使产品的供应信息得以透明化、公开化;另一方面,消费者根据相对完整的产品展示信息进行购物,自身需求得到满足。互联网与零售业的融合使原有产业链渠道改变,产品成本减少,消费者能够得到更优质的服务。例如,苏宁、国美传统电器卖场通过开设网上商城的形式,全方位展示商品参数信息,通过送货上门服务使消费者足不出户便可以购买大宗家电。2014年9月阿里巴巴在美国的成功上市,昭示着电子商务巨大的发展潜力和活力。

"互联网+"交通。互联网与交通业融合为用户的出行生活提供了便利。基于互联网特别是移动互联网的地理位置更新,互联网与交通业的结合使用户出行变得便利。在公共交通工具上,例如"车来了"等移动应用可以基于公交车的位置为用户提供公交车实时位置更新。基于实时网络数据传送,用户出门延误概率和等待时间得到减少。在出租车方面,"滴滴打车"等应用的出现解决了出租车行业供需不平衡的问题。基于移动互联网的手机应用客户端解决了用户打不到车与出租车空车行驶之间的矛盾。

"互联网+"生活。互联网与旅游业的结合,使旅游业的去中介化越加明显。基于途牛网、蚂蜂窝网等旅游经验分享型网站的兴起与发展,旅游业的产业发展模式得到改变。互联网与医疗业的结合使医疗资源的分配得到有效改善。医院通过开通网络挂号、专家预约、网上问诊的方式,节省了患者排队就医的时间成本。同时,基于互联网建立患者的电子病历、患者数据库或者健康数据库进行数据留存,是为患者服务、推动医疗业发展的有效途径。余额宝、网络银行、P2P个人信贷等互联网金融的发展掀起全民理财的热潮,使金融业更加"接地气"。

"互联网+"意味着互联网向其他传统产业输出优势功能,使得互联网的优势得以运用到传统产业生产、营销、经营活动的每一个方面。传统产业不能单纯将互联网作为工具运用,要实现线上和线下的融合与协同,利用明确的产业供需关系,为用户提供精准、个性化服务。

(2)深层目的:产业升级+经济转型

"互联网+"带动传统产业互联网化,互联网化指的是传统产业依托互联网数据实现用户需求的深度分析。通过互联网化,传统产业调整产业模式,形成以产品为基础,以市场为导向,为用户提供精准服务的商业模式。互联网的商业模式是基于流量展开的,互联网带来的是眼球经济,注意力转变为流量,流量再变现。因此,如何吸引用户关注、了解用户需求便是互联网商业模式改革的关键点。基于新的商业模式,传统产业通过调整资本运作和生产方式,从单纯注重产品生产的固有思维中解放,在关注产品的基础上加入用户需求元素,形成具有互联网思维的新型企业模式。

互联网本身就是新技术,对新技术的应用有利于传统产业进行技术创新。传统产业利用新技术创新,可以扩展产品市场。市场创新,即利用互联网技术开辟和占领新的市场。互联网的开放、分享特性使产业市场实现跨地域化扩展。技术应用同样可以带来新的资源,产业的供应源得以多元,新资源得以开发和利用。互联网与传统产业的"联姻"将促进创新成为产业升级的重要引擎。

在管理体系上,互联网同样为新的组织和管理方式的形成提供了可能。在传统产业的组织和管理上,同样存在着因信息的不自由流通、信息的不对称导致的低效。在企业内部管理体系方面,通过互联网管理系统完成任务分配,可以增加员工的交流效率,减少不必要的人力、时间成本支出。而利用互联网进行员工信息管理,以透明和公开的方式进行信息共享,有利于信息的快速传达,使成员第一时间进行工作内容调整与跟进,从而提高工作效率。同时,互联网带来的信息快速更新,也迫使企业根据市场变化及时调整战略目标,作出正确的决策判断。互联网使新的管理关系体系得以建立与运行,企业员工工作方式得到变革,新的管理态势得以形成。

"互联网+"力求的产业升级是通过管理体系、技术应用、商业模式等综合创新实现的。传统产业的互联网化使传统产业效率、运营、管理等方面均得到提升。

2.1.2　"互联网+"对于中国的战略意义

"互联网+"出现在李克强总理政府工作报告中,意味着"互联网+"这个概念已经从一般的学术概念上升为对国家经济、政治等各行各业都具有战略意义的概念。同"互联网+"这个具有战略意义的概念相适应,"+"这个符号的含义也就从"+"的基础性符号含义上升为对国家经济、政治等各行各业都具有战略意义的符号含义。可见,对于"互联网+"意义的解释仅仅停留在一般意义的理解上是不够的,必须从战略的高度、理论的高度去认知"互联网+"。

从战略的高度、理论的高度,对于"互联网+"概念的意义可概括如下:"互联网+"是一种概念、"互联网+"是一种战略、"互联网+"是一种革命、"互联网+"是一种规律、"互联网+"是一种融合、"互联网+"是一种文化、"互联网+"是一种动力、"互联网+"是一种引领、"互联网+"是一种模式、"互联网+"是一种经验、"互联网+"是一种改革、"互联网+"是一种趋势……总之"互联网+"是一种撬动、挖掘我国各类资源的动力,是我国新型产业的领跑者,是我国进入"新硬件时代"的必经过程。

首先,全球信息科技革命的客观要求。新世纪以来,随着大数据、云计算等现代信息网络技术的快速发展,互联网对世界经济的变革进一步加剧,互联网与传统产业逐渐融合,产业边界日益交融,通过充分利用信息通信技术和网络空间系统,形成并催生了以互联网为主导的产业发展新模式,全球以信息网络为纽带连成一个统一大市场,中国需要而且已然成为这个大市场的重要组成乃至核心。

其次,中国互联网经济快速发展的现实要求。中国已经成为全球互联网经济发达的地区之一。

第三,构建创新驱动型经济发展模式的重要抓手。互联网集聚了多元化创新资源和创新要素,"互联网+"就是要充分利用这些资源要素和信息经济革命的成果,创新产业和商业模式,实施创新驱动、智能转型、强化基础、绿色发展的"中国制造2025"计划,加快从制造大国转向智造强国,全面推进中国开放创新、大众创新、协同创新的创新型国家建设。同时,也以"互联网+"的增量促进政府管理体制的改革和创新,突破改革瓶颈。

2.1.3 "互联网+"与"+互联网"

2015年3月李克强总理在《政府工作报告》中首次提出"互联网+"行动计划,为国家大数据发展模式的研究与应用奠定了重要基础。在当前的社会经济发展中,还存在另一种较为新颖、重要的大数据发展模式——"+互联网"模式。①

"互联网+"与"+互联网"本质上相同相通,但从行文顺序不同可以看出,两者具体含义存在差异。认清其异同,厘清其关系,对于小到项目操作的微观层面,大到国家行动层面,均有意义。

(1)两者发展路径不同

"互联网+"更多强调"逆袭创新"。大体而言,电子商务是互联网向商业的逆袭,互联网金融是互联网向金融业的逆袭,互联网传媒是互联网向传媒业的逆袭……这种由"新"向"旧"的突入式扩张,已经造成了强烈的震撼,而且这也许只是开始。

"+互联网"则更多强调"顺势创新"。比如工业互联网、金融互联网等,主要是传统行业以既有业务为基础,利用互联网技术和理念,提高为用户服务的效率和质量。迄今为止,几乎没有一个行业会轻视对互联网的利用。很多大中型企业虽然面对媒体比较低调,但实践中也已在"智能化工厂""大量订制"等方面摸索良久了。

(2)两者优势不同

"互联网+"有新技术优势、体制机制优势和更广泛的社会支持,容易产生爆发性增长。互联网技术是基础,再加上其优惠的价格、便捷的操作、舒适的体验,足以赢得大量消费者。如果再在体制机制上做一点突破,其爆发力往往令互联网企业自己也始料未及。比如,在利率管控的大背景下,一些互联网金融产品就能以资金回报率上的小小差异,把原本在银行的庞大存款吸引过去,这引起了社会的高度关注和争议。网上购物、网上看新闻、网上金融……莫不如此。这个长长的清单,正在快速覆盖着生产生活的方方面面,也在吞食着一个个原本属于别人的天量市场,由于想象空间巨大,哪怕它有瑕疵,增势也仍然如虹如飚无法阻挡。

相对而言,"+互联网"拥有的是存量优势、行业标准优势和公信力优势。一方面迫于外

---

① 资料来源:http://www.wxyis.org.cn/zyldrhd547/201503/t20150317169093.html.

部特别是互联网企业的压力,一方面迫于内部问题导向的压力,传统企业正热情利用互联网技术提高自身服务客户的能力。这一块虽然舆论声势不大,但其势力版图并不小。从国际上看,德国的"工业 4.0 战略"、美国的"工业互联网"等,都可以大致归为"+互联网"的阵营。利用互联网对自己进行自我创新甚至自我革命,具体到每一个行业每一个企业可能命运各异,但总体上这条路是符合"继承—创新—再继承—再创新"这条历史逻辑的。

(3)两者主导者不同

根据上述两个不同之点推论,"互联网+"的主导者往往是互联网企业,从技术、商业模式、资金、人才等方面看,都是互联网企业主导着融合进程。"+互联网"则正好相反,主要是传统企业在主导着融合进程。

"互联网+"的概念,经过总理政府工作报告已经火遍大江南北,但这并不表示"+互联网"不应该被重视。首先,总理在政府工作报告的表述是:"推动移动互联网、云计算、大数据、物联网等与现代制造业结合,促进电子商务、工业互联网和互联网金融健康发展"。仔细品味,"互联网+"行动计划是包含了"+互联网"的,二者形式上是一体的,本质上是相通的;其次,从发达国家情况看,他们非常看重"+互联网",如德国高度重视工业 4.0,美国特别倡导工业互联网,日本关注科技工业联盟。①

2.2 "互联网+"的时代特征

互联网与各行各业的融合,早在多年前,就以信息化应用、信息化与工业化融合、制造业服务化等形式在孕育发展。今天,"互联网+"理念的提出,进一步将以互联网为载体的融合发展上升到占据新兴业态竞争高地,推进中国经济结构转型优化的新高度。借"互联网+"行动计划的东风,在第一产业、第二产业和第三产业中全面推进"互联网+",对中国经济转型将产生重要而深远的影响。

2.2.1 "互联网+"机遇与挑战

1)"互联网+"战略的国际化机遇

"互联网+"战略的本质就是运用互联网等信息技术改造传统产业和商业模式,实现以消费者为核心的"C 驱动 B"商业模式。"互联网+"战略是对传统生产贸易方式的解构与重构,若能把握机遇,无论是发达地区和欠发达地区,无论是传统产业还是新兴产业,都可以利用互联网的机遇,实现本地经济的新发展,打造产业发展新格局。

一是掌握国际贸易主导权的机遇。跨境电子商务属于新的商业模式和战略性新兴产业,欧美等国发展跨境电子商务并没有显著超越中国的优势,跨境电子商务是中国最有机会抗衡甚至超越欧美国家的战略性产业。若能迅速调整外贸体制、政策和管理方式,发展跨境电子商务,掌控跨境电子商务发展的主导权,包括交易信息拥有权、支付结算优先权、标准规

---

① 资料来源:http://www.wxyis.org.cn/zyldrhd547/201503/t20150317169093.html.

范制定权等,将有助于中国掌控信息经济和大数据环境下的国际贸易主导权,真正实现由贸易大国向贸易强国转变。

二是在实现内外贸一体化的机遇。"互联网+"涉及产品生产、流通、消费、国内贸易、国际贸易的各个领域,在更大范围内配置和利用各种资源,节约了交易成本,提高了经营效率,使国内和国外消费者都可以成为服务对象,从而改变了传统的商业模式和服务模式,改变了内外贸分离的贸易方式,是实现内外贸一体化发展的现实途径,从线上到线下,将生产者和消费者紧密相连,将国内生产流通与境外生产贸易形成一个链条,促进国际国内统一大市场、城乡统一大市场的形成。

三是推动国际经济合作的机遇。"互联网+"战略离不开国际间的交流与合作,包括加入国际组织的相关协议、制定相关国际标准和规则、建立区域信息安全保护机制、货币结算清算合作机制以及互联网企业拓展国际市场的各类合作等。推动"互联网+"国际合作,将使中国的国际经济合作获得更为广阔的发展空间。其路径包括:主动参与国际组织关于电子商务规则、条约、标准等的研究和制定;建立国家间电子商务的合作机制,在区域合作协定中增加关于共同促进互联网经济发展的条款;与有条件的"一带一路"沿线国家建立互联网经济合作机制,实现跨境电子商务的双边关税互惠互免等。

四是建立中国内地和港澳台地区"互联网+"合作机制的机遇。通过将国内的"互联网+"战略延伸,为内地与港澳、大陆与台湾的互联网技术、互联网生产、营销以及跨境电子商务合作提供更多便利。一是要鼓励内地和港澳台企业合作建立网上流通渠道,实现产品线上线下的低成本、便捷化流通;二是要鼓励有条件的内地电商企业与港澳台电商企业建立电商合作平台,发挥各自比较优势和分工效应;三是充分发挥港澳台商的作用,将内地跨境电商平台与港澳台的电商平台对接,通过港澳台商的流通渠道,使内地以及港澳台企业以及消费者通过电子商务相互销售和购买产品,共同分享"互联网+战略"的红利。

2) 中国"互联网+"存在的挑战

"互联网+"行动计划被写入政府工作报告,也在"十三五"规划中被强调。但当互联网向传统行业纵深发展的时候,遇到的挑战也越来越大。这个挑战来自两个方面,一是来自于市场的怀疑。很多人对互联网不以为然,认为只是一个工具而已,目前决策层对其期望过高,不符合经济学基本逻辑。不过也有学者认为互联网时代的特点是存在的,与蒸汽时代、电气时代相比,互联网时代的物理资本越来越不重要——在工业时代,企业可以通过机器、地段、资源的控制来保持比较好的竞争优势,但是互联网时代的客户没有忠诚度,互联网公司要盈利就只能持续创新,并以此不断提升效率和客户体验。

事实上,目前很多互联网企业在向线下延伸时已经遇到很大的障碍,比如说红火一时的各种形式O2O,很多因为无法做到边际成本递减规则,导致规模越大而亏损越大。但目前"互联网+"发展的最大挑战并非是来自市场中传统企业的反抗,而是来自监管规则的束缚,监管规则的束缚使得新技术和新运营模式会一筹莫展。

目前,我国"互联网+"的纵深发展,或者说产业互联网的顺利推进还存在下述制约要素。

一是制度不适。目前信息生产力还未最大限度地发挥作用,主要是受到了原有基于"工业经济"的生产关系的束缚,具体体现在制度安排上的落后。比如,没有促进信息(数据)流动与共享的政策;只有 IT 投资预算制度,没有购买云服务的财政支持制度;再比如,互联网金融监管方面,不能适应技术发展的需要,等等。

二是观念落伍。目前我国的传统产业存在较为严重的观念固化的现象,具体体现在因承袭原有的信息化老路,对云计算、大数据等基础设施服务缺乏必要的了解和应用,也没有适应消费者作为主导的商业格局的转变。

三是基础设施滞后。与美国、欧洲、日本、韩国等发达国家持续进步相比,我国宽带、现代物流等方面存在很大差距。特别是城乡、中西部的"数字鸿沟"严重制约信息经济的深入普及、应用。

四是技术创新体系陈旧。当前我国的技术创新体系仍然倚重传统的高校、科研机构及国有企业,相关的产业扶持资金也没有得到很好地利用,一些依赖补贴的企业创新动力不足、技术进步效果不佳。

五是小微企业环境欠佳、经济活力不足。尽管小微企业在解决就业、促进创新和经济增长上作出了重大贡献,但政府扶持措施仍难落地,体现为对小企业重视不足,更多的扶持政策还是落在了"中型企业"上。在国家经济"降速转型"形势下,"大众创新"愈发受到重视,而承担"大众创新"的主体正是小微企业。

六是人才匮乏、教育体系落后。目前,与低技能的劳动力相比,适应"信息经济"发展的相关专业人才非常短缺,人才结构不尽合理。比如,电子商务人才、移动互联网人才、互联网金融人才等领域培养机制与市场需求严重脱节。

2.2.2 "互联网+"趋势与未来

1)"互联网+"发展的十大趋势

每一个社会及商业阶段都有一个常态以及发展趋势,"互联网+"提出之前的常态是千万企业需要转型升级的大背景,后面的发展趋势则是大量"互联网+"模式的爆发以及传统企业的"破与立"。

(1)趋势一:政府推动"互联网+"落实

"互联网+"是全国性的,各地政府都会提出建设主方案,然后招标或者外包给能够帮助企业做转型的服务型企业去具体执行。在今后长期的"互联网+"实施过程中,政府将扮演的是一个引领者与推动者的角色。一是发现那些符合政策并且做得好的企业并立为标杆,起到模范带头作用。二是挖掘那些有潜力的企业,在将来能够发展成为"互联网+"型企业。三是结合各地实际情况,建立更新更接地气的"互联网+"产业园及孵化器,融合当地资源打造一批具备互联网思维的企业。四是引进"互联网+"技术,包括定期邀请相关人员为当地企业培训互联网常识,以及对在职员工的再培训等。五是资源对接,与各大互联网企业建立长期的资讯、帮扶、人才交流等关系,在交流中让互联网企业与传统企业相互交流,便于进一步合作。

(2)趋势二:"互联网+"服务商崛起

"互联网+"时代会出现一大批在政府与企业之间的第三方服务企业,这些企业可能会以互联网企业为主,但不排除部分传统企业也会逆袭成为"互联网+"服务商。其实从服务角度来看,传统企业转型为"互联网+"服务商也是一种转型。这是一种类似于中介的角色,其本身不会从事"互联网+"传统企业的生产、制造及运营工作,但是它们会帮助线上及线下双方的协作。更多的是做双方的对接工作,盈利方式则是双方对接成功后的服务费用及各种增值服务费用。

这些增值服务可能会是培训、招聘、资源寻找、方案设计、设备引进、车间改造等。初期的"互联网+"服务商是单体经营,后期则会发展成为复合体,不排除后期会发展成为纯互联网模式的平台型企业。第三方服务涉及的领域有大数据、云系统、电商平台、O2O 服务商、CRM 等软件服务商、智能设备商、机器人、3D 打印等。

传统产业向智能化、数字化、网络化纵深发展。产业互联网发展步伐进一步加快,互联网技术对传统产业的产品设计、生产过程、产品销售等全过程渗透。同时,传统产业也将通过互联网技术整合产业链上下游资源,在原材料、装备制造、军工等重点领域开展试点工程,加快生产流程的创新,发挥"信息流"的作用,在研发、设计、生产、销售、服务等环节促进网络与信息技术发展。新一代网络信息技术已经渗透和扩散到生产性服务业的各个环节,催生出各种基于产业发展的服务新业态,并将成为互联网经济背景下成长性最高的产业群。生产性服务业将从技术应用、服务内容、商业模式等方面不断提升。生产性服务业的发展壮大将是下一个产业互联网重点融合的方向。催生出各种基于产业发展的服务新业态,并将成为互联网经济背景下成长性最高的产业群。生产性服务业将从技术应用、服务内容、商业模式等方面不断提升。生产性服务业的发展壮大将是下一个"互联网+制造业"柔性化生产,加速生产商柔性化,原有以规模效应和资金为主的竞争逐步让位于信息利用和灵活协同。

(3)趋势三:第一个热门职业是"互联网+"技术

"转型红利"期的第一个热门职业会是"互联网+"技术。由于社会及行业的需要,会催生大量的专业技术从业者。这个职业群体的构成是成熟的技术人员及运营人员,更多的通过培训上岗的人员。从事"互联网+"服务商的工作,要求每一个人都有整体规划性思路,他们能够根据"互联网+整体解决方案"做事,然后再有一个具体而擅长的领域,譬如运营及技术等,通过不断地向下延伸而匹配到线下的传统企业中。甚至,"互联网+"服务商要为每一个企业配备数个服务代表,工作人员"驻商"或者"驻岗",为企业提供一对一的服务。

(4)趋势四:"互联网+"职业培训兴起

政府及企业也需要更多懂"互联网+"的人才,关于"互联网+"的培训及特训的职业线上线下教育会爆发。在线教育领域,职业教育一直是很火的教育类型,同时市场份额也占得比较大,每年都会有很大的进步。在"互联网+"这一轮热潮中,针对"互联网+"职业教育会兴起,可以具体细分到每个工作岗位的具体工作。其实这些培训还是互联网企业的职位,传统企业想改变企业架构,需要配备更多的专业技能职工。"互联网+"职业培训面向两个群体,一是对传统企业在职员工的培训,二是对想从事该行业人员的培训。

(5)趋势五:平台型电商再受热捧

互联网企业积极打造产业生态链。我国互联网产业生态链逐渐形成,产业互联网发展基础进一步夯实。互联网经济将极大地激发社会的创造活力,为"万众创业,大众创新"提供合适的平台。中国经济目前已步入新常态,发展速度较以往有所下降,亟须新的发展动力。从国际经验和理论推演来看,后发展国家到了中等收入阶段,就应该依靠创新和技术进步作为经济的主要推动力量。凡是成功成为高收入经济体的国家或地区,都成功地实现了依靠创新和技术进步驱动经济增长。中国国内有着大量的创新资源,只是中国以往经济形态和社会发展比较落后,这些创新资源高度分散,难以形成合力。这个问题曾长期拖累中国经济的发展,难以解决。到了互联网时代,互联网将这些创新因素囊括到一个大系统中,创新资源高度分散的问题迎刃而解。

在电商方面,平台型电商及生态型电商会广受关注,包括大型平台及地方平台,将会有更多的传统企业与其接洽。甚至这些平台会专门成立独立的"互联网+"服务公司,更深入企业内部。对于传统企业而言,在初期的转型实操上,更多企业会选择加入一个平台或者生态。一来可以从平台或者生态上积累部分资源并学习其运营模式,二来可以避免自搭平台运营失败的情况出现。加上平台或生态,也能更好地认知自身的资源优势与不足,通过与其他商家合作,了解产业链整体布局,建立格局观。

这有利于传统企业找到转型突破点,以后才能以点代面,企业自身也有可能发展成为一个生态。当然,平台或生态不只是线上的,线下的资源整合的一定程度,也能催生出平台。更多的平台或者生态出现以后,"互联网+"要做的只是生态与平台的连接,更有利于行业的整体升级。

(6)趋势六:供应链平台更受重视

供应链平台会成为重中之重,专门设计和研究供应链的商家会成为构成传统企业新商业模式主架构部分的服务者,这是每一个接受"互联网+"的企业应该遵循的。企业及行业转型的根本是供应链的互联网化,也是供应链的优化与升级。对于一个传统企业来讲,人员架构可以变得扁平,技术人员也都可以配齐,考核制度也可以效仿互联网企业,但是更底层的供应链改造是个非常困难的问题。

供应链涉及物流、现金流等各种维持企业运营的重要因素,很多传统企业在现在看来根本是无法改造的。传统供应链模式相对效率低下,互联网化以后的传统企业必定会受其拖累。因此,"互联网+"要求有一部分专门研究供应链设计及改造的专业人才站出来,为广大需要转型升级的企业服务。

(7)趋势七:O2O 会成为"互联网+"企业首选

线上线下互动的模式,O2O 将会大受重视,O2O 已经成为当前商业探讨的共同话题,只是 O2O 不算商业模式,只是一种形式,广大传统企业可以借用这种方式进一步改造原有的商业模式。同时,作为连接线上及线下的新商业形式,会成为当前广大传统企业的首选,O2O 相关的资讯公司及研究单位会受到重视及热捧。

O2O 是一种线上线下相连接的商业形式,目前很多传统的企业尤其是手工业已经从中找到了适合企业发展的模式,这种模式正是"互联网+"模式需要借鉴的。大量 O2O 企业的案例可以为传统企业转向提供经验,也可以为互联网企业融合传统企业提供思路。接下来,O2O 会是每个传统企业的必修课,也是线上企业必须研究的课题。同时,"互联网+"之所以被政府推出,各种基于 O2O 的商业模式是其参考,也算是一种变相的推动。

（8）趋势八：创业生态及孵化器深耕"互联网+"

2015年是"互联网+"孵化器的整合元年。目前，全国的孵化器已经超过1 200个。同时，孵化器在接下来的发展中，将主推"互联网+"，传统企业融合"互联网+"的新模式企业将会与高新产业一样受到孵化器的重视。"互联网+"被作为政策推出来的另一个原因，是因为当前时代是全面创业时代，大部分创业项目或多或少都与移动互联网相关。智能硬件、在线教育、O2O等领域创业项目的火热，间接推动了新材料、传感器、集成电路、软件服务等行业的兴起，这些领域同样也出现了足够多的创业项目。

当前，围绕互联网的创业项目已经形成了一个生态，创业项目的关联性是一条脉络，这条脉络可以梳理与整合某些行业的全产业链；物联网是另一条脉络，这条线把智能硬件、可穿戴、生物医疗等领域连接起来。整个创业生态都是围绕移动互联网的，政府牵头推出"互联网+"政策，正是为了推动更多的互联网创业项目的产生。在政策的激励下，会有更多的互联网创业项目出现，传统的创业项目也就越来越好，以此来解决行业的升级问题。所以，接下来各地的孵化器将会主推"互联网+"项目。

（9）趋势九：加速传统企业的并购与收购

互联网企业投资持股传统企业已经屡见不鲜，事实上传统企业投资或者收购互联网企业的案例也不在少数。在以往的传统企业转型研究中认为入股与并购是传统企业互联网化最简单快捷的方式。这比传统企业高薪引进电商运营团队或者引入高科技人才更直接有效，引进团队和人才还需要很长的时间与企业原有结构及运营模式磨合，当然也不是所有企业都适合直接转变运营模式。直接收购互联网企业，企业的全部业务打包性的与传统企业对接，相当于互联网业务外包但又是内部的公司，双方的业务及职工又不受冲突，可谓一举多得。

不要看互联网企业价值多少亿美元，市值500亿美元以上的互联网公司也就那么多，线下的资本要比线上多很多。大量民间资本长期累积，过去这些资本都进入银行、能源等传统行业，近几年来随着实体行业的萧条与不景气，这些手握大量资本的企业开始着眼互联网，很多专注互联网投资的基金都有传统企业的身影。线下资本投入线上，有利于民间资本的优化及再分配，"钱生钱"的投资模式如今已经走向病态，P2P等巧立名目的民间非法集资还在与日俱增，如果这部分钱能够转投创业项目，将会更好地促进社会的整体转型。

（10）趋势十：促进部分互联网企业快速落地

"互联网+"虽然更多的是互联网与传统企业的融合，其实很多互联网企业也在寻求切入传统市场，这些企业也需要转型。最鲜明的例子是当前数以万计的手机应用，这些APP肢解了PC互联网的市场，短时间内积累了超过千万甚至上亿的用户，但是缺乏更好的商业模式。基本上每一个APP都是某个行业或者其细分领域的代表，在线上无法解决的盈利问题时，这些商家都有落地线下的趋势。如唱吧在尝试自己做KTV以及与线下KTV合作，墨迹天气开始和硬件商家合作空气检测及空气净化的硬件。

2)"互联网+"的重要发展方向

（1）互联网+工业

"互联网+工业"即传统制造业企业采用移动互联网、云计算、大数据、物联网等信息通信技术改造原有产品及研发生产方式,与"工业互联网""工业 4.0"的内涵一致。2014 年,中国互联网协会工业应用委员会等国家级产业组织宣告成立,一些互联网企业联手工业企业开始了中国版"工业互联网"实践,"互联网+工业"的大幕已拉开。

"移动互联网+工业"。借助移动互联网技术,传统制造厂商可以在汽车、家电、配饰等工业产品上增加网络软硬件模块,实现用户远程操作、数据自动采集分析等功能,极大地改善了工业产品的使用体验。这类产品已大量面世,2014 年中国智能可穿戴设备市场规模达到了 11 亿元人民币。儿童防走丢智能鞋、儿童卫士智能手表等设备可以随时定位儿童位置,并可通过手机 APP 查询。智能血压计、智能体重仪、智能手环等健康设备对用户的健康指标可以实现实时监测,自动分析并给出建议。

"云计算+工业"。基于云计算技术,一些互联网企业打造了统一的智能产品软件服务平台,为不同厂商生产的智能硬件设备提供统一的软件服务和技术支持,优化用户的使用体验,并实现各产品的互联互通,产生协同价值。百度开放了创新智能硬件合作计划 Baidu Inside,针对纳入合作的创新硬件提供云存储、图片识别、LBS 等互联网技术能力支持。京东也推出了 JD+计划和京东智能云,开放了云服务和其他数据处理技术,同时推出一款超级 APP,用户使用一个账号就能控制家中多款智能硬件产品。

"物联网+工业"。运用物联网技术,工业企业可以将机器等生产设施接入互联网,构建网络化物理设备系统(CPS),进而使各生产设备能够自动交换信息、触发动作和实施控制。物联网技术有助于加快生产制造实时数据信息的感知、传送和分析,加快生产资源的优化配置。华为为中亚天然气管道提供的"数字化油气管道"集成通信解决方案,有效地将管道与压缩机站、计量站、主控中心实时链接,管理人员在北京就能实时了解千里之外的管道现场情况,有助于合理制订检修计划,大幅节约运维资金。

"网络众包+工业"。在互联网的帮助下,企业通过自建或借助现有的"众包"平台,可以发布研发创意需求,广泛收集客户和外部人员的想法与智慧,大大扩展了创意来源。工业和信息化部信息中心搭建了"创客中国"创新创业服务平台,链接创客的创新能力与工业企业的创新需求,为企业开展网络众包提供了可靠的第三方平台。小米、美的、海尔等企业也各自构建了不同类型的互联网众包平台,对接用户需求与全球研发资源,征集产品创意和技术解决方案。

"互联网商业模式+工业"。互联网给传统产业带来的变革,不仅在新技术应用方面,而且已经引发商业模式的大变革。随着工业产品进入互联网,生产企业可以依托产品提供服务,企业的收入来源也将从销售产品转向"销售产品+提供服务",以获取持续收入。三一重工已经在设备上增加了通信功能,目前已经有超过 10 万台设备通过网络与三一企业控制中心及快速反应团队连接。企业控制中心可以运用 3G 网络、视频远程故障诊断等信息服务系统,远程监控设备的运转情况,并基于工业大数据实现故障预警,有针对性地提供维修等服务,实现"服务型制造"。

(2)互联网+商贸

商贸领域与互联网融合的历史相对较长,多年来,电子商务业务伴随着我国互联网行业一同发展壮大,目前仍处于快速发展、转型升级的阶段,发展前景广阔。近年来我国 B2B 电子商务保持了平稳较快增长,2014 年 B2B 电子商务业务收入规模达 192.2 亿元人民币,增长 28.34%;交易规模达 9.4 万亿元人民币,增长 15.37%。同时,B2B 电商业务也正在逐步转型升级,目前主要的平台仍以提供广告、品牌推广询盘等信息服务为主。阿里巴巴、慧聪网、华强电子网等多家 B2B 平台开展了针对企业的"团购""促销"等活动,培育企业的在线交易和支付习惯。

企业自营电商。传统产业拥抱互联网的一种方式就是主动将销售渠道互联网化,并实现"从工厂直达顾客(F2C)"。通过自己建立电子商务平台,企业不仅可以减少渠道环节、降低销售费用,更可以和顾客建立直接联系,了解顾客具体特征,进而为细分客户群体精准开发差异化、个性化产品。海尔公司的"海尔商城"为消费者提供新品首发、产品定制等差异化服务,并在家电渠道服务行业中率先支持送装同步服务。通过运用移动互联网、大数据等技术,海尔的日日顺物流已经实现全国直接配送到乡镇级客户,并在 1 500 多个区县实现 24 小时内限时到达。

出口跨境电商。跨境电商是互联网企业拓展国际市场的重要落脚点。近年来,跨境电子商务发展较快,互联网对于出口企业的助力作用越来越明显。截至 2014 年,我国跨境电子商务试点进出口额已突破 30 亿元。一大批跨境电子商务平台走向成熟。外贸 B2C 网站兰亭集势 2014 年前三季度服装品类的净营收达到 3 700 万美元,同比增速达到 103.9%;订单数及客户数同比增速均超过 50%。

互联网+金融。"融资难、融资贵"是长期制约我国实体经济,尤其是中小微企业发展的瓶颈。"互联网+金融"可以整合企业经营的数据信息,使金融机构低成本、快速地了解借款企业的生产经营情况,有效降低借贷双方信息不对称程度,进而提升贷款效率。

互联网供应链金融。该业务与电子商务紧密结合,阿里巴巴、苏宁、京东等大型电子商务企业纷纷自行或与银行合作开展此项业务。互联网企业基于大数据技术,在放贷前可以通过分析借款人历史交易记录,迅速识别风险,确定信贷额度,借贷效率极高;在放贷后,可以对借款人的资金流、商品流、信息流实现持续闭环监控,有力降低了贷款风险,进而降低利息费用,让利于借款企业,很受小微企业的欢迎。

P2P 网络信贷。近两年,我国 P2P 网络信贷市场出现了爆炸式增长,无论是平台规模、信贷资金,还是参与人数、社会影响都有较大进步。据统计,2014 年,P2P 平台数量已经达到 1 575 家,全年成交金额 2 528 亿元。P2P 规模的飞速发展为中小微企业融资开拓了新的融资渠道,也为居民进行资产配置提供了新的平台。

众筹。众筹这种融资模式具有融资门槛低、融资成本低、期限和回报形式灵活等特点,是初创型企业除天使投资之外的重要融资渠道。目前,我国已成立的众筹平台已超过 100 家,其中约六成为商品众筹平台,纯股权众筹约占两成,其余为混合型平台。

互联网银行。2014 年,互联网银行落地,标志着"互联网+金融"融合进入了新阶段。腾讯任大股东的深圳前海微众银行已于 2014 年 12 月开业;在阿里巴巴任大股东的浙江网商银行也已获批。这两家银行主要依托互联网经营,主要客户定位为小微企业和个人。互联网银行将依靠独特的商业模式与传统银行展开差异化竞争,进而有望带动整个银行业的变革。此外,"互联网+医疗""互联网+交通""互联网+公共服务""互联网+教育"等新兴领域也呈现方兴未艾之势,随着"互联网+"战略的深入实施,互联网必将与更多传统行业进一步融合,助力打造"中国经济升级版",合奏经济新常态下的最强音!

2.3 "互联网+"相关概念

2015 年以来,随着"互联网+"的提出与发展,也催生了许多"互联网+"的相关概念,例如互联网化、互联网思维、大数据运营、三网融合等。

2.3.1 互联网化

互联网化,是易观国际(Analysys International)最先提出的一种理念,是指企业利用互联网(包含移动互联网)平台和技术从事的内外部商务活动。随着云计算和互联网(包括移动互联网)的发展,企业在业务的拓展和发展中,正逐步将内部的业务流程和外部的商务活动与互联网(包括移动互联网)结合起来,从而有效提升企业整体的核心竞争力,这一趋势称为企业互联网化发展趋势。

中国的企业终将成为互联网企业,而信息化只是企业互联网化的第一个阶段,在云计算和移动互联网的催化下,互联网也将像水、电一样成为企业必不可少的资源,越来越多的企业将会意识到互联网的重要性,企业的互联网化在中国迎来了高速发展,互联网化的大势正在到来。

2.3.2 互联网思维

互联网思维,就是在(移动)互联网+、大数据、云计算等科技不断发展的背景下,对市场、用户、产品、企业价值链乃至对整个商业生态进行重新审视的思考方式。互联网时代的思考方式,不局限在互联网产品、互联网企业。这里指的互联网,不单指桌面互联网或者移动互联网,是泛互联网,因为未来的网络形态一定是跨越各种终端设备的,台式机、笔记本、平板、手机、手表、眼镜,等等。互联网思维是降低维度,让互联网产业低姿态主动去融合实体产业。

互联网思维是怎么产生的? 生产力决定生产关系,互联网技术特征在一定程度上会影响其在商业层面的逻辑。工业社会的构成单元是有形的原子,而构成互联网世界的基本介质则是无形的比特。这意味着,工业文明时代的经济学是一种稀缺经济学,而互联网时代则是丰饶经济学。根据摩尔定律等理论,互联网的三大基础要件——带宽、存储、服务器都将无限指向免费。在互联网经济中,垄断生产、销售以及传播将不再可能。

而且,一个网状结构的互联网,是没有中心节点的,它不是一个层级结构。虽然不同的点有不同的权重,但没有一个点是绝对的权威。所以互联网的技术结构决定了它内在的精神,是去中心化,是分布式,是平等。平等是互联网非常重要的基本原则。

在一个网状社会,一个"个人"跟一个"企业"的价值,是由连接点的广度与厚度决定的。你的连接越广、连接越厚,你的价值越大,这也是纯信息社会的基本特征,你的信息含量决定你的价值。所以开放变成一种生存的必须手段,你不开放,你就没有办法去获得更多的连接。

所以,互联网商业模式必然是建立在平等、开放基础之上,互联网思维也必然体现着平等、开放的特征。平等、开放意味着民主,意味着人性化。从这个意义上讲,互联网经济是真正的以人为本的经济。

"大数据"运营是数据所有者的新处理模式,对数据的处理将具有更强的决策力、洞察发现力和流程优化的能力,把隐藏在海量数据中的信息作为商品,以合规化的形式发布出去,供数据的消费者使用。当然,大数据管理体系构建的基础和核心都已不再是传统管理模式的团队和制度,大数据商业管理体系技术的战略意义也不在于掌握庞大的数据信息,而是对这些数据进行专业化处理、分析与发掘的能力养成和发展。大数据商业管理体系产业化的关键在于对数据的"加工"能力,通过"加工"实现数据增值的过程。

随着大数据的逾期得到人们的重视,其本事自带的能力似乎也得到进一步的释放,在很多行业中,对大数据的分析和应用似乎都有良好的作用展现,不过止于目前,大数据商业管理体系尚未成长出成熟的商业模式,种种关于大数据商业管理体系的美好都是想象出来的,并未落地。

三网融合

三网融合是指电信网、广播电视网、互联网在向宽带通信网、数字电视网、下一代互联网演进过程中,三大网络通过技术改造,其技术功能趋于一致,业务范围趋于相同,网络互联互通、资源共享,能为用户提供语音、数据和广播电视等多种服务。三合并不意味着三大网络的物理合一,而主要是指高层业务应用的融合。三网融合应用广泛,遍及智能交通、环境保护、政府工作、公共安全、平安家居等多个领域。以后的手机可以看电视、上网,电视可以打电话、上网,电脑也可以打电话、看电视。三者之间相互交叉,形成你中有我、我中有你的格局。

三网融合打破了此前广电在内容输送、电信在宽带运营领域各自的垄断,明确了互相进入的准则——在符合条件的情况下,广电企业可经营增值电信业务、比照增值电信业务管理的基础电信业务、基于有线电网络提供的互联网接入业务等;而国有电信企业在有关部门的监管下,可从事除时政类节目之外的广播电视节目生产制作、互联网视听节目信号传输、转播时政类新闻视听节目服务,IPTV 传输服务、手机电视分发服务等。

📖 【案例分析】

现场直击:章燎原解读"三只松鼠"和"互联网+"

5 个人创业 3 年,就实现线上销售额突破 10 亿元,零食销售电商"三只松鼠"的快速成功,让还在"摸着石头过河"的其他食品业者看到在"互联网+"浪潮中成功的可能。

6.18—6.19 日,三只松鼠"超级三周年庆典"活动在线上线下火爆展开。一方面其线上推出了多款新品,据悉其单日销售额即突破 1 500 万。与此同时,线下在芜湖海螺国际会议中心和奥体中心也分别举办了"第一届互联网+食品产业大会"和"三只松鼠周年晚会"。

"互联网+"的机遇和挑战有哪些?变革中的互联网营销有哪些新趋势?投资女王徐新

眼中的下一个互联网风口在哪里？会上，来自商务部、工信部等相关部门的领导和专家，阿里巴巴、圆通速递等相关企业负责人，维吉达尼、百草味、新农哥等互联网食品企业创始人，以及徐新、李丰等知名投资人均莅临论坛现场，三只松鼠所用的货源供应商悉数到位，针对互联网和食品产业的相关话题展开了交流互动。

我认为的"互联网"是什么？首先是"草根"上台能成为一个企业家，这就是"草根"+互联网的结果；其次，传统企业的职业经理人遇上互联网之前，传统企业 9 年时间做到两个亿，遇到互联网之后，3 年时间做到 20 亿，这也是"互联网+"。职业经理人变成"互联网+"职业经理人，再变成人们眼中的"草根"逆袭之后的"土豪"，这就是我遇到互联网之后的变化。资本支持创新，中国拥有 14 亿人口，只要给创新企业一个接触资本市场的机会，中国的经济大有可为！

"互联网+"是一种相对的跨界、相对的融合、相对的连接，我们说到"互联网+"的一些概念，集市+互联网=淘宝，百货+互联网=京东，广告+互联网=百度。三只松鼠是什么呢？食品专卖店+互联网=三只松鼠！

第一，"三只松鼠"为适应互联网零售摸透了网民的新文化心态，普通的营业员在我们这里加上了"主人"这样一个沟通词，"卖萌"也成了公司对每个员工接待消费者的要求，通过在线旺旺，营造出了话剧式场景化的售卖方式。第二，传统的广告，通过广告建立一个品牌，再使消费者产生购买的意愿，互联网广告则依靠 CPC（网络广告每次点击的费用）从销售开始到使用完毕整个体验过程，我们称之为以销售去建立品牌，以全程的用户体验来创建我们的品牌。

在"三只松鼠"创始人兼 CEO 章燎原看来，"互联网+"时代下的食品产业，做的依然是食品本身，但是要根据各自的不同情况来重新定位自己在产业链中的位置。

"我们做的是互联网的'重度垂直'，简单解释就是我们是一个平台，将生产者和消费者无缝对接起来，我们的作用是保证消费者的体验绝对能够反馈给生产者解决和实现，然后更好地去满足消费者。"章燎原说。

"三只松鼠"整个企业的员工平均年龄只有 23 岁。"年轻"使得"三只松鼠"能够从零开始直接定位，"轻资产"让这样的企业毫无负担，适合新创业者模仿。然而对于其他传统食品企业来说，这种转身显得没有那么轻松。"互联网+"对于他们来说像一股躲不过去的海浪，而不少企业却显得"船大调头难"。

"互联网对传统企业的改造升级作用凸显，同时引擎作用也愈加明显，它理应成为新时期国家发展经济的一个新引擎。但'互联网+'绝对不是把货放在互联网上去卖。"中国电商委执行主任苏军说："传统企业一定要有出发的东西，就是基于企业的特点，而不是跟随任何一个企业，否则同样也会死无葬身之地的。"

今日资本总裁徐新：企业如何 Get Big Fast（快速成长）？

食品企业想要迅速做大做强，一定要做行业细分市场的第 1 名。初创的小公司想和大公司竞争，就要做品类的杀手！娃哈哈为什么会品牌屹立不倒？因为它是饮用瓶装水的 No.1。三只松鼠是网上做坚果的 No.1，在消费者的心目中也会排在第一位。做任何一件事情，只要有成效，就会有很多人复制，甚至有人超越，怎样在竞争中迅速脱颖而出？抓住机会迅速"做大"是一个好方法,宗庆后创业的时候,4 000多万美金同时开辟3条生产线,50%的销售收入全部做广告,这就是"做大"要具备的一种决心。

选择比努力更重要,比如平台与品牌。"平台"固然有优势,但是平台十分残忍,前期投入非常大,但是与结果并不成正比,战斗结束只会有少数生存下来;"品牌"却是百花齐放的,品牌没有平台那么"广大",但是品牌具有持久性,沉淀下来会更具价值。想真正地拥有用户,就要在细分市场做自由的品牌+自由的渠道。

中国电商委执行主任兼秘书长苏军:传统企业落实"互联网+"的四点思考

(1)借船出海。大家必须要知道,在电商的生态圈中,大平台下面是寸草不生的,不要试图打造一个所谓的平台。大平台打造的时间窗口早已经关闭了,虽然会剩余一些垂直的机会,但具有刚起步就可以成功建立平台的能力十分关键。借船出海不是借着淘宝、借着天猫,而是要构建自己的全网营销体系,大家考虑单一渠道的同时更要充分考虑综合渠道的选择。

(2)数据是企业互联网化的核心。消费者的行为如何去捕捉?消费者的习惯真的掌握了吗?所以无论是传统电商还是微商,数据都是最核心的东西,一定要想尽办法掌握数据。

(3)好产品是一切企业行为的基础。如果三只松鼠没有好的产品,只靠卖萌,是不能达成现在的成绩的。

(4)多渠道联动,让参与、互动、传播变得有趣。做电商真的要会玩才可以,因为"分享""话题"本身就是一种营销,现在很多企业都开始学着放下"身段",比如三只松鼠,营销人员称呼客户"主人""老爷""大爷"和"殿下"等,还有一些知名企业,也在走同样的路线,这种现象在以前是不多见的。为什么流行放下"身段"呢?因为只有放下"身段",才能和我们的"草根群体"融为一体。

(资料来源:搜狐网)

案例分析题

(1)三只松鼠运用了何种互联网商业思维?

(2)三只松鼠借助互联网化取得成功的关键因素是什么?

【本章小结】

"互联网+"代表着一种新的经济形态,是依托互联网信息技术实现互联网与传统产业的联合,以优化生产要素、更新业务体系、重构商业模式等途径来完成经济转型和升级。"互联网+"的本质是传统产业的在线化、数据化。"互联网+"不仅结合了互联网与传统产业,还带动了传统产业互联网化。

"互联网+"与"+互联网"本质上相同相通,但两者在具体含义上,例如发展路径、优势、主导者等方面存在着差异。认清其异同,厘清其关系,对于小到项目操作的微观层面,大到国家行动层面,均有意义。

"互联网+"战略是对传统生产贸易方式的解构与重构,若能把握机遇,无论是发达地区还是欠发达地区,无论是传统产业还是新兴产业,都可以利用互联网的机遇,实现本地经济的新发展,打造产业发展新格局。目前,我国"互联网+"的纵深发展,或者说产业互联网的顺利推进还存在以下制约要素:一是制度不适;二是观念落伍;三是基础设施滞后;四是技术创新体系陈旧;五是小微企业环境欠佳、经济活力不足;六是人才匮乏、教育体系落后。

每一个社会及商业阶段都有一个常态以及发展趋势,"互联网+"提出之前的常态是千万企业需要转型升级的大背景,后面的发展趋势则是大量"互联网+"模式的爆发以及传统企业的"破与立"。在这样的大趋势背景下,"互联网+"未来的发展方向主要有"互联网+工业"和"互联网+商贸"两方面。"互联网+工业"即传统制造业企业采用移动互联网、云计算、大数据、物联网等信息通信技术改造原有产品及研发生产方式,主要包括"移动互联网+工业""云计算+工业""物联网+工业"等。"互联网+商贸"则主要包括企业自营电商、出口跨境电商、互联网+金融、P2P 网络信贷等。

"互联网+"本质上反映了互联网从广度、深度侵蚀现实世界的动态过程。随着"互联网+"的提出与发展,许多"互联网+"的相关概念应运而生,如互联网化、大数据运营、三网融合等。

【关键词】

互联网+;+互联网;大数据;经济转型;产业升级;互联网化;互联网思维

【复习思考题】

一、思考题

1. 如何理解"互联网+"中"+"的含义?

2. 如何从战略的高度、理论的高度认知"互联网+"?

3. "互联网+"和"+互联网"有什么异同?

4. "互联网+"战略为地区经济和产业的发展带来了怎样的国际化机遇?

5. 我国"互联网+"计划推进过程中主要存在哪些制约因素?

6. 在未来"互联网+"的实施过程中,政府的作用主要表现在哪些方面?

7. 传统制造业企业可采用什么手段进行"互联网+工业"的实践?

8. "互联网+商贸"未来的发展方向如何?

9. 三网融合就是电信网、广播电视网、互联网的物理合一吗?

10. 大数据和"互联网+"之间存在什么关系?

二、讨论题

1. 从内在和外在的角度看,"互联网+"的内涵是什么?

2. 我国应采取什么措施来促进"互联网+"的纵深发展?

3. 从"互联网+"未来发展的趋势来看,新的经济增长点何在?

4. 信息化就是互联网化吗? 如何理解互联网化?

5.传统企业互联网化的有效方式是什么？传统企业如何走好互联网化之路？

6.什么是互联网思维？互联网思维的核心是什么？

三、网络实践题

1.搜集传统企业在"互联网+"形势下实现成功转型的案例,探讨传统企业转型成功的关键因素。

2.组织开展以"什么是'互联网+'"为主题的座谈会,深入了解"互联网+"的内涵,探讨未来"互联网+"发展方向及实施策略。

3.寻找一家你感兴趣的传统本土企业,为它更好地拥抱"互联网+"制订方案。

4.上网查询资料,了解大数据商业管理体系技术有怎样的战略意义。

第 3 章
"互联网+"时代的商业环境

📖 【本章导读】

计算机、网络信息技术的快速发展极大地改变了人们的生活,为社会经济的快速发展提供了新的助推动力。"互联网+"时代的到来,为企业的发展提供了新的平台和途径,对于传统企业而言,既是机遇也是挑战。企业需要与时代发展步调一致,相互融合才能获得更加广阔的发展空间,传统企业在与"互联网+"时代相融合的过程中,可能面临来自自身战略系统、内部冲突、人才建设滞后以及对自身价值评估误差等方面的问题,在新的历史机遇下,如何把握发展趋势,从国家政策层面、社会经济层面以及企业自身发展的层面重新理解"互联网+"时代的商业环境,根据企业的自身情况重塑价值链,有效提升企业竞争力显得尤为关键。

📖 【学习目标】

- 了解"互联网+"时代传统企业面临的经营困境
- 了解"互联网+"时代传统企业的转型趋势
- 掌握产业结构与价值链的基本概念
- 了解"互联网+"时代的企业价值环
- 了解"互联网+"时代企业竞争力的影响因素及其优势策略
- 了解"互联网+"相关法律法规

📖 【开篇案例】

大战略下的小应用——茄子快传与联想的互联网转型探索①

近日,央视《经济信息联播》报道,一款名为"茄子快传"的手机应用用户量突破 1 亿。

---

① 资料来源:阚星文.大战略下的小应用——茄子快传与联想的互联网转型探索[J].互联网周刊,2014(07).

用户量过亿的应用并不少见，要么背后是 BAT 等互联网巨头，要么在功能上与大众生活息息相关。但作为一款功能"小众"的手机内容传输类应用，茄子快传如何从"小众功能"中发掘"大众需求"，在用户量上达到"国民级"的规模？更值得注意的是，茄子快传的开发者并非互联网企业，而是在硬件领域声名显赫，但在互联网领域仍属"新人"的联想。

茄子快传的竞争对手数不胜数，其中不乏"功能全面"的"超级应用"。与之相比，茄子快传"我要发送+我要接收"的模式却简单得匪夷所思。茄子快传的原理并不复杂：通过手机之间自动建立的无线局域网，实现在没有外部网络的环境下高速收发数据。尽管在理论上，数据传输应该覆盖从"一对一"到"多对多"的所有情况，从技术上"多对多"听起来也显得"高大上"。"但实际上，目前90%以上是一对一地发送。"这是茄子快传的团队通过分析后台数据得出的结论。团队在产品上"做减法"。"我要发，我要收。"看似简单，却抓住了用户的痛点，消除了"扫地阿姨"们对智能设备的恐惧感。

虽然隶属于联想，但与其他部门不同，茄子快传更像一个创业团队，麻雀虽小五脏俱全：产品经理相当于创业公司 CEO，技术负责人相当于 CTO，还独立承担产品运营与市场营销。在联想向互联网转型的战略背景之下，这样一个被"扔"到市场上闯荡的团队，所肩负的使命绝不仅仅是开发一个应用那么简单。联想在提出从硬件厂商向互联网企业过渡的"PC+"战略后，便开始了自我调整。2014 年，联想成立了"联想云服务业务集团"，联想现任 CTO、联想研究院（被认为是联想最富有创新意识的部门）原院长贺志强调任这一全新部门的掌舵人。此举显示出联想对该部门的重视：以茄子快传为代表的众多应用产品及其开发团队，在联想向互联网转型的探索过程中将扮演开路先锋的角色。

茄子快传用户量破亿的背后，是开发团队在多年硬件开发经验积累的基础上对"用户需求至上"理念更高层次的践行——对用户需求更加精准、快速的把握。此外，团队还显示出了更加开放的合作姿态，不仅与乐安全、乐商店等联想自身产品相结合，还通过向合作厂商甚至是竞争对手的产品开放 SDK，将茄子快传出色的传输能力赋予更多用户。这对茄子快传而言有明显的好处：占据了用户的时间和内容在传播途径中的一跳，其中的潜在价值不言而喻。这种具有"互联网思维"的举措，出自做硬件出身的团队，令人刮目相看。

今天，茄子快传对大多数人而言只是一款优秀的应用，然而若干年后重新审视"茄子快传用户量过亿"这则新闻，人们看到的可能将是硬件巨人联想在通向互联网的道路上所留下的一个清晰脚印。

3.1 企业"互联网+"转型背景

随着时代的发展，传统企业已经不能满足时代的要求和发展，将传统企业与互联网结合更能为现代企业的发展创造更广阔空间。在全球经济一体化的背景下，企业面临着激烈残酷的市场竞争，现代企业依赖于创新来获得竞争优势，由此，企业转型也成为必然选择。传统企业"互联网+"和互联网化转型，已经不是简单的、技术进步的研究范畴，所涉及的应该是更深层次的自我颠覆、组织重构、管理进化和变革转型。

3.1.1 "互联网+"时代下传统企业经营困境

美国管理学家纳西姆·尼古拉斯·塔勒布在《反脆弱》一书中指出:很多公司猝死,原因往往跟一个东西有关,就是它们有非常严密的管理体系,所有资源都集中在那些可预测的风险上,一旦不可预测的风险来临,这些公司完全措手不及。的确,传统企业历经千辛万苦,过五关斩六将地活到今天,为了应对一轮轮残酷的竞争,在竞争中提高效率和效益,已经形成了严密的组织架构、精细的管理以及标准化的流程,具有强大的资金优势、人力优势、市场优势、生产规模优势等。这就意味着,"互联网+"时代传统企业要比其他企业更有效率,其根本的实现路径就是可预见性和可重复性;而互联网时代的"互联网+"创新,则是高度的不可预测性和高度的不确定性。所以,在传统企业为效率而生的体系中,是很难产生"互联网+"的创新基因的。

在互联网进化过程中,尽管很多传统企业对消费者行为因素都有所了解,并且基于消费者行为因素,做出了许多战略选择与优化,但是面对互联网大潮的冲击,仍然有些传统企业变成不堪一击和险象环生,有些互联网企业却能平步青云,一飞冲天。那是因为传统企业在转型的过程中,存在很多艰难困境,使得传统企业举步维艰,进退维谷。传统企业在"互联网+"时代主要存在下述几个方面的困境。

1)战略系统问题

传统企业过去注重长远规划,经常会制订十年战略或者百年战略,而这种战略却不适合互联网背景,其易导致战略的僵化和失效。互联网时代加速了我国各行各业的发展,使得我国社会环境也发生了很大的变化,很多新模式、新物种、新形态也都随之产生。在这种背景下,特别是在"互联网+"的大背景下,很多传统习惯运用的战略管理就显得特别不合时宜了,缺乏战略柔性和战略创新。另一方面是很多企业常年关注行业内、企业内的变动,对于新技术、新物种的互联网视而不见、充耳不闻,他们认为由互联网而获得的利润,只是偶然和巧合,不会成为商业的常态和未来,从而不愿意在互联网方面进行探索和实践,导致越来越看不懂互联网,由于一步跟不上,则步步跟不上,当互联网时代真正到来时,已经很难跟上时代的步伐。

2)企业内部冲突

对于传统企业而言,互联网业务与原来的目标客户、目标市场、价格体系及组织结构都不一样,要改变这些并不是简单的事情,所以内部会有很多冲突,这种缺乏发展的一致性会直接影响转型企业的节奏性。再者,对互联网公司来讲时间是最重要的成本,差半年的时间,其资产可能会差十倍、百倍。无论是从工作的时间,还是劳动的强度,互联网环境下生存的企业其发展速度和运营节奏都比传统企业快得多。而传统企业原本是"散步式的"发展速度,不可能一下就"狂奔"起来,所以传统企业在与"互联网+"融合的过程中,自身的内部冲突和矛盾是不容忽视的。

3)互联网人才队伍建设滞后

很多传统企业成员年龄偏大,人才队伍老化,对互联网反应迟缓。面对互联网大潮,这些传统企业仍然没有完全清醒,没有专门去建立互联网人才团队的意识,没有及时将具有互联网思维和专业知识的人才吸收到自己的企业中去。由于缺乏"互联网+"时代的战略眼光,也有部分企业将"互联网+"单一理解为信息技术和网络技术的应用,引进部分技术型人才,然而却没有相应的运营管理人才,因而导致企业缺乏能全面应对"互联网+"时代发展的新生力量,很难支撑传统企业在互联网时代持续、快速、健康发展。

4)企业自身价值评估误差

很多传统企业自身企业价值评估体系采用的是"资产、负债、所有者权益、销售额、利润、现金流"六维模式,然而,随着移动互联网的发展,原来传统企业的自身价值评估体系已经不再适合当下"互联网+"环境,企业内部组织结构的变革和外部资源环境的变化,使得企业的价值链必然发生改变。在"互联网+"的大背景下,企业自身价值的评估更多地应当来源于企业的战略布局、互联网思维及创新融合,更重视大数据、品牌价值、团队资源等方面的内容[①]。

3.1.2 "互联网+"与传统企业转型趋势

"互联网+"的本质是传统企业与互联网的深度融合,"互联网+"战略的最终目的是实现传统企业的全面互联网化。"互联网+"并非是在传统产业上叠加一个互联网,也并非是简单增加一个互联网工具。传统产业与互联网产业基因不同,相互融合不仅涉及企业的管理、经营和文化,还涉及具体的方法、工具、实现路径及思维的融合。

一般而言,传统企业转型的途径有 3 种:一种是核心业务转型,将企业的核心业务向互联网上转,这主要是企业(公司)整体转型,比较适合于一些生产性的企业进行"B2B"(物流主导型的电子商务)的转型;第二种是相关业务的互补型,主要是通过平衡风险,在原有业务的基础上,再开拓新的互联网业务;第三种是外在业务投资型,它主要是通过创业模式来参与互联网的活动。但是,由于存在内部和外部的冲突与矛盾,传统企业转型的难度非常大。[②]

3.1.3 "+互联网"的发展与转型

"+互联网"是针对传统行业融合、产业变革所产生的概念,是传统行业借助互联网手段将线下的生意做到线上去,并将互联网技术融合到产品的生产、管理、销售、服务等环节中。"+互联网"强调顺势创新,是传统行业以既有业务为基础利用互联网技术和理念来提高为用户服务的效率和质量。为成功实现转型升级,传统企业首先应在企业内部各管理层级建立互联网思维,然后明确战略目标,并根据战略目标调整组织结构、营销渠道和产品体系,强化互联网人才的引进与培养。

1)建立互联网思维

在互联网时代,首先需要组织思维的重构,其次才是组织重构和业务重构。传统企业互

---

① 伍巧珍.传统企业在"互联网+"进程中的困境及对策研究[J].商,2016(09).
② 宋小青,马永前.互联网与传统企业转型漫谈[J].山西财税,2005(11).

联网思维的构建不是一件容易的事情,不仅需要领导人建立互联网思维,还需要所有员工认识、了解和拥抱互联网,在企业内部形成平等、自由、开放、包容、协作的文化氛围。传统企业要想转型升级成功,必须抛弃互联网是工具的认识,从思维的高度拥抱互联网。

2)明确战略定位

互联网时代,传统企业的转型升级首先应该是战略的转变,传统企业应根据自身特点明确战略定位,无论是要成为互联网平台商,还是借助外部互联网平台实现转型升级都需要企业进行科学评估,清晰定位并制订具体发展策略。不管是自建平台还是借助第三方平台,企业都需要利用互联网平台、大数据和通信技术将企业的产品和服务与顾客、供应商、政府等利益相关者联系起来,创造一种新的商业生态,用一个公式来表述就是"传统企业+互联网=互联网企业"。

3)调整组织结构

在互联网背景下,传统企业的组织结构需要服务于企业整体战略。科斯在《企业的性质》一书中指出,企业之所以存在是因为它能够降低交易成本。传统企业科层制的组织结构一般是一个很强的金字塔形命令指挥系统,命令由上至下层次传递,等级链条长、控制幅度窄,这样的组织形态往往会增加摩擦与沟通成本。任何一个等级森严、僵化的组织结构都无法适应互联网时代快速响应客户需求的要求。在互联网时代,传统企业应建立一种以团队和事业为主的网状组织结构,通过互联网、大数据、移动终端等将员工、团队、部门和事业部连接起来,在它们之间建立连接实现组织权力结构的扁平化,以满足企业转型升级的需要。构建新的营销渠道体系传统企业应构建以消费者为核心的全渠道营销体系,平衡线上和线下营销渠道的冲突,建立集仓储、配送、体验、定制和服务为一体的实体营销渠道。线上营销渠道的拓展,将实现线上销售、线下供货。在技术、资金和人才不具备的情况下,寻找第三方互联网企业合作;在技术、资金和人才具备的情况下,可以自建互联网平台,实现采购、生产、销售和售后的一体化管理。

4)强化互联网人才引进和培养

好的技术和运营管理团队是传统企业转型升级的核心,"互联网+"模式下企业的运营管理更是需要具有经营管理能力和熟悉互联网环境的综合型人才。在"互联网+"模式下,传统企业转型升级需要加强对高层管理人才、中层业务人才和商务类人才的引进和培养,强化人才的战略优势和作用。

5)构建新的产品体系

互联网时代传统企业产品体系的重构,需要根据市场趋势的变化,建立以消费者为导向的产品体系。通过大数据分析掌握消费者社群的属性,为消费者提供定制化的产品和服务,从产品中心转向以消费者需求为中心,以互联网思维打造极致的产品和服务。总之,随着互联网与经济社会活动的全面结合,对传统企业的影响和改革程度将进一步扩大,未来传统企业与互联网企业的界限将越来越模糊,互联网将成为企业日常经营管理活动中不可分割的部分。未来的企业将不再有传统企业和互联网企业之分,所有的企业都将受到互联网的影响,传统企业应该思考的是如何借助互联网完成转型和升级。

3.2 "互联网+"重塑产业环境

汤马斯·佛里曼的畅销书《世界是平的》讲述了信息技术推动"世界被抹平"的全球化历史。在信息技术的推动下,网络化、智能化快速渗透各个产业,大大加速了各产业边界的模糊。今天,互联网融合价值已经上升到了国家战略。在2015年"两会"上,腾讯公司创始人马化腾提交了《关于"互联网+"为驱动,推动我国经济社会创新发展的建议》。提案中指出:"互联网+"是以互联网平台为基础,利用通信技术与各行业的跨界融合,推动产业转型升级,并不断创造出新产品、新业务与新模式,并将其上升为国家战略——"互联网+"行动计划。通过"互联网+"计划推动互联网与传统产业融合,促进创新、创造以及新经济形态的发展。互联网技术渗透其他产业,模糊产业边界,改造产业格局;互联网平台整合其他产业,形成庞大的产业系统。比如互联网与手机产业融合重新定义了手机——智能手机,互联网与零售产业融合诞生了新型交易平台——电子商务。

3.2.1 产业结构与价值链的基本概念

1)产业结构

产业结构(industrial structure),亦称国民经济的部门结构。国民经济各产业部门之间以及各产业部门内部的构成。社会生产的产业结构或部门结构是在一般分工和特殊分工的基础上产生和发展起来的。研究产业结构,主要是研究生产资料和生活资料两大部类之间的关系;从部门来看,主要是研究农业、轻工业、重工业、建筑业、商业服务业等部门之间的关系,以及各产业部门的内部关系。

(1)产业分类

在经济研究和经济管理中,经常使用的分类方法主要有两大领域、两大部类分类法,三次产业分类法,资源密集度分类法和国际标准产业分类。

①两大领域、两大部类分类法。两大领域、两大部类分类法就是按生产活动的性质及其产品属性对产业进行分类。按生产活动性质,把产业部门分为物质资料生产部门和非物质资料生产部门两大领域,前者指从事物质资料生产并创造物质产品的部门,包括农业、工业、建筑业、运输邮电业、商业等;后者指不从事物质资料生产而只提供非物质性服务的部门,包括科学、文化、教育、卫生、金融、保险、咨询等部门。

②三次产业分类法。三次产业分类法是根据社会生产活动历史发展的顺序对产业结构的划分。产品直接取自自然界的部门称为第一产业,对初级产品进行再加工的部门称为第二产业,为生产和消费提供各种服务的部门称为第三产业。这种分类方法成为世界上较为通用的产业结构分类方法。

③资源密集度分类法。这种产业分类方法是按照各产业所投入的、占主要地位的资源的不同为标准来划分的。根据劳动力、资本和技术3种生产要素在各产业中的相对密集度,将产业划分为劳动密集型、资本密集型和技术密集型产业。

④国际标准产业分类。为使不同国家的统计数据具有可比性,联合国颁布了《全部经济

活动的国际标准产业分类》(ISIC)。现在通行的是 1988 年第三次修订本。这套《国际标准产业分类》分为 A—Q 共 17 个部门,其中包括 99 个行业类别。我国发布的《国民经济行业分类与代码》就是参照了《全部经济活动的国际标准产业分类》而制定的,因此产业划分与包括"经济合作与发展组织"(OECD)在内的大多数国家基本一致。

（2）产业结构的变化趋势

第一,第一产业的增加值和就业人数在国民生产总值和全部劳动力中的比重,在大多数国家呈不断下降的趋势。直至 20 世纪 70 年代,在一些发达国家,如英国和美国,第一产业增加值和劳动力所占比重下降的趋势开始减弱。

第二,第二产业的增加值和就业人数占国民生产总值和全部劳动力的比重,在 20 世纪 60 年代以前,大多数国家都是上升的。但进入 20 世纪 60 年代以后,美、英等发达国家工业部门增加值和就业人数在国民生产总值和全部劳动力中的比重开始下降,其中传统工业的下降趋势更为明显。

第三,第三产业的增加值和就业人数占国民生产总值和全部劳动力的比重各国都呈上升趋势。20 世纪 60 年代以后,发达国家的第三产业发展更为迅速,所占比重都超过了 60%。

从三次产业比重的变化趋势中可以看出,世界各国在工业化阶段,工业一直是国民经济发展的主导部门。发达国家在完成工业化之后逐步向"后工业化"阶段过渡,高技术产业和服务业日益成为国民经济发展的主导部门。

（3）产业结构变动的影响因素

一切决定和影响经济增长的因素都会在不同程度上对产业结构的变动产生直接的或间接的影响。知识与技术创新、人口规模与结构、经济体制、自然资源禀赋、资本规模、需求结构、国际贸易等是一国产业结构演变过程中的基本制约因素,其中主要影响及制约产业结构的因素有下述几个方面。

①知识与技术创新。知识创新、技术创新和技术进步是经济增长的主要推动力量,也是产业结构变迁的动力。科学技术发展是影响产业结构变化的最主要因素,具体表现在下述几个方面。

一是技术革命催生新产业。技术革命、技术创新和技术扩散都对产业结构的升级产生影响,特别是技术革命,往往会导致一些新产业部门的诞生。电子计算机技术的出现,使人们能用"电脑"代替各种复杂的脑力劳动,这是革命性的变化,极大地提高了劳动生产率。计算机技术的发展,使社会管理和企业管理的信息系统得以普遍建立,信息产业逐渐成为了主导产业。显而易见,这次技术革命带来了产业结构的进一步调整和升级。

二是技术创新促进产业发展。科学技术要成为推动经济增长的主要力量,必须从知识形态转化为物质形态,从潜在的生产力转化为现实生产力,而这一转化正是在技术创新这一环节实现的。技术创新是一个不间断的过程,从动态角度看,技术创新过程是由科学研究形成新的发明,新产品开发、试制和生产,试产营销等环节构成的。技术创新是产业成长和发展的推动力量。

②自然资源禀赋。自然资源是社会生产过程所依赖的外界自然条件。一国自然资源的

禀赋状况(包括地理位置、土地状况、矿藏总量及分布、水资源、气候等)对一国产业结构和经济发展有重要影响。自然资源状况对产业结构的影响是相对的,随着科学技术的进步,将使许多原来难以采掘的资源得到开发,并能开展综合利用和节约代用天然原料;通过国际贸易可以弥补国内资源的短缺,缓解自然资源对一国或一地区产业结构的制约。

③需求结构。需求是在某一时期内每一种价格时消费者愿意而且能够购买的某种商品量或劳动量或劳务,需求是购买欲望和购买能力的统一,缺少哪一个都不能成为需求。从影响产业结构变动的角度看,个人消费结构、中间需求和最终需求的比例、消费和投资的比例、投资结构、净出口等因素的变动均对产业发展产生不同程度的影响。在短缺经济条件下与过剩经济条件下,需求结构对产业结构和供给结构的影响存在明显差异;居民收入水平与收入分配决定消费规模和消费结构层次,决定是否会产生排浪式消费,进而影响产业结构。

④人口规模与结构。人口规模具有数量与质量两个方面的规定。人口数量是指一国某一时点上人口总量,质量指的是在既定的人口总量中不同的构成。在经济发展初期,人口增长迅速,经济中劳动的作用主要表现为劳动力数量的增加。发达国家在工业化初期推动其产业结构转换的起始阶段,曾经受到了劳动力供给不足的制约。在经济发展到一定阶段后,劳动力质量(劳动者身体与文化素质)起主要作用,而劳动力质量的提高主要源于人力资本投资。在现实经济生活中,产业结构的变动或某个地区的兴衰都会迫使劳动力流动,引起摩擦性事业,一方面衰退行业劳动力需求减少引起大量失业,另一方面,一些新兴行业由于缺乏合格的劳动力而存在岗位空缺。

⑤国际贸易。国际贸易是在开放条件下来自外部的影响产业结构变动的因素,它对产业结构的影响,主要是通过国际比较利益机制实现的。一般来说,各国间产品生产相对优势的变动,随着时间的推移会引起进出口结构的变动,进而带动国内产业结构、消费结构和贸易结构的变动。国际贸易的发展和经济全球化的推进,促进了产业的国际转移。在封闭经济中,产业结构的调整和产业结构升级并不伴随着对外产业转移,而是在一国范围内由发达地区向欠发达地区转移。国际产业转移是开放经济的产物,也是国际竞争日趋激烈的必然结果。

⑥其他因素。除上述因素外,一国资本的积累程度、国际投资规模(包括本国资金的流出和国外资金的流入)、经济体制(计划经济或市场经济,计划命令型的产业发展模式与市场竞争型的产业结构发展模式)、产业政策、历史条件、战争与和平环境等,都会不同程度地影响一国的产业结构。

总之,上述种种决定和影响产业结构的因素都不是孤立存在的。这些因素可能互相促进、互相制约,以致互相抵触,综合地影响和决定着现有产业结构及其变化规律。

2)价值链的概念

哈佛大学商学院教授迈克尔·波特于 1985 年提出"价值链"的概念。波特认为,"每一个企业都是在设计、生产、销售、发送和辅助其产品的过程中进行种种活动的集合体。所有这些活动可以用一个价值链来表明"。企业的价值创造是通过一系列活动构成的,这些活动可分为基本活动和辅助活动两类,基本活动包括内部后勤、生产作业、外部后勤、市场和销售、服务等;而辅助活动则包括采购、技术开发、人力资源管理和企业基础设施等。这些互不相同但又相互关联的生产经营活动,构成了一个创造价值的动态过程,即价值链。

"价值链"理论的基本观点是,在一个企业众多的"价值活动"中,并不是每一个环节都创造价值。企业所创造的价值,实际上来自企业价值链上的某些特定的价值活动;这些真正创造价值的经营活动,就是企业价值链的"战略环节"。企业在竞争中的优势,尤其是能够长期保持的优势,说到底是企业在价值链某些特定的战略价值环节上的优势。而行业的垄断优势来自于该行业的某些特定环节的垄断优势,抓住了这些关键环节,也就抓住了整个价值链。这些决定企业经营成败和效益的战略环节可以是产品开发、工艺设计,也可以是市场营销、信息技术,或者认识管理等。

菲·哥芬达(V. Gowindarajan)和约翰·沙恩克(John Shank)对价值链运用范围的增大作出了突出贡献,在他们的理论中,企业价值活动囊括了产品从原材料到消费者的整个过程。1995 年,杰弗里·雷鲍特(Jeffiey Frayport)和约翰·史维奥克拉(John Sviokla)创造了虚拟价值链这一理论,其创新点引入信息层面的竞争这一概念,他们认为在信息时代,企业面对的竞争不再只是可见的物质层面的竞争。在当今互联网经济环境下,信息资源成了企业的核心竞争力,虚拟价值链的巨大价值在人们对于信息的渴求中表现得淋漓尽致,它在给企业提升附加价值的同时越来越多地参与到直接创造价值的活动中。

3)产业价值链的特性

(1)整体性

构成产业价值链的各个组成部分是一个有机的整体,相互联动、相互制约、相互依存,每个环节都是由大量的同类企业构成,上游产业(环节)和下游产业(环节)之间存在着大量的信息、物质、资金方面的交换关系,是一个价值递增过程。同时产业价值链之间相互交织,往往呈现出多层次的网络结构。在新的竞争环境下,产业中的竞争不仅表现为单个企业之间的竞争,还表现为一条产业链同另一条产业链的竞争,一个企业集群同另一个集群之间的竞争,甚至是国与国之间企业的相互竞争。

(2)增值性

后面的价值增值环节在前面价值产品的基础上,进一步面向新的客户,生产出新的价值产品。但是,这并不意味着前面环节投入的价值量在后面都能够实现,如果存在价值增值瓶颈,价值链上一部分投入的价值将会损失掉,无法实现增值。

(3)循环性

价值增值实现的过程是一个不断循环的过程。这一特点,对于参与价值链的、持续经营的企业具有重要的意义,因为企业长期化价值的最大实现比起短期价值的实现有更重要的意义。如果一条产业价值链无法实现有效的循环,那么这条产业价值链便面临濒临"死亡"的境地。

(4)层次性

以电子信息产业为例,从系统角度看,存在着标准制定—设备开发—终端产品的技术层次,3 个层次之间技术衔接要求严格。设备和终端产品都是在一定的标准之下进行开发的,每生产一台设备或产品都需要付给标准持有企业一定的标准使用费用。从环节角度看,存在着芯片—组件—整机组装的技术层次,芯片技术是产业链技术的核心,组件是根据芯片的性能和参数进行开发,其技术与芯片技术具有上下游关系,整机组装环节技术含量则较低,主要是解决器件的筛选和零部件的匹配问题。

(5)差异性

产业价值链的各个环节存在着增加值与盈利水平的差异性。产业价值链的各个环节对要素条件的需求存在差异性。不同的环节,对于技术、人力、资本、规模等的要求不同,因而具有不同的区位偏好。如在半导体产业价值链中,设计环节是技术密集性环节,注重的是高层次科技、技术和工程人才,主要集中在美国、日本等地;芯片制作环节是资本密集性环节,注重的是规模,并需要洁净的环境以及纯净水的供应等,往往也集中在美国、日本以及中国台湾地区;而装配和包装环节则是劳动密集型环节,需要的只是普通劳动力,主要集中在劳动力低廉而又丰富的东南亚地区。①

3.2.2 "互联网+"时代的企业价值链

"互联网+"时代,传统的企业价值链受到影响和冲击,能够适应时代发展的企业价值链不是简单的互联网与传统企业累加,而是运用互联网的思想,以交互式、泛链接、用户体验、开放式创新的思想与传统的企业价值链相融合。

1)"互联网+"时代的企业内部价值链趋势

(1)传统营销成本趋零,利润递延

在互联网价值网中,企业可以省掉一切与用户直接沟通的中间环节,没有中间渠道的层层加价,没有多余的组织架构层级,传统企业比较看重的营销、分销渠道及库存等都被取消,大大提高了互联网企业对传统企业的竞争优势。类似小米这样的互联网企业,他们通过社交媒体直接与用户进行接触,并建立了自己的电商平台售卖产品,产量根据用户订单数量调整,实现了"零营销成本、零渠道成本与零库存成本"的成本结构。在降低成本的基础上,企业将省出来的这部分成本让利给消费者,其盈利主要是靠后续递延利润的方式来实现。换句话说,企业要生存下来就必须具备承受多次打击的能力,而想着靠一次打击就一劳永逸的时代已经过去了。以与人们日常生活息息相关的智能手机为例,传统商家的核心是以销售硬件、出货量和市场占有率为目标,而不考虑后续的服务。但是小米手机截然不同,它以用户为核心,其基本商业逻辑并不是简单地销售硬件,而是经营客户,致力于与客户建立长久的合作关系,并向手机用户提供配套的游戏、内容以及配件销售服务,这也是他们的盈利突破点,所以小米追求的就是用户数量、MIUI 数、应用下载量等。资料显示,自 2013 年小米公司成立以来,当年相关配件的收入达到了 10 亿元,这种商业模式被雷军视为小米的生存之道,即产品成本价销售,用户在使用产品的过程中满意,就支付消费。这种商业模式会倒逼生产厂商提升其服务与质量。

国内如国美、京东等大型线上线下零售商,其交易的边际成本都趋近于零,商业地产、在线金融才是其利润的主要来源。从实物交易发展转变为商业地产、在线金融,这意味着互联

---

① 百度百科。

网时代企业完成了从以商品为中心到以用户为中心的转变,以经营用户为核心,而不再是过去的经营实物,零售商最为核心的财产及商业模式基础就是用户。虽然亚马逊公司销售Kindle 电子书是亏本,但总体销售情况却是一直盈利的,其根本原因就是通过 Kindle 拉动了阅读消费,统计资料显示,自 Kindle 推出后,用户用于图书类的消费增加了 56%。

（2）产品功能必须突出情感属性

互联网时代的产品生命周期大为缩短,从推出到淡出时间都将变短,或者说根本就没有辉煌期,竞争优势和品牌优势也不再如传统企业那般重要了。互联网时代,企业的生存常态是颠覆式生存,不断地颠覆自我、快速刷新是成功企业必须具备的能力,因为对大多数企业来说,还没有来得及完成从产品的积累到品牌就已经烟消云散了。

在互联网时代,可能仅仅需要一款产品就可以撬动行业巨头,所以新商业时代下的产品重要性将日益凸显。但优秀的产品并不是技术有多么先进,互联网时代产品更多地承载着趣味与情感,乔布斯曾经说过,"我们正处于科技与人文的十字路口",除了基本的功能属性外,产品还必须具备一定的情感属性,而这也是优秀产品的必备要素。人们之所以愿意花高价购买 iPhone,并不是因为苹果手机的功能比其他手机更优秀,最主要的原因是其设计与体验符合消费者的美感需求,使消费者心甘情愿地为这种美感买单。情感属性,给用户的是一种情感体验,而这种体验远远超出其商业价值。产品一经融入情感,就人格化为"魅力人格体"。创始人、产品与粉丝之间合谋创造出互联网品牌,CEO 为其代言,只要产品体验达到极致,粉丝自然会传播。实现了产品与营销合一,这也就再一次实现了降维。

（3）组织社群化,个人个性化

公司边界被打破,社群将成为生物型组织的新连接方式。在传统型组织里,没有话语权的个人创新很难得到支持和充足的资源供应,甚至会因为与组织以往的优势相冲突、战略相矛盾而被大家排斥。生物型组织作为一个新的组织形态,表面看来是混乱和失控,其实是为组织内部自然生长进化寻找创新,这种特点正好可以弥补传统组织的不足,即使失败和浪费也是生物多样性在复杂系统进化过程中的体现。在人与人之间冗合度为零的情况下,个体面对生存的压力,必须最大限度地发挥个人才能,甚至走向个性化与异端化,一旦走向异端化,就会吸引追随者,从而形成组织的狂群化。在互联网时代人才管理的核心并不是你能为员工提供多少福利,而应该是招募最优秀的员工,让自己的员工始终和最优秀的人在一起工作。人与人之间的冗合度为零,企业发展的终极目标就是"人即公司化"。届时,公司将没有边界,而是小团队、少层级、淡管理的新形式。此时管理的最大特征就是广义化、外部化和游戏化。第一,广义化代表加快工作节奏,通过氛围来影响员工的工作行为;第二,外部化即将用户的态度引入员工管理过程中;第三,游戏化即代表所有人都参与其中,创业以一场真人秀方式进行,无疑又吸引了大众的目光。将产品与管理融为一体,达到给管理降维的目的。具体来讲,管理者就是要由管理员工转变为管理业务,使企业内外部之间能够有效融合,将企业的软实力等因素都围绕做出好的产品这个目的来运行,让产品成为公司一切行动的风向标和指挥棒。众所周知,CEO 已经被麦当劳和 Twitter 取消了,将来必定还会有更多的管理岗位消失,如人事、财务等。

2)"互联网+"时代的企业价值链核心

互联网时代社会组织的一个全新特征就是所谓的"产品型社群",其是区别于传统的家庭、企业之外的一种全新的连接方式。产品型社群是当前已经被实践验证且逻辑合理的一种生存方式,但绝不是互联网时代企业生存的唯一方式。互联网时代,对企业来说,最为重要的就是产品及其背后用户社群。前面已经说过,互联网时代产品的成本结构与性能属性已经发生变化。从严格意义上来说,产品本身只是起一个中介的作用,以前展现的是具体功能,当下所展现的是趣味和情感。评价一个产品优秀与否,就看它是否能带来可观的用户和粉丝群体,利润递延的实现就是基于这个群体的。当粉丝和用户、营销和产品融合后将会有更多的盈利方式可以探索,而不是单纯的产品直接盈利。互联网时代的企业组织只有走扁平路线将管理和产品合一、内外合一才能有机会更多地接触用户、粉丝与市场。

比如罗永浩做锤子手机。在工业时代,这是不可想象的事情,但在互联网平台上,他的这种异端气质却能使他脱颖而出,并建立了自己的用户社群,通过锤子手机与用户进行对接。将来,这种只为某个特定社群定制符合其需求产品的"个人即公司"的山野实践将会成为常态。

3)"互联网+"时代的企业价值环

互联网和传统企业加速融合(图3.1),互联网产业通过发挥自身的网络优势、技术优势、管理优势等,提升、改造线下的传统产业,改变原有的产业发展节奏、树立新竞争生态,企业经营环节包括商业模式、产品设计和产品开发、品牌定位和业务拓展、销售和售后服务等,建立起新的游戏规则将传统商业的"价值链"改造成了"互联网"时代的价值链。

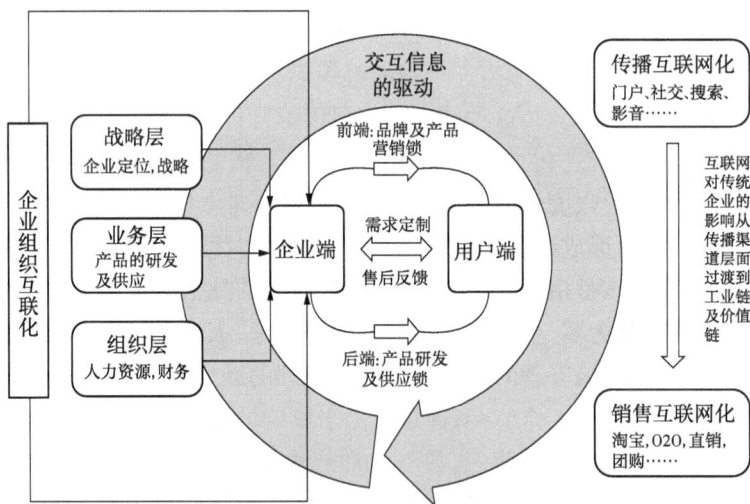

图 3.1 企业与互联网的全面融合[①]

从业务层面来看,价值通过用户端和供应链端之间的闭环实现动态传输,在这个闭环网络内,用户的需求与企业的产品与服务进行双向反馈及循环,并"互联网化",其驱动模式为

---

① 汤巨.基于互联网思维的旅游企业价值链研究[D].海口:海南大学,2016.

信息交互,深刻影响着传统的商业生态和理论。汤巨(2016)以价值链理论为基础,结合互联网思维以用户价值及其反馈作为核心因素,将互联网思维嵌入价值链中,建立了基于互联网的企业价值链模型(图3.2)。

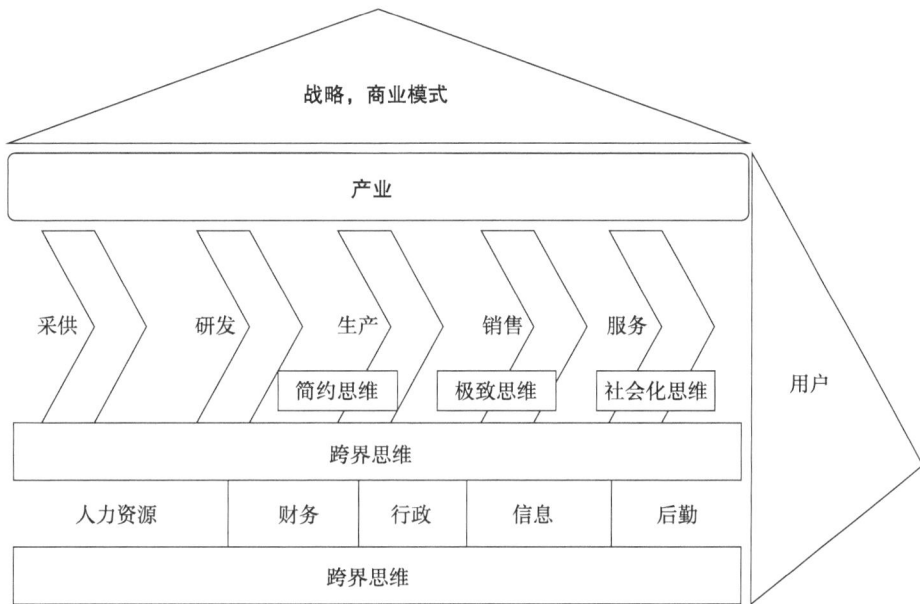

图 3.2　互联网思维在企业价值链中的分布①

互联网思维在价值链中具体分布在下述几个方面(图 3.3)。

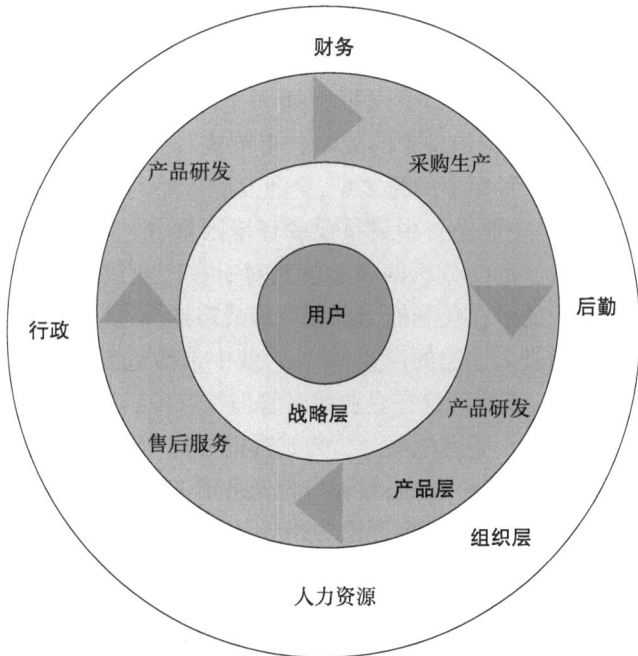

图 3.3　基于互联网的企业价值链②

①② 汤巨. 基于互联网思维的旅游企业价值链研究[D]. 海口:海南大学,2016.

第一,战略层。战略层的主要任务是制订企业的战略问题,包括企业定位、商业模式等,需要用到的思维是用户思维、平台思维等。

第二,业务层。业务层分为前端与后端两个方面,后端的主要职责是对企业业务进行业务规划,包括产品及品牌等,需要用到用户思维、简约思维与社会化思维等。而前端则主要负责品牌与产品的营销工作,需要有流量思维、用户思维以及大数据思维。

第三,组织层。组织层的主要职责是设计决定组织的结构以及业务流程,建立良好的组织文化与组织氛围,以及员工考评机制。需要用到社会化思维、平台思维等。

3.2.3 "互联网+"时代的企业竞争力

1)企业竞争力

企业竞争力是企业界、产业界和理论界都普遍关注的问题。研究企业竞争力的根本来源及其形成方式,不仅能从理论上解释、评价和预期企业竞争力,而且有助于企业管理的实践。从目前的文献资料来看,各种理论观点从不同的角度对企业竞争力根源问题进行了探讨。从亚当·斯密到马歇尔,从潘罗斯到塞兹尼克,早年众多学者对企业竞争力进行了研究,认为其关键因素在于有效挖掘企业内部的潜力。在对现代企业竞争力的研究中,众多学者和研究机构从不同视角对企业竞争力的内涵进行了更为深入的探讨。在完全竞争的假设下,市场中的企业终究都是同质的,无所谓竞争优势,无所谓竞争力。新古典经济学在不完全竞争市场结构(完全垄断市场结构、寡头垄断市场结构与垄断竞争市场结构)假设下,重新分析了行业市场,美国哈佛大学的梅森(E. Masson)和贝恩(J. Bain)提出"市场结构(structure)—市场行为(conduct)—市场效率(performance)的梅森-贝恩范式"。这一范式推论出企业竞争力是外生的。

迈克尔·波特(Michael E. Porter)尝试把梅森-贝恩范式的产业组织理论应用于企业层次,创造性地提出了"基于产业组织理论的战略分析范式"。波特的竞争战略理论认为在任何产业里,竞争规律都寓于5种竞争力量之中,企业发展战略的制订过程其实质上就是市场定位过程。波特认为产业是企业经营中最重要的环境因素,产业结构决定产业中企业的行为,企业行为决定企业绩效。战略分析的核心就是对所在产业或准备进入产业的结构特征进行分析,据此判断该产业的潜在获利能力。企业的战略选择,就是在运用5种力量进行产业结构分析的基础上,选择进入适当的产业,并在产业中选择适当的定位。

1980年之后的20年间,波特理论在企业战略管理领域中迅速流行。其紧紧抓住了当时企业经营的关键点,并给出了一整套战略分析与选择的可操作的工具。但是,波特对产业分析和产业定位的特别强调,直接导致战略管理中首先考虑的就是找到具有吸引力的产业,企业自身内部条件的地位被弱化。以波特理论为指导的战略管理实践,普遍把产业分析和产业中的定位作为战略管理最重要的内容,由此走向了"产业决定论"。20世纪80年代以来,探索企业竞争力的理论包括以资源为基础的企业观点(Resource-based view of Firm)、企业动态能力观点(Dynamic Capability)、企业能力(Capability)观点、核心能力(Core Competence)观点等。资源学派认为企业的竞争优势来源于其拥有或能支配的资源;企业能力理论进一步认为实际上是企业配置和利用资源的能力给企业带来了竞争优势;企业动态能力,是指企业针对环境变化,合理配置企业内、外部资源,通过搜集、辨识、集成而构建的企业能力;C. K. 普哈兰德和格瑞 哈默尔提出的核心能力是指符合用户价值、独特性和延伸性 3 个检验标准的特殊资产,其本质是指企业通过整合竞争对手难以模仿的技术、技能和知识而获得的能力。上述理论普遍认为与企业外部条件相比,企业内部条件对于企业获得市场竞争力有着决定性的作用。企业能力理论将对企业竞争力根源的认识向前推进了一步。然而,企业能力理论没有对为什么企业拥有核心能力,以及一些企业在获得了核心能力的同时反而出现了"核心刚性"(Core Rigidities),最终丧失了核心能力等问题给出解释。

企业知识理论(The Knowledge-based Theory of the Firm)是在探寻企业竞争优势根源及对主流企业理论反叛的过程中产生并逐渐发展起来的一种全新的企业理论。企业知识理论将企业看作知识一体化的组织,企业生产要投入设备、土地、人力等,其中知识是最重要、最能起决定作用的要素。正如温特将企业定义为"生产知识的仓库"(Winter,1988),企业作为知识的集合体,企业的异质性来源于企业在生产过程中不同的知识积累和知识水平,来源于知识的不对称和由此而导致的企业能力的差异。与此同时,企业知识是长期积累形成的,不仅企业具有的隐性知识难以被竞争对手所模仿,而且其当前的知识存量所形成的知识结构决定了企业发现未来的机会和配置资源的方法,企业内各种资源效能发挥程度的差别也都是由企业现有的知识所决定的,所以知识是企业竞争优势的根源。与传统企业管理理论倾向于对分散组织成员的目标进行折中而产生的合作问题不同,企业知识理论认为企业的协调除了协调企业成员统一工作目标和减少机会主义外,更多的协作将体现在知识的一体化合作上。由于知识本身的默会性和分布性特征,如何协调并提供一种良好的机制对于有效的知识一体化显得尤为重要。①

通过上述对竞争力理论的梳理,大致可以将竞争力理论分为 3 种学说:关系说、资源能力说及层次说。对 3 种竞争力理论学说的比较见表 3.1。

表 3.1　3 种竞争力理论学说的比较

竞争力学说	代表人物	竞争力原因	竞争力性质
关系说	迈克尔·波特	企业在特定产业中具有超过平均水平的业绩表现,具体到财务方面,就是企业获得超额投资收益,竞争优势来源于竞争战略(低成本战略、差别化战略、目标集聚战略)	确定最佳竞争战略的根据是对企业所面临的竞争环境的正确评价
资源能力说	沃恩费尔·巴尼	当一个厂商实施了一项没有同时被任何现存或潜在的竞争对手实施的价值创造策略时,就可以说该厂商具有"竞争优势",竞争优势来源于企业所拥有的异质资源或能力	能够造就持续竞争优势的企业资源和能力具有 4 种特性:有价值、稀缺、不可完全模仿、不可简单替代

① 林丽萍.基于网络组织的中小企业竞争力形成机理分析及其管理对策研究[D].南京:南京理工大学,2007.

续表

竞争力学说	代表人物	竞争力原因	竞争力性质
层次说	金碚	竞争力是指在竞争性市场中,一个企业所具有的能够持续比其他企业更有效地向市场提供产品或服务,并获得盈利和自身发展的综合素质	企业竞争力具有竞争性、效率性、福利性、持续性和综合性的特点。可以把企业竞争力的要素分为 4 个层次:关系、资源、能力和知识

资料来源:汪晓春(2003)整理。

尽管不同学者对于企业竞争力的认知和描述各有不同,但对于其基本内涵的理解却体现出几点共性,即企业竞争力是在多种因素的综合作用下,蕴含在企业内部且有利于企业发展的能力,这种能力能为企业创造更多的价值。在此基础上,今后的研究将企业竞争力的内容主要归纳为 4 个方面。首先,企业竞争力是企业内部综合因素与外部环境因素共同作用的结果,管理者要对各种因素进行综合考虑。其次,企业竞争力具有目标指向性,即维持和获取比竞争对手更具优势的市场地位和成长性。第三,企业竞争力具有动态性,这是由企业所处的环境所决定的。第四,企业竞争力是一个相对的概念,是与特定的其他企业相比较的结果,包括技术优势、成本优势和价值创造 3 个维度。

2)企业竞争力的影响因素

影响企业竞争力的因素有很多。世界经济论坛(WEF)将变革、环境、企业自信度和工业序位结构作为影响企业竞争力的主要因素;金碚则将影响企业竞争力的因素分为关系、资源、能力和知识 4 个层次;美国学者托马斯将企业竞争力细化为产出能力、资源效益和快速反应的能力,并从这 3 个方面剖析影响因素。目前,关于企业竞争力影响因素的研究种类繁多,且尚未达成共识。但多数研究都是基于几种著名的理论模型。其中,第一个著名的竞争力模型就是波特的钻石模型,钻石模型主要用于分析国家产业如何形成整体优势,而对于企业竞争力的研究,波特则采用五力模型对其进行分析。20 世纪 80 年代,波特构建五力模型(图 3.4),通过分析企业供应商的议价能力、购买者的议价能力、潜在竞争者的进入能力、相关产品的替代能力和行业内竞争者的竞争能力这 5 个因素,来对企业战略制订提供支撑。

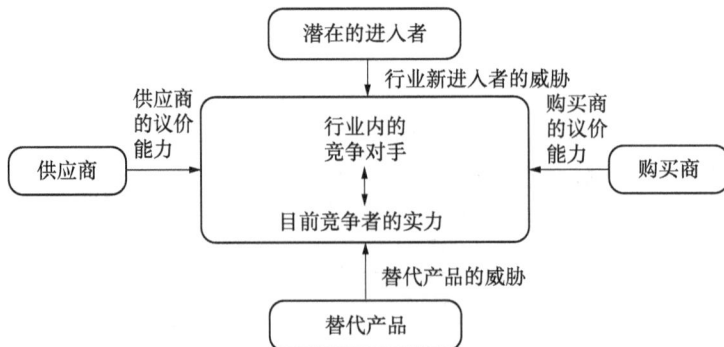

图 3.4 波特的"五力模型"

通过归纳众多竞争力分析中涉及的影响因素可以看到,影响企业竞争力的因素主要包括 4 个方面的内容,即环境、规模、资源和能力。其中,环境既包括企业存在的产业环境和政策环境,也包括企业本身与外界其他机构所形成的各种联系。具体来说,环境因素包括社会文化、金融环境、产业政策、产业结构和相关企业等。企业规模是企业竞争实力的直接体现,是影响竞争力的直接因素。企业规模具体包括收入规模、资本规模、客户规模和人员规模等。资源是企业已经拥有的或可以获取的各种生产要素,具体包括生产原材料、人力、资金、技术和社会资源等。能力强调的是企业整合资源并生产更具价值的产品的过程,具体包括资源配置能力、技术创新能力等。"互联网+"时代企业竞争力的本质更多地体现在企业的信息战略能力,是决定企业转型成败的关键。当前企业信息呈现海量、高速及多元化的特征。客户的接触点越来越多元,且在不断创造信息,客户依靠移动端来进行信息交互的趋势越来越明显。在此前提下,企业收集整理客户信息的复杂性和重要性日益凸显,成为企业营销战略决策和执行的关键;客户与企业的交互界面更加多元,客户的口头信息与行为信息不断被记录、被收集;360°的客户数据管理,以及数据统计与行为分析成为营销决策的重要依据,多渠道场景下实施个性化的沟通成为必需。"互联网+"时代企业的核心能力体现在市场洞察力、战略思维能力和快速的反应执行力上。

3)"互联网+"时代的企业竞争力重构

互联网以各种各样不同的方式影响着企业的运营效率和战略定位。互联网使得即时信息的交换更为便利和快捷,也使得整个价值链过程的效率更高,并且由于互联网是具有共同标准的开放平台,企业可以以更低的投资来获取收益。但简单地提升运营效率,并不意味着能提供一种竞争优势,只有当企业获得并能维持住比竞争者更高水平的运营效率时,才能获得竞争优势。但这一前提很难实现,一旦某家企业创立了一种新模式,其竞争对手很快会进行复制,结果导致竞争的趋同性,最终客户只好基于价格来决策,这样,行业利润不可避免地受到损害。过去信息技术的应用开发对于企业而言常常是复杂的,既费时又费力,并且成本高,这就使得企业难以获取信息技术方面的优势,但同时在网络信息技术方面的创新也使得竞争者难以模仿。如今,互联网的开放性,连同软件架构、各种开发工具及模块的进步,使得企业信息技术应用和互联网实施更为容易。随着开发系统固定成本的下降,模仿壁垒也随之降低。

今天,几乎所有的企业都在开发相似的互联网应用程序,结果运营效率方面的提升被广泛分享,几乎很少有单个企业能从具有较好品质的应用程序中获得持续性竞争优势。由于越来越难以维持运营上的优势,战略定位也就变得越来越重要。由于确信不存在持续性的优势,企业纷纷追求速度和敏捷性,希望能抢先一步,而没有一种独特的战略定位,速度和敏捷性就无从谈起,既不能够创造独特的竞争优势,效率提升也只是一般性的,难以持久。战略远远超越了对最佳做法的追求,它要求构造出一种能提供独特价值的定制化的价值链——能够生产和传递产品和服务的系列活动。而且,为了有效地狙击竞争对手,价值链必须高度整合。当某个企业的所有活动,形成一种自我强化型的体系时,任何希望模仿一种战略的竞争者,就必须复制整个系统,而不仅仅是其中一部分。对于巩固差异化战略、定制化业务和提高匹配性而言,互联网提供了一个更好的技术平台。

然而在互联网发展的今天,单一的技术应用已经不能为企业带来足够的竞争优势,只有当公司利用互联网技术来重构传统业务,或当公司发现传统方法与互联网新的结合方式时,传统企业才能获得成功。传统企业在制订企业战略时,不再是以自身价值最大化为唯一目标,而是站在价值链的角度,争取建立同行业的企业战略联盟,确保联盟整体价值链的实现,同时,完成自身价值链的更大增值。互联网技术的应用范围涉及整个企业的经济活动,它可以直接影响企业价值链中任何一环的成本,改变和改善成本结构。① 企业想获得持续竞争优势,必须要不断创新。"互联网+"思维与企业的高度融合创新将成为更为强大的战略工具。

4)"互联网+"时代的企业竞争优势策略

"互联网+"的到来,使得组织间竞争更为激烈,并呈现出新的时代特征。在此背景下,一个组织如何适应新时代的要求,做到"互联网+"下的管理经营模式转变,提升核心竞争力,已成为经济学、管理学、应用心理学等多学科研究的重点,企业竞争力更多地体现在产品上,谁能够提供物美价廉的产品,谁就能够在市场竞争中获得胜利。相反,用户服务在很多时候被企业视为一种成本,在整个企业的价值链中并不处于最重要的地位,一般说来,生产和研发环节才是企业视为价值产生的重心。但是进入"互联网+"时代,信息可以无障碍地流通于企业内外,消费者能够以更广泛的角度和更快捷的方式了解企业的信息,彼此能够跨越地域和时间的隔离,频繁地把对产品和企业的评价进行互动,形成对企业前所未有的影响力。过去基于一切信息不对称下的企业优势资源,在互联网让世界扁平化的过程中,越发显得弱化甚至于消失。这个时候,企业的竞争优势,实际上已经从专注于内部产品的生产制造,开始向外转移至对用户的分析与服务,以及对整个产业生态系统的构建及合作上,价值的内涵依旧是企业的产品,但牵动价值的引擎不再专属于企业和生产制造部门,而是同属于与用户建立最终联系的客服部门。在互联网时代,企业要想存活,其专业化能力不仅体现在具备产品竞争力,还体现在更好地建立和维系与用户的互动关系的能力,更好地为行业合作伙伴带来商机和共赢价值的能力。也就是说,企业首先要具备的不是产品竞争力,而是全新的流量竞争力和平台竞争力。

(1)提升流量竞争力

流量竞争力包括创造流量和了解需求两个切入点。在过去,流量可以理解为人流量,靠的是店铺的地理位置,所以黄金地段永远是企业竞争的焦点战场,因为那里的人流量最多,带来的商机最大。但是在网络经济中,即使企业以高价赢得市区最繁华的商业地段,也不见得就能让巨大的人流量转化为利润价值,用户可以在线下商店试用商品,然后通过手机寻找到最便宜的网店,一键实现购买。同样,过去靠降价促销的手法引来的抢购一阵风也不可能持续。互联网带给我们的思想革命是"羊毛可以出在猪身上",敢于不从产品本身赚钱,才有了免费思维的出现。后来大家发现,免费才是最能获得流量的武器,所有的互联网公司对此早已谙熟于心,而最近微软终于跨出了重要一步,Windows 10 免费提供给全球用户,标志着这家老牌 IT 企业真的开始向互联网转型了。免费思维是提升用户竞争力至关重要的一步。

---

① 邱曦漫.互联网环境下的企业价值链重构[J].环渤海经济瞭望,2014(4)。

当然,企业必须学会更准确地了解用户需求,这其中包含两个误区,一个就是通过传统的问卷调查方式获取用户需求,但用户往往并不知道自己想要什么产品,而是关心是否有产品可以解决问题。当年福特的名言:假如我问客户想要什么的时候,得到的答案可能是速度更快的马车。另一个就是坚信创造客户需求的理念,以技术领先为导向,相信自身能够预判用户需求,当年 IBM 早于微软研发 Windows 95 之前推出了 OS2 操作系统,功能更强大,占尽天时地利,但最终败北,原因在于其自身在做市场调查之前已经给用户设置了一个产品框架,用户只能在 1 和 2 之间选择,但其实用户想要的是 3。所以,开放式创新和参与式互动才成为现今很多企业的目标,让用户参与产品的制造过程中,能够最有效地与用户需求吻合。

（2）提升平台竞争力

互联网让传统的产业链变成了彼此连接的产业生态系统,优秀的企业一定是能够为生态伙伴提供价值的,而不是独善其身、一人专美,而打造平台就是最好的与人合作的方式,越来越多的企业都从产品化走向了平台化。

平台竞争力包括大数据能力和基础服务能力。平台赖以生存的基础一定是大量的用户群体,所以不是每个企业都能够做成平台,必须是已经有了稳定用户规模的企业才会进行平台化转型。用户数背后就是用户的大数据,腾讯通过微信、阿里通过淘宝、百度通过搜索掌握了大量的互联网用户数据,通过数据的挖掘,企业能够真正了解用户的偏好,能够有针对性地定制营销服务,这就是平台最大的财富。

正因为有了大数据资源,才会吸引更多的中小商家和行业外企业加入平台,提供各种各样的产品,平台提供者需要做的就是维护好这些进来做生意的企业,给他们最基础的服务资源,比如支付能力、计费能力、宣传渠道、广告位等,帮助这些商家赚钱的能力是平台的核心竞争力。最近,微信利用几家企业广告的发送,制造了不小的话题。收到宝马广告的用户着实兴奋了一下,而收到可口可乐广告的用户也小小心酸了一把,大家乐此不疲地在朋友圈晒图,微信实际上也就在让用户互相吐槽的过程中给予 3 家企业最好的营销服务。可以说世界上最好的商业模式,就是企业能够出租场地给许多商户,通过商户的收益赚取分成。

（3）提升服务竞争力

最后,企业还是要回归产品本身,做好一个产品专家,思考怎样的产品能够为自己带来价值,这个价值一定是满足了流量和平台之后带来的,而不是一开始就有的。产品竞争力包括极致的产品功能和良好的体验服务,传统工业时代的产品是以功能取胜的产品,功能越多越全才好。但是现在人们看到的明星产品,恰恰不是那些大而全的产品,往往就是靠一种核心功能打动了用户,获得了市场,所以才会有专注极致的产品思维以及由此构建的企业定位。另外,服务越来越成为产品价值的核心部分,20 世纪 90 年代,IBM 就已经开始转型为服务提供商,将硬件投入大量减少,将 PC 业务出售给联想,收购普华永道和几十家软件公司等。现在服务的内涵进一步扩大,用户越来越重视良好的使用体验,比如简单易上手的产品,远胜过说明书厚厚一本的产品。

在企业的竞争力重构上,不同的企业会有不同的侧重,但是一定离不开流量、平台和服务的维度。互联网带给企业的生存法则,就是从传统的"以我为出发点,以产品引导顾客"的思维中跳出来,转型为"以用户为中心,打造用户需要的产品服务"为目标。归根到底,"互联网+"时代的企业如何重构自身的竞争力,要从价值链入手,当前的竞争不是产品的竞争、不是单一竞争对手的竞争,而是价值链的竞争,是供应链的竞争,需要传统企业在发展中正视自身的转型问题。

3.3 "互联网+"的政策与法律环境

3.3.1 "互联网+"相关政策环境

2015年3月5日,李克强总理在政府工作报告中提出"互联网+"行动计划,推动移动互联网、云计算、大数据、物联网等与现代制造业结合,促进电子商务、工业互联网和互联网金融健康发展,引导互联网企业拓展国际市场。2015年7月4日,国务院发布《关于积极推进"互联网+"行动的指导意见》(以下简称《行动指导意见》),明确"顺应世界'互联网+'发展趋势,充分发挥我国互联网的规模优势和应用优势,推动互联网由消费领域向生产领域拓展,加速提升产业发展水平,增强各行业创新能力,构筑经济社会发展新优势和新动能。坚持改革创新和市场需求导向,突出企业的主体作用,大力拓展互联网与经济社会各领域融合的广度和深度。着力深化体制机制改革,释放发展潜力和活力;着力做优存量,推动经济提质增效和转型升级;着力做大增量,培育新兴业态,打造新的增长点;着力创新政府服务模式,夯实网络发展基础,营造安全网络环境,提升公共服务水平"①的总体发展思路,提出促进创业创新、协同制造、现代农业、智慧能源、普惠金融、公共服务、高效物流、电子商务、便捷交通、绿色生态、人工智能等若干能形成新产业模式的重点领域的发展目标,并确定了相关支持措施。②

"互联网+"概念首次写入政府工作报告,业界热度几近沸点。各类政策利好促使以BAT为代表的互联网领军企业及广大中小互联网新秀公司,纷纷从互联网+金融、+医疗、+教育、+出行、+制造业、+房地产、+旅游等不同垂直领域探索解决方案。"互联网+"基于传统行业现实痛点进行深度挖掘和改造,有利于提升传统产业质量和效率,进而通过创新增强经济持续增长动力,这与当前政府力推的"供给侧改革"高度贴合。

"互联网+"的大格局和大环境已经形成,《行动指导意见》提出,到2018年,互联网与经济社会各领域的融合发展进一步深化,基于互联网的新业态成为新的经济增长动力,互联网支撑大众创业、万众创新的作用进一步增强,互联网成为提供公共服务的重要手段,网络经济与实体经济协同互动的发展格局基本形成。到2025年,网络化、智能化、服务化、协同化的"互联网+"产业生态体系基本完善,"互联网+"新经济形态初步形成,"互联网+"成为经济社会创新发展的重要驱动力量。从国家层面积极推进互联网与社会经济发展的全面融合创新,营造了"互联网+"良好的政策环境。

---

① 国务院.《关于积极推进"互联网+"行动的指导意见》(国发〔2015〕40号),2015.7.4.
② 资料来源:http://news.xinwanet.com/fortune/2016-03/05/c-128775704.html.

3.3.2　"互联网+"相关政策法规

以国务院《关于积极推进"互联网+"行动的指导意见》为顶层设计和行动纲领,国务院、全国人大常委会等先后出台了相关政策法规,进一步指导、规范"互联网+"时代各行各业的发展。

(1)《中华人民共和国网络安全法(草案)》

2015 年 6 月,全国人大常委会初审了《网络安全法(草案)》,该草案以总体国家安全观为指导,就网络数据和信息安全的保障等问题制定了具体规则,构建了我国网络安全的基本制度。习近平主席提出,我国要从网络大国迈向网络强国。在这一背景下《网络安全法》加快立法进程,一是明确我国维护网络空间安全、利益以及参与网络空间国际治理的原则是网络主权原则;二是明确保障关键信息基础设施安全的战略地位和价值;三是将网络数据安全纳入国家网络安全视野;四是明确网络安全监督管理体制建设。《网络安全法》将国家网络安全战略任务落实为具体的制度安排。

(2)《网络预约出租汽车经营服务管理暂行办法(草案)》

2015 年 10 月 10 日,交通运输部为推进出租汽车行业改革,规范网络预约出租汽车发展,促进行业创新发展、转型升级,更好地满足人民群众出行需求,发布《网络预约出租汽车经营服务管理暂行办法(草案)》。作为共享经济的典型形式,网络预约租车在全球发展迅猛,其监管问题也提上日程。《办法》肯定了网络预约租车的合法性地位,无疑具有重要意义,但其在管车、管人、管平台 3 个方面的具体规定,抬高了市场准入门槛,也可能导致共享经济模式不再是"共享",而是"专享",引起全民热议。"互联网+"时代,如何在保障安全的前提下,促进共享经济发展,促进行业创新,将真正考验政策制定者的智慧。

(3)《关于实行市场准入负面清单制度的意见》

2015 年 10 月 19 日,国务院提出将从 2015 年 12 月起试行、从 2018 年起全国统一正式实行"市场准入负面清单制度",推动我国市场准入制度的改革。在负面清单制度下,国务院以清单方式明确列出在中国境内禁止和限制投资经营的行业、领域、业务等,清单之外的行业、领域、业务各类市场主体(包括境内外投资者)皆可依法平等进入,为此各级政府将依法采取一系列配套管理制度和措施的改革。市场准入负面清单制度是我国市场准入制度的顶层设计,将倒逼我国行政审批制度,进一步明确政府的职责边界,深化行政审批制度改革,赋予市场主体更多主动权、激发市场活力,构建更加开放、透明、公平的市场准入管理机制。

(4)《互联网广告监督管理暂行办法》

2015 年 9 月 1 日,新《广告法》开始施行,这也是广告法实施20年来的首次修订,修改幅度之大、规定之细致严厉,也被称为"史上最严广告法"。同时工商总局制定的《互联网广告监督管理暂行办法》也开始征求意见。新《广告法》修订顺应了现代广告产业尤其是互联网广告蓬勃发展的新局面、新情况,首次将互联网广告纳入规范。对广告主、广告发布者和广告经营者的权利义务关系进行了重新梳理定位,强调了广告主是第一责任人;客观评价了网络游戏对未成年人的影响,为文化创意产业发展预留空间;将信用档案黑名单制度首次引入广告执法领域。这些规定对规范广告活动、保护消费者的合法权益、促进广告业的健康发展、维护社会经济秩序具有积极意义。

(5)《关于促进互联网金融健康发展的指导意见》

2015年7月18日,十部委联合发布《关于促进互联网金融健康发展的指导意见》(以下简称《指导意见》),积极鼓励互联网金融平台、产品和服务创新,鼓励从业机构相互合作,拓宽从业机构融资渠道。《指导意见》对互联网金融的定义及业态进行了明确规定,提出要积极鼓励互联网金融平台、产品和服务创新,并划分了互联网金融监管职责。互联网支付、网络借贷、股权众筹融资、互联网基金销售、互联网保险、互联网信托和互联网消费金融等互联网金融主要业态在意见中得到认可;人民银行负责互联网支付业务的监督管理,银监会负责网络借贷、互联网信托和互联网消费金融的监督管理,证监会负责股权众筹融资和互联网基金销售的监督管理,保监会负责互联网保险的监督管理。这意味着互联网金融业务在政策上得到承认,由不同主管部门负责不同业态的监管走势逐渐明朗。

(6)《关于放开在线数据处理与交易处理业务(经营类电子商务)外资股比限制的通告》

2015年6月19日,工信部发布通告,决定在全国范围内放开在线数据处理与交易处理业务的外资股比限制,外资持股比例可至100%。自加入WTO以来,中国政府根据入世承诺,逐步在基础电信业务、增值电信业务领域开放业务类型;工信部于2014年出台政策,在上海自贸区新增试点4项开放业务,且不再对应用商店、存储转发业务设置外资股比限制,而在线数据处理与交易处理业务(经营类电子商务)外资股比限制为55%,2015年1月份,工信部允许在上海自贸区经营电子商务平台的外资股比最高达到100%。之后,工信部于2015年6月份发文取消部分试点开放业务地域限制,此次则在前述基础上,对在线数据处理与交易处理业务(经营类电子商务)取消持股比例限制。此系列政策的变化,从一定程度上反映出中国电信业务逐步开放的趋势,为外资直接进入相应业务领域提供了可能。

(7)《"互联网+流通"行动计划》

2015年5月15日,商务部发布《"互联网+流通"行动计划》,将在农村电商、线上线下融合以及跨境电商等方面创新流通方式,释放消费潜力,解决电商"最后一公里"和"最后一百米"的问题。此外,国家还颁布了《关于促进跨境电子商务健康快速发展的指导意见》《关于大力发展电子商务加快培育经济新动力的意见》等政策文件,助力"互联网+电子商务"快速发展。目前,我国正在实施"互联网+"战略,积极推进"互联网+"行动。"互联网+电子商务"作为其中十一项重点工作之一,其发展的好坏,会直接影响到"互联网+"战略的实现。同时,国家陆续出台多份促进电商发展的指导意见,显现了国家在此方面的决心和重视程度,暗含了在经济总体增速持续下降的驱使下,国家寄希望于以电子商务这种经济新模式来推动产业发展,从而加快培育形成经济新动力。

(8)《互联网等信息网络传播视听节目管理办法(修订征求意见稿)》

2015年6月10日,国务院法制办就《互联网等信息网络传播视听节目管理办法(修订征求意见稿)》公开征求意见,该《办法》规定:网络广播电视内容服务单位应配备专业节目审查人员,互联网禁止自制时政新闻节目,此外,网络广播电视服务单位应建立网络信息安全管理制度、保障体系和应急处理机制,履行安全保障义务。2015年9月18日,最高人民法院、最高人民检察院、公安部、广电总局四部门出台了《关于依法严厉打击非法电视网络接收设备违法犯罪活动的通知》,通知要求有关部门正确把握法律政策界限,依法严厉打击非法电视网络接收设备违法犯罪活动。2015 年 11 月 6 日,广电总局为了管理电视盒子市场的混乱,首批屏蔽 81 个非法应用。同时,广电总局针对网络电视和电视盒子再次发布禁令,要求七大牌照商对照包括"电视机和盒子不能通过 USB 端口安装应用"在内的 4 点要求自查自纠。

从 2014 年中期开始,监管部门陆续发文,对于"互联网+电视"加大监管力度,实施严格监管,这一思路一直延续至今。此次管理办法的修订,就是将之前严苛的系列监管政策以法律规范形式加以固化。同时,再辅之以高强度的执法行动。二者的有机结合,配套使用,足见监管部门力度和决心之大。其背后已不仅仅是广电总局的监管要求,更是维护国家信息安全的意志体现。未来互联网电视终端的管理、内容的审查更趋严格,已成定局。

(9)《促进大数据发展行动纲要》

2015 年 8 月 31 日,国务院印发《促进大数据发展行动纲要》(以下简称《纲要》),系统部署大数据发展工作。《纲要》提出,要加强顶层设计和统筹协调,大力推动政府信息系统和公共数据互联开放共享,加快政府信息平台整合,消除信息孤岛,推进数据资源向社会开放,增强政府公信力,引导社会发展,服务公众企业;以企业为主体,营造宽松公平环境,加大大数据关键技术研发、产业发展和人才培养力度,着力推进数据汇集和发掘,深化大数据在各行业创新应用,促进大数据产业健康发展;完善法规制度和标准体系,科学规范利用大数据,切实保障数据安全。2015 年以来,大数据得到国家高层政策的高度重视。从《纲要》的出台,到 10 月《中共十八届五中全会公报》和"十三五规划建议"提出实施国家大数据战略,显示出大数据正成为互联网时代的一个核心话题。而且,大数据无论在国计民生、公共服务,还是在商业层面,都可以发挥巨大价值,各大互联网公司都在磨刀霍霍,抢占大数据的制高点。但其中很多法律问题都尚待明确,只有国家法律制度为之保驾护航,大数据才能推动社会方方面面的进步。①

(10)《关于推动线上线下互动加快商贸流通创新发展转型升级的意见》

为落实国务院决策部署,推进线上线下互动,加快商贸流通创新发展和转型升级,国务院办公厅于 2015 年 9 月 29 日出台了《关于推动线上线下互动加快商贸流通创新发展转型升级的意见》(以下简称《意见》)。鼓励通过商业模式技术应用创新和产品服务创新实现线上线下互动创新;通过零售业改革发展,加快批发业转型升级,转变物流业发展方式,推进生活服务业便利化,加快商务服务业创新发展等方式激发实体商业的发展活力;通过推进城市商业智能化,推进农村市场现代化,推进国内外市场一体化健全现代市场体系;同时,进一步完善政策措施,推进简政放权,创新管理服务,加大财税支持力度,加大金融支持力度,规范市场秩序,加强人才培养,培育行业组织。《意见》既明确了上半年出台的一系列"互联网+"相关政策实施主体,又细化了具体的支持举措,将"互联网+"相关政策推向了新的高潮。

① 2015 年十大国内互联网政策,腾讯研究院法律研究中心,2015(12).

📖 【案例分析】

金罐加多宝开启移动互联网+战略,打造"金彩生活圈"①

谁说"移动互联网+"只属于新兴行业?4月30日上午,刚刚推出金罐不久的加多宝,联合滴滴打车、京东商城、韩都衣舍等移动互联品牌,以微信为平台组织起一场别开生面的线上发布会:1 000个来自全国各地的消费者代表、移动互联网合作伙伴、媒体朋友通过微信连接,共同体验了"有你更金彩——金罐加多宝2015淘金行动"的新鲜玩法。背后,传统行业强者加多宝的"移动互联网+"战略亦正式曝光。

金罐加多宝为入口　打造金彩生活圈

过去,提及传统快消行业,产品往往只作为O2O环节中的商品,而非服务载体。加多宝率先打破了这一概念,并引来了大量"跨界"关注,加多宝首批"移动互联网+"合作伙伴滴滴打车、京东商城、韩都衣舍、一嗨租车的市场负责人悉数出席。

众所周知,加多宝用了20年专注做凉茶这一件事,把一个偏居岭南的地方药饮变成风靡全国、超越可口可乐的"中国第一罐"大众饮料。今天,站在"移动互联网+"的风口上,万能的金罐加多宝要为用户连接起10 000种生活方式。快速、低成本的"连接"是互联网带给人类的最大价值,特斯拉把人和汽车建立连接,苹果手机把人和整个世界建立连接,滴滴把乘客和司机建立连接……他们都通过连接重构了行业。

今天,金罐加多宝以自身的产品为入口,把消费者和便捷的生活服务建立连接。我们大多数人都有这样的经历,要打车时,翻遍朋友圈想去抢个滴滴红包,却每每发现"红包已经抢光了"。现在,你可以拿着一罐金罐加多宝上车,用滴滴打到车后,扫描加多宝罐身二维码摇一摇抢金包,只要在下车前抢到滴滴优惠券,滴滴结账时就可以马上使用了。也许在不久的将来,金罐加多宝要"承包"我们的各种生活场景:要打车了,拿出金罐加多宝扫一扫;要到京东购物,拿出金罐加多宝扫一扫;要叫外卖了,拿出金罐加多宝扫一扫。由此,金罐加多宝不仅仅是一罐凉茶,而是成为一个"金彩生活圈"的入口。

从云到端　金罐加多宝重新定义快消行业

据加多宝品牌部人员透露,多个移动互联网企业正在和加多宝洽谈,希望加入淘金行动,共同为用户提供各种优惠和便捷服务,届时,金罐加多宝或将成为一种新的生活方式。加多宝每年销量数十亿罐,用互联网的视角来看,就是每天千万级的"流量",而且每一个流量都是用户的直接触及,平均停留时间超过10分钟。加多宝建立起"金彩生活圈",二次激活这数十亿的流量,由此迸发出的商业价值是十分可观的。

金罐加多宝正在以"金彩生活圈"为阵地,以移动互联为"云",以金罐加多宝为"端"(手持终端),开创"移动互联网+"时代的"云端未来"。王月贵表示,"拥有数十亿入口的加多宝,加之移动'互联网+'的全新思维,这不仅是金罐加多宝,更是所有快消品的全新未来"。

---

① 资料来源:搜狐新闻网,作者改编.

全球化营销布局　开启凉茶黄金时代

加多宝近来大动作频频,快速推进品牌升级战略:刷新品牌形象推出金罐,打造全产业链凉茶生产"金标准"体系,携手2015米兰世博会开启全球化战略,以及着眼"移动互联网+"的千人微信发布会和淘金行动。正如加多宝集团执行总裁阳爱星所言,加多宝将在品质的基础上,以"金"重新诠释中国凉茶的文化内涵,以全球化布局强化中国凉茶的国际竞争力,以"移动互联网+"为核心塑造中国凉茶的新基因,一步一步实现2.0版"凉茶中国梦"的历史使命。

案例分析题

1. 加多宝"金彩生活圈"拟涵盖哪些内容? 你认为是否可行?

2. "互联网+"时代,作为传统企业的加多宝为适应时代发展做出了哪些改变?

【本章小结】

随着互联网的不断发展,全球经济一体化将更为深入,在激烈残酷的市场竞争中,现代企业的竞争优势更多来自于创新发展。"互联网+"时代商业环境的变化,使得传统企业转型成为必然,而传统企业与"互联网+"的融合,并不是简单的、技术进步的研究范畴,所应该涉及的是更深层次的自我颠覆、组织重构、管理进化和变革转型。企业需要适应"互联网+"时代产业环境的创新融合发展,在把握住企业价值链核心的同时,调整企业战略以适应"互联网+"时代企业的发展需要,扫清传统企业在"互联网+"转型过程中遇到的困境,不断总结探索"互联网+"时代基于信息、资源、平台和服务的竞争优势策略。

【关键词】

企业转型;产业结构;价值链;企业竞争力;竞争优势策略

【复习思考题】

一、思考题

1. "互联网+"时代企业面临哪些经营困境?

2. 什么是产业结构? 产业结构变动的影响因素有哪些?

3. 简述价值链的概念及其特征。

4. 举例说明"互联网+"时代的企业价值链有何特征?

5. 企业竞争力的影响因素有哪些?

6. "互联网+"时代企业的竞争力来源是什么?

7. "互联网+"时代企业的竞争优势策略有哪些?

8. "互联网+"对产业环境的发展有何影响?

9.流量竞争力是什么,在互联网快速发展的今天,对企业的发展有何意义?

10."互联网+"政策环境指的是什么,对互联网企业的发展有什么作用和影响?

二、讨论题

1."互联网+"和"+互联网"是一个概念吗? 两者有什么区别?

2.当前情况下,传统企业如何建立互联网思维?

3.试举例说明"互联网+"时代如何提升企业的竞争力?

4."互联网+"时代传统企业是否需要转型? 如果需要,转型的过程中需要关注哪些问题?

5."互联网+"时代商业环境的变化发展主要体现在哪些方面,对传统企业有何影响?

6.在"互联网+"环境下,传统企业的发展战略是否需要调整? 如果需要,哪些方面是重点?

三、网络实践题

1.到手机应用商店下载 APP "茄子快传",体验其各项功能,思考该应用成功的原因。

2.上网查找"互联网+"时代,传统企业转型的成功案例,总结转型成功的经验。

3.上网查找"互联网+"时代,传统企业转型失败的案例,分析企业转型过程中面临的困难,以及需要注意的问题。

4.搜集近三年来与互联网发展相关的政策法规并学习。

第4章
"互联网+"与企业组织结构

📖 【本章导读】

"互联网+"时代下组织变革具有扁平化、网络化、垂直化、自组织、分权化、民主化、社会化、国际化等重要趋势,不仅可确保组织高效灵活运行,而且极大激发了组织成员的创新能力。传统意义上的组织形态通常以直线职能制为主要形式,由直线领导机构和职能部门组成,是典型的金字塔结构。然而在"互联网+"时代下,企业和用户之间的距离可以无限接近,无缝连接,商业机会就蕴藏在同用户零距离的接触中。用户对产品和服务的评价不仅仅是对产品的质量好坏,而是对产品所带来的用户体验感受的综合评价,而用户体验的打造则是企业内所有价值创造环节共同产生的。当用户能够使用互联网对产品进行评价时,企业的所有部门都必须直接对接市场,对接用户。因此,打破科层结构对组织行为和员工行为的束缚,打破组织僵化,让全员面向用户,快速反应用户需求是进行组织结构变革的重要挑战。

📖 【学习目标】

- 掌握"互联网+"组织的概念
- 了解"互联网+"组织结构的基本类型
- 掌握组织设计的基本变量
- 掌握"互联网+"时代企业组织的基本特征
- 了解"互联网+"与组织的发展演进
- 了解"互联网+"时代企业的组织变革

📖 【开篇案例】

"互联网+"时代下的组织结构变革方向①

韩都衣舍是伴随互联网电商迅速发展而脱颖而出的互联网服装品牌商,从最初依靠代

---

① 资料来源:360个人图书馆,作者改编.

购韩款女装，统一标志，形成自有淘品牌；到通过代购款式，自己打样选料并找代工厂批量生产，完善供应链，建立买手小组制，把主品牌做实，拓展多品牌；到如今建立起极具特色的以小组制为核心的单品全程运营体系，通过自我孵化和投资并购两种方式，将其打造成一个基于互联网的时尚品牌孵化平台。而韩都衣舍的小组制单品全程运营体系就是"小前端+大平台"组织结构的典型体现。

以小组制为核心的单品全程运营体系，简称"小组制"。这一模式将传统的直线职能制打散、重组，即从设计师部、商品页面团队及对接生产、管理订单的部门中，各抽出1个人，3人组成1个小组，每个小组要对一款衣服的设计、营销、销售承担责任。每个小组拥有的权力非常大，可以决定产品的款式、颜色、尺码，甚至包括产品的数量、价格、折扣，公司都不会去强制要求或者干涉。这样，小组直接面对用户，用户的消费意见会直接通过小组决策反映到产品的改良和更新上。小组的提成或奖金会根据毛利率、资金周转率等体现小组对商品运营效果的指标计算。这种类似于阿米巴经营模式，划小核算单元，责权利统一的方式，更有利于激活每个小团队的战斗力。到2014年，韩都衣舍内部已有267个小组，全公司一年推出3万款新品，相较而言，快时尚领域的领导品牌ZARA每年推出约1.8万款新品——如果仅以速度和款式数量论，韩都衣舍的成绩单比ZARA还要出色。

从管理架构来看，韩都衣舍3人一个小组，3~5个小组为一个大组，3~5个大组组成一个部，部上面是品牌。韩都衣舍通过小组制成功打造HSTYLE品牌后，从2012年起，韩都衣舍开始推出第一个内部子品牌AMH，当年5月，又从外部收购了设计师品牌素缕。之后，韩都衣舍每年不断推出新的服装品牌，覆盖不同类型消费者的细分市场，到2015年，韩都正式运营的子品牌已有16个。所有品牌都统一执行小组制的单品全程运营体系。而公司为所有小组提供了一个公共服务平台，这个公共服务平台一方面提供所有可标准化，可以获得规模经济的环节，如客服、市场推广、物流、摄影等。另一方面从集团总经办下设两个组，品牌规划组与运营管理组，前者帮助品牌走完从无到有的过程，包括前期市场调研、商标注册、知识产权保护等工作，后者则负责对销售额达到1000万的品牌进行管理运营支持。此外，企划部通过大数据分析，了解商品生命周期和商品比率，制订详细的企划方案，以此把握品牌和品类的产品结构和销售节奏，为品牌规划组和运营管理组提供专业建议。

韩都衣舍通过划分200多个产品小组，赋予每个产品小组非常高的自治权。一方面在每个小组身上实现"责、权、利"的相对统一，借助自主经营体的设计赋予小组足够的动力；另一方面通过在小组人数、排名机制、新陈代谢等方面进行精心设计，鼓励小组间责，将小组承受的压力传导给公共服务部门，促使公共服务不断优化。通过小组制加服务平台的模式，韩都衣舍最大限度地激发了每个单位的活力，并极大地丰富了服装品种品类，提高了组织运营效率。

在"互联网+"时代下，"小前端+大平台"的互联网化组织结构是未来企业组织结构变革的方向，韩都衣舍通过小组制和服务平台得到了快速发展；海尔将金字塔式组织改变成倒金字塔结构，将8万多人分为2000个自主经营体，提倡进行"企业平台化、员工创客化、用户个性化"的"三化"改革；阿里巴巴也把公司拆成更多的小事业部来运营，通过小事业部的努力，将商业生态系统变得更加透明、开放、协同和分享；苏宁向互联网转型，通过简政放权、组织扁平化、垂直管理、强化目标绩效管理、经营专业化、事业部公司化、项目制、小团队作战 8 个方面实现互联网组织变革。人们有理由相信,伴随着"互联网+"的浪潮,未来还会有更多的企业通过组织结构的升级和转型拥抱"互联网+"时代。

4.1 "互联网+"与组织的发展演进

4.1.1 组织相关理论的发展演进

组织理论的发展经历了一个由传统组织设计到行为分析组织设计,到现代权变组织设计的发展过程。

1)传统组织理论(1911—1950 年)

传统组织理论主要由早期管理理论中组织设计观点所构成。

(1)泰勒的组织理论

美国管理学家泰勒(Frederick Winslow Taylor)的组织理论侧重于研究操作层的每项工作应如何做才更为经济、高效。其组织理论的基本观点如下所述。

①职能化组织原理。职能化组织原理是泰勒科学管理原理中的一个重要内容。他指出,以往放任管理的特点是把工作责任都推到作业人员身上,工作的好坏及效率的高低完全依赖于操作者的经验、创造性和能动性。职能化组织原理则强调计划、决策工作应由管理人员来完成,并承担相应责任,而操作人员只履行执行职能,使得管理人员和操作人员均对工作的好坏和效率高低负有责任。管理职能和执行职能的分离、协调和统一是职能化组织原理的核心。

②计划部组织管理。职能和执行职能的分离导致了计划部门的产生。计划部是把所有涉及计划、决策、工作安排等"脑力劳动"从操作工人的工作中分离出来并集中到一个部门而形成。在泰勒的组织理论中,计划部的设置是更加本质的东西,是其组织理论的一个基本特征。泰勒及其追随者虽然不是组织理论家,但他们的许多思想,比如,明确职责和职权,管理工作与其他工作分离,工作专业化等均为后人所采纳,成为组织理论的基础。尤其是泰勒倡导的用以分析和规范工作过程的"时间动作研究"方法,为后面提到的运行设计提供了有效的方法原理。

(2)法约尔的组织理论

法国管理学家法约尔(Henri Fayol)侧重于组织的整体设计,其组织理论主要由组织的外部形态、内在因素和参谋机构 3 部分构成。

①组织的外部形态。法约尔认为组织的一般形态是由组成人员的数目决定的,并阐明了组织的一般形态是线性组织(金字塔组织)的组织原理。他指出,不管组织种类如何不同,由于其成员是按线性组织形态组织起来的,因此,处于同一发展阶段的组织形态都有类似性。这一结论是从组织规模发展的角度出发而得出的,有其局限性。很显然,同一规模的组织(组织成员人数相同)也可以有不同的组织形态。

②组织的内在因素。法约尔强调,建立有效的组织,仅是聚集人员和分配任务是不够

的,组织的效率取决于组织的内在因素,也就是组织成员的创造性和能力等人的因素。这比泰勒的组织理论前进了一步,成为法约尔组织理论的特征。

③参谋机构。法约尔认为,管理人员的个人能力是有限的,需要设置参谋机构,以弥补管理人员所欠缺的知识、能力和时间,提高管理能力。但参谋机构只应接受领导者的命令,而无权让下级执行命令。此外,法约尔所提出的14条管理原理,尽管内容庞杂,但有关组织形成的因素占了大部分,如劳动分工、权力、责任分配、统一指挥、纪律和秩序等,其管理原则实质是形成、健全和维持组织,并促进组织发挥正常机能的组织原则。法约尔及其追随者,如美国人穆尼(F. W. Mooney)和英国军官厄威克(L. F. Urwiok)确信存在并且能够找到一种合理的组织结构,使得上级下达的指令能按照事先设计好的途径准确、畅通地在组织内传递,以产生预先决定和设计好的效果,他们强调命令和统一指挥原则,把军队组织(金字塔结构)规定为最基本的一般组织形态。

(3)韦伯的组织理论

德国社会学家韦伯(Max Weber)持有与法约尔相同的观点,他把官僚制等级结构看作最有效的组织形式。在韦伯提倡和描述的官僚制组织中,有明确的规章制度,清晰的工作描述,合理合法的职权关系,高度的集中控制,根据人的技能聘用人员,个人利益服从于组织利益等。这样,每个成员都占有一个经过明确说明了具体职权的职位,能否胜任取决于自身的能力,组织主要依靠健全的规章和制度来加以管理。由于这一理论的有效性,尤其是强调集中控制,因此在目前仍有广泛的应用价值。

传统组织设计理论不足之处有3个方面:一是存在一个最佳组织形式的假设并努力为之去奋斗,他们都把自己的理论看作放之四海而皆准的最佳组织形式;二是忽视组织中人的作用,强调健全的制度和严密的工作程序,结果是倾向于限制而不是去发挥人的能动性,人不过是岗位的"填充物";三是忽略组织所处环境因素的影响,把组织看作一个封闭系统。

2)行为组织理论(1930—1960年)

行为分析组织设计理论的代表人物是巴纳德(Chester Bamard)和西蒙(Simon)。巴纳德是现代管理理论之父,西蒙是其直接继承人。巴纳德把组织理论看作其管理理论的核心。西蒙也指出管理就是如何形成和经营组织的问题。传统组织设计理论主要是分析组织的表面特征和结构,缺乏从理论上对组织的特征和本质进行探索。巴纳德和西蒙研究的着眼点不是组织的表面结构,而是组织行为,实际上就是组织中人的行为。因此,他们的组织理论称为行为分析组织设计理论。他们认为人的行为由决策和作业两部分组成,并把决策作为行为分析组织理论的研究核心。行为分析组织设计理论有下述几个原则。

(1)发挥人的主导作用

人是组织的主宰,被约束过严就会扼杀人的主动性,产生被动、消极和依赖行为,从而限制人聪明才智的发挥。所以在组织设计中应重视发挥人的主导作用。

(2)注重满足成员心理需要

劳动分工时应考虑人的兴趣和爱好,因事择人,量材而用;划分部门时要因人而异,对具有多方面才能、精力充沛、组织能力强的人可放宽其工作范围。根据人的心理需要设置组织层次,主张扁平型组织结构,尽量减少层次。因为组织层次多会影响组织成员的心理和情绪。

（3）重视和运用非正式组织

各种各样的非正式组织虽是无形的,但对组织的运行效果影响极大,必须加以重视,正确引导和利用。

（4）以信息沟通代替指挥监督

被管理者接受指挥监督时心理上常有被动强迫感,并不是每次都是心悦诚服的。简单地要求必须服从往往会引起"反感",影响人际关系乃至工作成效,以信息沟通来取代指挥监督可避免上述问题。

由上面分析可以看出,行为分析组织设计理论强调以人为中心来设计组织,注重满足人的心理需要,充分发挥人在组织中的主导作用。但在劳动分工中过于强调照顾人的兴趣爱好,忽略了工作效率。组织层次与部门划分因人而异,导致组织缺乏稳定性,必然带来管理上的复杂性。

3）权变组织理论（1960—1980 年）

权变组织理论的代表人物有伍德沃德（Joan Woodward）、波恩斯和司岛克（Burns and stalker）、劳伦斯和洛希（Lawerence and Lorsch）。他们研究的对象是组织与环境的关系,试图找出不同环境条件下最适宜的组织形式。他们在研究了大量的企业组织后发现:许多成功的组织并没有采用传统组织设计理论所主张的那种最佳结构形式,组织的结构是随着组织的战略目标、技术等环境因素的不同而不同,从而得出了并不存在一种放之四海而皆准的最佳组织结构形式的结论,指出了采用何种组织结构应根据组织的具体情况及环境条件而定。①

4）组织理论存在的弊端

随着时代的发展,传统的管理思想越来越人性化,越来越重视人的价值,不仅在不同的历史时期发挥了重要作用,很多管理思想现在仍在使用,对今天管理思想的创新也很有启发意义。但这些管理思想基本上没有摆脱科层制的范畴,也就是说,在这些管理思想下建立的管理制度基本上还是科层制。而科层制是有弊端的,其弊端主要体现在两个方面:帕金森定律和彼得原理。

（1）帕金森定律

人类社会组织在其运行的过程中,自身有着充沛的繁育能力,各个层级会追求各自的部门利益,导致部门数量和单个部门人数都逐步膨胀。英国学者帕金森观察到这一现象,并做了相应研究,这一现象也就被学术界命名为"帕金森定律"。

1958 年,英国历史学家、政治学家西里尔·诺斯古德·帕金森经过长期的调查研究,出版了其代表作《帕金森定律》。他发现一个人做一件事所花费的时间差别是如此之大:一个人可以在 10 分钟看完一张报刊,也可以花费整个上午去看;一个人可以花半个小时做一份点心,但一个清闲的老太太可以花费一整天慢慢做出一份点心,给她放学回来的孙子吃,等等。特别是在工作中,人们的工作总会不由自主地膨胀起来,甚至会占据一个人所有的时

---

①　郑怀洲.组织设计理论综述[J].河北机电学院学报,1993,10(3):65-72.

间。如果工作不多,人们会放慢自己的工作节奏或者增加不必要的工作环节来消磨工作时间。帕金森根据这些人们在日常生活中常见的现象总结出一个管理学上的重要结论:在行政管理中,行政机构会像金字塔一样不断地增加,行政人员会不断地膨胀。每个人都很忙,但又碌碌无为,导致组织效率越来越低下,且难以逆转。由于帕金森用金字塔来做比喻,所以这条定律又被人们称为“金字塔上升”现象。

帕金森定律存在于各种组织中,尤其是政府部门。在传统的金字塔组织中,大量的信息在传播中失真。互联网成为穿透层级岩层的利器,使相邻或相距遥远的层级能够彼此面对面。身份、财富、地域等都不再是信息传播的障碍,每个人的传播能量能借助互联网,实现顶层和底层的直接交流。

(2)彼得原理

美国著名的管理学家劳伦斯·彼得根据千百个组织中不称职的状况提出了彼得原理,即:在一个等级组织中,每个职工趋向于上升到他所不能胜任的位置。彼得认为,每一个员工由于在原来的工作岗位上表现良好而被提升到更高级别的岗位上。如果该员工继续胜任则会被提拔到更高级别的岗位上,直到提拔到他不能胜任的岗位上。所以,层级组织内的每一个职位最终都将被一个不能胜任的员工所占据,而层级组织的工作又基本是由尚未到达不能胜任岗位的员工做的。由此,彼得在不经意间创立了一门新的科学——层级组织学。

在对层级组织的研究中,彼得还分析归纳出“彼得反转原理”:层级组织内的员工能否胜任自己的工作,不是由全体组织员工来评选,而是由组织的上级领导来决定。如果组织内的上级领导到达了自己不能胜任的职位,他就倾向于以制度的价值来评判下属,因为他自身的能力不足以去评价自己的下属。组织的上级领导就会用组织的规章制度、组织仪式等程序化的标准来评判自己的下属。也就是说,组织的上级领导者是以外在的制度性规范来评断下属,而不是下属实际的创造力和工作业绩。

从研究的进程看,由于西方国家的互联网发展走在中国的前面,西方学者在去中心化组织的研究方面走在中国的前面。1965年,福瑞斯特发表了一篇题为《企业的新设计》的论文,运用系统动力学原理,构想出未来企业组织的理想形态——层次扁平化、组织信息化、结构开放化。组织需要中心基于组织效率的考虑,组织的去中心化,同样是基于组织效率的考虑。传统组织经历了严格的等级制和制度化的科层制,正是因为在当时的历史条件下,这种等级制和科层制是当时保持组织高效的制度设计。互联网时代,组织的去中心化同样出于组织效率的考虑。其实,这里面有一个清晰的演变历程,那就是随着人们思想的开化和技术手段的进步,每个人的智慧发挥得越来越充分,交往成本变得越来越低。组织去中心化、扁平化的一个结果就是组织平台化,组织成为员工实现个人价值的平台。组织在实现个人价值的同时,组织的总体价值才得以实现。也就是说,在互联网时代,那种为了某个特定抽象价值的实现而大大损害每个员工个体价值的组织会越来越少。

4.1.2 “互联网+”对企业组织的影响

互联网的快速迭代、“小而美”、机制灵活等特性与企业,尤其是大型企业组织结构的稳定、多层级、机制固化等产生着不可调和的矛盾。互联网给原有组织模式带来的冲击主要表现在以下几点：一是组织要实现与用户零距离，在互联网时代，用户和企业之间的距离可以无限接近，可以无缝隙实时连接，商业机会就蕴藏在同用户零距离的接触中。如何做到全员面向用户，同用户零距离，是组织变革面对的第一项挑战。二是个体能力得到肯定与尊重，在传统模式下，个体能力是有局限性的，个体必须在组织范围内获取有效资源才能实现自身价值，但是在产业互联网时代，个体具备极强的主动权和积极性，个体价值得到极大的提升，同时也需要对其匹配相应的责权利，确保个体价值能够得到很好的衡量与激励，企业作为传统时代的主角，需让位于个人的主观能动性。三是企业的核心能力发生变化，传统企业追求成本最低化、质量最优化，稳定的组织和固化的流程是与之匹配的最佳状态，但互联网要求企业不断创新、迭代和突破，需要有动态的组织与之匹配。

1）"互联网+"对传统企业组织结构的影响

在"互联网+"背景下，企业运行的环境呈现复杂多变、无法预测的趋势，工业经济条件下的金字塔式层级管理方式和组织结构越来越难以适应，快速发展的信息技术为应对这种趋势提供了多种多样的手段，推动着管理方式和组织结构的创新和发展。组织结构作为组织内各构成要素所确定的关系形式，是为实现企业战略目标而形成的，不仅包括构成要素，而且包括要素间的相互联系与作用。影响企业组织结构的因素很多，可以从组织设计的结构性维度和关联性维度两个层面来理解组织结构的相关影响因素。"互联网+"时代的信息网络要素对企业组织结构的相关维度都产生了一定的影响。

（1）"互联网+"对中小企业组织结构性维度的影响

中小企业处于企业信息化发展的大流之中，网络及信息技术给企业的管理经营手段和组织模式都带来了不同程度的影响，甚至是革命性的变革，企业的组织结构是为适应组织战略目标而形成，中小企业如何认识和把握信息技术对组织结构的影响直接关系到中小企业的组织目标的实现，即企业的生存和发展问题。组织结构的结构性维度包括组织的复杂性、规范性及集权和分权。信息技术对中小企业组织结构的结构性维度产生了影响（表 4.1）。

表 4.1　传统组织与"互联网+"组织在结构维度上的比较

组织结构性维度		传统组织	"互联网+"组织
复杂性	分工与专业化	高度分工与专业化	分工程度低，提倡适应性
	管理与组织层次	多	少
	中间管理层	庞大，臃肿	精减
	管理幅度	窄	宽
	信息流动方向	纵向为主	更多的是横向流动
规范性	协调方式	正式的规章制度权力等级	灵活，小组协调，文化协调
	结构形式特征	金字塔式	扁平式，团队网络式，虚拟式
	主要结构单元	职能部门	团队，团队网络
	组织活动特征	稳定，重复，单一	灵活，自主，分散，协作
	组织结构模式	职能式	有机式

续表

组织结构性维度		传统组织	"互联网+"组织
集权和分权	权力集中或分散	权力高度集中注重权威	高度分权,强调自主创新
	部门信息往来	闭塞缺乏沟通协调困难	交流频繁,重视部门与人际关系

(2)"互联网+"对组织结构关联性维度的影响

组织结构的关联性维度包括组织规模、环境、文化和战略等,它们描述了影响和改变组织结构的关键因素。哈罗德·孔茨(Harold Koontz)认为组织结构必须反映企业所处的环境条件。企业处于网络信息技术高速发展及转型"互联网+"组织的实践阶段,必然受到外部大环境的影响,因此其组织结构应当能够适当反映出相应的环境条件。组织结构是一个复杂且多变的系统,其影响因素很多,概括起来包括战略、规模、技术、环境等几方面(芮明杰,2001)。"互联网+"时代,网络及信息技术引入组织之后,对组织结构的这些关联性维度也有一定程度的影响,进而通过这些关联性维度因素影响组织结构的调整。

(3)"互联网+"对组织规模的影响

组织规模是一个影响组织结构和功能的内生关联性变量。对组织来说,大量的资源和规模经济可以带来规模报酬递增,所以企业保持一定的规模是必要的。但是对于中小企业而言,其本身的规模受到资金等各方面的限制,尽管近年来一些行业事实上的合并形成了巨型公司,但是组织的平均规模正在缩小。"互联网+"时代,同行业的企业之间也不再是单纯的竞争关系,更强调产业的融合、价值链的构建。组织可以将许多活动外包,组织内部需要配置的资源相对较少。信息技术也能使传统组织用更少的员工完成同样的工作,信息收集、处理的高效率为组织节约了管理成本和交易成本,有效减少了管理层次和中心环节,扩大了管理幅度,互联网打破了传统组织在空间地域上的限制,使得交易更加透明化,高速的信息传递和运用,有助于企业降低成本。

(4)"互联网+"对组织环境的影响

互联网打破了组织在空间地域上的限制,网络化使得组织面临的环境日益复杂多变。组织社会环境和内部环境都伴随信息技术及网络技术的应用而发生了很大变化。企业总体环境的知识化、技术环境的信息化、竞争环境的合作化以及市场需求的多样化与个性化客观上要求企业的组织结构富有弹性,更加柔性化。互联网改变了企业部门间、企业间、企业与顾客间的交流沟通方式,促进研发与销售部门间的信息沟通强度和密度,使得企业中的每一个成员都可以平等地获得自己所需的信息。这种信息沟通方式的变化必然引起企业中权力运用的方式以及领导者的管理控制方式发生相应的变化,也必然会引起企业组织结构形式的相应变化。

(5)"互联网+"对组织战略的影响

随着网络信息技术的发展,"互联网+"时代的企业发展建设思路将更加开阔多元,信息成为组织发展重要的资源。组织信息战略成为组织战略的一个重要组成部分(图4.1)。组织战略为企业在"互联网+"时代的生存发展以及业务流程重组和结构调整提供了指导,企业的组织战略要与时代的发展相适应。企业要适应外部环境条件,同时完善自身的管理运营,组织信息战略将成为其发展战略的部分内容。组织战略决定了信息战略,信息战略直接引导"互联网+"组织的运作方式和方法。作为组织运作活动的一部分,信息直接影响组织运作的效率和总体效果。组织战略一旦改变,组织结构也将做出相应的调整。

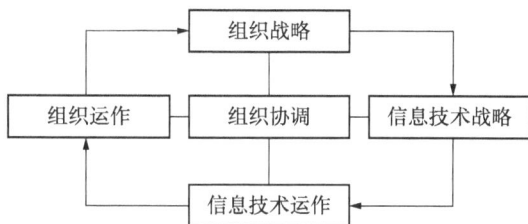

图 4.1　"互联网+"对组织战略的影响

(6)"互联网+"对组织文化的影响

"互联网+"为组织带来了信息开放、共享、吸收和交流的新组织文化。组织认识到信息在经营管理中的重要性而逐渐培育起有助于加强信息管理和推进组织信息化发展的组织文化。网络和信息技术作用下的组织文化必将对以往常见的中小企业家族式企业文化产生冲击,促使组织内部建立开放的管理环境,顺利地实现组织内部的横向和纵向交流。同时促使组织之间能够及时有效地进行信息沟通,为组织创造条件使其能够与外部的供应商、销售商、顾客共享信息。开放式的组织文化氛围要求组织能够吸收外界先进的技术、观念和知识,处理好自身与环境之间的关系,使信息在企业经营管理中得以更加科学、有效、合理的应用,有利于企业今后的稳步快速发展。

2)"互联网+"对企业组织设计的影响

"互联网+"是对新一代信息技术与创新 2.0 相互作用共同演化推进经济社会发展新形态的高度概括,呈现出如下特点:一是在互联网的平台上,技术和商业内容深度融合,并创造出一种新的模式,从企业价值链层面上一个个环节的互联网化,到一个个产业的互联网化,"互联网+",加的不仅仅是技术,更带给传统企业决策方式、业务模式和经营思路等诸多方面的巨大转变。二是在互联网的平台上,技术将会发生巨大变化,互联网的下一步就是物联网,物联网的下一步就是大量的可穿戴设备,人们获取数据信息的形态发生了很大不同,许多行业都会因计算而改变,计算会创造更多的人力资源。三是有更大的商业空间,即社交,在网络上形成了越来越多的垂直的共同利益的相关者、共同兴趣的相关者所组成的不同群体,而这些群体所构造的新的学习业态、新的商业生态、生活生态,都会改变现存的世界,"互联网+"将会慢慢构成更多的服务于某种价值体系的一个平台。互联网发展的前提是信息技术进步,信息技术进步对每个行业的所有组织都有着深远的影响,具体表现为组织设计精简化、结构分散化、内外部合作化,以及建立起新型的网络组织结构。

(1)组织小型化

互联网与实体经济融合的互联网经济使一些基于互联网运营的公司可能只存在于电子空间中,而没有办公楼、办公室和桌椅等作为传统正规组织标志的设施和设备,很多组织员工可以在家办公,同时互联网与传统商业融合也使得组织可以以较少的人力完成较多的工作。

（2）组织结构趋向分权化

互联网与各产业的融合，使得信息技术逐渐应用于各个产业，虽然信息技术用来实现组织信息的分权化或集权化要受到管理哲学和企业文化的内在影响，但当前大多数组织都将信息技术用以实现组织分权化。互联网的运用让以往只有总部高管获得的信息能够便捷地在组织内共享，不同业务部门或办事处的管理者也可以有针对地获取信息，并作出重要决策。网上谈判、网上协调和合作有利于员工自发组织交流和决策。

（3）横向协调的改善

互联网具有改善组织内及组织间协作与交流的巨大潜能。内部互联网、外部互联网和其他形式的网络能将分散在世界各地的办公室、工厂及消费者连接起来，相互之间也可以进行知识共享和项目合作。

（4）改善组织间关系

互联网的使用能改善组织与外部供应商，顾客和其他合作伙伴间的横向协作关系。传统意义上，供应商与组织是有一定距离的，一般通过电话、信件订货，顾客与制造商也只是有限地联系。而"互联网+"行业的供应商与组织间存在着互动，电子化的联系，顾客可以直接与制造商进行联系，享有实时的信息交换，也可以以电子化的方式获取产品信息、消费参数和顾客服务数据。

（5）强化网络结构

互联网将公司置于信息流的某个位置上，在这种网络化的结构中，大多数业务活动被外包出去，因此，组织要求不同的公司执行各自擅长的功能。电子化沟通的速度和便利使得网络化结构成为各公司的可行方案，不仅降低了组织成本，也增加了组织业务活动范围并巩固了其市场地位。①

4.2 "互联网+"组织及其特征

4.2.1 "互联网+"组织的定义

组织就是在一定的环境中，为实现某种共同的目标，按照一定的结构形式、活动规律结合起来，具有特定功能的开放系统。在管理学中，组织的含义可以从静态与动态两个方面来理解。从静态方面看，指组织结构，即反映人、职位、任务以及它们之间的特定关系的网络。这一网络可以把分工的范围、程度、相互之间的协调配合关系、各自的任务和职责等用部门和层次的方式确定下来，成为组织的框架体系。从动态方面看，指维持与变革组织结构，以完成组织目标的过程。通过组织机构的建立与变革，将生产经营活动的各个要素、各个环节，从时间上、空间上科学地组织起来，使每个成员都能接受领导、协调行动，从而产生新的、大于个人和小集体功能简单加总的整体职能。"互联网+"，是指用互联网思维重构商业模式、经营理念、组织流程。因此，"互联网+"组织，不是单一的传统企业组织+互联网，不是权

---

① 张焱,杨帆."互联网+"环境下的组织设计研究[J].黑龙江社会科学,2016(02).

力的中心,而是企业与互联网的深度融合,是传统企业的组织变革与创新,是越来越平台化、网络化、生态化,能够快速对接市场需求、围绕用户进行交互和互动的生态圈。

4.2.2 "互联网+"组织的特征

英国经济学家卡萝塔·佩蕾丝在《技术革命与金融资本》一书中提出,在过去的每一次工业革命中,伴随新技术的出现而形成了与其相应的"技术—经济"范式,即一套通用的技术和组织原则,是一种最优的惯行模式。科学技术经历了从蒸汽时代到电气时代再到电脑时代,每一次技术的飞跃大大加速了现代生产力的发展,成为推动人类进步的巨大动力之一。面对每次技术的更迭和飞跃,对企业而言既是一个巨大的机遇,同时也是不小的挑战。每一次生产力的飞跃,同时也在要求企业组织进行相应的改变,即快速适应生产力、生产工具、交流方式的变化。

没有成功的企业,只有时代的企业。如果说企业战略决定了企业未来的发展方向与基本经营管理策略,那么组织架构则是保障企业战略落地、高效执行的重要手段。不同的时代,企业不同的发展阶段,都会对组织形态有不同的需求。企业发展与时代需求的匹配程度,是企业选择组织模型的重要依据和方法。"互联网+"对应的英文为"Internet Plus",即不是加法,而是"化",也就是说,"互联网+"并非简单链接,而是通过链接产生交互与反馈,最终实现化学反应式创新、融合的过程。企业能否在"互联网+"时代获得竞争力,取决于企业的组织承受能力,实际上就涉及企业组织结构设计、变革和调整、流程优化或再造等,它需要企业组织对外部环境、企业战略的超强适应力和纠错能力,能够顺应时代要求,契合战略发展需求,做到因需而变。

1)开放运营的组织管理

从产品的快速推出到人性的自由,再到组织的平等开放,互联网的影响深刻而广泛,生产力与需求的逆转更是对新时代的组织提出了新的挑战。到底什么样的组织是适应现代技术和社会发展的组织? 在"互联网+"时代以前,传统企业通过自己组织生产,以向外部提供产品和服务为主,承担着生产者的角色。随着互联网与传统产业的融合加剧,"互联网+"从一个词语变成了每个企业的自觉行动,传统企业所面临的一切都在飞速变化。在新的环境下,原有组织想要继续生存下去,就需要具备很强的适应性,而开放运营将是其中最为典型的特征。这种开放运营将表现为下述几个方面。

(1)从"由内而外"到"由外向内"

传统企业组织在产品设计、开放到生产、销售都是以"从内向外"提供为出发点,都是基于现有自身能力体系结构、提供方式、资源状况进行设计,典型的"我有什么你用什么"的思路,但是"我们有的能力是否真正是市场、客户所需求的能力? 我们提供的方式是否真正能够被市场、客户所接受?"这些并不是首先关注的问题。"互联网+"时代,在人们的身上能更加清晰地感受到人类自我意识的爆发,个人决策自由化,人的行动与表达将不受约束。企业也在发生着改变:对外,企业更多地关注客户的个性化需求,让客户更多地参与到产品设计和开发过程中;对内,组织要更加弹性和扁平,重视员工的个性培养和个体作用。

（2）从封闭走向开放

"互联网+"要求企业不再将自己的优势封闭在组织内部。传统条件下的企业核心优势，即产品、专利正在受到挑战，甚至成为新兴产业推广的壁垒。因此，相对于传统企业的封闭，未来企业组织将更加积极向外推广，谋求合作。开放合作使得新老企业得以结合，形成围绕该技术的生态网。在这种开放合作的氛围中，高效的组织结构与优秀的资源结构成为企业关注的核心要点，高效合作成为这个时代企业组织关系的关键词。

企业秘密需要严格的保护，但同时企业必须善于吸收外部的优点，打破传统的观念，即有价值的内容可以同时从企业内部和外部获得，商业化的路径也可以同时从企业的内部和外部进行。因此企业必须通过搭建开放的窗口，才能在一个边际成本日益趋于零的经济中存活。这种开放意味着付出，企业必须学会分辨能力中不太核心的部分，并将自己的一部分能力与外部能力进行低价甚至免费的交换，来获取外部能力的参与。比如马斯克开放了特斯拉的专利，相对于专利而言，特斯拉更看重企业的生产设计。而通过这种开放，特斯拉可以推动汽车行业生产更多的电动车。

（3）从自我生长到不断并购

外部的快速变化使得企业为了实现目标必须常常从外部汲取能量，这和植物型企业长年通过原料加工、生产的产品不同，新时代的企业通常是捕食性的，它们对外部具有极强的依赖性，甚至很多组织会圈养起一片领域，即打造生态圈。"互联网+"时代，要求企业在规划自己目标时不以生产为主，而是以功能为主。这使得新时代的组织跳出了传统组织必须要获取材料、组织生产、提供服务的圈子。举例而言，对一家传统出租汽车公司来说，要想增加一辆出租车，就需要以较大的成本获得一辆汽车和牌照。新时代企业则并不考虑汽车本身，比如 Uber，搭建平台吸收私家用车，因此新型的企业甚至不必承担生产的成本，几乎不需要成本就能增加一辆出租车，只需通过网络协调使人们分享他们的汽车即可。这种跳出圈子的思考方式给企业带来了很多优势。

未来，企业的成功不再是通过优化生产，而是消灭成本。企业通过并购大规模降低产品或服务的生产成本，甚至是零边际成本，新运营模式下的商业核心流程的所有权让位于企业的开放性。

（4）企业组织架构的弹性与整合能力成为关键核心能力

收购和吞并是新时代企业成长的重要手段。这种手段通常是针对关键核心的功能和技术，企业组织更加喜欢通过并购的方式直接将这些核心部分纳入体系内部。举例而言，自成立之初，谷歌便一直从外部寻找各种灵感，以便拓展新的业务方向。这家搜索巨头收购的公司数量连创纪录。仅 2014 年，谷歌就收购了 25 家公司，平均两周一家。如果算上为了专利和知识产权收购的公司，总数甚至达到了 79 家。这些新并入的公司和企业，如何在原有体系中顺利地运转是考验一个企业组织承受力的关键。谷歌收购的成功很大程度上来源于早期就形成至今仍然保留着的"灵活机动"的文化，正如员工可以随意移动办公桌的规则一样，"谷歌有很多轮值项目，可以让产品经理轮换着参与不同的工作，即使是高管也会轮流肩负不同的职责"。

2）加速融合创新的组织理念

从消费互联网到产业互联网，再到现在大热的"互联网+"，传统产业的边界变得越来越不确定。用科斯的交易成本理论去定义企业边界将变得越来越困难，竞争与合作伙伴将难以区分，竞争中有合作，合作中有竞争。因此未来的企业组织将是一种无边界组织，一种开放的生态圈，强调开放合作、利益共享。对内，组织的架构将从串联到并联，在内部呈网状结构，由无数个微型组织、自主经营体所编织而成的一个网，最终实现对外的"以客户为中心的价值交互网"和对内的"以人为中心的价值创造网"。开放运营将成为新时代下企业组织变革的核心，灵活性、适应性、整体性将成为组织成败的关键。

"互联网+"带来了产业融合、产品创新和模式升级，但更重要的是企业需要正视这场变革将会对运营管理带来的影响和挑战。过去的经验正在开始进行归零的倒计时，在新的时代，企业管理的规则将会焕然一新。伴随着这一次的改变，生产力在提高，用户需求在丰富，人类正在变得更为自由，组织内外部将变得平等、开放。

4.3　"互联网+"组织结构及其基本类型

企业的组织结构是对于企业资源、工作任务、分组和协调合作的一种结构，是企业的一种基本管理形式，它决定了企业组织内部人员相互之间的关系，其本质是为实现组织战略目标而采取的一种分工协作体系。组织结构是否科学、合理，对企业的生存发展至关重要，完善的组织结构可以使企业的各项业务活动顺利、高效地进行，减少内部的矛盾和冲突，并能避免不必要的、无休止的协调[1]。

4.3.1　传统组织结构

（1）U 型组织结构

19 世纪末 20 世纪初，西方大企业普遍采用的是一种按职能划分部门的纵向一体化的职能结构，即 U 型结构。特点是企业内部按职能（如生产、销售、开发等）划分成若干部门，各部门独立性很小，均由企业高层领导直接进行管理，即企业实行集中控制和统一指挥。U 型结构保持了直线制的集中统一指挥的优点，并吸收了职能制发挥专业管理职能作用的长处。适用于市场稳定、企业组织结构产品品种少、需求价格弹性较大的环境。但是，从 20 世纪初开始，西方企业的外部环境发生了很大的变化，如原有市场利润率出现下降、新的技术发明不断产生等，同时企业规模不断扩大，使这种结构的缺陷日渐暴露：高层领导们由于陷入了日常生产经营活动，缺乏精力考虑长远的战略发展，且行政机构越来越庞大，各部门协调越来越难，造成信息和管理成本上升。到 20 世纪初，通用汽车公司针对这种结构的缺陷，首先在公司内部进行组织结构的变革，采用 M 型组织结构，此后，许多大公司都争相仿效。

---

① 田丽娟. 移动互联网企业的扁平化组织结构浅议[J]. 经营管理者,2015(01).

（2）M型组织结构

M型组织结构又称为事业部门型组织结构。这种结构的基本特征是战略决策和经营决策分离。根据业务按产品、服务、客户、地区等设立半自主性的经营事业部，公司的战略决策和经营决策由不同的部门和人员负责，使高层领导从繁重的日常经营业务中解脱出来，集中精力致力于企业的长期经营决策，并监督、协调各事业部的活动和评价各部门的绩效。与U型结构相比较，M型结构具有治理方面的优势，且适合现代企业组织结构企业经营发展的要求。M型组织结构是一种多单位的企业体制，但各个单位不是独立的法人实体，仍然是企业的内部经营机构，如分公司。

（3）矩阵制结构

矩阵制结构把按职能划分的部门与按项目划分的小组结合起来组成矩阵，使小组成员接受小组和职能部门的双重领导。其特点表现在围绕某项专门任务成立跨职能部门的专门机构上，这种组织结构形式是固定的，人员却是变动的，任务完成后就可以离开。与U型结构相比较，矩阵制结构机动、灵活，克服了U型结构中各部门互相脱节的现象。

（4）多维制和超级事业部制结构

多维制结构，又称立体组织结构，是在矩阵制结构的基础上建立起来的。它由美国道-科宁化学工业公司于1967年首先创立。在矩阵制结构（即二维平面）基础上构建产品利润中心、地区利润中心和专业成本中心的三维立体结构。若再加时间维即可构成四维立体结构。虽然它的细分结构比较复杂，但每个结构层面仍然是二维制结构，而且多维制结构并未改变矩阵制结构的基本特征、多重领导和各部门配合，只是增加了组织系统的多重性。因而，其基础结构形式仍然是矩阵制，或者说它只是矩阵制结构的扩展形式。超级事业部制是在M型结构基础上建立的。目的是对多个事业部进行相对集中的管理，即分成几个"大组"，便于协调和控制。但其出现并未改变M型结构的基本形态。

（5）H型组织结构

H型组织结构是一种多个法人实体集合的母子体制，母子之间主要靠产权纽带来连接。H型组织结构较多地出现在由横向合并而形成的企业之中，这种结构使合并后的各子公司保持了较大的独立性。子公司可分布在完全不同的行业，而总公司则通过各种委员会和职能部门来协调和控制子公司的目标和行为。这种结构的公司往往独立性过强，缺乏必要的战略联系和协调，因此，公司整体资源战略运用存在一定难度。

4.3.2 "互联网+"组织设计的基本变量

随着创新2.0、工业4.0时代的到来，信息通信技术及互联网技术的飞速发展，互联网与实体经济的融合形成了一种新的互联网经济形态。在这种新形态下，组织面临的内外部环境都发生了巨大的变化，信息技术进步对每个行业的所有组织也都产生了深远影响，具体表现为组织设计精简化、结构分散化、内外部合作化，以及建立起新型的网络组织结构。不论是传统行业还是新兴企业都要对组织设计进行全面升级，只有把握组织结构变化趋势，选择适合的组织类型和组织设计范式，才能保持组织的竞争力。"互联网+"组织设计的基本变量主要考量企业的外部环境、组织战略、组织文化、人员素质、组织规模、企业技术等内容。

1）外部环境

企业所处的外部环境可根据与企业的相关程度分为一般环境和任务环境。进行组织设计的主要任务之一就是要使组织的内部特征与外部环境的性质相适应,对于组织设计来说,最重要的性质就是外部环境的不确定性,它指的是企业的决策者不具有关于环境非常完备的信息,因而难以预测环境的变化。不确定性越大,越会增加企业对环境不适应的风险,并使企业预测、决策等成本增加。对于环境的不确定性,可以用复杂性和稳定性两个指标来衡量,复杂性是指与企业经营有密切关系,企业进行决策所需考虑的外部环境因素的多少。稳定性是指企业组织外部环境改变的频繁程度。根据这两个维度可以将外部环境分为 4 种类型:简单且稳定的环境、简单但不稳定的环境、复杂但稳定的环境以及复杂且不稳定的环境。因此外部环境对组织设计的意义主要体现在环境的不确定性能影响部门的差异化程度和整合水平、组织内部规范化程度和计划预测的必要性程度 3 个方面。首先,当外部环境的复杂性增加时,每增加一个因素都可能需要增加一个岗位或部门与之联系,这样组织中的职位和部门的数量会增加;又当外部环境迅速变化时,组织的各部门在处理外部环境的不确定性方面变得高度专业化,每一部门的成功都要求具有不同的专门知识、技能和行为,从而表现出较大的差异。而当组织中部门的差异化程度越高时,部门之间的协作就越难,从而组织中承担协调整合功能的固定机构和人员(如品牌经理、项目经理)与临时机构等就越多。因此在不确定性高的环境下,运行良好的企业组织具有较高的内部差异化和整合水平。

其次,环境的不确定性也必然影响组织内部的规范化程度。当外部环境迅速变化时,为适应这种变化,企业组织内部相对松散,控制较弱,有机性较高;当外部环境较为稳定时,企业组织内部的规章、程序和权力层级较为明显,组织的集权化程度和机械性程度较高。随着环境不确定性的增加,组织趋于更加有机的结构。最后,环境不确定性对组织的计划和预测也有较大的影响。因为当环境稳定时,组织只需集中精力解决当前的经营和日常效率问题,长期的计划和预测是不必要的,因为未来环境的要求与现在基本相同。随着环境的不确定性增加,计划和预测变得必要。计划能减少外部环境变化的负面影响,处在高度不确定性环境中的组织通常设立一个计划部门,审视环境因素并分析其他组织的潜在行动并拟出应变对策。

2）组织战略

战略对组织设计的意义主要体现在经营战略与组织结构形式的匹配、竞争战略影响组织特征和战略决定组织的关键职能 3 方面。从企业经营领域的宽窄来分,企业经营战略可分为单一经营战略及多种经营战略,多种经营战略又分为副产品型多种经营、相关型多种经营、非相关型多种经营(多角化经营)和相连型多种经营(纵向一体化)4 种。它们要求不同的组织结构与其相适应,比如单一经营的企业通常采用职能式结构,而多角化经营的企业通常采用母子公司制等。竞争战略研究权威迈克尔·波特将竞争战略分为 3 类,即成本领先战略、差异化战略和集中化战略。成本领先战略是指试图通过依靠比竞争对手更低的成本来增加市场份额,该战略要求组织采用效率导向,即通过高效率的运营、标准化的工作程序、严格的成本管理以及严密监督控制的方法,提高销售额和市场份额,组织较为机械化;差异化战略是指企业试图使其产品或服务与竞争对手相区别,该战略鼓励组织内部敢于冒险和创新,因此组织内部应有宽松、和谐的气氛,并要求部门间密切配合,尤其强调对研发和营销职能强有力的协调;集中化战略是指组织仅将目标集中在某个特殊的顾客群或某个地区市场等,在这一集中领域里,或采用成本领先,或采用差异化,或兼而有之。另外,不同的战略还会导致组织关键职能的不同,而组织关键职能对组织设计是非常重要的。比如企业采用产品驱动型战略,企业的关键职能必然是产品的改进、销售和服务;而假如采用技术驱动型战略,企业的关键职能就变成研发和技术应用推广了。

3)组织文化

组织文化和组织设计是相互作用的。一方面组织文化影响着组织设计的思想、组织成员的行为和组织的运行模式,另一方面组织设计的内容和组织结构又会影响组织文化的内容。在进行组织设计和变革时,原有的企业文化将会对其起抵制作用,使组织设计和变革难以进行。因此进行组织设计和变革时通常要进行组织文化的变革与转型。另外,良好的组织文化则有助于组织在竞争环境中战略的有效实施和组织的和谐运转。在组织文化、战略及环境之间保持正确的关系将有助于提高组织的绩效。研究表明,文化与战略和环境之间的匹配关系有4种不同类型,它们是适应/创新型文化、使命型文化、团体型文化和行政机构型文化。其中,适应/创新型文化中的组织是通过提高灵活性和变革自己来满足顾客的需要,它并不只是对环境变化作出快速反应,而是积极创造变化;使命型文化适合那些关注满足外部环境中特定顾客的需要但无须作出快速反应和调适的组织,它强调对组织的宗旨和目的要有清晰的认识并努力促进其达成;团体型文化下的组织主要关注组织成员的介入和参与及对外部环境迅速变化的要求作出反应,强调介入和参与会使员工对组织产生更强烈的责任感和主人翁意识;行政机构型文化下的组织适应外部稳定的环境而强调组织内行为的一致性,这类组织依靠高度的整合能力和效率取得成功。

4)人员素质

企业人员素质包括各类员工(特别是核心人员)的价值观念、工作作风、业务知识、管理技能、工作经验以及年龄结构等。企业人员素质也是组织结构设计的一个重要影响因素,其影响主要表现在下述方面。

(1)集权与分权的程度

一般来说,如果企业管理人员的业务水平较高,管理知识较全面,领导经验较丰富,则管理权力可以较多地下放;反之,则权力应集中一些。

(2)管理幅度大小

如果企业的管理人员的业务水平较高,管理知识较全面,领导经验较丰富,则可以适当地扩大其管理幅度;反之,则应该适当缩小管理幅度,以保证领导工作的有效性。

(3)部门设置的形式

例如采用事业部式结构,一个重要条件是管理人员中要有具备比较全面领导能力的人选,才能取得较好的效果。又如,采用矩阵式结构,则项目经理的人选也要求在职工中有较高的威信和良好的人际关系,以适应其"多责少权"的特点。这就要求"项目经理"具有较多的专业知识和工作经验,以及具有较强的组织能力和人际关系技能。

(4)横向联系的效率

企业员工如果具有良好的协作风格,可在某种程度上弥补协调机制设计上的缺陷。两个部门之间,在同样的沟通和协调方式下,如果双方协作风格高,都从企业工作全局观察问题,则办事就顺利和迅速;反之,则会不断扯皮,致使工作效率低下。

(5)定编人数

企业人员素质高,则可考虑一人身兼多职,可减少编制;人员素质低,则需要将复杂的工作分解并由多人来完成。

(6)对组织变革的态度

如果企业的人员结构严重老化,管理知识陈旧,人员改革意识淡薄,则思想必然趋向保守,形成组织变革的重大阻力,甚至使各种变革方案屡屡失败。

5)组织规模

在组织设计时人们不能忽视企业规模对组织设计的影响,企业的规模在由小变大的过程中,会引起组织结构的一系列变化,因为企业规模变大增加了组织结构的复杂性。一方面组织内分工细化,使职务和部门的数量增加,另一方面受到管理幅度的限制,管理层次也会增加。另外,分工细化的结果是既提高效率,有利于企业规模的进一步加大,同时又需增加专业人员的比例,增大了协调的工作量,从而使书面沟通和制度等文件数量增加。管理层次增加促使分权增多,导致对标准化程度的要求上升和中高层领导人员的减少。而协调工作量的增加和标准化的加强必然引起规范化的提高。

6)企业技术

企业技术指的是企业在把从环境中取得的各种资源加工成产品并销售出去的过程中所应用到的各种知识、技能及工具等,其对组织设计的意义主要包括企业级技术和企业内部门级技术的不同造成的对组织结构的影响。企业技术类型与组织结构之间有着某些规律性的联系,而且组织结构与企业技术类型较为匹配的,其组织绩效较好,反之则较差。具体来说,随着从单件小批量生产到连续生产,其生产技术复杂性是提高的,这样会带来管理强度和管理复杂性的相应提升,因此组织中管理层级数目和管理人员占总人数的比例都明显增长。生产技术复杂性的提高会需要更多复杂的机器,而维护这些机器就间接需要更多的工人,因此从单件小批量生产到连续生产,直接劳动与间接劳动的比例是下降的。另外,在单件小批量生产和连续生产类型下,组织的有机程度相对于大批量生产类型而言更为有机化,这是因为在大批量生产条件下,标准化的要求比其他两种类型高,从而组织规范化程度、集权化程度、沟通方式等的要求也相对较高,所以大批量生产条件下的组织呈机械性。[①]

总之,一个组织的规模、外部环境、战略、技术和人力资源都是管理者为一个组织设计最优结构时要考虑的因素。在一个组织的环境中,不确定性越大,组织的战略和技术越复杂,它的劳动力素质越高、技能越高,管理者越有可能设计一种弹性结构。而一个组织的环境越

① 李宁琪,汪斌.论情境变量对组织设计的意义[J].湖南行政学院学报,2006(01).

稳定,组织的战略或技术越不复杂,越容易理解,劳动力的技能越少,管理者则越可能设计一个规范而可控的组织结构。

4.3.3 "互联网+"组织结构的基本类型

管理大师德鲁克在《管理》一书中指出:"信息革命改变着人类社会,同时也改变着企业的组织和机制。"企业的组织结构在不同的时期应该有不同的变化,在传统的企业时代,组织结构基本上是层级制的,形状像金字塔,中间有很多层,市场信息的反馈都是从基层一层一层,自下而上进行的。同时决策成果是自上而下,通过不同层级的单位逐步下达的。而在互联网时代下,由于网络和信息技术的发展,使沟通的内容和形式发生了质的变化,市场信息的向上反馈通过互联网工具可以直接点对点进行,而决策成果的下达通过互联网工具可以瞬间让上万员工获知。在这样的变化面前,相关的组织结构也要做出相应的调整。"互联网+"时代企业的组织结构出现了一些新的变化,根据企业的具体实践,出现了扁平化网状结构、平台型结构、无边界组织等。

1)扁平化网状阿米巴结构

在传统企业的科层体系中,因为组织结构属性的天生设定,信息的流动和沟通的渠道是垂直的,很少是水平的。信息流转的方式是从一线流到金字塔的顶端,决策流转的方式从金字塔的顶端流向一线。但是互联网新兴企业的信息流转并非是垂直的,而是大规模的、持续的、广泛的水平沟通,不同的人在参与一项工作时,水平沟通会相对更加容易运行。部门之间围绕一个市场目标形成利益共同体,将互联网化的企业组织结构变为网状,与市场相连。未来的管理或许不是听领导的,而是直接听市场的。因而出现了扁平化的网状阿米巴结构(图4.2)。

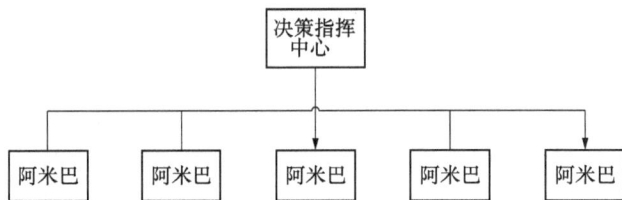

图4.2 扁平网状阿米巴结构

资料来源:贺新杰. 互联网时代,企业的组织结构该如何创新,极众网络.

首先有必要了解什么是阿米巴运营模式。阿米巴是变形虫的意思,最大的特征是能够随外界环境的变化而变化,不断地进行自我调整来适应生存环境的变化。阿米巴经营模式源于稻盛创业早年的困境,当时企业中的一个人既负责研发,又负责营销,当公司发展到100人以上时,觉得苦不堪言,非常渴望有许多个自己的分身可以到各重要部门承担责任。于是,把公司细分成多个所谓阿米巴的小集体,从公司内部选拔阿米巴领导,并委以经营重任,从而培育出许多具有经营者意识的领导。

未来的企业组织结构应该是多个阿米巴组成的。就像军队中的特种作战部队一样,只有一个指挥中心,然后由多个特种小分队组成的大的扁平化网络化指挥结构。一方面,从市场反应速度来说。指挥中心可以快速地向任何一个小分队下达作战指令,小分队也可以快速地将现场情况快速反馈给指挥中心,达到快速决策、快速反应、快速应对的作用。知名淘品牌御泥坊就采用这种由阿米巴构成的扁平化网络状组织结构,御泥坊有近 400 名员工,但组织架构只有两层,自 CEO 为首的核心管理团队以下分为 30 多个学院,每个学院就是一个基础作战单元,也就是一个阿米巴,类似于一个特殊作战单位,平时独立作战,有重大任务时,几个学院可以随时重组为一个全新的大部门,任务结束后再解散回归原来的编制。

扁平的网状阿米巴结构的优势如下所述。

①信息传递的路径短,信息不易失真,以至于信息能够准确高效地在决策者和执行者之间传递。避免了传统组织结构中间层级太多造成的信息传递延误和失真。

②能够快速反应、快速决策。在互联网时代,最终讲究的还是一个"快"字,是一个快鱼吃慢鱼的时代,而不是一个大鱼吃小鱼的时代。所以这样的组织结构完全适应了企业互联网化的要求。而且在互联网时代,"要想跑得快,全靠车头带"的火车理论,已经让位于动车理论,每一节车厢都有发动机,这样整个列车的速度才会提升。层级组织结构恰恰是靠企业领导这个火车头带动的,而扁平的网状阿米巴组织结构,每个阿米巴就是一节动车,整列动车的速度不是取决于动车头,而是取决于所有的阿米巴一起合力,所以快是必然的。

另一方面,从决策科学性来说。这种指挥中心加阿米巴式的小分队,使决策权和执行权大大分散了,每个小组甚至每个成员都可能成为一个决策中心。因为阿米巴式的小分队中的每个成员都有某一个领域的专长,能力互补而不重叠。遇到问题时,需要每个人做出该领域内的决策并执行。所以这样的组织结构使每一个成员就是一个 CEO,每一个成员就是一个驱动力。从而用团队的整体驱动代替了领导牵引的驱动方式,是最能激发组织能量的一种组织结构。

韩都衣舍就是将整个公司分割成许多个被称为阿米巴的小型组织,每个小型组织都作为一个独立核算的利润中心。每个小组由 5 名员工组成,每月都有相应的预算额度,小组组长完全可以决定这个额度的用途。选什么样的款,生产多少件,如何定价,何时打折促销,都由小组内部决定。只有出现特殊情况,如超出额度时,小组组长才需经过主管和经理的审批。而这个额度又与小组的销量直接挂钩,卖得越多,额度越大。效益好的小组一个月的销售额可以做到 200 万元。与此同时,小组的销量又与小组提成直接挂钩。卖得越多、毛利越高、库存周转越快、退换货越低,小组提成就越高。在组织结构的变革风暴中,海尔也进行了积极的尝试,将 8 万多人分为 2 000 多个自主经营体,一般最小的自主经营体只有 7 个人,让员工成为真正的"创业者",让每个人都成为自己的 CEO。

这样一来就解决了传统企业的决策流程太长,决策者越来越远离市场,对市场变化反应迟钝所带来的企业经营困境。在客户需求越来越个性化和碎片化的情况下,没有一套灵敏的决策机制,企业很快就会迷失方向。为了解决好这个问题,最好的方法就是让一线员工参与决策。让真正了解市场、了解客户的人来作决策。这就必须在组织结构上重心下移,将权、责、利向一线倾斜,让驱动企业增长的发动机从领导者和总部变向各个子部门,乃至每个员工。这正是任正非提出的"让一线呼唤炮火"的组织模式。即彻底将企业的决策体系从正的三角形变成了倒立的三角形。总部与前端人员的角色发生了一个转变,以前是总部决策,前端人员服务。现在变成了前端人员决策和执行,而总部要提供服务和支持。让听得见炮声的人来决策,总部的精力正从直接管理中抽出,做好支持,做好服务,打造系统服务平台。阿米巴小组服务模式如图4.3所示。

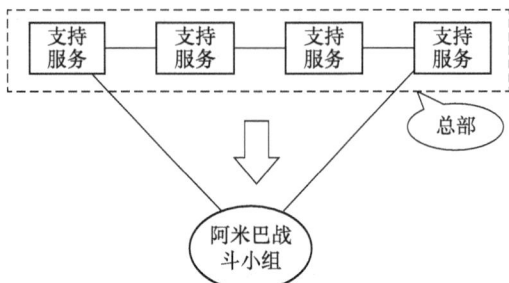

图4.3 阿米巴小组服务模式

2)平台型结构

互联网的开放性、共享性使得组织中的个体有更多的机会表现自己的能力和价值。随着个体价值的崛起,如果组织不能提供这样一种开放且能够发挥个人价值的平台,那么优秀的人才根本不会留存于组织中。相反,建立一个平台型组织,激活个体潜能,企业才不会丧失创新力。平台模式,随着互联网的出现,有了超越传统商业模式的内涵与影响力。而共享经济,更是为平台模式提供了最佳的生存环境。越来越多的企业,开始走向平台化的结构。"互联网+"平台组织的4种模式如图4.4所示。

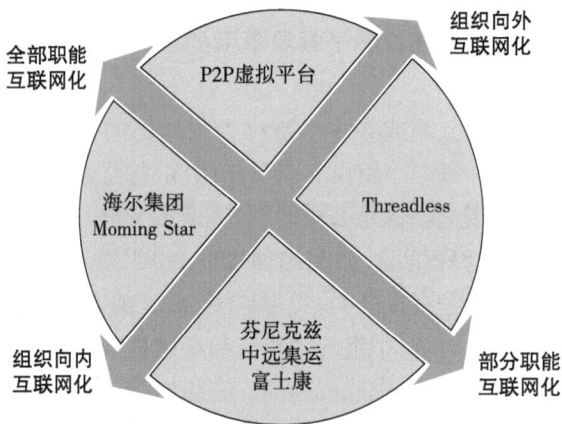

图4.4 "互联网+"平台组织的4种模式

第一,部分职能向外的互联网化的平台组织,就是把部分的组织功能,向外部充分地利用互联网手段市场化。也可以说是将其转化成外部市场的一部分,让用户直接参与到企业内部的创新中来。

部分职能向外的互联网化的平台组织如图4.5所示。

这个组织的核心代表,是美国的一家无限T恤公司。这家公司是位于美国芝加哥的T恤设计公司。其特别之处,就是采取了平台商业模式,又同时兼具了一个平台组织形式。企业将其设计T恤的重要设计功能在组织内部去掉,而把它转移成一个外部的互联网平台,让

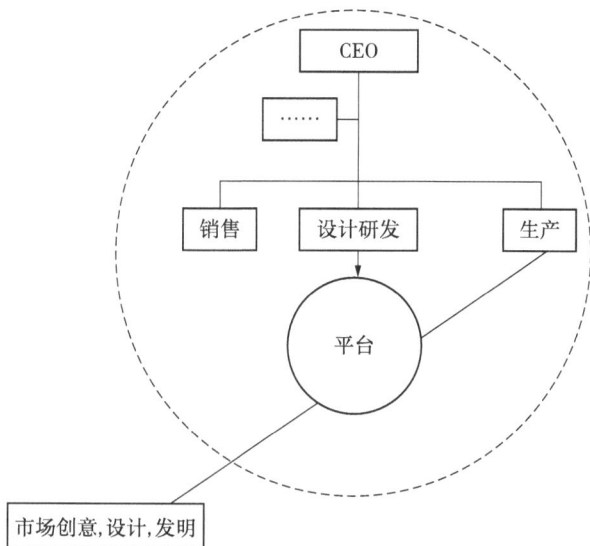

图 4.5　部分职能向外的互联网化的平台组织

企业用户广泛地参与,所有用户都能参与 T 恤设计,其中包括艺术家、学生、业余爱好者或者职业的设计师等,所有有兴趣设计 T 恤的人,都可以将设计稿通过这个平台,提交给美国无限 T 恤公司。企业会将这些设计稿发布到网络平台,让所有的用户进行投票。随后选出得票率最高的 4 种 T 恤,并进行生产、制造,然后销售。该企业每周能够发布的新设计有 800 多种,至今累计的设计图已经超过了 10 万种。虽然每周得票率高的用户设计都会得到一笔奖金,但是真正驱动用户不断投稿设计的动力,是每一个人都期待自己的作品被其他人看到,被大众所接受,甚至被商品化从而推向市场。因为平台组织的构建,这家公司形成了良好的互联网形态的高增长营收业务模式,也同时消灭了过去长期的高库存。这样的平台组织模式,充分把企业中的一些重要,但可能无法充分发挥的职能,部分地推向外部市场,通过互联网的手段推广出去进而让用户充分参与进来。

第二,部分职能向内的互联网化的平台组织。本质意义上是将企业的部分功能,通过互联网化的手段向内部的员工开放,让企业旗下的各个多元化的部门,各个单元的基层员工,能够参与企业的一些核心职能建设,把组织变成一个新事业的孵化平台。这样的组织平台,其实是当前很多传统企业选择的一种内部创业、内部创新的平台组织模式。这里面的典型代表,有富士康、中远集运还有广州的芬妮克兹。富士康内部采用了部分职能向内互联网化的平台组织模式,企业在内部设立了一个创新创业基金,以基金为依托在内部构建了一个平台,富士康的所有员工,只要有新的创意,新的主意,都可以在这个平台中申请。通过立项、审批后,其就会成为一个单独的基金,成立单独的项目组,由项目组进行新事业的筹备和运作。一旦尝试成功之后,项目组就会获准独立成为一家子公司。这种组织模式本质上是在解决企业内部的创新机制问题。

第三,全面职能向内互联网化的平台组织。在今天中国的传统企业中,海尔集团是这种模式的代表企业。海尔集团在最近的几年,进行了深刻的组织变革和组织反思。从原来的正三角形组织结构,转变为了一个倒三角形的组织结构。同时,根据用户的需求,企业内部形成了一个自主经营体模式,把中层从企业的组织结构中去掉,由企业内部形成了一个类似立方体的平台。

部分职能向内的互联网化的平台组织如图4.6所示,全面职能向内互联网化的平台组织如图4.7所示。

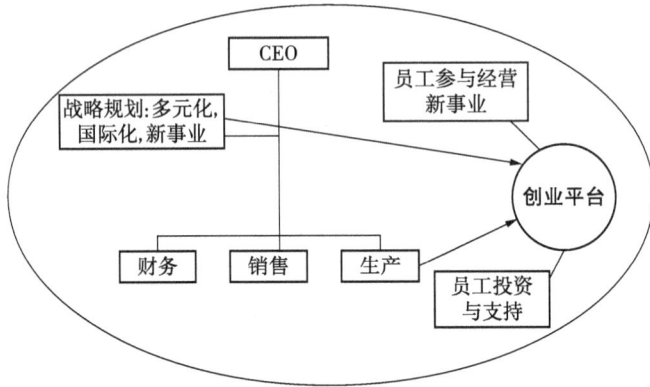

图4.6 部分职能向内的互联网化的平台组织

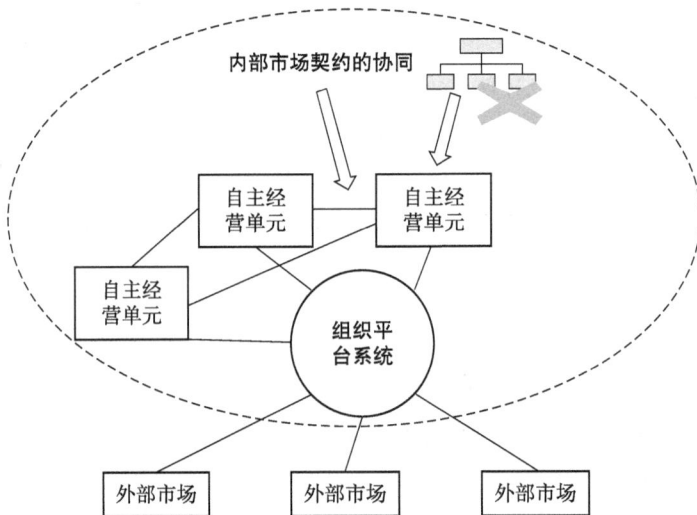

图4.7 全面职能向内互联网化的平台组织

而另外一个典型代表,就是美国的 Morningstar(晨星公司)。该企业没有正式职位的管理者和阶层机构,每一个员工无论何种角色,都是自我管理。通过员工对自己和他人的契约承诺,驱动员工自发性地做出对自己、对同伴、对顾客,对供应商及公司最有价值的事情。通过这样的机制,将企业转化成一个市场平台,当所有的新员工来到这家企业时,即进入一个市场,每一个人在这个组织中,就像一个个体户,有充分的自由来决定自己做什么,以及如何动用资金和规划预算,并且是充分透明的,把各项信息、预算和规划变成自己的行动方案。

第四,全面职能向外互联网化的平台组织。本质意义上就是利用互联网的手段,构建虚拟的组织。把每一个个体,每一个个人,通过互联网化的虚拟组织平台连接在一起,使企业真正变成一个驱动的集合体。在这样一个信息充分流动的连接系统中，人们借由信息交换，获取彼此功能上的互补需求，以契约合作的形式运转。本质上，中国现在很多的重包、重创的平台，都类似于这样的虚拟平台组织模式。虚拟平台组织充分发挥了互联网平台的优势，把每一个个体的智慧，每一个个体的力量，充分地利用技术手段融合在一起，形成了更大的经营绩效。

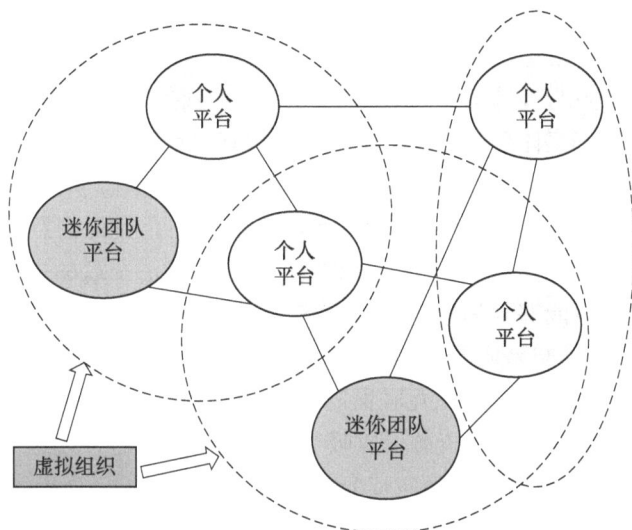

图 4.8　全面职能向外互联网化的平台组织

3) 开放型组织

　　每个人都拥有获取信息、享用资源的便利性，而且成本极低。在这种社会背景条件下，个体就有了很大的机会来表现其能力，展现其价值创造。本质上看，此时的个体不太需要依附于某一个组织，反而可以通过他自己的能力发挥为组织作贡献，以此获得组织的认同。个体价值在互联网时代开始觉醒并崛起。克莱·舍基认为，在网络社会，人和人可以超越传统社会的种种限制，灵活而有效地采用即时通信、移动电话、网络日志和维基百科等新的社会性工具连接起来，一起分享、合作乃至展开集体行动。

　　互联网技术带来了个体崛起，就使得个体与组织的关系发生了变化。互联网赋予每个人前所未有的能力，在个体价值实现目标的驱动下，任何一个组织不得不开放自己的组织，让组织融合在由互联网所缔造的全新价值网络中。在互联网时代和未来共享经济时代，组织要变成一个有机的生态圈，就像张瑞敏所说，每个人都是一个节点，每个节点实现互通互联。随着信息技术，尤其是互联网技术的出现，一种新的组织形式——"虚拟组织""无边界组织"将会演化出来。

　　管理大师彼得斯在《追求卓越的激情》中提出：你的决策权要交给那些操作机器和整理货架的人，竞争的激烈和创新的步伐意味着，企业再也负担不起设计精细的登记架构和漫不经心的策划部门。移动互联网时代，需要企业的每一个节点、每一项资源，开展直接连接市场的协作。在传统企业的内部沟通，虽然存在会议、邮件等多种方式，但是真实的意见经常"被消失"，具有创意的想法"被遗忘"。要做到高度灵活性、容错性，适应高度不确定性，开放、快捷的内部协作和沟通已经成为必备的条件;小团队、扁平化、平等、协作,是避免官僚主义和僵化体制的基础。

互联网"平等、协作、共享"的精神不可避免地映射到企业的内部;互联网带来的经济模式变化也改变了企业的内外部协作方式;企业内部的节点和外部的节点通过协作一一相连。在社交工具不普及的时代,金字塔结构是企业管理效率的保证;但是在移动互联网时代,实现企业之间、领导与员工之间更快速的沟通不需要中介。上海梅花信息发布的"明道"软件和37signals 的 basecamp 就是这样的工具,将人与人之间的协作效率极大提高,从而减少中间的管理成本,使得企业与外部的交易成本和内部成本减少。将层级式的沟通转化为协作性的合作,让企业的内部集体智慧和外部的资源更加有效地组合。

工业时代的信息权掌握在品牌商或者生产者手中,但是互联网时代的到来,让信息变得无比透明,消费者实现了大幅度的赋权,并且有能力参与到企业的创意、设计、生产、销售的整个环节,甚至利用社交媒体主动进行口碑传播。生产者和消费者的边界模糊,产消者的角色发生改变,就需要企业能够与消费者直接相连、与节点一一对接。工业时代,企业边界存在是因为科斯定律所说的交易成本过大,所以企业大量的一体化、资源尽可能地自给自足以此来尽可能地减少交易成本;但是在互联网时代,交易成本大幅度降低,使得企业边界开始模糊,以开发性创新为代表的外部资源可以吸纳到企业中来。这种无边界的组织形态,更具有高度的灵活性。实际是传统企业面向整个"地球村"构筑起了一个庞大的资源协同与价值创造网络。①

4.4 "互联网+"时代的企业组织结构变革趋势

"互联网+"并不是一个全新的概念,从互联网技术被广泛应用于人们日常生活和企业众多业务中时,就逐渐伴随着互联网的商业应用,而移动互联网的出现更是加快了传统企业的转型升级。马化腾认为"互联网+"不是对传统产业的颠覆,而是换代升级。传统企业推进"互联网+"只要植入管理,注入文化,企业将受益无穷。传统企业只是停留在发现趋势,而没有快速的行动,这是致命的。只有解放思想,打破原有的组织结构,突破路径依赖,才能保证"互联网+"战略思想的实现。组织结构变革是企业战略转型成功的关键,又是企业变革中最难实施的。《哈佛经典:变革战略的选择》中写道,1973 年,美国经济咨商局(The Conference Board)邀请了 13 位知名专家,预测未来 20 年里可能会日益突出的重大管理问题。专家表示,"环境变化速度的加快将导致组织的重组需求日益增加。然而,人们对组织重组常常心怀恐惧,因为它意味着打破现状,使人们在工作中的既得利益受到威胁,同时也会颠覆常规的行事方法。出于这些原因,公司往往会推迟必要的组织重组,从而导致效率降低,成本增加。"互联网以互联互通为基础,主张开放、共享、平等、协作,改变了以往工业经济生产组织方式、资源配置方式和价值创造方式。互联网在短时间内迅速崛起,给企业带来了

---

① 王吉斌.互联网+时代,无边界的组织更具有灵活性[EB/OL]. http://www.iyiou.com/pl176921,2016.

颠覆性变革,传统企业组织结构方式难以与之匹配,需依据互联网特性对企业组织进行重构。①

互联网改变的是人与人、人与组织、组织与组织之间的关系,这必然要求企业进行一场结构性大革命,即用互联网思维重新架构企业的运营模式,以此打造"智慧型组织"旨在自学习、自适应、自协调、自进化,实现柔性、弹性、轻型发展,与外部不稳定性、未来不确定性、环境高复杂性动态匹配和整合创新。

4.4.1　网络化生态

过去,企业凭借母子公司体制,采取"大而全""小而全"的发展模式;今后,企业依托价值网络体系,采取"小而专""小而精"的发展模式。所谓网络化生态就是要对所有企业实行重构,把市场中的契约关系引入企业内的产权关系,使产权关系和契约关系融为一体,以此打造价值网络体系,然后明确各个企业在价值网络体系中的定位,据此确定企业发展模式。

一般而言,在价值网络体系中可有 3 类企业:模块供应商、系统集成商、规则设计商。模块供应商实施分工;系统集成商、规则设计商负责整合。不同的是前者负责实体整合,后者负责虚拟整合。在模块供应商层面市场高度竞争,每一个模块供应商只有凭借自身核心能力才能"入围"系统集成商;在系统集成商、规则设计商层面,属于垄断竞争市场或者寡头垄断市场。也就是说,在价值网络体系中,下层高度竞争,上层高度垄断。这里,竞争和垄断融为一体。这样一来,企业之间的关系从同质化竞争转向异质化合作模块。供应商作为节点企业不是做大企业规模而是做强企业核心能力,然后凭借核心能力融入网络主要企业之中;系统集成商、规则设计商作为网络主要企业不是制造产品而是打造平台,有了好的平台,可以吸纳越来越多的节点企业融入其中。这样一来,在价值网络体系中的每一企业,其组织形态都是"四小四大":小规模大网络、小实体大虚拟、小脑袋大身子、小核心大外围,由此破解"企业成长悖论",即所有企业都向"做强做大"方向发展,但是大到一定规模后丧失活力,产生"大企业病"。

价值网络体系一方面在实体层面上"把大企业做小",另一方面在虚拟层面上"把小企业做大",即把"做大"和"做小"有机统一。价值网络体系,又可称为"独立联合体""商业生态圈"。例如,阿里巴巴不是在与某家公司竞争,而是在与千千万万的企业合作。从一开始,它就赢了。因为它打造的是一个"商业生态圈"。阿里巴巴通过抓住关键点"四两拨千斤",利用互联网,利用大数据,将无数中小企业、无数个人变成一个紧密的整体,缔造出一个企业帝国。企业在其中优胜劣汰。但是,只要这个"商业生态圈"在扩大,它就有充足的"食物源",而阿里巴巴则处在这个食物链的最顶层,即网络主要企业位置。

4.4.2　全球化整合

过去企业经营采用封闭式思维,即就企业做企业,重心在内部。现在,企业经营采用开放式思维,跳出企业做企业重心在外部。究其原因是更多的资源来自外部,更低成本来自外

---

① 傅西洲. 另一种互联网思维:共享经济下的组织结构变革[J].互联网周刊,2016(05).

部,更大利润来自外部。在操作层面上,互联网思维就是要求企业运用创新精神整合全球范围内的思想资源、资金资源和业务资源,实行思想全球众智、资金全球众筹、业务全球众包。

(1)思想全球众智

思想全球众智是指企业把研发、制造、营销、营运等区段的大量技术性或管理性难题放在网络平台,如美国"创新中心"网站上委托给众多的知识型个人或开源的个体生产者,让全世界在不同地域和不同时区的人们与企业的员工共同提供解决方案。据莱克汉尼对美国"创新中心"网站的资料研究后发现,波音、杜邦、宝洁等世界500强企业,将内部研发人员解决不了的科学、技术难题放在"创新中心"的网页上,这样可吸引全世界的顶尖智力资源来解决某一企业面临的科学、技术难题。在成功解决问题的科学家中有的人已经知道了问题的答案,也就是说世界500强企业研发人员历时数年解决不了的问题只要在"创新中心"上找到"问题解决专家",就可迎刃而解。鉴于解决问题低成本、高效率的考虑,宝洁公司要求下属的每一个部门,其一半的业务或服务创新要来自外部而不是内部。

(2)资金全球众筹

资金全球众筹,是指项目发起者通过互联网和社会性服务网络的传播特性,发动众人力量,集中大家的资金为某项活动或某个项目或创办企业提供必要的资金融通的一种方式,其主要特点是"众付预付",中间跳过银行等金融机构渠道。例如在生产前购买、在服务前购买,企业经营可实现从零库存到负库存的飞跃。再如对会员制的改造,即会员预存资金,由此产生大量的现金流;用来应对日常支付,作为准入股资金可依此分红;分红收入直接充入消费金额,又进一步扩大了消费支出。如果中止,可以全额退款。可见,资金众筹这一新型融资方式不仅开创了个人和中小企业的金融蓝海,更为重要的是提高了融资效率从而降低了融资成本。

(3)业务全球众包

业务全球众包,是指企业把主要精力集中在其核心能力建设上,把其他可以通过全球市场协作的工作包放在网络平台上,采取不定向委托方式分包出去。无论是企业或者个人,谁能满足企业的项目要求谁就能够获得该项目合同,实现个人价值。业务众包调动了分散在世界各地的闲置生产经营能力,把企业内部非核心业务外部化,节约了生产经营成本。这里,不仅非核心业务完全外包,核心业务也可以部分外包。

4.4.3 平台化运作

平台是快速配置资源的架构,即企业通过整合全球资源来完成自己的目标,这实际上是一个商业生态系统。例如海尔每个员工都在创业,这就好比是一棵树到很多树就变成了森林。这个森林里面可能今天有"生"的,明天有"死"的。但是从总体上看,这个森林是生生不息的。这里,过去的海尔就是管控,现在却变成一个平台,即把企业打造成一个供更多合作伙伴自由创业、供更多用户自由分享的开放平台。与此同时,企业实现了由单生命体向多生命体的转型。把产品做成平台,就是贯彻广义的产品经营理念,把"产品只是产品"转换成"产品不是产品"。"产品只是产品"是指产品的初始功能不变,"产品不是产品"是指围绕产品初始功能边界进行开放,把更多的功能纳入这个产品中来,围绕产品核心功能进行体系化扩展,产品围绕用户需求不断进行升级,使产品成为更多功能的平台载体。比如,手机产品从单一的通信工具变成了智能终端,可以手机购物、手机支付、手机理财、手机学习、手机值机……一部智能手机就可以满足一个人的基本生活需求。

把员工做成平台,是指要充分发掘现代知识型员工的潜力,围绕激活员工潜能,为公司创造效益。不少知识型企业如谷歌等,其研发中心在工作时间内,让员工每周有一天或半天的自由时间用来完成自己想做的工作,于是众多的新产品被发明、新技术被应用。在这个时间内,新产品、新技术为企业带来了丰厚的利润。再如海尔集团将员工视为"资源集成商",为内部接入外部一流的资源,即通过员工实现了内部资源和外部资源的打通、集成。把用户做成平台,是指要充分挖掘用户需求为用户定制系统化的生活、工作和交往的解决方案。企业要整理用户信息、分析用户真实需求,通过大数据管理在不同的阶段实现精准营销。比如汽车销售店,当车主购车之后可以进行车辆保险、车辆保养、车辆装饰等,即围绕车主进行营销。

4.4.4　员工化用户

员工化用户,是指把用户做成"准员工"。他们不是在册员工,而是在线员工,属于为企业服务的"社会资源"。可有下列 3 种情形。

①把用户做成低报酬员工。企业把自己不具有技术优势、成本优势的环节放在全社会、全世界范围内进行业务众包。外部最出色的研发专家成为企业不在编研发员工,外部最出色的工程师成为企业不在编制造员工,外部最出色的营销专家成为企业不在编营销员工,外部最出色的营运专家成为企业不在编物流员工,外部最出色的咨询师成为企业不在编管理人员。这样企业不仅实现研发、制造、营销、营运等区段的优质高效,而且为外部员工付出的成本都是全球范围内最低的,他们成为企业的低报酬员工。

②把用户做成零报酬员工。过去企业出设备、出人工为用户服务。现在,企业出设备,让用户自我服务。过去,银行的散户业务和零售业务,比如存取款、小额转账和缴纳水电费等,都是用户来到银行排队等待,然后到银行柜台让银行业务人员帮助办理。造成银行成本高、效率低。现在,银行在机场、车站、商场、大型企业总部等人流较多的地方设立自助柜员机,让用户实行 24 小时自助服务。银行不仅延长了营业时间而且节约了人工成本。同样,饭店和餐馆推出自助火锅服务,航空公司在机场设立旅客自助值机办理登机手续,都是企业"把用户做成零报酬员工"思维方式的物化。

③把用户做成负报酬员工。把用户做成零报酬员工,企业需要投资大量自助设备,还会受到用户服务地点的限制。现在,企业只是投资建立服务网络,比如银行用户网络服务系统、麦当劳网上点餐系统、航空公司网上值机系统,用户则可以直接登录企业网站或者下载手机相应的应用软件客户端,从而使得用户随时随地自带设备、自我生产、自我消费、自我服务,而且企业服务不受时间、地域限制。在这里,用户不仅自我服务而且自带设备,即由用户自掏腰包为企业进行了设备购置,用户从而成为企业的负报酬员工。

4.4.5　无边界发展

企业无边界发展是指企业借助互联网技术和利用互联网思维,实现从破界、跨界到无边界的突破,具体体现在经营、管理和操作3个层面。

①经营层面的无边界发展,一是产品无边界,即指超越产品原有功能边界,贯彻"产品只是产品,产品不是产品,产品还是产品"的经营理念,实现产品从单一功能向产品平台的转变。二是时间无边界,是指产品的研发、制造、营销、营运从有限时间到无限时间的全球运行;三是空间无边界,是指产品的研发、制造、营销、营运从有限空间到无限空间的全时运行;四是运作无边界,是指企业通过"跨界竞争""逆袭"方式进入非相关领域,例如阿里巴巴进入金融领域、小米进入电视领域。

②管理层面的无边界发展,一是打破企业内部的垂直边界,促使企业员工围绕实现企业使命、愿景、宗旨、目标这个中心,建立扁平化管理平台,让员工实现自组织式管理。二是打破企业内部的水平边界,就是通过企业流程再造,破除个人和部门的小利益,服从企业和市场的大利益。三是打破企业之间的边界,就是实现企业间供应链上物流、信息流和资金流的无缝对接,从竞争关系变成竞合关系。

③操作层面的无边界发展,是指在研发、制造、销售和物流环节实现虚拟运作,最大限度地整合社会资源。虚拟研发,全世界为我研发;虚拟制造,全世界为我制造;虚拟销售,全世界为我销售;虚拟物流,全世界为我服务。用海尔集团的话说,"世界就是我们的资源部";用蒙牛集团的话说,这是"社会办企业":奶牛,全社会为我养牛;奶源,全社会为我供奶;加工,全社会为我加工;销售,全社会为我销售;后勤,全社会为我服务。

4.4.6　自组织管理

实践表明,现代企业管理越来越向"去管理化"发展。

①管理的最高境界是零管理。管理越少越好,最好是越少的管理解决越低层次的问题,说明管理水平越高。也就是说,大量问题都在中层甚至基层解决掉了,高层即可以"无为而治"。

②零管理的实质是自组织管理。即企业中的每一名员工、部门和环节实行"自我导向、自我激励、自我约束、自我发展"。以海尔集团为例,每个员工"各安其位、各尽其能、各司其职、各负其责"。

③自组织管理的前提是要有体系。体系的特点是自驱动性、自增长性、自优化性、自循环性。价值网络体系就是"自组织管理"的载体。从整体上看,所有成员都是一个利益共同体;从个体上看,每一成员都是一个自主经营体。成员之间,基于模块化运行的架构,既高度分工又高度合作。①

📖 【案例分析】

构建有机型组织——小米社区运营模式

2011年12月18日小米手机正式发售,销量40万台,实现5亿销售额。2012年小米科技推出了1S青春版和2S,其销量激增到719万台,销售额(含税)达126亿元。2013年小米

---

① 李海舰,田跃新,李文杰.互联网思维与传统企业再造[J].中国工业经济,2014(10).

上半年销售额高达 132.7 亿,共售出 703 万部手机。成立仅 3 年多的小米科技公司市值高达 100 亿美元,仅次于阿里集团、腾讯、百度、奇虎 360,成为中国第五大电子商务公司。小米公司的成功在电子商务行业引起了巨大反响,其在短时间内被贴上了"运气好""饥饿营销""病毒营销"的标签。笔者认为小米的成功源自于它对产品创新和用户体验的关注,并搭建了一个集创新和交流为一体的互动平台。

一、小米社区及运营模式

小米社区是小米手机用户交流的平台,也是小米科技公司发布官方动态的媒介,于 2011 年 8 月 1 日正式对外上线。小米社区的口号是"因为米粉,所以小米",旨在帮助小米用户发现有价值的资源、产品、服务,甚至是人。小米社区经过不断地创新和整合,目前已成功建立九大板块,即小米论坛、酷玩帮、随手拍、小米学院、软件、同城会、爆米花、商城和客服。根据小米社区官网和 Alexa 数据统计,截至 2013 年 12 月 16 日,小米论坛的注册用户高达 1 099.9 万,日访问量达 11 万。

小米社区基于强大的社区开放式分众互动平台,以小米论坛、小米学院、酷玩帮为主要载体,综合"技术匹配"和"人工优化"优势,进行分众互动传播,产品的精准研发与营销,打造用户体验一体化流程,使小米手机价值实现最大化。其中,小米论坛和小米学院主要作为小米产品营销平台以及新产品研发数据库,而酷玩帮、同城会和爆米花则成为小米科技公司和用户交流的平台。

二、小米社区运营的特点

(一)网络社区营销

网络社区也称虚拟社区或在线社区。瑞格尔德在 1993 年出版的《网络社区》一书中最先对网络社区进行界定:一群主要媒介为计算机网络彼此沟通的人们,彼此有某种程度的认识、分享某种程度的知识和信息、相当程度如同对待友人般彼此关怀,所形成的团体,甚至每个成员皆在社群中具有身份,并具有某种规范的共识。基于品牌成立的网络社区被认为具有 3 个基本特征,即共同意识、共同的惯例和共同的责任感。

小米科技公司在社区营销过程中,改变了传统的传播路径,成功建立了一个以小米社区管理员为意见领袖核心,以具有共同兴趣的米粉互动交流板块为支撑的品牌社区。在这个社区中,小米社区管理员主要由小米科技公司工作人员组成,他们充当意见领袖引导舆论走向。同时小米社群管理员巧妙利用"意见领袖"这一营销原点展开小米手机的推广,实现精准营销。在小米传播模型(图 4.9)中,小米社区基于米粉的兴趣分为各种同质圈(譬如同质圈 1、同质圈 2),形成具有共同目标的分众和具有针对性的社区板块,从而吸引具有相同兴趣爱好的米粉。在互动板块中,米粉成员与好友分享玩机技巧和前沿程序,米粉就某一类兴趣点展开剧烈讨论,这样的板块极大地提高了用户的黏粘性。在小米社区中,信息的传播过程是双向的、互动的。米粉除浏览和接受意见领袖发布的信息外,还可

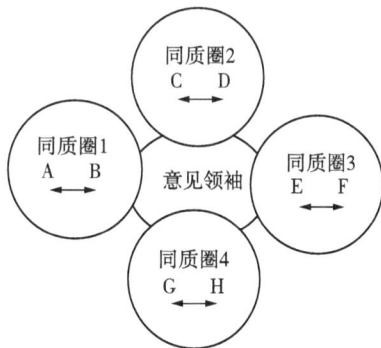

图 4.9　小米社区的传播模式

以在小米论坛发帖、在酷玩帮分享照片、在爆米花杂志刊登文章。每个米粉都是平等的,他们既是信息的传播者,又是信息的接受者,传播者和接受者之间的界限模糊并相互转换。这样的传播模式极大促进了信息流通,把传统的"一对多"转变为"多对多"的模式。如图4.9中的A与B,C与D,E和F,G和H,他们分别两两处于同一个同质圈,彼此身份相互转化,信息实现双向流动。

(二)用户体验一体化

小米公司用互联网方式做手机,小米团队颠覆了传统上研发手机的每个环节,小米团队与米粉一起玩转手机,为用户营造"参与感"和"存在感",以用户体验为核心理念。小米社区把用户体验概念贯穿到产品生产环节、销售环节和售后环节,竭力实现用户体验一体化。

(1)产品开发阶段

在产品开发阶段,其他手机品牌请顶尖技术团队做研发,小米公司则邀请用户到小米论坛中"指手画脚"。通过小米社区论坛板块的交流反馈和数据收集,小米论坛成了小米手机研发的大数据库。传统的用户体验研究方法以定性研究为主,缺乏大样本的代表性及准确的数据结果,同时用户体验研究对具体用户的详细行为数据粒度和全方位行为信息数据的要求,在传统的数据分析技术条件下无法满足。大数据可以在较短时间内对数据资源进行快速整合,并基于大样本数据开展用户体验研究,准确刻画用户特征,实现精准研发。小米论坛就是典型的大数据,基于对小米社区信息的分类,小米研发团队可以借助大数据技术整合社区的用户行为数据,计算用户对不同类型业务的访问量数据,从而刻画出用户的需求偏好模型。并基于用户偏好分类,针对不同用户群开展精确营销,维持用户队伍的稳定并进而提升用户价值。

(2)产品销售阶段

在产品销售阶段,其他手机品牌耗费巨资邀请明星代言,小米团队则用千万米粉在社交网站掀起讨论热潮,不花任何费用却引来媒体和公众的关注。小米社区的千万米粉为小米手机销售额实现连续三年爆炸式增长奠定了坚实基础。

小米社区通过爆米花、同城会以及酷玩帮来开展线上线下活动,米粉活跃范围由虚拟社区扩展到报纸杂志,最终延伸到米粉实际生活中,将米粉紧密联系在一起,极大提高用户的黏粘性。米粉通过不同方式的交流和碰撞,彼此之间相互认同和融合,最终沉淀形成独特的"小米文化"。高质量的产品是小米文化传播的发动机,线上线下活动是小米文化的关系链,社区媒介则是小米文化传播的加速器。小米公司致力于把每款产品做到极致,研发拥有极高性价比、高用户体验度以及让用户"尖叫"的产品。用户喜爱产品就愿意参与到口碑传播中,愿意把好的体验传递给身边的朋友。在用户传递口碑期间,小米公司通过组织线上线下活动把用户的零散意愿转为集中的活动,成功地践行"和用户一起玩"的核心理念。社区媒介成为用户口碑传播的加速器,类似社区媒介的社交媒体传播速度快、覆盖范围广,小米公司通过社区沉淀下数十万核心用户。

(3)产品售后服务阶段

在产品售后服务阶段,其他手机品牌设立专门售后服务点解决售后问题,小米团队则通过虚拟小米学院实现快捷、低成本以及准确的售后指导。在智能手机时代,小米公司以更宽广的视野审视手机售后维修服务领域,跳出传统的手机售后服务思维模式,使售后服务走出后台迈向业务前端界面,向前端创新业务进行转型。

在传统实体渠道的基础上,小米公司通过小米社区构建了另一张辅助的互联网售后服务平台。小米社区中官方论坛专区,论坛管理员每日更新玩机技巧、系统操作流程;在米粉专区,米粉在论坛中发布玩机求助帖,回帖的米粉会获得论坛奖励,成功实现用户间互动。酷玩帮板块,小米公司整合了米粉玩机心得,把资深玩家转化为米粉顾问团队,赋予米粉一种独特的成就感。在小米社区的辅助下,小米公司的售后维修单元逐渐划分为软件和硬件故障业务区,通过 online 社区渠道对手机软件方面故障进行远程诊断和维修,通过 offline 实体渠道对手机硬件故障进行维修和更换。构建虚拟社区的手机售后服务网络有利于降低实体服务点的成本,缓解实体服务点的业务压力,可以给用户提供更优质、更高效的服务体验。

总之,小米社区作为小米产品研发的大数据库,小米研发团队通过使用大数据开展用户体验研究,准确地定位用户需求特征,实现精准研发。基于高品质的产品,小米社区通过开展线上线下活动,为用户提供一个自我展示平台,极大提升用户的黏粘性,为新产品销售提供庞大而稳定的客户源。此外,小米公司成功搭建了互联网售后服务平台,实现实体和互联网售后服务并轨,极大提升用户满意度。

(资料来源:徐雪萍,以小米社区为例:看手机品牌的虚拟社区营销,现代商业,2015)

案例分析题

1. 小米社区运营的特点体现在哪些方面? 有什么优势?
2. 你认为小米运营模式的创新性体现在哪里?

【本章小结】

回顾 2000 年的企业组织发展历史,从远古的中心制到事业部制度以及矩阵制度,不难发现企业组织的发展与整个大时代是紧密相关的。企业组织作为一种生产关系,首先是要适应时代生产力的发展需要。"互联网+"时代的到来,是信息网络技术发展的必然,传统企业要在新的历史时期解决自身的发展问题,把握发展机遇,势必要调整企业的发展战略,使其与时代相融合,如果只是停留在发现趋势,而没有快速行动,结果是致命的。只有解放思想,打破原有的组织结构,突破路径依赖,才能保证"互联网+"战略思想的实现。这其中,组织结构变革是企业战略转型成功的关键。一方面要充分考虑"互联网+"对企业组织结构的影响,另一方面企业组织结构的设计要与"互联网+"时代相融合。相信未来的企业组织结构设计将在追求扁平化、网络化的同时,更多地考量企业未来战略发展的需要。

【关键词】

"互联网+"组织;扁平化;开放型组织;企业战略;组织理论

【复习思考题】

一、思考题

1. 什么是"互联网+"组织？

2. 传统企业组织结构有哪些类型和特征？

3. "互联网+"组织结构的基本类型有哪些？

4. 组织相关理论经历了怎样的发展演进过程？

5. 什么是帕金森定律？

6. 简述彼得原理及其内涵。

7. "互联网+"组织设计的参考变量有哪些？

8. "互联网+"对中小企业组织结构有哪些影响？

9. "互联网+"环境下的组织文化有哪些特点？

10. "互联网+"时代的组织结构变革有哪些趋势？

二、讨论题

1. "互联网+"对企业组织设计有何影响？

2. 与传统企业相比，"互联网+"时代的企业组织结构有哪些优势？

3. 结合案例讨论"互联网+"时代企业的组织变革方向？

4. "互联网+"时代企业战略调整与组织结构变革有向关系？

5. 试讨论"互联网+"时代企业组织结构变革的必要性。

6. "互联网+"时代如何理解企业的"无边界发展"？

三、网络实践题

1. 搜集"互联网+"时代企业组织结构创新变革的典型案例，比较分析与传统组织结构的区别及其优势。

2. 体验小米社区的相关功能，总结小米社区运营模式有哪些优势。

3. 试查找在"互联网+"环境下有突出发展表现的传统企业，分析其组织文化的演进趋势。

4. 搜集资料进一步了解"韩都衣舍"的组织结构及其运营模式，分析其组织结构设计的独到之处。

第 5 章
"互联网+"与企业战略规划

📖 【本章导读】

传统的企业战略实质上是组织战略,虽然作为企业战略的输入,需要考虑外部环境,也包括市场定位和客户群体分析,但不管是研究组织行为学的管理领域还是研究资源配置理论的经济学领域,传统的企业战略在"互联网+"时代难免有所欠缺。当今,"互联网+"正在成为企业战略规划的重要部分。只有决策层重视互联网的作用,将其从工具层面、渠道层面提升至战略层面,才能充分发挥互联网的先导力量。

本章探讨以下4个部分的内容。第一部分对"互联网+"战略的概念及内涵进行概述,包括"互联网+"战略规划的基本概念、基本内容、基本程序、系统方法等。第二部分是"互联网+"企业的竞争力分析,通过竞争分析和价值链的工具,探讨"互联网+"背景下的企业核心竞争力概念,探讨以价值链概念作为分析价值链过程每一步骤的方法。然后在介绍虚拟价值链的基础上,建议企业利用"互联网+"战略进行价值创造的方法。第三部分是"互联网+"战略的制定与选择,主要介绍了管理者在制定战略规划时总是在成本领先和差异化战略这两种具有代表性的战略中选择,以此通过较低的成本或提高更好的产品和服务来获得更大的竞争优势。此外,还介绍了同时实施成本优先和差异化战略来取得领先优势的战略方法。第四部分介绍了"互联网+"企业战略规划的实施与保障,包括战略实施的基本思路、战略规划实施步骤及如何保证"互联网+"战略的顺利实施。

📖 【学习目标】

- 了解传统企业战略与"互联网+"战略,以及两者之间的区别和联系
- 掌握"互联网+"战略的基本概念
- 掌握"互联网+"战略规划的具体内容
- 掌握"互联网+"战略规划的基本程序
- 掌握"互联网+"战略规划的系统方法及"互联网+"战略框架
- 掌握使用不同的模型工具对"互联网+"企业进行竞争力分析
- 了解"互联网+"竞争优势的基本原则

- 了解 4 种不同战略的实施及其特点
- 了解 5 种典型的战略整合模型
- 了解战略实施的基本思路
- 掌握"互联网+"企业战略规划的实施步骤
- 了解"互联网+"战略顺利实施的保证措施

📖 【开篇案例】

Facebook 十年规划

在互联网领域,十年时间,不长不短。但是接下来的十年,究竟有多么重要? 十年时间,中国要初步建成网络强国。因此,这就是真正决战和决胜的十年! 扎克伯格十年路线图最直白的解读就是:Facebook 要让全球没有上网的 40 亿人(当然包括中国还没有上网的 7 亿人)能够免费上网,要在虚拟现实和人工智能领域成为第一平台,要把 Facebook 建成全球网络空间第一生态。那么,在这个十年的角逐中,中国的位置在哪儿? 我国的互联网企业有何作为?

今天,中国网民数量已经超越 7 亿,几乎是美国的 3 倍。而下一个十年之内的下一个 30 亿网民,90% 都将来自中国和印度等发展中国家,而美国和欧洲等发达国家的新网民将只有微不足道的 10%。近水楼台先得月,与以西方为中心的过去相比,下一个 10 年的竞争优势对中国来说,几乎是唾手可得。但是,随着 Facebook 和谷歌野心勃勃的全球免费上网计划的推进,这个全新的机会会不会再一次拱手相让?

答案几乎是非常肯定的。当中国互联网因为小有成绩正沾沾自喜的时候,Facebook 的十年路线图已经在提前告诉我们:如果我们不奋起直追,中国将眼睁睁却浑然不觉地错失我们本来胜券在握的、历史上最好的战略机遇。

显然,今天我们折服的,并不是扎克伯格展示的哪一项具体内容,而是一个互联网企业如何在成功之后,不断超越自我,不断升华的愿景和使命。31 岁的扎克伯格在最新的全球财富榜上以 446 亿美元跻身前六,显然已经是人类有史以来最成功的创业者。但是这一切并没有让扎克伯格停止步伐。而是进一步展现出着眼全人类发展的更远大理想和目标。这种视野和境界,才是中国互联网巨头相形见绌的关键所在。无论是腾讯、阿里、百度还是小米、乐视和华为,当今中国高科技的佼佼者,都应该在这面镜子前,好好照照自己。除了照照自己的外表,更要映照我们内在的灵魂和境界。

用 Facebook 十年规划这面镜子来照照中国互联网当下的问题,主要可以通过 3 个维度:一是创新的进取心,二是全球化的视野,三是基于全球化的新生态竞争。

刚刚过去的 2015 年,是 BAT 比较痛苦的一年,年收入增长纷纷下滑到 30% 区间。而 2015 年,Facebook 年收入增长高达 44%,生猛异常。此前,无论是腾讯还是阿里,都曾经在市场价值上超过 Facebook。但迄今,我们没有看到 BAT 任何值得我们敬仰的创新和发展计划。2015 年,BAT 3 家公司市值离 2014 年的最高点下滑了 2 000 多亿美元,而 Facebook 却上升了 1 000 多亿美元。这种此消彼长的巨大反差,无疑是创始人视野之别和境界之争的鲜明呈现。其中,核心差异就是对于创新的追求。因为缺乏创新的渴求和远见,缺乏在创新方面大胆和大手笔的投入,逐渐造成了 BAT 创新活力不足的"巨人贫血症"。呈现未老先衰的"中等收入陷阱"症状。

境界之争不仅仅体现在创始人身上,也体现在整个产业和社会。阿里巴巴巨轮依然在假货泛滥中继续前行,腾讯以全球遥遥领先的游戏收入支撑整个帝国,百度依然以竞价排名、出售疾病贴吧等获取主要收入。当今天整个中国互联网为追逐"网红"而全民刷屏的时候;当各大互联网公司纷纷进军影视行业,抢捞热钱和浮钱的时候;当百度、阿里等甘当苦力,大举烧钱,狠拼外卖 O2O 的时候。再看看扎克伯格呈现的内容,反差就更加明显了:在人家的理想和愿景随着企业成功而高高飞翔时,中国的互联网巨头却纷纷扑倒,回归更省心安全的传统领域,近乎匍匐前进,以老弱病残的传统企业为竞争对手。一个在为实现整个人类互联的使命而奋斗,一个只为着闪闪发亮的更大钱眼而努力。大家都在铆足干劲,都在拼了。就是境界的差距却越拉越大。

创新之后,最让中国企业无地自容的,那就是全球视野。网络空间时代,蜷缩于一国、居于一隅的互联网战略,发展空间无疑将受到极大的挤压。同样是"连接一切"的战略目标,拥有微信这一杀手级应用的腾讯也力争要成为互联网的连接器。百度也要在人、物和信息的连接中,不甘落后。但是,相比之下,腾讯和百度们"连接一切"的战略,既缺乏 Facebook 那样全球的视野,也缺乏技术创新深度和广度的突破。想想看,要是没有全球概念,如何可以称为"连接一切"?如果没有新技术的大胆尝试,"连接一切"的宏大目标如何得以实现?

心中无我,放眼全球,使命宏大,这是扎克伯格今天最厉害的地方。毕竟,创业成功到一定的高度,简单的商业逐利,不应该是一个伟大企业的核心。很多人不理解,为什么小扎要持之以恒地为进入中国市场,使尽各种努力和手段,哪怕面临冷嘲热讽和各种抨击。他没有像谷歌两个固执的创始人那样,都已经进入中国市场,还脾气大发,甩手不干,自己主动退出。因为,扎克伯格很明白,他不愿意像 Google 那样,准备用十年的后悔来谱写一曲弘扬自我的英雄曲。因为扎克伯格的使命就是实现全球每一个人的互联。如果不能进入中国市场,缺失这超过五分之一、地球上最活跃的网民群体,他的战略就不再完整,使命就无法完成。作为一个如此成功的年轻企业家,能够为使命而放下"自我",不懈努力。我们不能不敬佩。

所以,扎克伯格的十年线路图是一张广而告之的创业寻宝图,更是一面镜子,映照我们每一个人的境界。仔细察看扎克伯格的生态理念。我不是要刻意泼冷水,而是与国内企业共勉:关于生态、产品和技术,扎克伯格的逻辑为我们呈现了全新的格局!不管是否真的契合未来的走势,Facebook 的十年路线图的确有了富有逻辑的轮廓,颇有点厚积薄发、根深叶茂的感觉。说起生态,这是国内很多企业家喜欢的词语之一。那这样,他们更需要认真学习一下。因为强大的外部性,生态可能就不是一个简单的可直接追求的目标,更不是可以用来激进生扑的对象。生态更是一种一统江湖之后,可以坐享其成的能力和权力。企业初期就把生态当作目标去追赶,是很容易成为海市蜃楼而误入歧途的牺牲品,甚至可能变成夸父逐日而渴死。

要知道,即使到今天,Facebook 也还没有形成可以高枕无忧的生态,因为缺乏像苹果 iOS

和 Google 安卓那样强大的操作系统和应用商店。扎克伯格知道,真正完成 Facebook 的生态梦想,可能还需要人工智能和虚拟现实等重大的创新突破之后。生态的好处和价值毋庸置疑。你看,尽管微软浪费足足 20 年的大好时光,现在已经是帝国夕阳西下,但是其基于 Windows 和 Office 形成的生态依然可以帮助其苦苦支撑着大厦不倒,继续苟延残喘到今天,确保在云计算时代还能努力抢到船票的机会。生态是好东西,但是大家千万性急不得。我希望,下一个十年,全球大量的开发者都能够真的汇聚到中国互联网公司的旗下,那时候,我们才可以理直气壮地说,我们真正拥有了互联网生态!

当年巴菲特倡导富豪们捐款,马云毅然拒绝了,他很有智慧地说,我们还年轻,还要干更大的事业。言下之意,巴菲特们是老了,钱已经是身外之事,捐了就捐了吧。但是,当 2015 年才 30 岁的扎克伯格宣布捐出 99% 的个人财富,马云的这番托词一下子就失去了所有的理由。毕竟,要与小扎比年轻,这个事情不好玩。单纯比财富,马云或许还有超越扎克伯格的机会。但是,比年轻,肯定是永远没有机会。

面向下一个十年,在巨大的变革面前,中国互联网除了奉献更多"网红"之外,是不是应该给我们更多的惊喜和更多的敬意? 什么时候,中国的互联网巨头能够给我们提供一份同样令人振奋的"十年路线图"?

(节选自《Facebook 未来 10 年战略地图,给中国互联网企业带来哪些启示?》《21 世纪经济报道》)

5.1 "互联网+"战略的概念及内涵

"互联网+"是指基于互联网的一整套信息技术(包括移动互联网、云计算、大数据技术等),在经济社会各个部门、各个领域的应用方式。战略的定义和目标决定了战略关心的是企业的长期发展方向。战略制定的是企业配置所拥有资源的全面计划。战略具有权衡的自主性,能在不同的方向和方式的资源配置之间做出选择。战略通过与竞争者较量获得优势地位。战略的核心是获得超越对手的持久竞争优势,以此确保持续的盈利。

5.1.1 "互联网+"企业战略的基本概念

战略规划决定企业重要方向的全局目标。从这个意义上讲,战略帮助企业明确市场地位和可获取资源。发展"互联网+"战略的全局目标是成功利用互联网获得竞争优势。获得竞争优势的方法有很多,包括拥有独特强大的品牌、庞大忠诚的客户基础、创新的产品和服务、低成本的生产设备。

组织内部的战略划分为 3 个不同的层次,分别是:①企业层战略;②业务单位层战略;③经营层战略。具体如图 5.1 所示。

1)企业层战略

战略的最高层,也就是说,企业层战略关心的是企业范围内的全部目标。通常由首席执行官和高层管理者制定。如何在不同的商业个体、合资者、获利者、股东和联盟之间分配资源是企业层战略处理的问题。大互联时代,企业如何使自身的战略规划与时代经济背景保

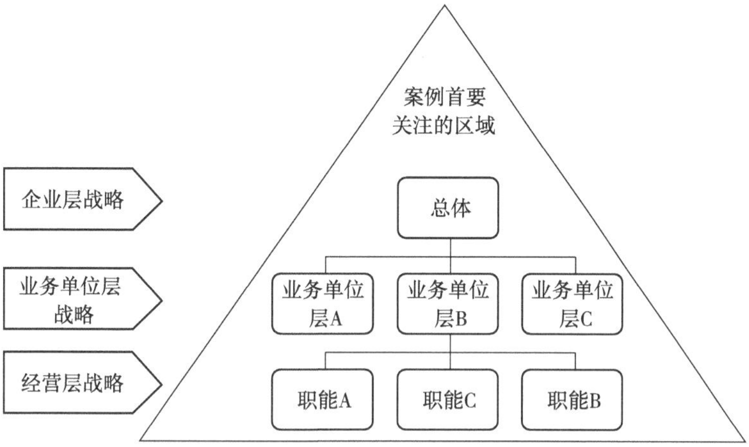

图 5.1　案例的重点在企业层和业务单位层

持一致,是相当重要的课题,只有制定明晰的"互联网+"战略规划,才能够使企业运营融入
"互联网+"的时代背景中。企业层的"互联网+"战略规划应该把握下述几个重点。

(1)"互联网+"企业运营模式

"互联网+"企业运营模式包括"互联网+"的企业价值链条和运营生态系统,就是建立大
互联背景下的战略运营步骤及价值生态体系。

(2)"互联网+"业务战略计划

企业必须适时调整企业的业务战略计划,以保证其与大互联背景相结合,检视企业的业
务使命、任务、计划是否与大互联背景相对称。

(3)"互联网+"的战略管理规划

在企业分工、职责、控制、管理、监督等诸多方面制定战略管理规划,以保证企业的战略
执行力和战略运营效率符合大互联时代背景。

2)业务单位层战略

业务单位层战略首要关心的是如何在单独的市场中竞争。例如,戴尔企业运作了 3 个
独立的业务单位,它们的目标分别针对大企业客户、普通私人客户、公共部门客户。由于是
单独的市场,有着不同的需求和偏好,所以为每一个这样的市场制定不同的业务单位层战略
是非常有必要的。业务单位层战略主要处理更具体层次的问题,例如,行业分析、市场定位
和为客户创造价值。此外,当规划一个业务单位层战略时,考虑期望的规模和操作的范围也
是很重要的。

3)经营层战略

经营层战略主要处理的是怎样从资源、过程和人力方面来执行业务单位层战略。就"互
联网+"来说,包括最佳的网站设计、软硬件需求和物流管理。此外,还包括运作效率问题,这
通常与企业流程再造(BPR)和全面质量管理(TQM)等管理技术相关。经营层战略是制造均
衡的,也就是决定一个企业应该采取什么行动和不应该采取什么行动。

5.1.2 "互联网+"企业战略规划的基本内容

制定"互联网+"战略规划的具体内容,需要把握4点原则为主要指导思想。第一,适应性原则,"互联网+"战略规划要适应经济的外部环境,需要符合企业的内部条件。第二,前瞻性原则,战略规划是企业在相对长时期内的经营方略及市场举措,因此,"互联网+"战略规划要围绕企业经营的实际需求进行规划,需要具备一定高度的视野把握住市场发展的趋势与前沿,并融入现代营销的理念。第三,技术平台化原则,"互联网+"战略规划的制定与实施要建立在可持续发展的技术平台上,以确保技术平台的可行性,并将技术理念贯彻到建设与运营的全过程。第四,整合性原则,"互联网+"战略规划的制定需要对企业的业务流程进行重新整合,能够系统性地整合网上业务和网下业务的协同关系。

"互联网+"战略规划的具体内容可以概括为下述8个部分。

(1)明形势

明形势指的是在制定"互联网+"战略规划时,对企业所处环境及竞争形势的判断与摸底,至少应包括3个方面的具体内容:一是对企业"互联网+"战略所面临的外部宏观环境的分析,包括政治、经济、法律、自然环境、技术发展趋势等方面的宏观形势分析;二是对企业自身优劣势,所面临机遇、挑战,以及威胁的分析,并且梳理企业所具备的各类资源。

(2)定位置

定位置在企业制定"互联网+"战略规划的过程中,主要包括两个方面的具体内容。一是指找到"互联网+"战略所针对的目标市场,明确所面对用户群体的属性和特征,从而能够使得"互联网+"战略工作精准定位到目标用户群体;二是需要在充分分析企业所处市场竞争环境,掌握竞争对手的详细情况,把握经营环境发展变化的情形下,明晰企业所处的市场地位,以及企业在市场竞争格局中的竞争力和位置。

(3)设目标

设目标指的是企业制定的"互联网+"战略规划所期望达成的状态,为"互联网+"战略设立一定的短期和长期的目标。并将这些目标分解到"互联网+"战略实施的每一个阶段和具体步骤中去。

(4)立框架

立框架指的是确定企业"互联网+"时代的经营模式,以及业务模式。基于"互联网+"战略的经营模式以及业务模式,搭建支撑"互联网+"战略具体实施的技术平台框架。厘清业务流程,以及技术融合之间的关系,以及相互间支撑、影响的作用。明确企业"互联网+"战略的经营模式,即企业希望通过什么样的"互联网+"战略运作机制实现"互联网+"战略的目标。

(5)树形象

树形象指的是明确企业"互联网+"战略的整体形象和具体风格,明确"互联网+"战略应该以何种形象实施。"互联网+"战略的形象战略要充分考虑企业经营情况、产品特点、企业的"互联网+"战略经营模式、网站建设和目的等多种因素。恰当的"互联网+"战略形象塑造是"互联网+"战略效果的保证。

（6）配资源

配资源是指根据企业的实际情况，以及"互联网+"战略的具体要求来规划企业的人力、物力、财力以及管理控制能力，预测"互联网+"战略实施过程中相关资源的运用及变化趋势，确定管理的规划和预算安排。

（7）制方案

制方案即制订"互联网+"战略计划，根据"互联网+"战略规划的内容，制订出具体的、可操作的执行方案。一般通过编写"互联网+"战略计划书来具体反映。

（8）抓控制

抓控制是指落实"互联网+"战略的具体实施，对"互联网+"战略计划的具体实行和实施进行必要的检查、监控、跟踪、监督、鉴权等方面的控制，使得"互联网+"战略工作产生的各类信息在企业各层级的顺畅流通与反馈。

5.1.3 "互联网+"环境下的企业战略规划

"互联网+"战略分析和规划的目标是首先要把握各种不同战略选择及其影响，然后反复评估这些战略选择的优势和劣势。重点不是找出具体的正确答案，而是使交易变得更加透明化，使企业意识到不同战略选择的影响，帮助它们在过去的基础上制订未来的计划和决定现在的发展。从这个意义上说，战略管理可以被理解为"计划演变"——替代方案出于偶然会发展到无法控制。

以系统化的方式进行"互联网+"战略的规划，"互联网+"战略框架由 3 部分组成：战略分析、战略规划、战略实施。"互联网+"战略规划框架的第一部分是战略分析，根据角度不同分为外部环境分析和内部环境分析。

1）外部环境分析

外部环境分析（PEST 模型）的目的是把握可能影响企业"互联网+"战略的外部发展。从总体水平上说外部环境分析的内容是广阔的宏观环境的发展情况，包括技术变化、全球经济发展和社会变迁。从更详尽的方面来看，外部环境分析涉及了行业内不同角色，包括竞争者、供应品和替代品。分析的结果能够帮助你把握机会，看到将面临的风险。对于外部宏观环境的分析主要有 PEST 分析法。

PEST 分析法是指宏观环境的分析，P 是政治（Politics），E 是经济（Economy），S 是社会（Society），T 是技术（Technology）。在分析一个企业集团外部所处的背景时，通常是通过这 4 个因素来进行分析企业集团所面临的状况。

（1）政治法律环境（P）

政治环境主要包括政治制度与体制、政局、政府的态度等；法律环境主要包括政府制定的法律、法规。

（2）经济环境（E）

构成经济环境的关键战略要素：GDP、利率水平、财政货币政策、通货膨胀、失业率水平、居民可支配收入水平、汇率、能源供给成本、市场机制、市场需求等。

（3）社会文化环境（S）

影响最大的是人口环境和文化背景。人口环境主要包括人口规模、年龄结构、人口分布、种族结构以及收入分布等因素。

（4）技术环境（T）

技术环境不仅包括发明，而且还包括与企业市场有关的新技术、新工艺、新材料的出现和发展趋势以及应用背景。

PEST分析方法通常采用矩阵式的方法，就是在坐标中分为4个象限。如拿政治和经济两个做坐标，在政治环境和经济环境都好的情况下，就应该发展。在政治环境和经济环境都不理想的情况下，就不能发展。环境一个好一个不太好时，就要适当考虑，可以发展也可以不发展。PEST分析通常用于企业外部环境分析。

2）内部环境分析

内部环境分析（SWOT模型）的目的是把握企业所拥有的实施或维持一个特定的"互联网+"战略的重要资源和能力。例如，电子化能力就是企业通过IT和互联网将资源转化为产品和服务的能力。通过内部环境分析和外部环境分析，应该能够把握企业与竞争者竞争时的优劣势。通过两种分析的全面了解，能将结果合并为一个SWOT模型（优势—劣势—机会—威胁）。

所谓SWOT分析，即态势分析，就是将与研究对象密切相关的各种主要内部优势、劣势和外部的机会和威胁等，通过调查列举出来，并依照矩阵形式排列，然后用系统分析的思想，把各种因素相互匹配起来加以分析，从中得出一系列相应的结论，而结论通常带有一定的决策性。

运用这种方法，可以对研究对象所处的情景进行全面、系统、准确的研究，从而根据研究结果制定相应的发展战略、计划以及对策等。SWOT分析法常常被用于制定集团发展战略和分析竞争对手情况，在战略分析中，它是较为常用的方法之一。

S、W是内部因素，O、T是外部因素。按照企业竞争战略的完整概念，战略应是一个企业"能够做的"（即组织的强项和弱项）和"可能做的"（即环境的机会和威胁）之间的有机组合。

SWOT分析方法从某种意义上来说隶属于企业内部分析方法，即根据企业自身的既定内在条件进行分析。SWOT分析有其形成的基础。著名的竞争战略专家迈克尔·波特提出的竞争理论从产业结构入手对一个企业"可能做的"方面进行了透彻的分析和说明，而能力学派管理学家则运用价值链解构企业的价值创造过程，注重对公司的资源和能力的分析。SWOT分析，就是在综合了前面两者的基础上，以资源学派学者为代表，将公司的内部分析与产业竞争环境的外部分析结合起来，形成了自己结构化的平衡系统分析体系。与其他的分析方法相比较，SWOT分析从一开始就具有显著的结构化和系统性的特征。就结构化而言，首先在形式上，SWOT分析法表现为构造SWOT结构矩阵，并对矩阵的不同区域赋予了不同分析意义；其次在内容上，SWOT分析法的主要理论基础也强调从结构分析入手对企业的外部环境和内部资源进行分析。另外，早在SWOT诞生之前的20世纪60年代，就已经有人提出过SWOT分析中涉及的内部优势、弱点，外部机会、威胁这些变化因素，但只是孤立地对它们加以分析。SWOT方法的重要贡献就在于用系统的思想将这些似乎独立的因素相互匹配起来进行综合分析,使得企业战略计划的制订更加科学全面。

SWOT 方法自形成以来,广泛应用于战略研究与竞争分析,成为战略管理和竞争情报的重要分析工具。分析直观、使用简单是其重要优点。即使没有精确的数据支持和更专业化的分析工具,也可以得出有说服力的结论。但是,正是这种直观和简单,使得 SWOT 不可避免地带有精度不够的缺陷。例如 SWOT 分析采用定性方法,通过罗列 S、W、O、T 的各种表现,形成一种模糊的企业竞争地位描述。以此为依据作出的判断,不免带有一定程度的主观臆断。所以,在使用 SWOT 方法时要注意方法的局限性,在罗列作为判断依据的事实时,要尽量真实、客观、精确,并提供一定的定量数据弥补 SWOT 定性分析的不足,构造高层定性分析的基础。

"互联网+"战略框架需要内外部分析来辨别优势、劣势、机会、威胁如图 5.2 所示。

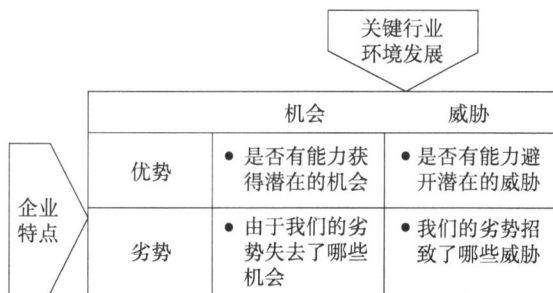

图 5.2 "互联网+"战略框架需要内外部分析来辨别优势、劣势、机会、威胁

在清楚地把握企业的特点、重要的环境及行业发展后,企业将要进行关键的战略选择。最主要的选择有:①成本领先策略,企业主要通过低价与对手竞争;②差异化战略,主要通过特殊的产品和服务进行竞争;③目标聚集战略,把战略定位于某一特定的目标市场。

5.2 "互联网+"企业的竞争力分析

竞争力是对象在竞争中显示的能力。竞争力是一种相对指标,必须通过竞争才能表现出来,笼统地说竞争力有大有小或强或弱。但真正要准确测度出来又是比较难的,尤其是企业竞争力。竞争力包含对象的现在,但它是对象未来可以展示的能力。要测定竞争力需要确定一个测定目标时间。要评价竞争力,需要确定一个比较竞争力的群体,根据目标时间在竞争群体中的表现评价它。测定和评价竞争力可以采用未来研究方法,但竞争力测定的是对象"现在"中包含的"未来"。在"互联网+"时代,未来的传统企业会融入新的"价值网络",或者新的生态系统,作为一个非常聚焦的核心能力而存在。这时候,传统企业的竞争优势,并非是依赖产品能力、生产能力、市场能力,更大的则体现在对于整个生态环境中与其他节点的协同能力。因此,诸如价值链、价值网络、整合战略分析框架等企业竞争力分析工具,反而更能够从整合协同的角度探讨"互联网+"时代企业的竞争力。

本节内容通过竞争分析和价值链的工具,探讨"互联网+"背景下的企业核心竞争力概念,探讨以价值链概念作为分析价值链过程每一步骤的方法。然后在介绍虚拟价值链的基础上,建议企业利用"互联网+"战略进行价值创造的方法。

5.2.1 企业在"互联网+"时代的核心竞争力

战略规划的目标是对一个企业进行定位,以便在"互联网+"时代发掘其环境所提供的机会,避免在互联网时代产业转型进程中所暴露的危机。这就要求企业的战略规划者要冒险去做两件事情:第一,他们需要能够认识到由外在环境引起的机会和威胁;第二,他们还需要能够评估出发掘机会和避免威胁的独特优势和劣势。一个企业能够将它的优势与商业机会结合,并且消除其弱势。为了避免威胁,在它的内在能力和外在环境之间创造一个"战略匹配"。

1)竞争力与核心竞争力概述

竞争力与核心竞争力被广泛地运用,但对不同的人其意义不同。因此,在对此进行深入讨论之前,我们先给出一些基本的定义。

竞争力产生的资源和能力组合如图5.3所示。

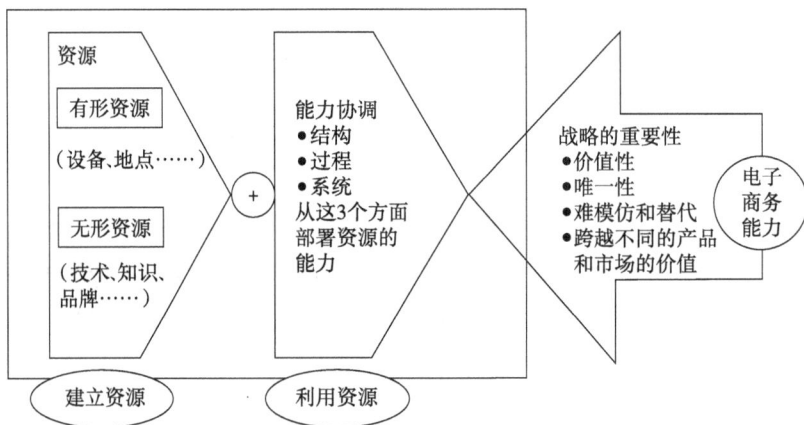

图5.3 竞争力产生的资源和能力组合

从本质上来看,竞争力是不同资源和技能的结合。资源是企业在价值创造过程中所使用的所有有形资产和无形资产。有形资产包括 IT 基础设施、厂房基础设施及金融资本等。无形资产包括雇员的学识、许可证、专利权、品牌及企业名誉等。

技能表示企业有效率、有效果地使用资源的能力。业务流程、系统及组织结构的设计都能显示企业的技能。在互联网成为主流技术之前,戴尔就开发了一些重要技能来管理其直销模式的业务流。由于这些必要的技能已存在所以使用互联网相对比较容易。

然而,并不是企业所有的竞争力必定是核心竞争力,核心竞争力应具备下述基本特征。

(1)有价值的

客户必须赏识该竞争力生产的产品价值,这可以通过降低成本或增加消费者利益来实现。

(2)独特的

该竞争力必须是独特的,从而不仅为价值创造提供来源,而且让企业以利润的形式获取创造的价值。如果竞争力不是独特的,那么竞争将会削减企业的利润。

（3）难以模仿的

只有其他企业难以模仿,核心竞争力的独特性才是持续性的。首先,如果竞争力需要许多职能部门的密切联系和参与,那么它就是难以效仿的。其次,原因不明确也可以防止效仿。当外界对核心竞争力的来源没有清楚理解时,就存在着原因不明确。这就使外界竞争者很难模仿企业的核心竞争力。

（4）可扩展性的

对不同的产品或市场都有价值。竞争力不是局限于一个产品或市场,它对企业的多数产品或市场都是有价值的。京东的一个核心竞争力是其管理从收到客户在线订单到将产品送至客户的商品流的能力。为了创造此核心竞争力,京东建立了仓库和 IT 基础设施,同时进行技能培训。跨企业各职能部门的业务流程需要技能和资源。事实上,基于竞争力方法的核心是:战略更少地依赖于职能部门和产品,而更多依赖于跨职能部门的流程。

核心竞争力与企业内的职能部门如图 5.4 所示。

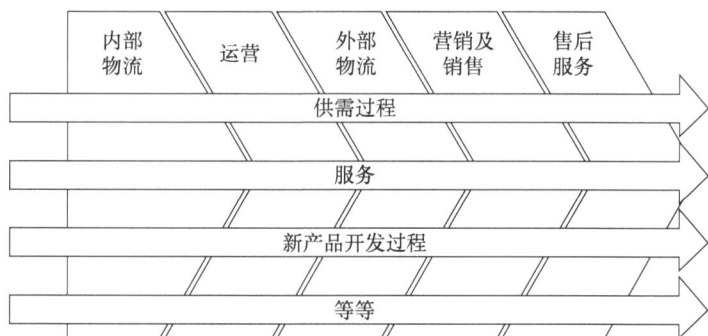

图 5.4　核心竞争力与企业内的职能部门

2）"互联网+"的价值来源和核心竞争力

"互联网+"时代,由 ICT 技术改进了参与价值创造过程各方之间的连接,使得价值创造成为可能。"互联网+"带来的企业价值创造驱动因素,可以用下述 4 个维度来表示。

（1）效率性

效率性指的是效率提高,比如由电子商务技术支持的交易与离线环境中交易相比,更节约成本。效率的提高可以由减少买家和卖家之间信息的不对称、降低互联成本、简化交易、加速交易过程和履行订单来实现。

（2）互补性

比如,ICT 技术通过提高供应链协调性、功能协同效应以及线上线下渠道的关联性来形成互补。

（3）交互性

这个维度与顾客(或者合作伙伴)同由"互联网+"技术提高利益的企业进行业务联系的动机相关。套牢效应可以由以下几方面来实现:在线零售商的忠诚项目,第三方机构保障的交易安全性和可依赖性,建设线上社区并允许个性化定制产品、信息,以及网站的布局及内容。

（4）新奇性

创造价值的源泉是指通过运用"互联网+"的技术优势,推进产品和服务,利用"互联网+"信息技术来获得市场竞争的优势,如图5.5所示。

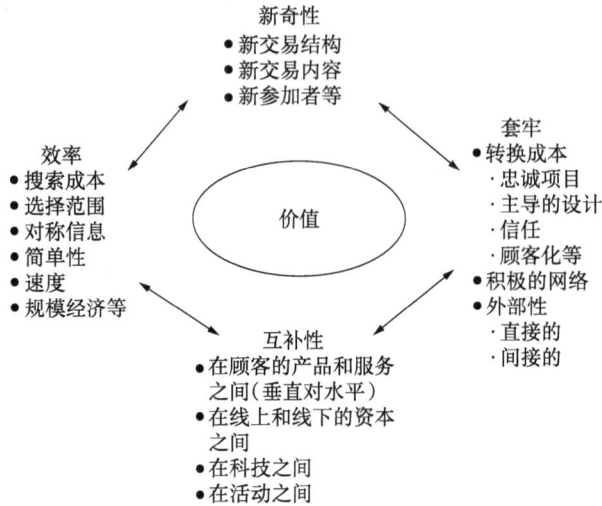

图5.5 "互联网+"创造价值的源泉

实施"互联网+"的竞争力来源于"互联网+"相关技术与企业现有资源的恰当整合。"互联网+"整合企业内部价值的框架如图5.6所示。

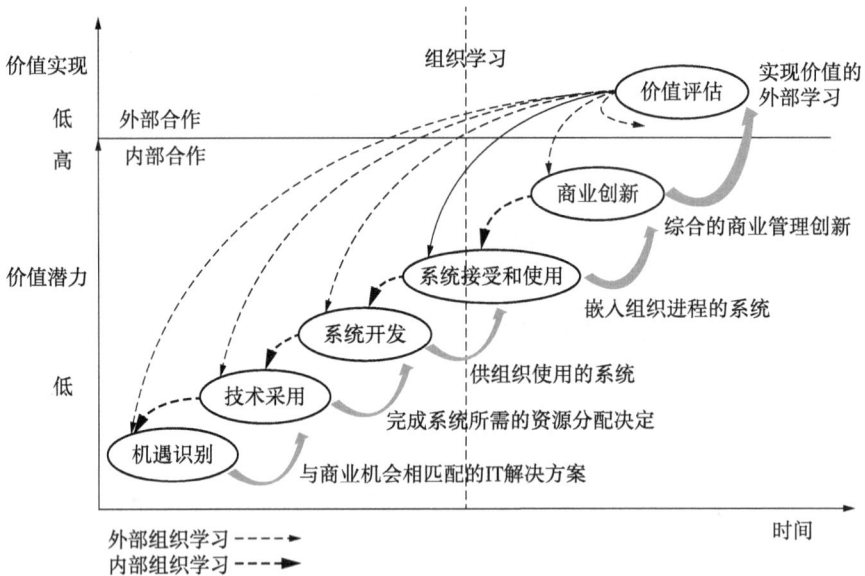

图5.6 "互联网+"整合企业内部价值能力模型

5.2.2　互联网如何影响价值链

企业价值链框架反映的是价值创造过程的各个环节。价值链将企业的活动分解成许多与战略相关的活动,有助于分析企业价值的创造过程。

竞争优势的获得取决于企业的各种活动是否比竞争对手做得更好、更有效。分析企业价值链中应包括哪些活动没有一个通用的准则。然而,当考虑应包括哪些特定的活动时,可使用下述一些标准。

(1)增加经济效用

一项新的价值创造需要能够增加收入或者降低成本,例如,新的软件程序的开发活动显示出规模经济的效应。因为软件开发完成后,可以以非常低的成本被重复使用。

(2)具有差异化的潜力

这些特征能够增加有形的和无形的消费者利益,如产品和服务的质量、方便性及声誉。

(3)改善企业的成本结构

这些活动对企业的成本结构有重大的影响。

总的来说,一个企业的价值链包括的主要活动和辅助活动如图 5.7 所示。

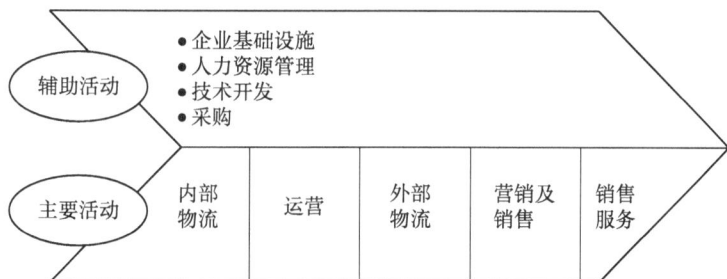

图 5.7 企业的价值链由不同的增值服务组成

互联网已彻底改变了企业的生产活动,通过在网上下订单,企业可以大大缩短订货安排与生产的间隔时间,使它们能够实时生产。通过加强订货网站和生产设备之间的联系,及时生产符合需要的产品,从而加快资金周转、降低库存成本。主要作用方式如下所述。

(1)优化外部物流

对外部物流的优化涉及将产品送至客户所必需的活动。运送方式既可以是实体形式,也可以是电子方式。例如,通过将产品运送业务委托给供应商减少了内部物流,同时也减少了外部物流的消耗和费用。

(2)多样化营销及销售活动

基于互联网,引导消费者购买产品并提供购买的方式。这些活动包括提供在线产品目录和网络营销活动等。通过线上线下的互动将产品销售的价值链链接起来。即使对于传统行业,实体店铺的销售渠道也在转向更有价值的方式。

(3)优化售后服务

优化售后服务主要涉及售后阶段,包括产品的安装、备件供应、产品更换。价值链中不同活动的重要性因行业而异。对于服务业来说,运营和营销、销售活动是至关重要的,而像京东这样的实体商品零售商会将重点放在物流(内部和外部的)和营销、销售上。为了创造更高的消费者利益,京东提供先进的销售和营销工具,如基于消费者购买经历的个性化产品推荐。每个企业都有自身独特的价值链结构,因此上述的价值链不能作为分析所有企业的通用标准。相反,应根据各自企业的背景,在互联网时代,以对自身企业针对互联网产业运作的深入理解为目标建立自己的价值链。

5.2.3　互联网引入后的虚拟价值链

在"互联网+"背景下,在讨论价值链的基础上,引入虚拟价值链的概念也很重要。虚拟价值链强调价值创造过程中信息的重要性。其背后关键的驱动因素是信息技术的发展以及CRM系统的进步。这一切为企业提供了大量的信息,如图5.8所示。

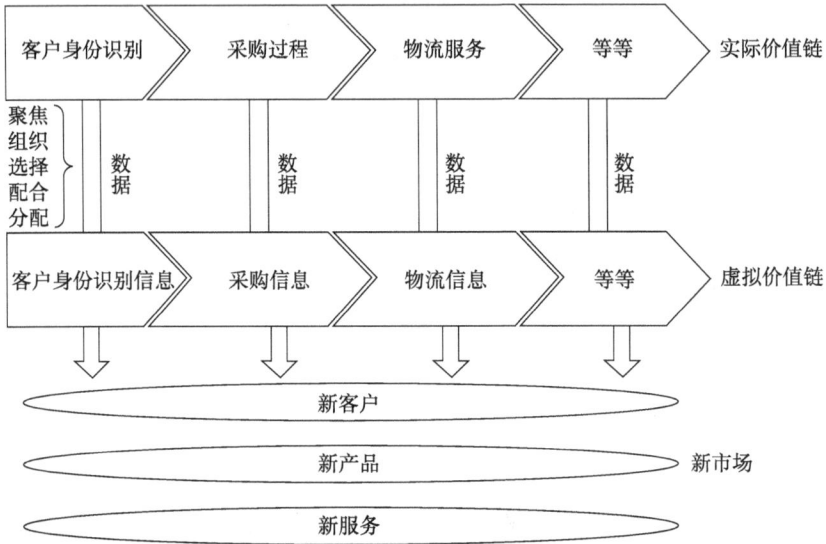

图5.8　虚拟价值链能够说明创造新市场的实际价值链如何获取信息

虚拟价值链的概念是获取实体价值链(如订单处理和物流活动)中的信息,用于提高客户服务的质量。基于这个获取信息的概念,虚拟价值链通过使用在实体价值链中获取的信息为创造价值提供新的机会。而过去,许多信息获取后只用于实体价值链中的价值增值过程,尽管这些信息本身对客户有潜在的价值。通过为客户获得这些信息提供新的机会,进而增加价值创造是虚拟价值链的主要目标。增加价值创造包括以下步骤:采集和组织信息、选取和综合对客户有用的相关价格的信息,最后选择合适的发布信息的形式。

5.2.4　基于互联网与客户交互的 ICDT 框架

在基于网络的信息交互过程中,ICDT(信息、交流、发送和交易)模式描述了企业可以基于网络为客户提供的主要服务。

1)信息活动

信息活动包括企业网站上的广告和发布的信息。这些信息包括了与企业、产品和服务相关的所有内容。20世纪90年代中期随着互联网的广泛应用,企业开始建立网站向客户提供产品和服务的信息。那时,互联网还没有和其他营销渠道或企业资源计划(ERP)系统紧密结合,如图5.9所示。

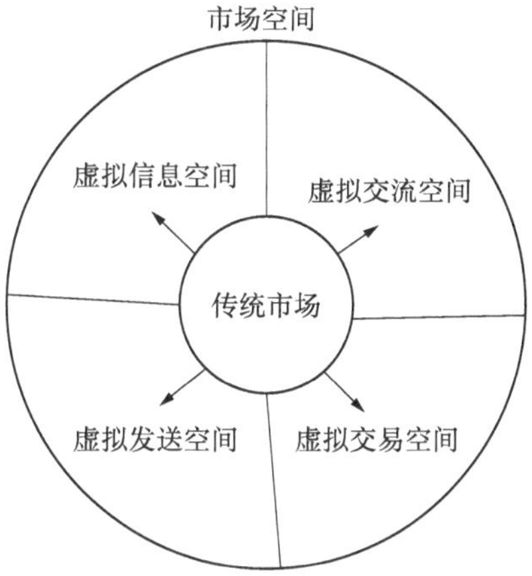

图 5.9　ICDT 模式描述了互联网在虚拟市场空间中的 4 个主要应用维度

从那时起,信息的提供有了戏剧性的转变。现在,许多企业都将互联网广告与其他渠道紧密地联系在一起。另外,互联网上提供的信息已经不再是静态的了。相反,网上的目录都与仓库和产品计划系统相链接,顾客可以及时地了解他们订购的商品的实时配送状态。

2）交流活动

交流活动包括企业与在线访问者和客户之间的交流。这些活动可以通过 E-mail 和实时聊天等互联网软件进行,也可以通过移动 APP、微信等方式进行沟通。

3）交易活动

交易活动包括互联网上的在线订货(商务交易)和电子支付(金融交易)。在互联网应用于商务交易的早期,在线交易有两个主要的缺点,一是支付安全性存在隐患;二是在线商务的繁荣程度不够。大多互联网用户都害怕上当受骗,他们认为网上支付是很危险的,这也阻碍了"互联网+"的进行。但是,随着支付体系的成熟以及可靠的支付企业的参与,在线交易活动越来越普遍了。

4）发送活动

发送活动包括在线数字产品的发送。如软件、音乐、录像、电影和电子图书等,是通过让顾客在网上下载购买的产品来实现的。随着网络宽带的普及,以及移动互联网的广泛运用,在线发送数字化的产品和服务更为平常,特别是对那些能够被数字化的产品。如 iTunes、百度音乐等这样的在线商品已经得到普及。此外,数字化的产品将会越发流行,不同领域如咨询业和教育业的服务提供者,将会通过互联网为其客户或学生提供讲义、演示和其他在线服务。

5.2.5　基于 ICT 形成价值网络

风险运营不能脱离其他企业孤立地运作,相反,它们的价值链通常是和供应商的价值链以及提供其他服务支持的外部合作伙伴紧密相连的,一个企业的合作伙伴,以及上下游关系之间,会和企业一起共事的合作伙伴们交付一项产品或者给客户提供服务形成"价值网络"。

虽然基于 ICT(信息通信技术)的通信设施获得了重要地位,管理外部价值网络的重要性也在增加。在"互联网+"环境下,虚拟企业间的合作广泛存在,企业的商业活动应该在内部维持,或与外部机构进行合作,比如外包给不同地域的企业。"互联网+"战略的实施,从本质上看会造成企业价值链网络的改变。

价值链网络中主要的合作伙伴如图 5.10 所示。

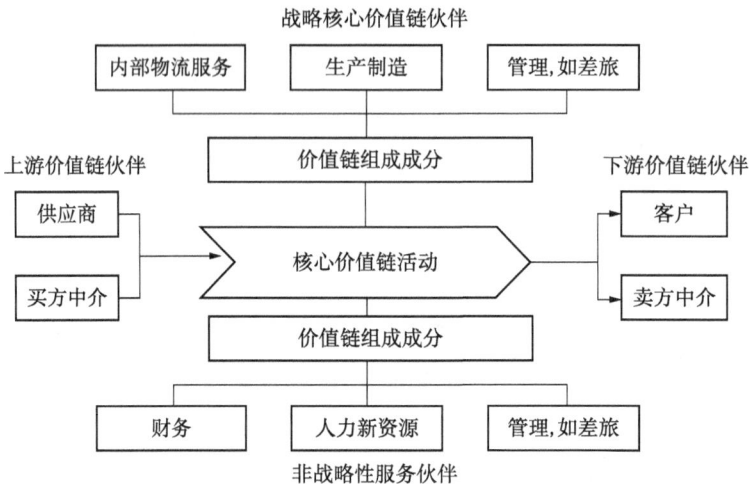

图 5.10　价值链网络中主要的合作伙伴

上游的价值链合作伙伴包括直接提供商和买方中介。下游的价值链合作伙伴包括批发商、分销商、零售商和消费者。战略核心价值链合作伙伴是那些实现了价值链活动的伙伴。非战略性合作伙伴实现的职能包括财务、会计和差旅。价值链组成成员是战略外包合作伙伴、应用服务供应商和为企业提供电子基础设备的系统集成商。

虽然企业的价值链和价值网络有一定的相似性,在一定范围内都包括给终端客户提供产品或者服务,但价值网络和价值链不同之处在于一些关键的维度上。最重要的是,价值网络以其动态的本质为特点,通过先进的 ICT 技术,将外界服务提供者和内部价值链相连,已经变得更容易了,其功能就像一个价值链集成器。基于相互影响的密切关系,不同类型的技术将被使用。在与战略相关的和经常反复相互作用的情况下,安装专门的电子接口与每一个合作伙伴的系统紧密相连是合理的。在不同场合,基于互联网的通信与往来也是必要的。

一个企业通过外部的 ICT 商务能力,如在价值网络中成功地创造商务价值所必要的能力,与它的内部活动同样重要,"互联网+"时代价值网络的构建需要做好下述 3 件事情。

（1）发展合作伙伴

与企业合作伙伴和客户建立和维持联系。这样做的好处是增强与合作伙伴和客户之间的联系,加强对行业和目标市场的理解,通过关联与合作,支持与改善客户关系。控制价值网络,或企业通过 ICT 技术,设计和调整互补性资源和合作伙伴的价值网络的能力。

（2）促进开放创新

企业由内部开发所有所需的"互联网+"创新的能力是有限的,它们需要外部的创新以支持它们的"互联网+"过程。

（3）改进合作生产和合作价值创造

自从 20 世纪 80 年代以来,在价值创造过程中把合作伙伴和客户包含其中是常用的实践。最近,合作创造价值在"服务领先逻辑"中占据中心的地位。合作创造的方法在社会网络环境中被看作是一个非常重要的维度。因此,企业通过"互联网+"技术,在价值创造过程中,有能力提高相应价值网络中合作伙伴和客户的参与程度。

5.2.6 "互联网+"战略的价值创造

价值创造和价值获取的观念是任何"互联网+"战略的核心,因为它能创造比竞争对手更多的价值,而且能获取利润,同时也是建立竞争优势的先决条件。后者是企业找到根本目标的基本条件,建立在价值创造和价值获取概念的基础上,定义为"互联网+"战略的价值流程框架(Value Process Framework,VPF)。

1)价值创造

为了价值创造,企业提供给消费者的使用价值一定要大于企业出售商品所花费的成本。因此,价值创造是与消费者从得到的商品中获得的使用价值和企业提供这些商品所花费的成本有区别的,如图 5.11 所示。

迈克·波特曾说"价值是买方愿意支付的部分,剩余价值是由于以低于竞争对手的价格提供等值商品而产生的",他把认知使用价值和消费者剩余价值这两者有本质性区别的概念归为一类。实际上,在价值创造的概念上需要对主要由企业活动产生的价值创造与在更大范围的竞争环境下产生的价值获取进行相应区别。

对于消费者而言,使用价值可以视为"如果只有一个供应商,消费者愿意支付的价格"。产生使用价值的重要驱动因素是质量、速度和品牌。质量包括产品的特性,如功能、耐用性、安全性。速度指的是企业能够多快提供待出售的商品。品牌是消

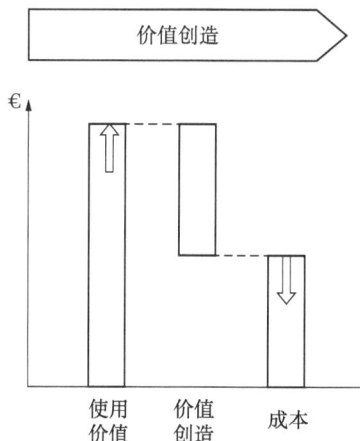

图 5.11　使用价值大于成本实现价值创造

费者在产品或产品的提供者身上所感觉到的特性,包括信任和从产品中得到的感性利益。这里要重点关注使用价值完全依靠消费者的主观感受。每个消费者感觉到的所得商品的使用价值都因性别、年龄、文化背景等因素而不同。

第二个衡量价值创造的因素是成本。主要包括:①购买资源的花费(劳动、原材料、信息和资本);②在生产、市场、运输方面整合资源的花费;③销售产品的费用。

积极地创造价值是建立竞争优势的先决和必要条件。下面将阐述为了获取部分剩余价值,企业的剩余价值必须大于它的竞争对手,而且无法被完全模仿和替代。

2)价值获取

自我创造价值并不能得知价值是如何从产品转到消费者那里的。波特强调了这一点,证明了"满足消费者需求可能是获得行业利益的先决条件,但对于企业本身而言是不够的"。

为了成功,企业不仅要创造更多价值,还要从中获取经济利益(生产者剩余)。波特证明了"如果盈利能力是企业的首要目标,那么战略定位必须从价格和成本开始"。

在 VPF 理论认为价值获取和生产者剩余是不同于产品要价和生产成本的。在一般的概念中,消费者剩余是不同于使用价值和价格的。因此,战略管理的全部目标就是帮助管理者:①增加使用价值,最大化创造价值,最小化使用价值所花费的成本;②尽可能多地以生产者剩余的方式获取创造的价值;③以一种可持续发展的方式在长时间内维持企业地位以防被模仿和替代。

价格显示价值创造在生产者和消费者两者中的分布如图 5.12 所示。

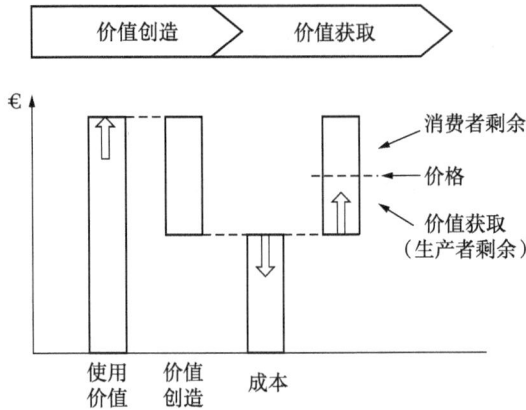

图 5.12　价格显示价值创造在生产者和消费者两者中的分布

因此在战略分析中,经常使用的术语"剩余价值"应该更简明地说是消费者剩余价值,因为它有别于使用价值和支付价格。要区分价值创造和价值获取的概念是非常重要的。

区分垄断环境和竞争环境对定义价值创造和价值获取的概念是十分有帮助的。在垄断环境下,VPF 更简单化。在这里,消费者认知的使用价值代表了他/她愿意购买的最大量。因此,在完全垄断环境下,生产者能够完全(或几乎)获取创造的价值,因为:①没有其他的供应商;②他们能差别定价。

垄断环境下完全获得创造价值示意图如图 5.13 所示。

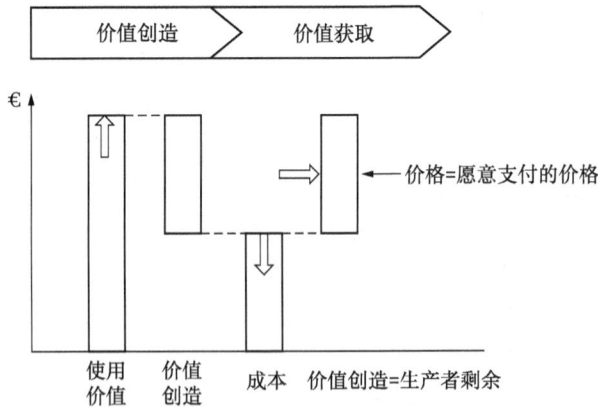

图 5.13　垄断环境下完全获得价值创造

然而在现实中,企业往往是在竞争环境下运行的。在这里,竞争者提供的消费者剩余决定了消费者的选择,暗示了企业能够获取其所创造的价值的能力。理论上,支付意愿因为最强大的竞争者或最好的替代品提供的消费者剩余而下降了。

　　假设在同一行业有 A、B 两个企业竞争。假设 B 企业是 A 企业最强大的竞争者,B 企业提供的产品物美价廉,因此产生了较高的潜在消费者剩余。那么假设消费者仅仅在 A 企业提供的消费者剩余大于等于 B 企业的情况下才会购买 A 企业的产品,则称这种购买意愿的减少为竞争弹性。A 企业为消费者提供了使用价值为 20 元的产品。生产成本和其他成本,包括销售和日常开销,总共为 12 元。创造了 8 元的价值。那么,竞争弹性由价值创造和最强大的竞争者的获取量所决定。由第二步可以看出,B 企业用 15 元的成本生产出使用价值为 20 元的商品,从而创造了 5 元的价值。在第三步中,B 企业以 19 元的价格卖出商品,得到 1 元的消费者剩余。

　　分析的关键点是需根据竞争者提供的结果进行判断。A 企业不可以再提高价格而达到同样使用价值的水平。反而,可以获取的最大价值量因为 B 企业提供的消费者剩余而减少。如第四步所示,A 企业现在需要将价格降低到 19 元以下。如果要价更高,消费者剩余会降低到 1 元以下,从而诱使竞争者提供更多的消费者剩余。

　　竞争弹性等于最强大的竞争者提供的消费者剩余示意图如图 5.14 所示。

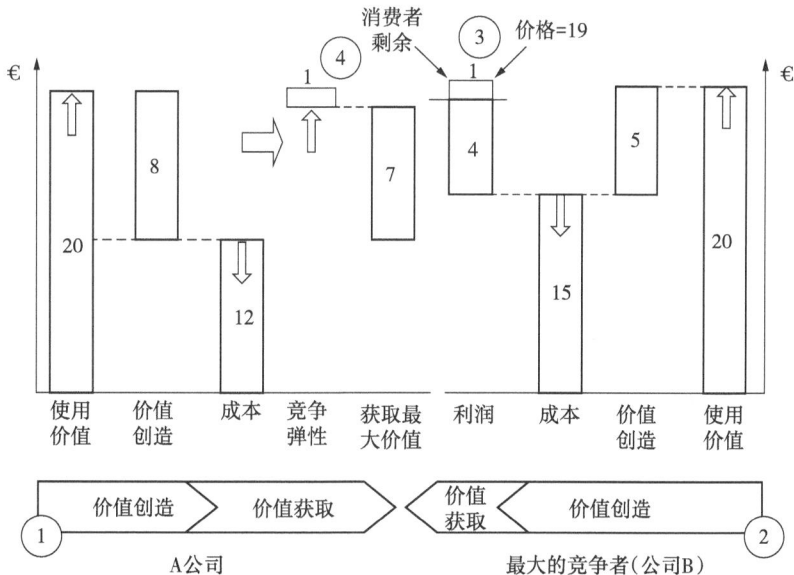

图 5.14　竞争弹性等于最强大的竞争者提供的消费者剩余

　　在诸如个人电脑等竞争激烈的行业,在与最强大的竞争者所提供的全部价值相等时,竞争弹性可能还会增加。在案例中,B 企业为了和 A 企业竞争把价格降为 15 元。B 企业不能再降低价格了,再降低就低于成本了。这就是为什么只有在企业创造的价值大于其他竞争者时才能竞争成功的原因。

　　基于上述案例关于价值创造和价值获取概念的探讨,现总结一下 VPF 的关键因素。

　　虽然图中只列出 VPF 的主要部分,但已经能对影响企业价值创造和价值获取的 3 个主要因素有总体的了解。这些因素是:①使用价值被消费者认知;②创造价值时所花费的成本;③竞争弹性,在降低消费者支付意愿的同时,降低了利润。

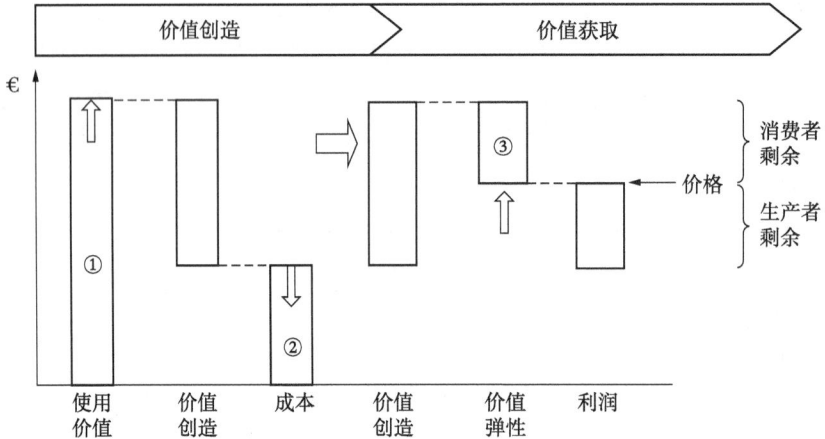

图 5.15　VPF——要拥有盈利能力,企业必须能创造和获取价值

为了获得持续的竞争优势,企业在价值创造和价值获取方面需要达到下述要求。

首先,企业必须使提供的使用价值大于生产成本,以此获得价值。但是,只有当创造的价值大于最大的竞争对手时才有机会获得更多的消费者剩余,同时能够以经济利益或生产者剩余的方式获得价值本身(或生产者剩余)。

此外,为了控制竞争弹性,在用户的层面要实现消费者剩余(企业提供的"物有所值")的一致性。统一的消费者剩余是能够达到的,例如,可以通过卓越的质量、强大的品牌效应或者快速进入市场来实现。只有消费者剩余一致时才能减少竞争者的数量,反过来也能限制对手提供的消费者剩余的最大量。为了时刻维持获得的竞争优势,做到消费者剩余不被完全模仿和替代是很重要的。

5.2.7　通过 VPF 整合战略管理分析

通过 VPF 框架,可以将传统战略分析中常用的一些工具整合起来,比如将波特的价值链分析和五力模型,通过分析其不同的相互依存关系,整合到一起。

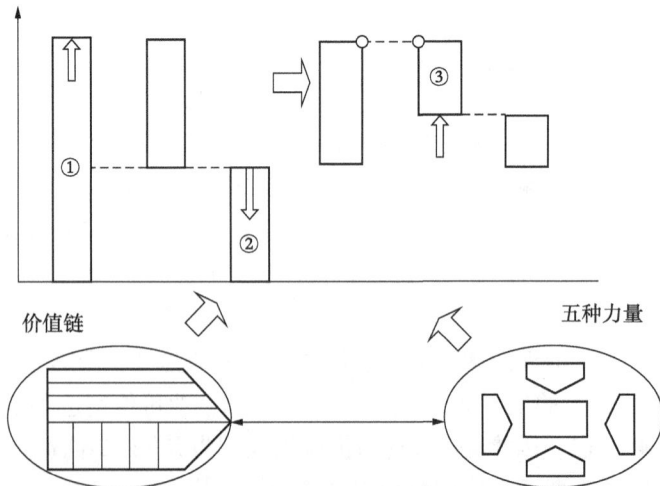

图 5.16　VPF 整合不同的战略分析

1）价值链分析和 VPF

波特的价值链分析帮助人们理解价值是怎样在一个企业内被创造出来的。它的分析过程是通过将一个企业拆分为在战略上具有相关性或相互关联的活动来实现的。在 VPF 内，价值链主要帮助分析这一框架的左侧内容，例如使用价值和成本之间的相互关系。在本质上，价值链模型是围绕价值创造展开的。在价值链中，价值是由价值链的个体商业活动创造出来的。

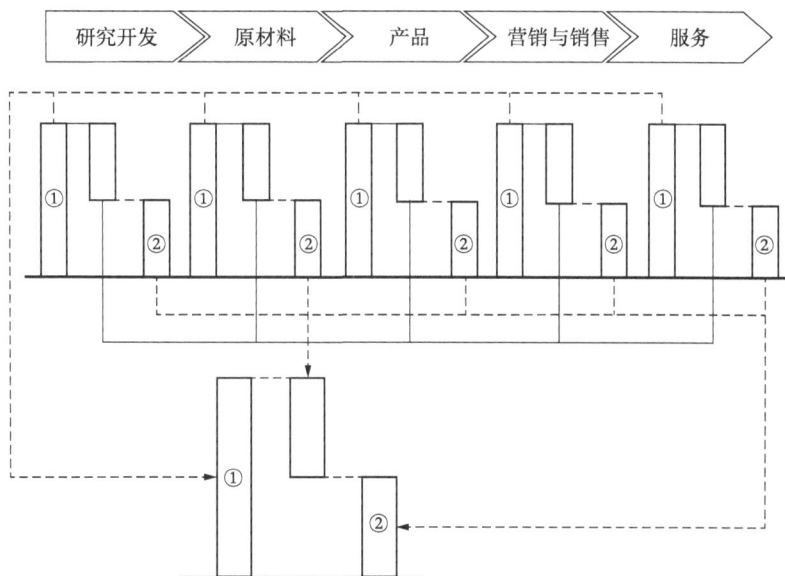

图 5.17　价值是通过价值链中的个体商业活动创造出来的

一方面，通过每项活动生成了顾客可以感受到的总的使用价值；另一方面，每个活动也带来了成本。因此，基于价值链与 VPF 之间的相互对应关系，"使用价值"的总和等于由不同商业活动生成的"使用价值"的总和，成本的总和等于由这些活动生成的成本总和。因此，企业应该：①在价值提升的活动上投资；②减少成本，尤其是对那些无价值提升的活动而言。

2）五力分析和 VPF

在讨论了基于价值链模型的价值创造以后，现在使用五力分析来关注一下 VPF 的价值攫取范围。从概念上说，一方面，如果一个企业能为其产品或服务索取高价格，那么它就攫取到了它所创造的价值的大部分；另一方面，如果价格由于竞争被压得很低，消费者就获得了大部分价值。

企业想要获利，不仅依靠企业的内部活动，还依赖于企业所处的竞争环境。要了解竞争力如何给网络企业带来战略优势，以及在一定竞争格局下，企业应该如何选择竞争战略，就必须分析网络营销对组织业务所带来的机会、机遇，以及挑战、威胁。

针对企业竞争力的分析，哈佛大学商学院波特教授提出了一个五力框架，指出企业在市场竞争中所需要面对的 5 种力量，勾画出企业获取价值能力的主要因素，决定着企业从行业中获利的最终潜力。这 5 种力量有：现有竞争者之间的竞争、潜在新进入者带来的威胁、替代产品或替代服务的威胁、供应商议价能力，以及购买者议价能力。

（1）行业内竞争

行业内竞争反映行业内市场竞争激烈程度,通常与下述 6 个因素有关。一是行业内竞争者的数量;二是固定成本的高低;三是行业内企业市场战略的相关性;四是企业提供产品和服务的同质性;五是行业总体的增长率;六是是否具备超额能力,即来自外部的扩大投资机会。

（2）进入壁垒

进入壁垒决定潜在进入者进入市场参与竞争的可能性,如果一个行业有较高的进入门槛,则潜在进入者的威胁就会降低。一个行业内,新企业进入门槛的高低可以由以下 5 个方面进行判断:一是高的固定成本;二是顾客对产品的信任度和品牌忠诚度;三是行业内经验、知识和技能的积累;四是高转换成本和强网络外部性带来高的用户黏着度;五是核心技术知识产权的保护力度。

（3）替代产品

行业内产品的雷同度高,替代产品实用性强,质量较高,则行业获得的利润就会开始下降。互联网降低了信息成本,增加了用户可得的产品种类,因此增加了来自替代品的压力。

（4）购买者和供应商的议价能力

购买者和供应商是两股对立但统一的力量,类似于一个硬币的两面。当购买者的议价能力高时（供应商的议价能力低）,大致由于以下几种情况:一是购买者高度集中,通过联合增强议价能力;二是供应商各自分裂,难以建立联合竞价机制;三是市场透明度高,用户可以进行比较选择;四是产品差异化低,同质竞争;五是低转换成本和弱网络效应,使用者很容易转换供应商。

波特的 5 种竞争力模型如图 5.18 所示。

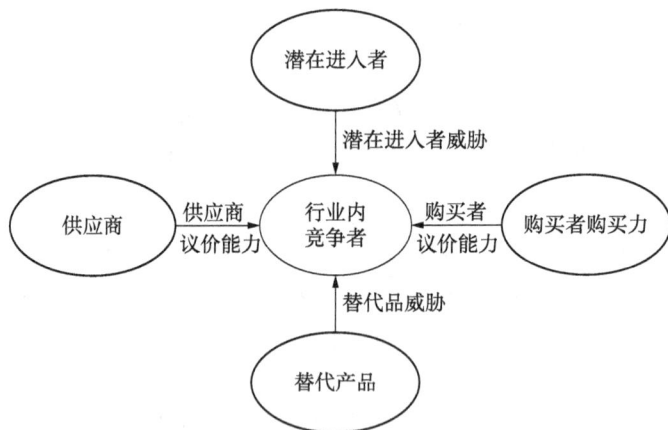

图 5.18　波特的 5 种竞争力模型

在充分掌握行业竞争情况,明晰自身竞争力之后。企业可以采取三大竞争性战略以提高竞争力:

（1）成本领先战略

依靠低成本策略获得竞争优势,提供低成本的产品或服务,降低网络企业与购买者和供应者之间的交易成本。成本领先战略要求建立起高效规模的生产设施,在经验的基础上全力以赴降低成本,抓紧成本与管理费用的控制,以及最大限度地减小研究开发、服务、推销、广告等方面的成本费用。为了达到这些目标,就要在管理方面对成本给予高度的重视。尽管质量、服务以及其他方面也不容忽视,但贯穿于整个战略之中的是使成本低于竞争对手。对于网络企业来说,赢得总成本最低的有利地位通常要求具备较高的相对市场份额或其他优势,诸如与原材料供应方面的良好联系等。

（2）差异化战略

差异化战略是指提供与竞争者不同的产品和服务,定位于差异的市场以保持竞争力。将网络企业所提供的产品或服务差异化,树立起与其他竞争对手相比独具特色的特点和产品内涵。实现差异化战略可以有许多方式,如设计名牌形象,保持技术、性能特点、顾客服务、商业网络及其他方面的独特性等。最理想的状况是公司在几个方面都具有差异化的特点。但这一战略与提高市场份额的目标不可兼顾,在建立公司差异化战略的活动中总是伴随着很高的成本代价。

（3）目标聚集战略

目标聚集战略是指主攻某一特殊的用户群,或某一产品线的细分区段,某一地区市场。目标聚集战略的不同之处在于,其具有为某一特殊目标用户服务的特点。

波特所提出的五力影响成本和竞争弹性如图 5.19 所示。

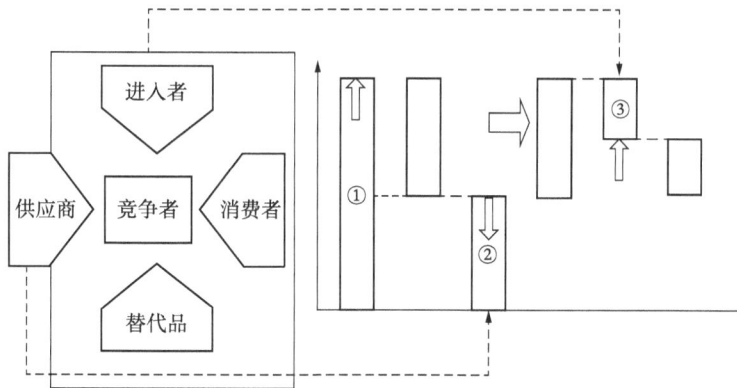

图 5.19　波特所提出的五力影响成本和竞争弹性

迈克·波特所提出的五力强调了这一事实,即利润不仅取决于一个企业的内部活动,也取决于它的商业环境,例如它所在的行业。VPF 的首要目标之一是整合企业内部目标与行业整体目标。一个竞争性强、进入门槛低、产品容易替代的行业很可能有较高的竞争弹性。因此,即使在这些行业中的企业通过低成本或高使用价值可以达到更高的价值水平,但它们只是以利润的方式获得了一小部分价值。

5.3　"互联网+"战略的制定与选择

做企业战略规划时,管理者总是在成本领先和差异化战略这两种代表性的战略中选择,以此通过较低的成本或提供更好的产品和服务来获得更大的竞争优势。此外,还有第三种可能的做法是同时实施成本优先和差异化战略来取得领先优势。

5.3.1 "互联网+"竞争优势的基本原则

战略规划中重要的一环是分析外部机会和威胁,以及内部优势和劣势。但是,最终的选

图 5.20　竞争优势驱动力的战略三角结构

择是决定企业如何在市场中竞争。竞争力定位是战略发展的核心,既然竞争优势并不是一件小事,那么考虑是否满足用户提出的要求对于获得比竞争对手更大优势是很有用的。图 5.20 所示为竞争优势驱动力的战略三角结构,企业必须考虑消费者的需求、竞争对手的产品和自己的产品。

基于以上结构框架,分析企业竞争优势的获得必须考虑下述几个问题。

①**企业产品的性价比是否优于我们最强大的竞争者?** 仅仅有低价格是不足以吸引消费者购买产品或服务的。另外,有吸引力的产品必须满足消费者的最低要求。同样,性能优越的产品还是需要在消费者支付能力范围内定价。

②**对于企业提供的价值消费者是否能感知其重要性?** 消费者要能够所识别出所提供产品的价值,并考虑它是否是重要的、值得购买的。

③**产品或服务的制造成本是否低于我们的最大承受能力?** 虽然这点是显而易见的,但是人们仍需考察衡量,尤其是在互联网爆炸式发展的时期。

④**企业的竞争优势是否是可持续的?** 一旦目前和潜在的竞争对手发现了这种特殊的已运行成功的商业模式,他们一般都会试图模仿,以得到这种竞争优势。

上述描述的框架强调了被消费者感知的利润创造,显示了制定战略决策的核心因素。由此而论,区别对待以下两种因素是很有必要的。

(1)消费者认为的基本性能

基本性能是企业必须在产品或服务上满足的最低要求。如果企业达不到最低要求,消费者将不会考虑购买它们的产品,从而此企业将会退出市场。例如,网站拥有连接或为在线交易提供安全支付系统的功能,这就是一项基本性能。基本性能稍有改善,对消费者满意度就会有明显影响,这也暗示了这种特性不适合用于产品的差异化。

(2)消费者认为的关键成功因素

关键成功因素是促使消费者购买的决定因素。以京东为例,关键成功因素包括大量的产品供给、评价和便捷快速的物流,而物流使得通过单击即可购物变得可能。

总之,基本性能和关键成功因素都创造了消费者利益,但是只有后者才能帮助企业创造别于竞争者的更优的消费者利益。

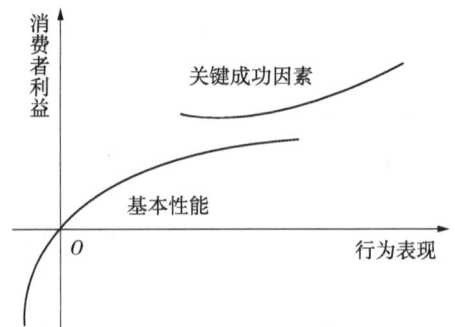

图 5.21　门槛特性和关键成功因素对创造消费者利益的影响

5.3.2 "互联网+"战略的制定与选择

企业在各自的"互联网+"市场,可以选择很多不同的战略来获得更有利的市场定位。为了更好地理解这些战略选择,迈克尔·波特给出了基于两种差异化优势的通用战略:①价格优势;②性能优势。显然,这种通用战略分类依然适用于"互联网+"时代的企业战略制定与选择,反而在某种程度上,"互联网+"本身的优势,能够凸显这两种优势。

如果企业想以低价来竞争,那就应该调整成本结构以在行业中实施成本领先战略。而如果企业想通过提供比竞争者更优异的产品性能来获得竞争优势,那么就应该采取不同的战略。

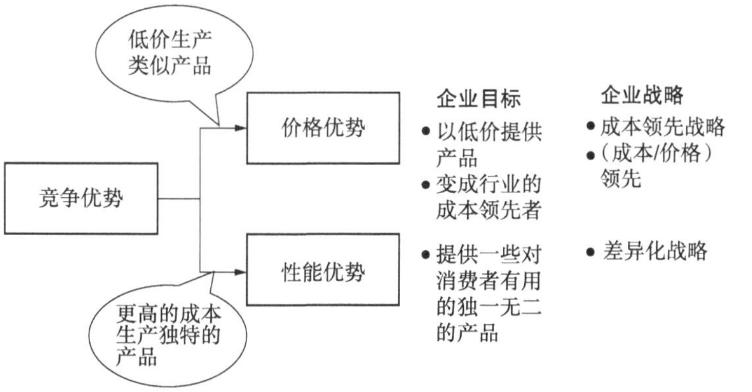

图 5.22　获得竞争优势的一般方法

另外,还有第三种选择,那就是跨越战略,它融合了成本领先战略和差异化战略的特点。

1)成本领先战略

企业要想在行业内获得成本领先地位,必须努力满足两个要求:**一是最低成本定位**,想要获得成本领先地位的企业必须能够提供大体上比竞争对手更低价格的产品或服务,即使在竞争激烈的环境下,低成本也能使企业获得利润。**二是利益相近性**,拥有最低的成本还是不够的。另外,企业还有获得与竞争对手相关的利益相近性,这至少能满足门槛标准。如果做不到这点,企业最终不得不提供更低的价格,这又降低或消除了低成本地位获得的利润。经济学中,有许多具体的手段能帮助企业获得成本领先地位。

(1)规模经济

规模经济的基本概念是当一个企业的产量增加时,单位成本降低。是指通过扩大生产规模而引起经济效益增加的现象。规模经济反映的是生产要素的集中程度同经济效益之间的关系。规模经济的优越性在于随着产量的增加,长期平均总成本下降的特性。但这并不仅仅意味着生产规模越大越好,因为规模经济追求的是能获取最佳经济效益的生产规模。一旦企业生产规模扩大到超过一定的规模,边际效益却会逐渐下降,甚至跌破趋向零,乃至变成负值,引发规模不经济现象。

高规模经济一般存在于高固定成本、低可变成本的生产过程中。随着产品数量的积累增加,固定成本由大量产品分摊,因此会降低单位生产成本。当产品成本达到一个极限,由于需要增加新的设备,固定成本又会增加。可变成本随着产量的增加成比例地增加。

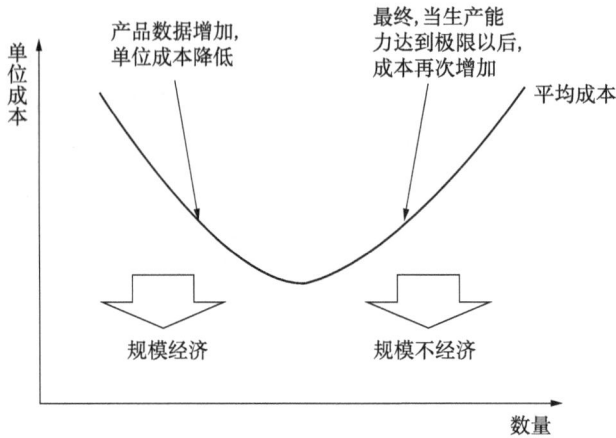

图 5.23　规模经济对单位成本的影响

高规模经济的预期价值是受网络创业企业管理者和企业家欢迎的重要原因,也是其股值不断创新高的原因。比如,在传统的图书和银行业,如果它想为新的客户群提供服务,就必须建立新的分支或销售渠道。这些物理设施需要高额投资,而且只能提供有限的规模经济潜力。企业竞争力是企业在经济竞争中比竞争对手更有效地获取资源和市场的能力,是企业素质在市场上的综合体现。规模经济对企业竞争力的贡献表现为具有规模经济的企业不仅可以降低成本,提升成本优势,同时也为建立优势奠定了基础。因为只有一定的资产规模才能保证企业研发、服务、广告等的费用投入,并且只有较大的生产规模和市场规模才能分摊、消化这些费用,从而降低产品的单位成本,使顾客价值上升。尤其是面对越来越昂贵的高新技术产品研发费,迅速缩短的产品寿命周期,要求更高的产品特色与服务等,都使得企业在建立成本优势和歧异优势的各种价值活动中必须通过内部规模经济和外部规模经济获得支持。换言之,规模经济使企业竞争优势获得多种驱动因素的支撑,从而使竞争优势更强、更持久,为迅速提升并维持企业的综合竞争力提供必要条件。

此外,对一个特定产业而言,规模经济还直接决定了产业进入威胁的大小。规模经济越明显的产业,进入壁垒也越高,因为它迫使进入者或者一开始就以大规模生产并承担遭受原有企业强烈抵御的风险,或者以小规模生产而接受产品成本方面的劣势。规模经济还直接决定了买、卖双方的砍价能力。总之,尽管影响或支撑企业竞争力的因素有很多,但能否确保规模经济始终是企业竞争力高低的重要基础,追求规模经济也成为现代企业提升与维持竞争力的重要手段。比如电信通信业的规模经济性就是指通信网络在提供产品和服务时所依赖的网络系统具有规模经济性。也就是说通信网络运营业具备用来提供产品和服务的网络设施,构成巨大的固定成本,因此,随着通信业务量的增加,平均成本不断下降。

(2)范围经济

范围经济的原理和规模经济很相似。范围经济(Economies of scope)是指由厂商的范围而非规模带来的经济,也即是当同时生产两种产品的费用低于分别生产每种产品所需成本的总和时,所存在的状况就被称为范围经济。只要把两种或更多的产品合并在一起生产比分开来生产的成本要低,就会存在范围经济。表现为在企业扩大经营范围,增加其他产品和业务时,可以充分利用既有的管理知识、管理经验和人员来进行管理,而不必增加新的投入,节约交易费用,这一点在纵向一体化这种范围经济的特殊形式中表现得尤为明显,沿纵向一体化的产业链进行多产品生产时,企业可以减少在购买原材料和零部件、中间产品以及出售自己成品中的交易活动,即以内部市场代替外部市场,从而节约交易费用。

企业进行多产品联合生产时,产品种类的数量是有限度的,并不是越多越好,总是存在一个合理的范围,表现企业的一体化或多元化经营总是有限度的,而且理论上存在一个最优的经营组合。企业进行多产品联合生产时,在产品的组合上是可选择的,表现为某产品的生产对一个企业来讲不存在范围经济,但对另一个企业来讲也许存在范围经济,或者是,某产品的生产对两个企业来讲都存在范围经济,但在一个企业生产的范围经济比在另一个企业生产的范围经济要大。

规模经济是指在一个给定的技术水平上,随着规模扩大,产出的增加,平均成本(单位产出成本)逐步下降。范围经济是指在同一核心专长,从而导致各项活动的多样化,多项活动共享一种核心专长,从而导致各项活动费用的降低和经济效益的提高。

(3)要素成本

企业是用生产要素—资本、劳动力、土地等资源来进行生产的。使用这些要素,企业必须向其所有者支付一定的费用,这种费用就称为要素成本。要素成本体现了关键成本驱动力,特别是作为中间商的零售企业。利用类似批量采购的方法降低交易投入成本的能力是有效地降低成本的手段,低成本要素和规模效应最可能通过大量交易实现。因此,与竞争对手相比,一般拥有大的市场份额是降低成本的先决条件。

(4)学习效应

学习效应是指企业的工人、技术人员、经理等人员在长期生产过程中,积累产品生产、技术设计以及管理工作经验,从而通过增加产量导致长期平均成本下降。如果产品在市场上的销售价格不变,单位产品成本下降,单位产品利润提高,可以刺激企业扩大产品生产规模,增加市场供给。学习效应通常用学习曲线来表示。学习曲线所描述的是企业累积性产品产量与每一单位产量所需要投入要素数量之间的关系。

学习曲线对于一个进入新行业的厂商进行新产品经营决策是非常重要的。当一个企业从事某种新产品生产时,生产最初阶段产品成本是很高的,可能会出现规模不经济的现象,这往往会使得不少企业在进入这一新行业时望而却步。但是如果在该行业的产品生产过程中存在着学习效应,则企业不应该被开始阶段较高的生产成本所吓倒。从长期看,进入该行业也许是有利的。对于存在着学习效应的行业,当企业生产规模扩大到足够大时,进入该行业的企业可以通过提高生

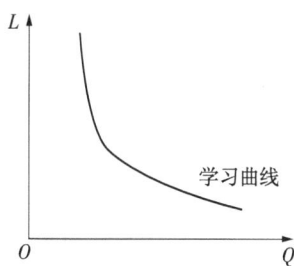

图 5.24　生产要素学习曲线

产技术水平、降低劳务成本和提高经营管理水平等措施获得比较好的经济效益。

2)差异化战略

通过提供比竞争对手更多的消费者利益来实施差异化战略。企业进行差异化定位的主要问题是要明确什么创造了消费者利益？什么是独一无二的？什么是不能被模仿的？差异化的可感知来源有产品质量、个性化程度、便捷、送货速度、产品范围，不可感知来源有品牌和名声。

和成本领先方法一样,企业若想实施差异化战略,必须确保以差不多的成本创造出比其他竞争者更多的价值。这意味着成本劣势小到差异化优势足以弥补的地步。当企业仅仅致力于投放高质量的产品到市场上时,往往会忽视成本问题。差异化战略的根本在于为消费者提供相应的利益。虽然难以进行量化,但消费者的利益显然严格依赖于一定的市场细分因素。比如,将用户的消费行为作为要素来对市场进行细分,从而考量消费者的利益取向,可以分为使用目的和使用习惯两个变量。

(1)使用目的型细分市场

使用目的型细分市场是指企业根据消费者希望从产品中获得的利益来划分消费者群体。企业根据用户在网络上寻求的利益构建细分市场,通过设计产品或服务来满足这些需求。与简单地按人口统计特征细分市场相比,按使用目的细分市场的方法通常比较实用。例如,知乎网站分析用户需要什么样的专业知识和建议。尽管网络企业可以使用各种市场细分要素来定义、评价和确定目标市场,但是对利益的追逐是制订营销组合策略的关键因素。网络企业可以通过评估用户的在线活动,通过分析用户在线的目的以及所获得的效用,来分析用户的互联网使用习惯,从而对用户所追求的效益进行判断。

(2)使用习惯型细分市场

产品使用习惯细分市场,指的是根据消费者对产品使用的习惯和行为模式进行市场细分。比如,许多网络企业依据消费者对产品使用的多少(少、一般、多)加以细分。网络企业也可以根据用户使用技术的特征(如使用 PDA 还是 PC 机上网,以及他们用了哪些浏览器)来对互联网用户进行市场细分。

那么,确定消费者利益时需要考虑什么因素呢？消费者利益的来源有很多,按照能否被直接观察到,可分为可感知来源和不可感知来源。

(1)消费者利益的可感知来源

一是产品或服务质量。这里是指产品的客观特点,如功能、耐用性(可靠性)和易安装性。服务质量可通过销售人员的亲切度和对专业知识的掌握程度来衡量。以网站为例,个性化水平、使用便捷度、在线回答的速度和信息质量都是衡量服务质量的因素。

二是产品或服务的个性化程度。产品或服务越是能满足单个消费者的需求,创造的个人利益就越多。戴尔向消费者提供个性化定制电脑,获得了两方

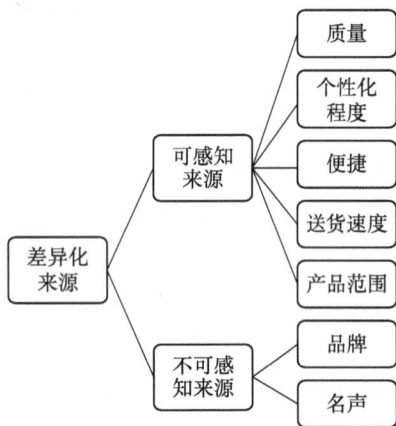

图 5.25　差异化的可感知来源和不可感知来源

面的利益。第一,包含了个人要求的所有电脑组件;第二,去掉了个人不需要的组件,从而降低了价格。

三是购买过程中的便捷性。当对比不同的提供者时,需要考虑购买者在购买过程中花费的精力、努力以及时间。这就是为什么消费者宁愿在当地住宅区附近的商店购买贵的商品,也不愿开车 10 km 到折扣商店买东西。

四是送货速度。快速支付产品或服务的能力是重要的消费者利益来源。速度依赖于产品的可获得性、销售点的位置和后勤服务的质量。因为有了好的管理方法、更快捷的工作流程和 IT 系统软件使企业拥有了比竞争对手运送更快的服务,这即是显著的竞争优势。

五是产品范围。广泛细致的购物选择是差异化的重要来源,因为其可以带来快速便捷的一站式购物。京东网站就是一个很好的例子,网站销售包括家电、手机、计算机、服装、图书、母婴、个护、食品、旅游等 13 大品类,为消费者提供了兼具广度和深度的购物选择。

(2)消费者利益的不可感知来源

一是品牌。这个特性指的是消费者对出售产品或服务的企业的认知。一个强势品牌得益于产品符合高质量的标准,但是并不一定全部是这样,它也可能是由于强烈创新的市场活动。品牌是需要建立和维护的,这样才能成为市场的差异化特性。

二是名声。企业过去可感知的行为表现是影响企业名声的主要因素。因为名声好能降低消费者的购物风险,所以消费者非常看重。对于在线支付来说,企业的名声尤其重要,因为许多在线消费者仍然不愿意轻易把他们的个人信息提供给陌生的卖家。

3)目标聚集战略

目标聚集战略是主攻某个特定的顾客群、某产品系列的一个细分区段或某一个地区市场。与差异化战略一样,集中一点战略具有许多形式。低成本与产品差异化都是要在全产业范围内实现其目标,集中一点战略却是围绕着某一特定目标,它所制定的每一项支持性政策都要考虑这一目标。集中一点战略的本质是公司能够以更高的效率、更好的效果为某一狭窄的战略对象服务,从而超过在更广泛范围内的竞争对手。实施这一战略的结果是,公司或者通过较好满足特定对象的需要实现了差异化,或者在为这一对象服务时实现了低成本,或者两者兼得。尽管从整个市场的角度看,集中一点战略未能取得低成本或差异化优势,但在其狭窄市场目标中获得了一种或两种优势地位。

3 种基本竞争战略之间的区别如图 5.26 所示。

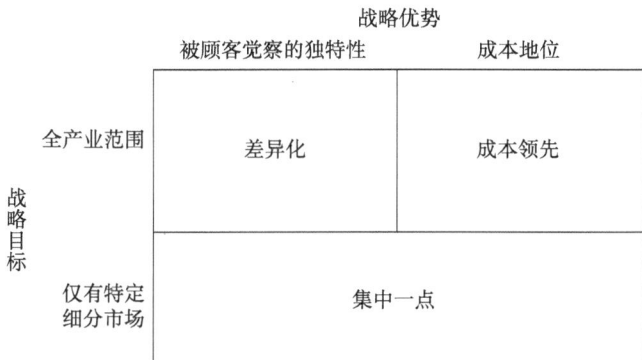

图 5.26 3 种竞争性战略的区别

目标聚集战略常常意味着对获取整体市场份额的限制,目标聚集战略必然地包含着利润与销售量之间互为代价的关系。

4)混合型战略

混合型战略是其他3种战略态势的一种组合,其中组成该混合战略的各战略态势称为子战略。根据不同的分类方式,混合型战略可以分为不同的种类。

(1)同一类型战略组合

同一类型战略组合是指企业采取稳定、发展和紧缩中的一种战略态势作为主要战略方案,但具体的战略业务单位是由不同类型的同一种战略态势来指导。从严格意义上来说,同一类型战略组合并不是"混合战略",因为它只不过是在某一战略态势中不同具体类型的组合。

(2)不同类型战略组合

不同类型战略组合是指企业采用稳定、发展和紧缩中的两种以上战略态势的组合,因而这是严格意义上的混合型战略,也可以称为狭义混合型战略。不同类型战略组合与同类型战略组合相比,其管理上相对更为复杂,因为它要求最高管理层能很好地协调和沟通企业内部各战略业务单位之间的关系。事实上,作为任何一个被要求采用紧缩战略的业务单位管理者都多少会产生抵抗心理。例如,总公司决定对A部门实行紧缩战略,而对B业务单位实行发展战略,则A部门的经理人员则往往会对B部门人员产生抵触和矛盾情绪,因为紧缩战略不仅可能带来业绩不佳和收入发展无望,更有可能对自己管理能力的名誉产生不利影响,使自己在企业家市场上的价值受到贬值。

波特认为,要获得独一无二的稳固的竞争地位,实施上面的任何一个战略都是明智的。这意味着有效的战略需要权衡下面的关系:往往高质量都拥有高成本,成本领先战略常常会削弱为消费者提供更多利益的能力。结果是,试图想同时达到质量和成本都领先的企业常常会陷入进退两难的困境,成本不低,差异化没实现。

波特一般性战略的观点受到了基于经验的研究学者的挑战。事实上,争议的焦点在于波特所提出的两种一般战略,即低成本和差异化优势,是可以通过实施"跨越"或"混合"战略来加以融会利用的。通过这种融会利用,可以形成某种跨越式优势。

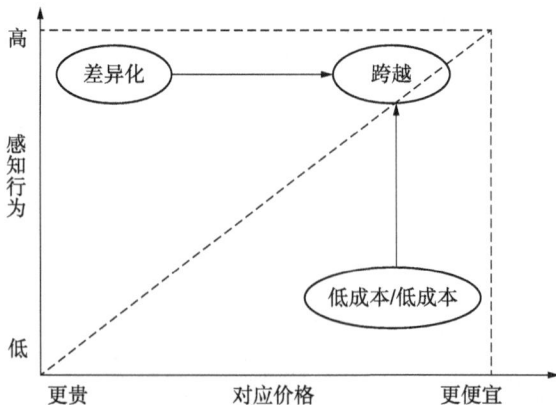

图5.27　决定企业战略的可感知行为及价格定位

5.3.3 战略框架的综合维度

战略整合是"信息技术使命、目标和规划对企业使命、目标和规划二者相互支持的程度"。战略整合的定义涉及信息技术或信息系统与业务的战略性整合。具体包括：外部匹配，是指一个企业与其所处的外部环境的关系；内部匹配，是指内部组织结构的恰如其分；战略性信息系统规划在该过程中实现战略性整合。

通常的战略可以有不同的类型，比如成本领先战略、差异化战略和跨越战略。与通用的这些战略类型相比，现实世界中总是会有许多个性化的一面，总之实施的战略是由所有的战略组成的。战略图示框架中提供了结构化方法以系统地确定战略的不同维度。

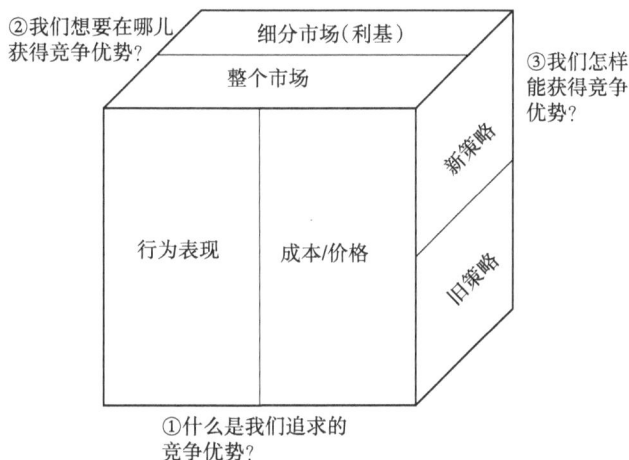

图 5.28 企业战略的基本图示

战略图示框架提出了 3 个关键问题，以帮助管理者保证企业战略的一致性。第一个问题是企业需要获得的竞争优势类型，是低成本战略、差异化战略，还是跨越战略？除了决定有关竞争优势的类型之外，企业想在哪个市场竞争也很重要，也就是说，把哪个市场或细分市场作为目标。可以通过为特殊的消费者群体或特定区域提供高度个性化的产品来实施利基战略。利基战略类型可获得竞争优势，可以获得具体的技巧（针对高度个性化的产品）或特定消费者信息（针对区域目标市场）。但是，问题是利基战略导致了过于依赖单个客户，增加了企业风险、缺乏规模，进而增加了单位成本。这就是为什么利基战略不能实现低成本的主要原因。另外，用已知的战略类型占领整个市场是可能的。

最后，选择一种商业模式来实施战略也是很重要的。战略图示框架将新策略和旧策略加以区分。旧策略代表了历来被行业内其他企业所使用的模式。例如，20 世纪 90 年代中期想要创建传统实体企业的书商都在寻求图书零售的旧策略。当实施旧策略时，通过更好地管理，如更高的质量、更高的生产率或更快的上市时间，即可首先获得竞争优势。一个旧的企业模式风险更低，因为它以前被实施过，但是同时获得与竞争者差异性的潜力更低，因为其他人也在实行这种类型的策略。

5.3.4 几种典型战略整合模型

传统战略整合模型以金(King)为代表的学者认为战略整合的核心过程是信息系统战略规划(SISP)。各种SISP制定方法,是为了帮助信息系统规划者将他们的战略与组织的战略整合到一起而设计的。

1)战略过程整合模型

莱德勒和萨尔梅拉(Lederer and Salmela)提出战略过程整合框架,该整合框架关注SISP输入、过程和输出,视SISP过程为整合过程,整合既是SISP的目的,也是评价SISP的指标。

该框架中的外部环境被划分为两个主要的部分——外部业务环境和外部IT环境,内部环境也被划分为内部业务环境和内部IS环境,其使得对整合的研究更加深入。规划资源,从信息、人员、财务和技术,到进一步深化为高层管理人员和用户的参与。之后,随着对SISP研究的深入,SISP的目的或结果评估的方式更多,扩展到分析、协作级别、能力改进等,整合成为SISP过程的主要目的之一,使该框架更多地作为SISP的理论框架而不是整合的理论框架被人们所关注。

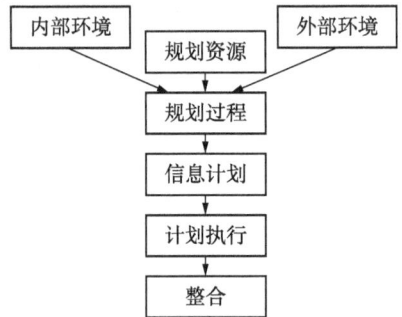

图5.29 莱德勒和萨尔梅拉提出的整合框架

2)战略综合整合模型

战略综合整合模型是亨德森和文卡特拉曼(Henderson and Venkatraman)在1993年提出的,模型包括战略选择的4个基本域,即业务战略、信息系统战略、组织结构和过程、信息技术结构和过程。战略整合受这4个域的影响,其核心是战略匹配与功能集成。他们分析了4种具体的战略整合视角来具体说明该模型如何在管理实践中发挥指导作用。

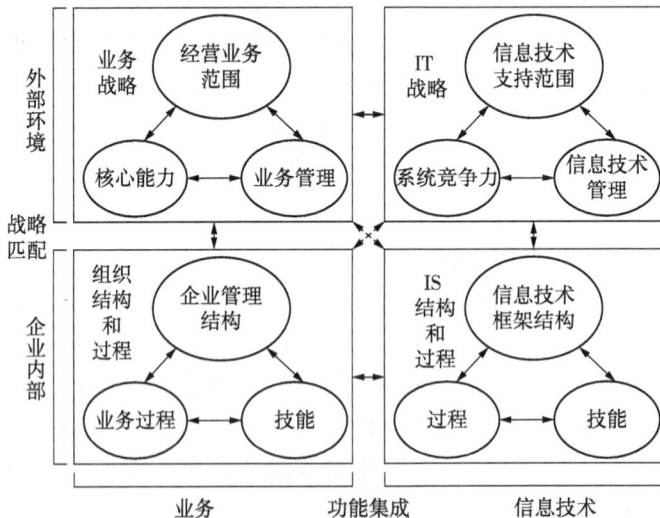

图5.30 亨德森和文卡特拉曼提出的战略整合框架

同时期的另一个实证分析得到的模型是布罗德本特和韦尔(Broadbent and Weill)提出

的,他们认为业务和信息战略整合的核心是公司级的战略形成过程,由最了解业务需求的人从公司战略的高度管理信息系统和技术最有效。他们的模型中也有 4 个维度影响战略性整合,分别是公司级的战略形成过程、技术战略、组织结构和责任以及信息系统责任和原则,这4 个维度的统一就是战略性整合。

3)战略间断性整合均衡模型

该模型由桑伯沃尔,赫斯柴姆和格欧斯(Sabherwal, Hirschheim and Goles)于 2002 年共同提出。间断性均衡模型存在 5 种整合,分别是战略性整合(业务战略与 IS 战略)、业务整合(业务战略与业务结构)、IS 整合(IS 战略与 IS 结构)、结构性整合(业务结构与 IS 结构)以及交叉整合(业务战略与 IS 结构,IS 战略与业务结构),如图 5.31 所示。

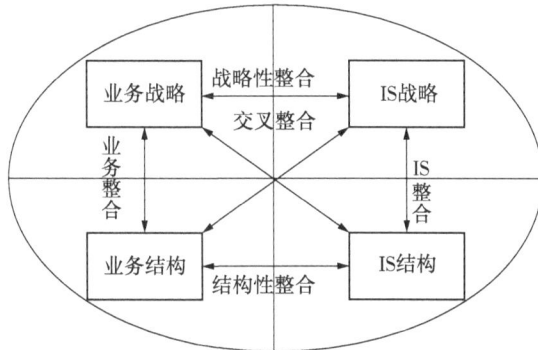

图 5.31　整合的间断性均衡模型

该模型认为企业的信息系统在随着时间和环境而变化,逐渐的进化时期中可能出现突然的快速变化的革命,即整合是一种间断性均衡,并且不认为整合是朝向一个预先设定的最终目标的方向,即不是必然由低向高进化。

4)目的性战略整合模型

目的性战略整合模型是已有的两个理论的综合体,乌尔里奇(Ulrich)的目的性系统模型和历史文化行为理论,强调人和过程以及在任何人类行为系统中目的的基础性角色的重要性。鼓励信息系统中强调的重心从技术向人的方面迁移,因为信息系统中人和过程是中心性角色。路易斯(Lewis)表明使用目的性系统方法像分析人的行为系统一样分析公司和信息系统,从而可以改进战略形成和整合。

盖伊·路易斯(Gaye Lewis)认为对整合的研究包括审视组织和其信息系统间的关系。将组织的过程划分为 3 种支持组织总目标的行为类型,即查询,行动和评估。在组织的 3 种核心活动中,信息系统可以视作产生手段的活动。整合的问题与 3 种核心活动和信息系统活动之间的不一致有关,整合的问题集中在两个三角形之间的联系,如图 5.32 所示。

图 5.32　目的性战略整合模型

5）价值链整合模型

价值链整合模型的理论框架是迈克尔·波特的价值链理论。波特认为，企业的每项生产活动都是其创造价值的经济活动，企业所有的互不相同但又相互关联的生产经营活动构成了创造价值的一个动态过程，即价值链。在企业价值链的基础上进一步扩展，可以得到行业价值链。价值链整合是利用价值链理论对企业内产生价值的活动实施信息化的可能性进行分析，重点考虑可否通过信息系统降低成本、提高效率，从而设计出所需要的信息系统。

围绕企业的价值链和产业价值链进行信息技术与企业业务的整合。跳出了业务战略转换成信息系统战略的圈子，从企业发展的战略高度重视信息技术，同时进行企业业务和信息系统战略的制定和发展，但对组织的冲击较大。需要组织从上到下的重视。该方法不仅可应用于企业内部，也可以应用于企业间为了建立紧密合作关系而进行的价值链整合。如宝洁公司与承担其货物运输的宝供储运之间通过业务联系而建立起来的网络连接、沃尔玛与供货商之间的电子数据传输等。大的如即时生产、零库存等，都是上下游企业之间通过信息系统的连接建立战略联盟或合作关系，既提高了转换成本、也提高了效率、降低了库存和生产成本。

通过产业价值链整合信息技术与企业业务所创造的竞争优势是巨大的，但随着网络的发达，网络应用的普及，在产业价值链上应用信息技术不再成为一种独有的优势，而是成为企业进入产业价值链的必备门槛条件，如上海通用汽车的信息化建设有力地带动和促进了上下游企业的信息化进程，汽车配件厂欲与其建立供应关系，必须具备一定的信息系统基础，以便于信息沟通与联系。

价值链中的各项活动不是孤立的，它们在整个价值链中是相互联系的。一个企业协调价值链中各项活动的能力将最终影响其竞争优势。因此，整个价值链比其各项活动之和更为重要。有效的协调可带来持续的发展，因为对于竞争对手来说，仿效一系列相关的活动比仅仅将不同的活动组合起来并模仿更困难。

企业价值链中各项活动是否协调有效取决于3个条件：①活动间的一致性；②活动的强化；③工作的优化。

（1）活动间的一致性

一致性保证各项活动建立在彼此的优势上，而不是削弱各自的优势。如果企业的目标是差异化优势，那么就应该设计各项活动，使得它们有利于差异化优势。如增加客户利益，创造独特优势。另外，如果企业的目标是成本领先，那么各项活动的花费应保持最小，同时保持市场的进入壁垒。缺乏连贯性会削弱企业的定位。

为什么会这样呢？波特认为如果战略定位与其他定位间无须平衡，那它就不是持续性的。如果企业致力于高质量标准，那么通常会导致高成本；同样，为了追求低成本，通常会降低质量，这种平衡由下述原因产生。

一是活动过程本身。这种平衡结果的一部分是由相关的活动直接产生的。不同的定位需要不同的工序、资源、技能及价值链结构。一个企业想实现差异化定位，必须大量投资以确保高质量标准（以期望索取高价）。成本领先通过低价来竞争，从而需要尽可能地降低成本。这些企业的客户以尽可能低的价格获得基本的服务。因此，一个企业想成为成本领先者,必须要重组各项活动从而增加其成本,实际上这是在减少其创造的价值。

二是形象和声誉。要成为一个低成本且又差异化的供应商,很容易使企业的形象和声誉不一致。当企业有明确的定位时,它可以很容易地向不同的股东(如客户和股东)传达其战略的可靠性。低成本企业强调以尽可能低的成本向消费者提供产品。

三是战略的具体实施。如果员工对战略有清晰的认识,并且他们无须为每个决定发问"我们是要成为成本领先者,还是要成为差异化的供应商?"那么战略的实施就很容易。

一致性需求强调对战略的要求不是决定企业应该做什么,而相当重要的是企业不应该做什么。如果一个企业想要用每个东西来迎合所有的人,那它就面临着做什么东西都比竞争对手差的风险,并且最终结束在"平庸"之中,相较竞争对手而言,企业既没有成本上的优势也没有差异化优势。波特强调,如果没有其他位置的平衡,那这个战略地位就是不可持续的。如果一个企业想要提供优势,这通常会导致更高的成本,然而低成本的追求会导致顾客使用价值的锐减。

(2)活动的强化

强化是企业不同活动之间做好协调的第二个重要特征。其中的道理是竞争优势来源于一些活动对其他活动质量的影响,从而创造高质量的产品和服务,增加客户的使用价值。正如上述所强调的,借助于价值框架,通过价值链整体创造的总价值大于价值链中单个步骤所创造的价值的总和。

以销售活动为例。如果企业有一支活跃和熟练的销售队伍,还有优秀的研发能力以及生产设备来生产高质量的产品,它的效率会更高。同样,一个优秀的网站,如京东,当它考虑到快速、可靠、有效的递送而与仓库系统结合时,就变得更有价值。企业交叉销售和/或者通过互补的分销渠道销售的能力是十分重要的,尤其在服务行业,因为获取一个新客户的成本是向现有客户销售产品成本的 2~3 倍。

(3)工作的优化

良好协调性的第三个特征是工作的优化。强调主要通过将多个独立的活动联系起来以改进客户体验,而优化则通过消除冗余和浪费的活动以强调节约成本的重要性。例如,网络企业优化其处理订单过程,这样可以节省车队和人事方面的成本。在价值框架内,工作的优化意味着价值链某个环节成本的降低,这将导致价值链中其他环节的成本也跟着降低。

通过一致性、强化和优化来达到各活动之间的协调,可以使战略规划和战略实施联系起来,以决定如何选择和组织企业的各项活动。价值过程框架帮助人们从泛泛的战略规划的概念转向通过价值链不同步骤的实施。

为了协调好各项活动,仔细地分析企业的横向边界和纵向边界并相应地设立内部的组织显得十分必要。这就需要大量的资源和管理技能,这也解释了为什么战略实施是长期的。随便地更改战略使得企业很难获得竞争优势,因为协调好各项活动费时又费事。这并不是说一些新的工具和理念,如可能有助于提高企业的运作效率的全面质量管理(TQM)就得一概抛弃。相反,必须意识到,只要它们没有违背战略定位的基本原则和它的平衡,使用这些工具就是明智的。

5.4 "互联网+"企业战略规划实施与保障

战略实施就是要将战略落到实处,将战略付诸行动,把公司总体战略、业务单元战略和职能战略中所确定的事项在总体上做出安排。而战略的保障是通过设定相应机制使得战略规划得以达成的过程。

5.4.1 战略实施的基本思路

一般来说,各层次战略中要付诸行动的事项主要体现在战略选择和战略项目上,并且二者之间有一定的重叠。所以,要厘清战略实施所要做的事项,必须了解各层次战略的战略选择和战略项目,并排除它们的重叠部分。在此基础上,确定战略实施的项目,并把这些项目按时间先后顺序排列起来。

战略实施的基本思路是三位一体,三位是指战略实施要领依靠3方面的工作才能实现,一是战略导向管理整合,也就是以战略为出发点,对现行管理机制进行调整,使管理机制与战略相协调,使管理机制成为战略实现机制;二是战略导向人力资源整合,也就是以战略为出发点,对现行人力资源队伍进行调整,使人力资源与战略相适应;三是战略预算,就是将战略目标、战略项目及相应的资源配置用数量化指标表示出来,并协调平衡。一体是指战略导向管理整合、战略导向人力资源整合、战略导向投资项目和战略预算的实施要相互配合,相互协同,不能各自为政。

5.4.2 "互联网+"企业战略规划实施步骤

为了帮助执行官、管理者或即将成为管理者的人制定和实施企业的"互联网+"战略,战略规划的具体实施,可以由以下9个步骤组成:①愿景;②目标;③价值创造;④定位目标客户群;⑤隐私、道德和法律问题;⑥外部合作伙伴;⑦组织模式;⑧收入与成本模型;⑨战略匹配。

"互联网+"战略框架从结构的角度概述了战略制定的关键要素,而该路线图旨在从面向过程的角度提出建立和实施"互联网+"战略的不同步骤,如图5.33所示。

尽管角度不同,但路线图和战略框架是紧密相关的。一方面,路线图的目的在于提供一个开发"互联网+"战略的实际方法;另一方面,对更广泛的"互联网+"战略框架的前后对照,让企业管理者可以根据自己以前的知识和手里现有的特定企业组织情况进行分析。战略分析的深度取决于手里掌握的资料。如果对于应该精读或泛读的地方不能谨慎选择,就容易导致在不太重要的地方过度分析,而忽略了其他至关重要的问题。

1)明确企业的愿景规划

企业愿景体现了企业家的立场和信仰,是企业最高管理者头脑中的一种概念,是这些最高管理者对企业未来的设想。是对"我们代表什么",以及"我们希望成为怎样的企业?"的持久性回答和承诺。企业愿景也不断地激励着企业奋勇向前,拼搏向上。何谓企业愿景?是指企业的长期愿望及未来状况,组织发展的蓝图,体现组织永恒的追求。

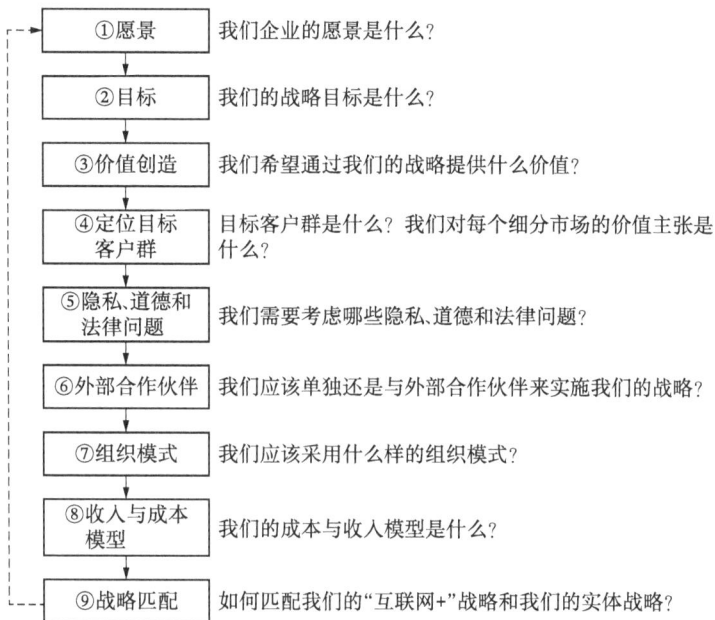

图 5.33　"互联网+"战略规划线路图涉及 9 个相关问题

愿景是战略制定的出发点,是指向一个企业理想的未来状态,并影响企业的战略意图。以下面一些使命宣言为例:

聚焦客户关注的挑战和压力,提供有竞争力的通信解决方案和服务,持续为客户创造最大价值。丰富人们的沟通和生活。

（华为公司）

我们寻求提供世界上最多的选择,并成为世界上最以客户为中心的企业,客户能够在这里找到和发现他们可能想要在线购买的任何东西。

（京东）

Google 的使命是整合全球信息,使人人皆可访问并从中受益。

（Google. com）

通过在通信领域增加移动电话的应用,我们在推动建设一种生活方式基础设施。我们的目标就是作为一个生活方式服务提供商来服务我们的客户。

（NTT DoCoMo）

创无限通信世界,做信息社会栋梁。成为卓越品质的创造者。

（中国移动通信）

制定企业愿景的目的包括 3 个方面,使命宣言通常是要解决 1 ~ 3 个关于想要"在何处"和"如何"完成一项业务,以及"为何"要这样开展这项业务的关键性问题,具体如图 5.34所示。

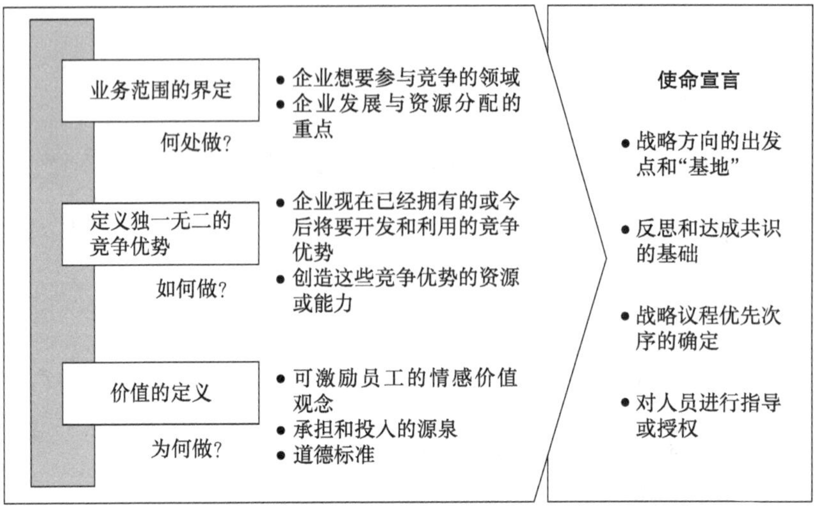

图 5.34　使命宣言具有多种不同的目的

一是业务范围的界定。回答"何处做?"的问题,从宽泛的层面上讲,这个问题是要解决在区域和产品二者基础上企业想要参与竞争的领域。这个决策非常重要,因为它将作为优化资源配置的指导方针。

二是定义独一无二的竞争优势。回答"如何做?"的问题,这个问题所解决的,从一个较高层面上说,就是企业想要开发和利用的竞争优势。

三是价值观的定义。回答"为何做?"的问题,树立企业的情感价值观旨在激励员工,从而保证他们承担和投入他们的工作。另外,价值观的界定有助于建立有关区分可接受的和不可接受的行为的道德标准。

通过解决这 3 个方面的问题和提供广泛的指导方针,使命宣言被视作战略讨论过程中的出发点,因为这些宣言中贯彻的思想可以作为达成共识的共同基础,还可有助于确定战略议程的优先次序。此外,在使命宣言中明确规定的道德标准能够对员工进行指导和授权。

然而,制定一个长期受所有组织成员拥护的强大的使命宣言是一个富有挑战性的任务。一方面,需要考虑企业及其员工的特性;另一方面,还需要在该企业运作的范围内纳入更广泛的内容。这样做需提出一系列问题。例如,哪些是我们可以在今后充分利用的主要的最新技术开发? 我们社会的人口分布是如何变化的,从长远来看这对我们的企业意味着什么? 就形成这些类型问题的结构化方法而言,这有助于分析宏观环境的不同层面。

2)设立"互联网+"战略目标

战略目标是对企业战略经营活动预期取得主要成果的期望值。战略目标的设定,同时也是企业宗旨的展开和具体化,是企业宗旨中确认的企业经营目的、社会使命的进一步阐明和界定,也是企业在既定的战略经营领域展开战略经营活动所要达到水平的具体规定。

使命宣言对于表明企业的发展方向是十分重要的,选择一个参数,以衡量企业为了达到期望值而付诸的努力也是十分重要的。这些参数就是可量化的目标,包括收入、市场份额、利润和客户满意度的度量。

战略目标具有下述特征。

（1）宏观性

战略目标是一种宏观目标。它是企业对企业发展的一种总体设想,它的着眼点是整体而不是局部。它是从宏观角度对企业未来的一种较为理想的设定。它所提出的,是企业整体发展的总任务和总要求。它所拟定的,是企业整体发展的根本方向。因此,人们所提出的企业战略目标总是高度概括的。

（2）长期性

战略目标是一种长期目标,其着眼点是未来和长远。战略目标是关于未来的设想,它所设定的,是企业职工通过自己的长期努力奋斗而达到的对现实的一种根本性改造。战略目标所规定的,是一种长期的发展方向,它所提出的,是一种长期的任务,绝不是一蹴而就的,而是要经过企业职工相当长的努力才能够实现的。

（3）相对稳定性

战略目标既然是一种长期目标,那么它在其所规定的时间内就应该是相对稳定的。战略目标既然是总方向、总任务,那么它就应该是相对不变的。这样,企业职工的行动才会有一个明确的方向,大家对目标的实现才会树立起坚定的信念。当然,强调战略目标的稳定性并不排斥根据客观需要和情况的发展而对战略目标作必要的修正。

（4）全面性

战略目标是一种整体性要求。它虽着眼于未来,但却没有抛弃当前;它虽着眼于全局,但又不排斥局部。科学的战略目标,总是对现实利益与长远利益,局部利益与整体利益的综合反映。科学的战略目标虽然总是概括的,但它对人们行动的要求,却又总是全面的,甚至是相当具体的。

（5）可分性

战略目标具有宏观性、全面性的特点本身就说明其是可分的。战略目标作为一种总目标、总任务和总要求,总是可以分解成某些具体目标、具体任务和具体要求的。这种分解既可以在空间上把总目标分解成一个方面又一个方面的具体目标和具体任务,又可以在时间上把长期目标分解成一个阶段又一个阶段的具体目标和具体任务。人们只有把战略目标分解,才能使其成为可操作的东西。可以这样说,因为战略目标是可分的,因此才是可实现的。

（6）可接受性

企业战略的实施和评价主要是通过企业内部人员和外部公众来实现的,因此,战略目标必须被他们理解并符合他们的利益。但是,不同的利益集团有着不同的甚至是相互冲突的目标,因此,企业在制定战略时一定要注意协调。一般来说,能反映企业使命和功能的战略易于为企业成员所接受。另外,企业的战略表述必须明确,有实际的含义,不至于产生误解,易于被企业成员理解的目标也易于被企业成员所接受。

（7）可检验性

为了对企业管理的活动进行准确的衡量,战略目标应该是具体的和可检验的。目标必须明确,具体地说明将在何时达到何种效果。目标的定量化是使目标具有可检验性的最有效的方法。但是,由于许多目标难以数量化,时间跨度越长、战略层次越高的目标越具有模糊性。此时,应当用定性化的术语来表达其达到的程度,要求一方面明确战略目标实现的时间,另一方面须详细说明工作的特点。

（8）可挑战性

目标本身是一种激励力量,特别是当企业目标充分体现了企业成员的共同利益,使战略大目标和个人小目标很好地结合在一起时,就会极大地激发组织成员的工作热情和献身精神。

3）明确"互联网+"战略价值

（1）选用哪种类型的竞争优势

当回答这个问题的时候,需要思考为什么客户会购买本企业的产品或服务。他们之所以会这样做,是因为价格低还是质量高,还是两者兼有。

如果某企业决定主要在价格上进行竞争,就要在本企业所属行业中成为成本领先者。如果企业选择形成有别于竞争者的差异化优势,则可以通过提供操作简便的产品、广泛的产品选择、高服务质量或优势品牌来达到这个目标。另外,可以利用企业已有的信息来为客户创造利益。

无论选择这两种方法中的哪一种,在不同活动之间形成均衡都是十分重要的,这要通过以下措施来实现,一是强调一致性;二是保证活动的顺利进行以增加客户利益;三是尽最大努力以降低成本。

最后,人们可以在致力于成本优先的同时突出差异化优势。这样做必须要承担"卡在其中"的风险,即与竞争者相比既没有实现成本领先,也没有成功打造差异化优势。

如果一个企业发现了开发新的有吸引力的市场的方式,那么这个企业很可能在成本以及差异化方面超过了其竞争对手。例如,企业可以通过跨越替代性行业、战略性团体、互补产品或不相关的行业来改变商务运营的传统方式。

（2）所提供的产品和服务的范围

除了想要为客户提供竞争优势外,为客户创造价值的关键层面还涉及企业想要提供的产品和服务范围的广度。这个广度在很大程度上取决于你想拥有的客户目标群。如果企业要实现广泛的覆盖面,你就需要提供极其丰富的产品来迎合不同客户群的需求。除了企业靠自身扩大产品范围外,还可以利用互联网与互补者建立伙伴关系。任何事物的存在,都是因为它们被需要。与其说"存在就是合理",不如说"存在就是被需要"。

4）选定目标客户群体

任何企业都是通过向产业链下游提供产品或服务获取社会认同及股东收益的,我们统称这些购买企业产品的行为单元为目标用户。多数时候,企业无法将自己的产品功能丰富至可以服务于对同类产品有需求的所有用户的境界,无法在整个同业市场中实现价值传递。于是,企业针对自身的能力向特定的客户提供有特定内涵的产品价值,这些特定的客户就是"目标客户群体"。

企业在制订营销方案时所面临的最大问题就是把产品卖给"谁"？也就是确定目标客户群体的问题。市场之大,消费者何其众也,国内尚且如此,更何况国际市场,企业在确定目标客户群体时,首先要针对所有的客户进行初步判别和确认。

在初步确定目标客户群体时,必须关注于企业的战略目标,它包括两个方面的内容,一方面是寻找企业品牌需要特别针对的、具有共同需求和偏好的消费群体;另一方面是寻找能帮助公司获得期望达到的销售收入和利益的群体。通过分析居民可支配收入水平、年龄分布、地域分布、购买类似产品的支出统计,可以将所有的消费者进行初步细分,筛选掉因经济能力、地域限制、消费习惯等原因不可能为企业创造销售收入的消费者,保留可能形成购买的消费群体,并对可能形成购买的消费群体进行某种一维分解,分解的标准可以依据年龄层次,也可以依据购买力水平,也可以依据有理可循的消费习惯。由于分析方法更趋于定性分析,经过筛选保留下来的消费群体的边界可能是模糊的,需要进一步的细化与探索。

基于市场细分,需要判断所订制的产品或服务是专门针对哪些目标客户群需要的。

5)道德风险与安全隐私问题

(1)解决道德问题和隐私问题

道德是指个人用来做出选择以指导自己行为的是非标准。互联网的普及衍生出大量新的道德问题,需要管理者在日常工作中解决。其中最重要的是隐私问题,这代表着个人权利,即在在线或离线世界里,不被其他个人或组织监视或干涉。

"互联网+"战略的实施,需要在两个重要层面解决隐私问题。首先,需要设法权衡从收集的客户信息中获利的愿望和保障隐私的需求。互联网提供了收集客户资料并相应调整市场定位的前所未有的机会。收益用户的真实信息对于许多企业来说都是有利可图的。

一方面,用户资料可以以某种方式帮助企业更好地了解客户,或通过使用数据挖掘技术评议和分析客户信息,以便准确定位这些顾客时才会有意义。

数据收集和数据挖掘这两种行为会带来损害客户隐私权的风险,尤其是当计算机被用于整合多个数据源的数据以建立有关个人详细信息的电子档案时。

另一方面,管理者还需要确定他们想要在多大程度上监控员工的网上冲浪或电子邮件通信等网上活动。技术进步使得人们有可能长期监测到所有输入、输出的流量。这些监测活动的根本目标是提高生产率和防止雇员进行非经营性活动。但是,员工会争取实现使自己的隐私受到保护的目标。

这两个层面所描述的相互冲突的目标需要有一个用于做出道德选择且更加基础性的原则,就是要在不同目标间进行权衡。下面总结出了一些为做出道德选择而需要考虑的关键问题。

在通常情况下,道德冲突涉及自由、隐私或财产保护等更高的价值观念。认清这些更高价值观念的具体要求是做出负责的道德选择的第一步。只有产生了对一个较高的价值观念的认识之后,才有可能清楚地勾画出两个对立的目标之间的矛盾。

(2)解决安全风险

互联网的最大资产,就是其开放性,这同时成为企业和客户最大的安全风险。由于有关商业或金融交易的信息通过很多计算机传递,信息在这些计算机上被获取、监控、存储和处理,因此互联网时代的企业特别容易受到外界的渗透,包括被盗的信用卡资料。这些线上环境中的威胁类似于线下世界里的威胁,包括入室盗窃、私闯民宅、贪污、侵权、恶意破坏和人为破坏等。

6）选择"互联网+"战略联盟

当决定采用"互联网+"来整合企业全过程经营活动时,需要对价值链进行全面分析,然后决定哪些"互联网+"活动要在内部执行,哪些要外包给外部供应商。支持"制造"决定的主要原因是企业内部个人活动和高昂的交易成本之间有着重要联系。支持"购买"决定的原因包括高规模经济、高资本要求、特殊的关键技术和高效的开放性市场。

在互联网时代,一方面,由于经济全球化势不可挡,世界经济的集团化、区域化趋向更加明显;另一方面,各种贸易或非贸易壁垒不断产生,制约了企业的发展。联盟关系能使企业超越各种贸易或非贸易壁垒,顺利进入市场。企业不可能总是利用内部资源单独处理越来越复杂的环境问题,通过合作方式同样能够实现目标。处于产业发展阶段的企业,联盟战略可以使企业与其他企业一起开发和执行创新战略。特别是当创新企业缺乏资源并且模仿障碍很高,而且周围有一些非常有能力的竞争对手时,企业运用联盟战略可以和拥有互补性质的企业形成联盟,对战略成功具有重大意义。

联盟战略是指两家或多家企业为了达到某种战略目的而建立的一种合作关系,从而实现资源共享、共同发展。战略联盟的各企业具有相对的独立性,这也是战略联盟的大前提。战略联盟的种类有多种,成功的战略联盟是指合作伙伴抱着积极的态度进行合作,并利用联盟来发展自己的能力,而不是仅仅利用这种联盟来代替自己本身缺乏的能力。

通过建立联盟,企业可以从传统的置对方于死地的竞争方式中跳出来,实现从"竞争"到"竞合"的飞跃。资源在企业之间的配置是不均衡的,通过建立战略联盟,围绕共同目标,发挥各自优势,以补各自劣势,产生 1+1>2 的扩大效应,也就是要有"千里眼"加"顺风耳"的效果。

企业在建立战略联盟时需要经过一定的程序和步骤,这主要包括下述几个方面。

（1）战略联盟决策

企业高层考虑如下问题:这种联盟是否会提高人们获取成功机会? 这种联盟是否是我们战略的一部分?

（2）选择战略联盟伙伴

企业的高层应该考虑:为什么合作伙伴选择战略联盟? 联盟之后合作伙伴处于什么样的战略位置? 合作伙伴的弱势是否会通过联盟而加强? 如果把战略联盟比喻为婚姻。那么,对象的选择是决定婚姻成败的关键。如果联盟双方实力都很弱,都想借对方的力量使自己强大,这种联盟多半以失败告终。从成功的案例来看,大都是强者在拉着弱者向前走。合作伙伴应抱着积极的态度进行合作并利用这种联盟来发展自己的能力,而不是仅仅利用这种联盟来替代自己本身缺乏的能力。

（3）有明确的战略目标

企业在建立战略联盟之前,应该对联盟后要取得的成果心中有数。由于战略联盟各方都是完全独立的,必然会各有计划、目标和要求,而各方面的目标不可能完全一致,有时甚至会有冲突。因此,伙伴之间应该对联盟的工作目标及任务进行充分论证。在取得基本共识的同时,签订明确的协议,界定好各自的权利、义务,以避免事后潜在的冲突发生。

（4）建立良好伙伴关系

战略联盟建立之后,企业必须建立一种和谐、融洽、平等的关系。合作伙伴总是希望共同决策和管理,但事实上结果并不理想。麦肯锡咨询公司提出两种解决办法:一种办法是让一方管理,并给予它完全的自主权,看谁更具有高超的管理能力;另一种办法是,建立一家完全自主经营的企业,它只对自己的董事会负责。

（5）联盟各方要保持必要的灵活性

必要的灵活性是指加盟各方随时能对市场和伙伴各方的变化做出反应,特别是建立联盟的初期尤为必要。这种情况出现的原因很简单:市场变化,合作也要变化;一方变化,另一方也必须变化。由于双方的文化和管理存在巨大的差异,因此联盟后的企业需要拥有必要的变革管理能力以达到某种程度的融合。

（6）战略联盟的管理

公司高层要关注一些要素,如明确目标、互换主要管理人员、监控战略联盟的进程。另外,建立合理的组织关系和加强沟通在战略联盟管理过程中尤为重要。

7）实施"互联网+"战略的组织结构

需要为"互联网+"战略活动选择适当的组织结构,一方面,这将意味着要将"互联网+"的理念完全融入现有组织中;另一方面,这意味着将它们设立为一个独立的实体或者实施拆分。

实施拆分的好处包括更加突出重点,拥有更快速的决策程序和更高层次的企业家文化等。但总体来说,企业更倾向于整合"互联网+"活动和企业现有的业务活动。这样,企业可以利用其树立的品牌吸引顾客到在线渠道。此外,"互联网+"有助于实现根据个人喜好和需要提供多渠道的产品,顾客可以在线上和线下的交互中进行选择。这为交叉营销、共享信息系统和集成客户服务创造了机会,例如,顾客可以将通过互联网购买的产品退回到实体店。

8）分析"互联网+"战略的成本与收益

（1）分析"互联网+"活动的成本结构

要确定成本结构,需要考虑价值链的各个部分,如生产、信息技术,营销、销售和售后服务等,并分析其潜在的成本驱动因素。

即使在互联网时代,盈利仍然是企业生存的核心,因此控制成本就变得更加重要。最终,企业的成本结构决定了该企业支付费用并产生利润而需取得的毛利率。然而,如果从最初导致高成本的事项开始着手,例如高固定成本或高销售费用,那么这将减少在商务上获得成功的可能性。很明显,成本结构决定了为达到预期的盈利能力你需要生成的收益模式。

要确定所需的规模,需要分析实施"互联网+"对企业进行业务整合的成本结构。这就需要对价值链的每一项活动及其潜在的成本驱动因素进行分析。如果主要成本都是固定的,如仓库或网站开发,则有可能显示出这是高度的规模经济。这就要求经营业务足够大,以受益于规模效应所带来的成本降低。

但是,要注意的是,只有当企业有能力实现所需的销售数量时,规模效应才会实现。在早年的互联网繁荣时期,众多企业纷纷迅速地扩大经营,以实现规模经济。然而,它们在这样做之前并不清楚潜在的经济需求和客户需求。

(2)分析"互联网+"活动的收入结构

为确定"互联网+"活动的收入结构,需要分析产生收入的不同来源。除了分析收入来源,还需要评价商务模型的可持续性,这在很大程度上取决于客户的议价能力、竞争的激烈程度、替代产品以及进入市场的基本性能。

为获得收入,应该考虑下面两种互不排斥的选择。第一种选择是不断改革企业的商务活动,在变化中保持增长,同时避免被挤出市场。随着互联网的日趋成熟,从根本上改变已有商务模型的可能性变小了。如今,虽然基于互联网建立的企业仍在增加,它们依然利用互联网改变着现代商务运行的方式。但是,由于技术的日趋成熟以及"互联网+"化的实施,完全的互联网企业已经不再是同一种模式了。

9)"互联网+"战略和现实战略匹配

决定如何整合线上活动和线下活动,只涉及已经在从事传统业务并且现在想扩展到网络世界的企业。整合企业现实世界的战略和"互联网+"战略需要在诸如建立品牌,产品或服务的提供、定价、信息技术和多渠道管理等各环节做出战略性决策。

在"互联网+"战略与现实战略的整合过程中,除非企业在某种程度上能全面推行这个计划,能使各部门有效地配合,能一直做出彼此相关联的选择,否则整合将很难成功。从根本上说,战略计划的制订是以价值创造和价值获取的观念为中心的。

5.4.3 "互联网+"战略实施的保障

"互联网+"战略实施是一项系统工程,首先应加强对规划执行情况的评估,判定是否充分发挥此战略的竞争优势和有无改进余地;其次是对执行规划时出现的问题应及时识别和加以改进;再次是对技术的评估和采用。采用新技术可能改变原有的组织和管理规划,因此对技术进行控制也是"互联网+"战略中的一个显著特点。下面将探讨如何保证"互联网+"战略的顺利实施。

1)正确选择战略思想

一般来说,做战略规划是为了市场竞争,结合迈克·波特的战略理论,企业的3种竞争性战略分别是总成本领先、差异化、目标聚集。所以,"互联网+"战略单位战略规划的指导思想可以依据竞争的战略原则来选择,也可以采取以下制胜战略中的一种或几种作为战略思想。

(1)创新制胜

创新制胜即企业应根据网络市场需求不断地开发出适销对路的新产品,以赢得市场竞争的胜利。采取这种战略的企业应该具备强大的产品研发阵营,跟踪市场需求动态。

(2)优质取胜

优质取胜即企业向网络市场提供的产品在质量上优于竞争对手,以赢得网络市场竞争的胜利。

（3）廉价制胜

廉价制胜即企业对于同类同档次产品比竞争对手更便宜，以赢得市场竞争的胜利。

（4）技术制胜

技术制胜即企业致力于发展高新技术，实现技术领先，以赢得网络市场竞争的胜利。采用这种战略的"互联网+"战略企业应当密切关注技术的发展动向，及时引进新技术。

（5）服务制胜

服务制胜即企业提供比竞争者更完善的售前、售中和售后服务，以赢得网络市场竞争的胜利。

（6）速度制胜

速度制胜即企业以比竞争对手更快的速度推出新产品和新的营销战略，抢先占领网络市场，赢得网络市场竞争的胜利。

（7）营销制胜

营销制胜即企业应用网上和网下的广告、公共关系、人员推销和销售促进等方式大力宣传企业和产品，提高知名度，树立企业和产品形象，以赢得市场竞争的胜利。

2）制订整体营销战略

根据企业的战略思想制订相应的整体战略。"互联网+"战略的实施不是简单的某一个技术方面的问题或某一个网站建设的问题，它还需要从整个营销战略方面、营销部门管理和规划方面，以及营销策略制订和实施方面进行调整。

3）巩固企业现有竞争优势

利用"互联网+"战略的优势可以对现有顾客的要求和潜在需求有较深入的了解，对企业潜在用户的需求也有一定的了解，制订的营销策略和营销计划有一定的针对性和科学性，便于实施和控制，以便顺利完成营销目标。如美国计算机销售企业戴尔公司，通过网上直销与顾客进行交互，在为顾客提供产品和服务的同时，还建立自己的顾客和竞争对手的顾客数据库。数据库中包含顾客的购买能力、购买要求和购买习性等信息。根据信息，戴尔公司将顾客分为 4 大类：摇摆型的大用户、转移型的大用户、交易型的中等用户和忠诚型的小用户。企业通过对数据库的分析，针对不同类型用户制定销售策略，对于第一类型占企业收入 50% 的大用户，加强与用户的直接沟通，利用互联网提供特定服务，并有针对性地定期邮寄有关资料，争取失去的顾客并且赢得回头客；对于第二类型占企业收入 20% 的大用户，可以争取，通过与他们加强沟通并增强销售部门力量，使其建立对企业和品牌的忠诚度；第三类型占企业收入 20%，可以采取传统的邮寄和电话营销方式以增强其与企业的关系和联系；最后一种类型占企业收入 10%，因此只需采取偶尔邮寄的方式来加强其忠诚度。

4）加强与顾客的沟通

"互联网+"战略以顾客为中心，其网络数据库中存储了大量现在消费者和潜在消费者的相关数据资料，企业可以根据顾客需求提供特定的产品和服务，具有很强的针对性和时效性，可极大地满足顾客需求。同时，借助网络数据库可以对目前销售的产品满意度和购买情况做分析调查，及时发现问题、解决问题，确保顾客满意，建立顾客的忠诚度。

5）为竞争者设置障碍

虽然信息技术使用成本日渐下降，但设计和建立一个完善且有效的"互联网+"战略系统是一个长期的系统工程，需要投入大量的人力、物力和财力。因此，一旦某个企业已经实行了有效的"互联网+"战略，竞争者就很难进入企业的目标市场。因为竞争者要用相当高的成本建立一个类似的数据库，而且几乎是不可能的。从某种意义上说，"互联网+"战略系统是企业的难以模仿的核心竞争力和可以获得收益的无形资产。建立完善的"互联网+"战略系统需要企业从组织管理和生产上进行整体配合。

此外，还应当尽可能地给竞争者获得信息创造障碍。大数据时代，各种数据工具非常强大，竞争对手完全可以通过网络爬虫获得产品定价体系、交付方式等各方面的信息，可以通过提供工具帮助用户快速迁移（如从新浪微博迁至搜狐微博，从携程迁至艺龙）。成也网络，败也网络，如何解决好竞争对手快速模仿、批量抢夺也是不容忽视的问题。

6）提高新产品开发和服务能力

企业开展"互联网+"战略，可以从与顾客的交互过程中了解顾客需求，甚至由用户直接提出要求，因此很容易确定顾客要求的特征、功能、应用、特点和收益。在许多工业产品市场中，最成功的新产品往往是由那些与企业相联系的潜在用户提出的。对于现有产品，通过"互联网+"战略容易获得顾客对产品的评价和意见，从而准确决定产品所需要的改进产品和换代产品的特征。

7）稳定与供应商的关系

供应商是向企业及其竞争者提供产品和服务的企业或个人。企业在选择供应商时必须考虑3个方面的因素：第一，考虑生产的需要；第二，考虑时间的需要，即计划供应量要依据市场的需求，将满足要求的供应品在恰当的时机送到指定地点进行生产，以最大限度地节约成本和控制质量；第三，企业还可以了解竞争者的需求量，制订合理的采购计划，在供应紧缺时能预先订购，确保竞争优势。美国的大型零售商沃尔玛企业通过网络将采购计划立即送给供应商，供应商必须适时送货到指定零售店。供应商既不能供货过早，因为企业实行零库存管理，没有仓库；同时也不能过晚，否则会影响零售店的正常销售。在零售业竞争日益白热化的情况下，企业凭借其与供应商稳定协调的关系，使其库存成本降到最低；供应商也因企业销售额的稳定增长而受益匪浅。

8）进行战略导向管理整合

战略导向管理，就是要将管理机制与企业战略规划相匹配，同时实现管理机制各要素之间的相互协调。

（1）战略决策

分析外部环境和内部资源及能力，确定企业总体战略、业务单元战略和职能战略。

（2）战略导向治理结构设计

在战略规划的基础上，对企业的治理结构进行改造，使企业治理结构与企业战略相适应。

（3）战略导向流程再造

以战略规划为统帅,构建企业的价值链,在价值链中营造企业的核心竞争力,并在此基础上进行业务流程再造。

（4）战略导向组织再造

以战略规划为基础,并结合流程再造的要求,对企业的组织结构进行重新设计。

（5）战略导向岗位设计

在流程再造和组织再造之后,对企业的岗位重新进行设计,根据战略规划的需要来确定各个岗位的作业内容、作业程序和作业方法。

（6）业绩评价设计

在治理结构再造、流程再造、组织再造和岗位设计的基础上,设计针对每个组织和每个岗位的数量化业绩评价指标,发挥业绩评价的导向作用。

（7）战略导向激励机制设计

以岗位和业绩评价体系为基础,设计以业绩为主要付酬因素的激励机制体系,使各个组织和各个岗位所得报酬与其贡献相一致。

📖 【案例分析】

安利公司的"互联网+"战略

截至 2015 年年底,获得由商务部批准并颁发直销牌照的企业已经达到 71 家。其中 2015 年 1 月至今,已经有 18 家企业获得牌照,实现年度历史新高。在传统行业+互联网已经司空见惯之时,直销行业+互联网仍然充满想象。如何运用"互联网+"工具实现突破,电商和直销如何结合,是整个直销行业在一步步探索的问题。

3 月 22 日,安利正式发布在华"互联网+"战略,宣布搭建起以安利易联网、安利数码港 APP、安利云服务微信号、安利移动工作室为核心的移动社交电商系统。据安利中国提供的数据显示,自 3 月 1 日移动工作室正式面向安利基层经销商开放,短短 20 余天已有 20 万经销商入驻开店,保守估计直接覆盖终端消费者及潜在消费者过亿人。安利大中华区总裁颜志荣表示,未来 5 年安利网购的比例将从现在的 40% 提升到 60% 以上。

一、领跑"互联网+"转型时代

世界直销行业协会联盟主席、美国安利公司总裁德·狄维士安利战略发布会上表示,"安利创立 57 年来,一直遵循世界经济和技术变化进行战略创新,早在 5 年前,安利就开始在全球范围内推行数字化战略,借力世界互联网的迅猛发展推动新一轮全球战略升级。"狄维士告诉记者,在安利全球多个市场中,都已经呈现网购占比超过传统销售渠道占比的情况,而中国的电商及数字化科技的发展速度要快过许多国家,所以要更加敏捷地利用这些高科技方式,不止在中国也是在全球市场,通过全方位数字化支持,提升直销体系的效率。

安利中国一直在摸索着互联网时代的转型之路。在安利大中华总裁颜志荣看来,传统企业的互联网转型有很多选择,"我们的经验是,不能另起炉灶从头再来,而是要坚持自己的核心竞争力,充分利用互联网技术,放大自己的竞争优势"。

"直销模式是安利的核心,我们未来也不会偏离,背离直销业务既不是我们的方向也不是我们最终的目标",颜志荣表示,安利的"互联网+"战略不是重新搭建一个与直销渠道相冲突的电商渠道,而是将移动互联网的技术优势融合直销天然的社交基因,把安利线下经营的"人联网"和线上的互联网双网合一,将安利打造成集合生活方式解决方案、智能商务、实体体验、社区活动和成长支持为一体的O2O大众创业平台。安利"互联网+",是要通过互联网为直销渠道赋能,为直销员插上互联网的翅膀,助力营销人员实现"工作效率+、顾客链接+、创业体验+"三大优势。

据悉,电商渠道在安利中国的销售额占比已经从2011年的5%上升到2015年的41%。此次发布会宣布为经销商开通的移动工作室,正是颜志荣眼中安利O2O移动社交电商模式的内核,"基于移动互联网和社交媒体的发展,我们找到了人联网在电商时代的基因表达"。

二、20万移动工作室线上运营

移动工作室正是安利"互联网+"布局中的重要拼图。"安利的数字化过程并不是闭门造车,而是和安利创业者们紧密互动,根据他们的业务需求量身定制相关数字产品",颜志荣回顾安利中国的数字化之路时说,从PC端的易联网帮助创业者线上工作、与中国电信合作推出3G商用软件、到社交时代推出了五大微博十大微信平台,安利公司始终支持并鼓励营销人员将自己线下的人际关系搬到线上,通过线上线下的循环互动,提升沟通效率,拓展和巩固自己的"人联网"。通过线上渠道,消费者可以方便快捷地下单购买,公司负责快递到家,营销人员负责跟进线下服务。由此不仅降低了成本,提高了效率,更大大提升了客户体验。

据安利大中华数字化项目负责人李文莉介绍,安利公司借助数字化产品及后台综合服务,为营销人员提供全面的商务支持、社交支持、内容支持、数据支持。借助三大平台级产品,安利易联网、安利数码港、安利云服务微信号,营销人员可以便捷实现在线购物、业绩查询、收入查询、顾客管理。此外,安利运营的10个APP、5个微博、10个微信账号,可以为营销人员提供应有尽有的多媒体互动性内容。基于越来越丰富的数据积累,营销人员可以有效进行客户管理,提升营销效率和服务水平。而安利为营销人员打造的移动工作室,因为其社交属性,则是定位于促进安利直销线上线下咬合的核心产品。

线上移动工作室的装修设计,全部由安利负责,经销商可以拎包入住;店铺的信誉保障,也会有安利公司的品牌背书,有效杜绝了消费者最担心的在线购物假货问题。据悉,安利曾在国内某最大互联网电商平台回购安利产品,最终发现近50%都是假货。今年3月底,安利将试点海外购,未来安利注册顾客可通过经销商移动工作室购买海外安利产品。

三、新战略助推O2O创业

早在去年8月,在"大众创业万众创新"的热潮下,安利发布了聚焦未来十年发展的"Amway Next 2025"的战略,核心目标是实现安利平台上的成功创业者数量翻番。安利大中华总裁颜志荣在不同场合多次表示,安利正在积极因应外部经营环境的变化,大力推进安利的数字化、体验化、年轻化,搭建安利O2O大众创业平台。

埃森哲亚太区零售业主管、董事总经理许佑宏先生分析认为,安利"互联网+"是把传统直销模式与互联网技术结合起来,提升了原有直销模式的效应,更重要的是在某些方面改造了原有的业务模式和场景,安利特色的移动社交电商,集社交和商务这样一个去中心化的平台,每一个营销人员都能够在这个平台上构建自己专有的工作室,发挥自己的创造力,获得与顾客更多的链接和交易。

"安利进入中国20年累积了大量的口碑,新一代的年轻人在安利数字化平台下分享他们的生活,分享成功的喜悦,利用自己碎片化的时间做一份事业,使他们有新的良性的社交及商业关系,这种新的生活方式非常具有吸引力",许佑宏说。

四、点评

社交电商被视为电商行业的发展趋势,以阿里巴巴为首的众多电商平台都在发力开拓社交属性,与其相比,安利的直销方式具备天然的社交基因。在安利的"互联网+"战略中,其角色开始转向提供解决方案的生活顾问,便捷的网络载体为安利在"互联网+"战略中的生态布局助力不少。

在技术方面,安利战略布局"创业生态系统",借助互联网手段进行技术升级,使得创业平台的全部环节得以打通,从产品研发到交付至消费者的各个流通环节,从品牌支持,到沟通培训的各个软性环节,全部覆盖。将一切环节数字化,最大限度地为平台创业者提供便利。

通过"互联网+"战略打造更有吸引力的事业平台,比如,社交平台美妈会、数字化移动工作室、提供内容解决方案的安利盒子等。创业者可以在安利平台上享受到一体化服务,将原有竞争优势与互联网技术相结合给安利的消费场景变革带来无限想象力。

在产品方面,安利在诸多领域发掘市场潜力。例如,纽崔莱品牌进军的中草药保健品市场、雅姿品牌主攻的女性肌肤抗衰老市场、中国二孩政策后的母婴市场等,在不断开拓潜在市场的同时,产品创新的生态战略将成为未来企业进一步发展的动力。

(来源:经济观察报)

案例分析题

(1)安利如何利用"互联网+"对原有的直销模式进行整合?

(2)案例在"互联网+"时代可以发挥未来潜力的市场有哪些?

【本章小结】

"互联网+"是指基于互联网的一整套信息技术在经济社会各个部门、各个领域的应用方式。战略的定义和目标决定了战略关心的是企业的长期发展方向。战略制订的是企业配置所拥有资源的全面计划。发展"互联网+"战略的全局目标是成功地利用互联网获得竞争优势。制订"互联网+"战略规划的具体内容,需要以适应性原则、前瞻性原则、技术平台化原则、整合性原则为主要指导思想,按照明形势、定位置、设目标、立框架、树形象、配资源、制方案、抓控制的步骤对企业的业务流程进行重新整合,能够系统性地整合网上业务和网下业务的协同关系。另一方面,"互联网+"战略框架按照战略分析、战略规划、战略实施的流程,以系统化的方式进行"互联网+"战略的规划,从而把握各种不同战略选择及其影响,然后反复地评估这些战略选择的优势和劣势。

"互联网+"企业的竞争力分析指的是通过竞争分析和价值链的工具,探讨"互联网+"背景下的企业核心竞争力概念,探讨以价值链概念作为分析价值链过程每一步骤的方法。然后在介绍虚拟价值链的基础上,建议企业利用"互联网+"战略进行价值创造的方法。从本质上来看,竞争力是不同资源和技能的结合,而实施"互联网+"的竞争力来源于"互联网+"相关技术与企业现有资源的恰当整合。在此背景下,企业价值链框架反映了价值创造过程的各个环节。运用价值链将企业的活动分解成许多与战略相关的活动,有助于分析企业价值的创造过程。在价值链的基础上,虚拟价值链则强调价值创造过程中信息的重要性。虚拟价值链的概念是获取实体价值链(如订单处理和物流活动)中的信息,用于提高客户服务的质量。任何一个"互联网+"战略的核心都是价值创造和价值获取,因为它能创造比竞争对手更多的价值,而且能获取利润,同时也是建立竞争优势的先决条件。建立在价值创造和价值获取概念的基础上,VPF框架将传统战略分析中常用的一些工具整合起来,比如将波特的价值链分析和五力模型,通过分析其不同的相互依存关系,整合到一起。

战略规划中重要的一环是分析外部机会和威胁,以及内部优势和劣势。但是,最终的选择是决定企业如何在市场中竞争的根据。竞争力定位是战略发展的核心,竞争优势的重要性不容小觑。管理者在做企业战略规划时,总是在成本领先和差异化战略这两种代表性的战略中选择,以此通过较低的成本或提高更好的产品和服务来获得更大的竞争优势。此外,还有第三种可能的做法是同时实施成本优先和差异化战略来取得领先优势。战略整合是"信息技术使命、目标和规划对企业使命、目标和规划二者相互支持的程度"。战略整合的定义涉及信息技术或信息系统与业务的战略性整合,具体包括外部匹配和内部匹配。典型的战略整合模型包括战略过程整合模型、战略间断性整合均衡模型、战略综合整合模型、目的性战略整合模型和价值链整合模型。

"互联网+"战略实施就是要将战略落到实处,将战略付诸行动,把公司总体战略、业务单元战略和职能战略中所确定的事项从总体上做出安排。制订和实施企业的"互联网+"战略,战略规划的具体实施由以下9个步骤组成:①愿景;②目标;③价值创造;④定位目标客户群;⑤隐私、道德和法律问题;⑥外部合作伙伴;⑦组织模式;⑧收入与成本模型;⑨战略匹配。保证"互联网+"战略的顺利实施是一项系统工程,首先应加强对规划执行情况的评估,判定是否充分发挥此战略的竞争优势和有无改进余地;其次是对执行规划时的问题应及时识别和加以改进;再次是对技术的评估和采用。采用新技术可能改变原有的组织和管理规划,因此对技术进行控制也是"互联网+"战略中的一个显著特点。

【关键词】

"互联网+"战略;战略规划;竞争力分析;核心竞争力;价值链;价值创造与获取;战略整合

【复习思考题】

一、思考题

1. "互联网+"战略的基本概念和内涵是什么？

2. 制订"互联网+"战略规划应包括哪些具体内容？

3. 组织内部战略之间的层次是如何划分的？

4. 怎样分析企业价值链中应包括的活动？一个企业的价值链包括的主要活动和辅助活动有哪些？

5. 如何区分出企业的核心竞争力？核心竞争力应该具备哪些基本特征？

6. "互联网+"战略的核心是什么？

7. 企业在实施差异化战略、确定消费者利益时需要考虑什么因素？

8. 企业可以通过哪些手段实现成本领先地位？

9. "互联网+"企业的战略规划是怎样具体实施的？

10. 如何保障"互联网+"战略的顺利实施？

二、讨论题

1. 如何进行"互联网+"时代价值网络的构建？

2. "互联网+"战略管理的基本程序是怎样的？

3. 基于竞争优势驱动力的战略三角结构框架，分析企业竞争优势的获得应考虑哪几方面的问题？

4. 通过比较不同的"互联网+"战略的特点及运用条件，试说明企业应如何选择和制订"互联网+"战略？

5. 企业应如何充分掌握其所在行业的竞争情况？如何明晰其自身竞争力？

6. 制订企业愿景的目的包括哪几个方面？使命宣言通常是要解决什么问题？

三、网络实践题

1. 寻找一家典型的"互联网+"企业，运用 PEST 模型和 SWOT 模型对该企业进行"互联网+战略"分析，把握企业的特点、重要的环境及行业发展状况。

2. 基于题 1 中分析得到的结论，尝试运用 VPF 框架分别整合价值链分析模型和五力模型，通过分析其不同的相互依存关系，整合到一起，以此充分掌握该企业的行业竞争情况，明晰自身竞争力。

3. 假如你是×××公司的 CEO，现需要为公司制订恰当的"互联网+"战略，请根据公司不同的战略目标为公司选择和制订不同的"互联网+"战略规划方案。

4. 搜集数据和资料，比较国内主要的几个大型"互联网+"企业战略实施的情况，谈谈自己对"互联网+"战略实施保障的看法。

第6章
"互联网+"商业模式创新

📖 【本章导读】

随着计算机科学技术的发展,"互联网+"这个概念逐渐成为各商业界谈论的热点之一。对于企业来说,商业模式的创新是企业最根本的创新,它是企业管理创新、技术创新的基础。而"互联网+"的商业模式的创新,在当下来说,更是企业可持续发展的可能和盈利的基础。因此,很多传统企业纷纷向互联网转型,并产生了诸多的新型商业模式。那么,究竟什么是"互联网+"商业模式创新,其核心要素是什么?"互联网+"时代的商业创新有什么新特点?互联网时代的企业创新和价值创造有什么新的特点?互联网思维又对商业模式产生了哪些影响?针对这些问题,本章将对此进行相应的讨论。

📖 【学习目标】

- 了解传统商业模式的定义及特点
- 了解"互联网+"商业模式的基本概念
- 了解"互联网+"商业模式创新的实现途径
- 了解"互联网+"时代价值创造的过程
- 了解基于互联网思维的商业模式
- 掌握"互联网+"商业模式创新的定义与核心要素
- 掌握"互联网+"时代企业创新的具体内涵及策略
- 掌握大数据商业价值的主要体现方面

📖 【开篇案例】

苏宁云商推互联网化"云店"①

2013 年第四季度,苏宁推出互联网化门店——"云店",把门店开到消费者的口袋里、客

---

① 资料来源:余来文.企业商业模式:互联网思维的颠覆与重塑[M].北京,经济管理出版社,2014:48.

厅里去,并通过开放平台"苏宁云台",将自身物流、信息流和资金流等资源全面向社会开放。张近东表示,现在苏宁对此态度已经明确,那就是系统推进"一体两翼"的"互联网路线图"。

所谓"一体"就是以互联网零售为主体,而"两翼"就是打造O2O的全渠道经营模式和线上线下的开放平台。综合起来看,就是要把苏宁线上线下的资源融为一体,然后按照平台经济的理念,最大限度地向市场开放、与社会共享,从而实现流通领域新一轮的资源重组与价值再造。

互联网经济的重要特征是开放和共享,苏宁全面互联网化本质上就是要按照开放平台的方式把企业资源最大限度地市场化和社会化。苏宁要做互联网企业,就必须积极吸纳和学习互联网优秀的文化元素,同时传承苏宁优秀的文化内核,互相融合,形成苏宁新的互联网企业文化体系。

苏宁于2013年第四季度在北上广深等一线城市推出了第一批1.0版本互联网门店,在全国进行加速复制,并逐步开始向二、三线城市推广。张近东表示,苏宁正在实践的云商模式,就是对互联网零售的具体诠释,"电商+店商+零售服务商"就是苏宁云商,这一新型商业模式包含了3重含义:

一是要建立O2O融合的、多终端互动的全渠道经营模式。首先苏宁要坚持继续发展实体门店。作为互联网时代O2O融合零售的核心一环,苏宁在店面布局进一步优化的基础上,将会以消费者的购物体验为导向,全面建设互联网化的门店。将原先纯粹的销售功能,升级为集展示、体验、物流、售后服务、休闲社交、市场推广为一体的新型实体门店,如全店开通免费Wi-Fi、实行全产品的电子价签、布设多媒体的电子货架。又比如利用互联网、物联网技术收集分析各种消费行为,推进实体零售进入大数据时代等。苏宁计划于第四季度在北上广深等一线城市推出第一批1.0版本互联网门店,在全国进行加速复制,并逐步开始向二、三线城市推广,成为零售商与消费者之间的新型沟通、互动的桥梁。

二是要回归零售的本质,建立全资源的核心能力体系。苏宁所定义的线下,不是狭义上所指的单纯门店资源,而是一个涵盖了店面、物流、服务、供应链,以及用互联网思维武装的新型销售团队在内的全资源能力体系,这是对互联网经营最为有效的实体支撑体系。进入了O2O的时代,传统零售业插上了互联网的翅膀,曾经被认为是巨大包袱的线下资源转瞬之间点石成金。

三是建立起开放平台的经营模式。相比传统门店辐射范围有限,互联网的世界是无限延展的,只要一触网,就面对全国甚至是全世界的消费者,各种个性化的需求便会扑面而来。互联网经济的重要特征是开放和共享,苏宁全面互联网化本质上就是要按照开放平台的方式把企业资源最大限度的市场化和社会化。

2015年3月5日,在十二届全国人大三次会议上,李克强在政府工作报告中8次提到"互联网",并首次明确提出要制定"互联网+"的国家战略,这也是我国首次将互联网建设上升到国家政策层面,纳入顶层设计,"互联网+"商业模式创新也在这一大背景下应运而生。本章将重点介绍与"互联网+"商业模式创新相关的概念及商业创新与应用的实践等,以便使读者全面系统地了解"互联网+"商业模式。

6.1 "互联网+"商业模式创新的内涵

世界管理学大师彼得·德鲁克曾说过：今天企业间的竞争已经不是产品间的竞争，而是商业模式之间的竞争。当今社会，越来越多的企业意识到商业模式的重要性，并开始结合自身企业的特点，进行商业模式创新。特别是随着"互联网+"的提出，创新服务与创新应用层出不穷，与这些服务和应用相伴而产生了多元化的商业模式创新，互联网时代商业环境的变化对企业模式的调整和变革产生了诸多影响。那么，"互联网+"商业模式创新的内涵具体指的是什么？本小节将对其进行系统阐述。

6.1.1 传统商业模式及其特点

1）商业模式的定义

商业模式又称"商务模式"或"业务模式"，是组织经营管理的重要议题。商业模式是一个比较新的名词。尽管它第一次出现是在20世纪50年代，但直到20世纪90年代才开始被广泛使用和传播。

简单地说，商业模式就是公司或企业通过什么途径或方式来赚钱。饮料公司通过卖饮料来赚钱；快递公司通过送快递来赚钱；网络公司通过点击率来赚钱；通信公司通过收取话费赚钱；超市通过平台和仓储来赚钱等。

商业模式是一种包含了一系列要素及其关系的概念性工具，用以阐明某个特定实体的商业逻辑。它描述了公司所能为客户提供的价值以及公司的内部结构、合作伙伴网络和关系资本（Relationship Capital）等借以实现（创造、推销和交付）这一价值并产生可持续盈利收入的要素。

从理论意义上来说，商业模式是指为实现客户价值最大化，把能使企业运行的内外各要素整合起来，形成一个完整的、高效率的具有独特核心竞争力的运行系统，并通过最优实现形式满足客户需求、实现客户价值，同时使系统达成持续赢利目标的整体解决方案。

2）商业模式的特点

商业模式具有下述特点，如图6.1所示。

图6.1 商业模式的特点

①商业模式是一个整体的、系统的概念，而不仅仅是一个单一的组成因素。如收入模式（广告收入、注册费、服务费），向客户提供的价值（在价格上竞争、在质量上竞争），组织架构（自成体系的业务单元、整合的网络能力）等，这些都是商业模式的重要组成部分，但并非

全部。

②商业模式的组成部分之间必须有内在联系,这个内在联系把各组成部分有机地关联起来,使它们互相支持,共同作用,形成一个良性的循环。

③商业模式是难以模仿的。企业通过确立自己的与众不同,如对客户的悉心照顾、无与伦比的实施能力等,来提高行业的进入门槛,从而保证利润来源不受侵犯。例如,直销模式,人人都知道其如何运作,也都知道戴尔公司是直销的标杆,但很难复制戴尔的模式,原因在于"直销"的背后是一套完整的、极其难复制的资源和生产流程。

④成功的商业模式能提供独特价值。有时候这个独特的价值可能是新的思想,而更多的时候,它往往是产品和服务独特性的组合。这种组合要么可以向客户提供额外的价值,要么使得客户能用更低的价格获得同样的利益,或者用同样的价格获得更大的利益。

⑤成功的商业模式是脚踏实地的。企业要做到量入为出、收支平衡。这个看似不言而喻的道理,要想年复一年、日复一日地做到,却并不容易。现实当中的很多企业,不管是传统企业还是新型企业,对于自己的钱从何处赚来,为什么客户看重自己企业的产品和服务,乃至有多少客户实际上不能为企业带来利润反而在侵蚀企业的收入等关键问题,都不甚了解。

6.1.2 "互联网+"商业模式创新的定义

创新概念可追溯到熊彼特,他提出创新是指将一种新的生产要素和生产条件的"新结合"引入生产体系。具体有 5 种形态:开发出新产品、推出新的生产方法、开辟新市场、获得新原料来源、采用新的产业组织形态。

商业模式创新作为一种新型创新形态,进入人们视野的时间较短,也就十几年的时间。商业模式创新之所以引起广泛的关注,与 20 世纪 90 年代中期互联网在商业世界的普及及应用密切相关。商业模式创新是指企业价值创造提供基本逻辑的变化,即把新的商业模式引入社会的生产体系,并为客户和自身创造价值,通俗地说,商业模式创新就是指企业以新的有效方式赚钱。新引入的商业模式,既可能在构成要素方面不同于已有商业模式,也可能在要素间关系或者动力机制方面不同于已有商业模式。

商业模式的竞争,是企业更高层次的竞争,商业模式的创新从总体来看,不能墨守成规,不能采取跟随战略,要寻找独特的发展模式,要从潜在客户的需求入手,要有超前的眼光和敏锐的洞察力,充分利用互联网科技,从而探寻并不断创新出更适合企业发展且有别于其他竞争对手的独特的商业模式。

综上所述,本书认为,"互联网+"商业模式创新是企业为了应对市场竞争,充分发挥互联网在生产要素配置中的优化和集成作用,以新的视角发掘商业模式系统的演化规律的过程。在今天激烈变革的竞争环境中,我国传统企业商业模式创新应适当地依靠一种理念。互联网对于企业来说是一种机会,企业可以整合内部能力,充分利用外部知识与资源,采用开放式的商业模式设计。互联网技术使价值链在时空顺序上发生改变,传统企业应当适应这种变化。传统企业家要充分利用自己积累的商业资源、人脉和财富,借助互联网的思维、手段和工具实现转型升级,甚至跨越式的发展,最终建立独特的生态圈,形成难以复制的核心竞争力。

6.1.3 "互联网+"商业模式创新的核心要素

互联网时代,商业模式逻辑下的新元素正在逐渐形成。互联网的世界是通透的,无法通过地理的距离形成区域市场,也无法对厂商进行人为区隔,加之互联网具有极强的不确定性,通常一个商业模式只能存活一个厂商,很少有完全相同的商业模式。与此同时,人与人之间的互动变得密切,知识溢出范围增大,知识生产难度下降。促使商业模式的创新不断,商业模式的更替速度加快。但是,互联网时代商业模式创新背后存在共同的逻辑,即以社群为中心的平台模式或称为社群逻辑下的平台模式,简称社群平台。此外,还包括一些跨界合作以及资源聚合等内容。总而言之,"互联网+"商业模式创新有着自身独特的核心要素。

1)社群

社群是指聚集在一起的拥有共同价值观的社会单位。它们有的存在于具体的地域中,有的存在于虚拟的网络里。有学者认为在互联网模式中社群是一个两两相交的网状关系,用于顾客满足和服务顾客,而社群发展到一定程度会自我运作,是一个自组织的过程。品牌与消费者之间的关系由单向价值传递过渡到厂商与消费者双向价值协同,在社群的影响下,传播被赋予了新的含义——价值互动(Value Interaction),这里,"Value Interaction"也可译为价值界面,指代厂商与顾客的界面。同时,厂商的品牌被赋予了社群的关系属性,转化为社群的品牌,融入顾客一次次价值互动下完成的体验当中。

在社群逻辑下,产品的所有属性由于人的参与都有了显著的提升。产品的寿命不再被定义为有限的,而是可以因为重要的人而缩短或延长;产品的销量起伏取决于人或网络之间关系的稳定程度,而不再是被动地服从产品周期;产品的管理不再需要每个阶段不同的市场、金融、制造、销售和人力资源战略,而转向依靠大量的参与者在一个参与者网络中持续地使价值结构在重复鉴定过程中保持稳定。

同样,在社群逻辑下,市场定义也发生了改变,市场不再只是现实生活中厂商与消费者双方进行价值交换的场所,市场已经成为厂商与社群消费者合作网络各成员之间的知识碰撞、交流与增值的场所;而顾客作为知识创新的另一种来源,他们既是参与者和建设者,也是直接受益方,创新知识的来源已经变得模糊。这样的社群逻辑是完全与工业经济时代的规模逻辑不同的。规模经济时代,规模越大越经济,因为标准化与流水线生产的需要,品种越少越好;而社群逻辑却将这个规律倒置过来——大规模的定制化产品成为主流,价值是厂商与顾客在大规模定制化产品生产过程中相互影响下创造出来的。厂商要尽可能满足长尾末端①的需求,因为这是厂商能否在市场中成功的基点。

需要注意的是,在社群逻辑下跨社群营销是没有意义的,因为社群讲究的是个性,物以类聚。你不需要别人懂你,就像"果粉"不需要解释,要解释的必定不是"果粉"。正是由于

---

① 长尾理论是美国人克里斯·安德森提出的一种新理论,该理论是网络时代兴起的一种新理论,由于成本和效率的因素,当商品储存、流通、展示的场地和渠道足够宽广,商品生产成本急剧下降以至于个人都可以进行生产,并且商品的销售成本急剧降低时,几乎任何以前看似需求极低的产品,只要有卖,都会有人买。这些需求和销量不高的产品所占据的共同市场份额,可以和主流产品的市场份额相当,甚至更大。

群内对产品独特性的要求,就出现了社群粉丝自限产品规模的要求。因而,社群逻辑是规模逻辑的反动。反过来说,厂商如果不自限范围和规模,没有自己的核心粉丝社群,就无法实现价值。在互联网模式下,厂商获得资源进行价值创造,对于社群的依赖度很高。当然,也要求厂商要形成多品种开发的能力,以满足社群中不同粉丝的需求。只有当网络(社群)建立,品牌、服务等才能够稳固地建造或共建起来。所以,有人说互联网时代的品牌,玩的就是一种"榴莲精神"——喜欢的爱到骨髓,不喜欢的毫无感觉,这是有一定道理的。人们根据不同的需求,形成不同的偏好,构成了不同的小圈子或者不同的社群,厂商的产品研发就从围绕着"物"转向围绕着"人"或"社群"来进行。在社群逻辑下,可以说互联网经济是基于人的经济,而非基于产品或物的经济。

2)平台

以前平台主要是指计算机的操作环境,后来引入经济领域,出现了产品平台、技术平台、商业平台。如今管理学中平台指的是商业模式中的重要一环。迈克尔·哈耶特在《平台》一书中说"平台就是你借以沟通社群中的粉丝和潜在粉丝的工具"。他认为产品和平台是当今市场成功的必要战略资产。也有学者认为,平台强化了在信息和沟通技术(Information and Communication Technology, ICT)下商业模式的安排能力。比如,它用来强化已设计出的商业逻辑,还可以帮助提升厂商或厂商战略联盟的决策水平。一方面,平台提供供需双方互动的机会,强化信息流动,降低受众搜索有用信息所需的成本,提供双方实现价值交换、完成价值创造的场所,正因为如此,平台消除了信息的不对称性,打破了以往由信息不对称带来的商业壁垒,为跨界创造了条件;另一方面,平台的存在有利于建立制度,通过对平台的管理,防止功利主义行为,保护消费者和供应商的利益,使得平台中参与者的凝聚力增强。换个角度看,平台促进社群的发展。以百度贴吧为例,在百度这个平台上通过无数个主题和关键词建立了一个庞大的集群。据百度贴吧自己在发布会上公布的数据,目前百度贴吧有 10 亿注册顾客,近 820 万个主题吧,日均话题总量过亿,日均浏览量超过 27 亿次,月活跃顾客数近 3 亿人次。由于社群有天然的排他性,再加上人的从众心理和马太效应,往往成功平台的所有者很有可能就是该商业模式下行业的垄断者。

互联网时代厂商与顾客共同创造价值是价值创造的基础。索尼创始人出井伸之认为互联网公司是"顾客平台级公司",其实质就是要实现消费者行为的被动接受向消费者行为的主动参与的转变。要让顾客参与到产品创新与品牌传播的所有环节中去。而消费者群体也希望参与到产品创意、研发和设计环节,希望产品能够体现自己的独特性。这就是需求的长尾(The Long Tail)末端,工业经济时代,这部分需求被归类于"闲置资源"。一方面是由于这种需求不易被察觉;另一方面是由于需求量太小,无法形成规模生产。但互联网模式下厂商的感知能力和柔性生产能力获得大幅度提升。长尾末端需求的存在说明了当今市场正在产生从为数较少的主流产品和市场(需求曲线的头部)向数量众多的狭窄市场(需求曲线的尾部)转移的现象和趋势。只要保障好流通与存储,范围经济下的市场份额完全可以和那些以前规模经济下的市场份额相媲美,甚至有过之而无不及。任何厂商如果能够满足整个需求,其生存能力和盈利能力就越强。

从边际效用递增角度看,"顾客平台级公司"所主张的社群逻辑使厂商的经营有不同于工业经济时代厂商的做法：①注重挖掘传统市场边界之外的潜在需求，特别是长尾末端的需求；②注重超越传统产业市场边界，往往进行跨界经营，推出新产品或新服务处于价值链的高端或具有独特性，具有较高的效用价值；③注重追求针对社群消费者心理需求与社会需求的效用创新，注重为消费者创造产品的功能价值（需要满足）、情感价值（如品牌知觉与忠诚）、学习价值（经验、知识累积的机会）；④注重市场顾客的消费体验，强调厂商组织的所有活动都是顾客体验，即从产品研发、设计环节开始，再到生产、包装、物流配送、渠道终端的陈列和销售环节都有消费者体验，以获得边际效用递增；⑤非常重视来自需求方的范围经济，使得消费者之间的效用函数相互依赖，并非相互排斥。

3）跨界

跨界（Crossover）是指跨越行业、领域进行合作，又被称为跨界协作。它往往暗示一种不被察觉的大众偏好的生活方式和审美态度。可以说，"跨界协作"满足了互联网模糊原有边界创造新价值的需求。通过跨越不同的领域、行业乃至文化、意识形态而碰撞出新的事物。跨界协作使得很多曾经不相干甚至不兼容的元素获得连接，产生价值。

当年"索尼"还沉浸在数码成像技术领先的喜悦中时，突然发现原来全世界数码相机卖得最好的不是它，而是做手机的"诺基亚"，"诺基亚"成了成功的跨界者。中国移动、中国电信和中国联通在移动通信市场上打斗多年，有一天蓦然回首，才发现动了它们"奶酪"的竟然是腾讯的微信，微信成了移动通信的跨界者。2013年，阿里巴巴做起了金融，长虹电视做起了互联网，做视频的乐视卖起了电视……如果从深层次分析，不难发现互联网提供了无边界存在的可能性。从产业层次看，虚拟经济与实体经济的融合，平台型生态系统的商业模式的发展，使得更多的产业边界变得模糊，产业无边界的情况比比皆是。从厂商组织层面看，随着专业分工的日益精细，虚拟化组织大量出现，厂商组织跨越边界成为可能。从知识结构层面看，互联网使信息不对称情况大为好转，能够跨越传统产业的跨界人才和产品经理的出现成为可能。

跨界合作不仅能提高产品对环境的适应能力，延长产品寿命，更重要的是在战略上将竞争关系转化为合作关系，这能为进入市场降低成本。值得注意的是，作为品牌的生存基础，知名度和忠实用户数量无法通过资本投入直接获得，需要机遇和沉淀。跨界合作所创造的价值与涉及知识的复杂丰富程度、跨界跨度成正相关，这些与过程中产生新事物的寿命及其环境适应能力、竞争力也成正相关。例如，以时装闻名的乔治·阿玛尼（Giorgio Armani）与奔驰合作推出的乔治·阿玛尼 CLK。事实上，跨界者用一种开放式创新提供了企业创新商业模式的机会，尽管可能因为产业不同而存在差异。如 Amazon（网络零售业者）及 E* Trade（美国网上证券交易商）虽然并未直接投资流通渠道，但能进入零售与财务服务产业，并在这些产业创新成功。Intel 公司尽管只做 CPU，但还是能够塑造并引导整个计算机产业的发展与竞争。

4）资源聚合与产品设计

按照资源基础观角度，社群平台实现了挑选资源和聚合资源的功能。所以，作为一种异质性资源，社群平台在互联网时代是极其重要的。很多学者给出了如何判断资源价值的标准。厂商的资源基础理论(RBT)认为组织可以被看为资源的堆积物。资源是一个组织维持竞争优势的主要源动力。它们必须是有价值的、稀少的、不能完全模仿的和难以替代的。有的学者认为当资源能使厂商在满足需求的同时比竞争对手用更少的成本或者它能够使顾客的需求得到更好的满足同样被认为是有价值的。同时,如果一种资源能开发出机会或者抵消厂商在环境中遭遇的威胁,就认为这种资源是有价值的。还有学者认为,如果资源能够让厂商拥有或行使能够提升厂商效率或影响力的战略,那么资源也是有价值的,它不仅具有自身的专属性,同时也是资源交流和聚合的场所。社群平台,一方面使得消费者得到更大的满足,另一方面为厂商提供隔离机制。综上所述,工业经济时代最有价值的是技术和资源,互联网时代最有价值的就是社群平台。

按照动态能力观视角,社群平台实现了整合资源和利用资源的功能。社群平台能促进产品设计的发展。"产品设计"是资源配置在互联网中的术语,它是一个创造性的、综合性的处理信息过程,通过产品设计,人的需求被具体化且无限趋近理想的形式。厂商是资源的载体和集合体,但是无论厂商多么庞大,资源都是有限的。"没有成功的厂商,只有时代的厂商"。熊彼特、莫兰和戈沙尔讨论过价值的新来源产生于资源的新利用,特别是通过新方式去交换和组合资源。为了创造新的或更好的产品,企业需要重新分配资源,组合新的资源,去用新的方法组合现有资源。当既有产品已经无法支撑厂商发展,如何靠资源的再配置来实现价值创造就是厂商发展的重点。小米公司 CEO 雷军在"雷七诀"中曾经提出的极致和专注就是针对产品设计而言的,在他看来,只有超越了顾客的期望才能成就品牌。而在社群这个强调个性、突出偏好的平台上,目标顾客的需求和期望能被放大到极致,然后厂商配合C2B 策略,根据需求提供生产,通过产品设计,使得顾客感知的使用价值最大化,满足顾客需求,从而最大限度地实现了供需平衡,满足价值创造的需要。

6.1.4 "互联网+"商业模式创新的实现途径

理论界普遍认为商业模式创新涉及洞察价值提出价值主张、营销模式传递价值、盈利模式获取价值、服务模式维护价值这 4 个环节。随着互联网的不断发展,其对商业模式创新的实现途径赋予了新的内涵。在互联网的影响下,商业模式设计的价值原则应基于互联网时代的特征思考,这些原则包括开放、合作、交互、快速,遵循这些原则的商业模式能够使企业更有效地在信息化社会中发现新价值。其中,开放是指企业允许更多外部的资源(创意或技术)流入,内部未被充分利用的资源流出;合作是指与其他企业或利益相关者合作,并分享所得利益;交互是指与顾客、合作伙伴进行双向沟通,以获得信息对称;快速是指对环境变化、顾客需求以及企业运营中出现其他问题反应快速。

1)价值发现的变革,包含价值主张的重新设计

现行的价值主张主要有两种认识:一是从顾客视角解释,指客户从产品或服务中所能获得的实际效用的描述,仅限于价值内容;二是从企业角度解释,指企业将在哪里以及如何创造或发掘价值的描述。以上认识说明,企业价值主张设计包含了两个含义:①企业在哪里发现价值,即企业的市场定位;②企业要传递什么价值,即顾客价值主张。

互联网思维的市场定位包含"精准营销、关注长尾、双边市场",互联网思维为企业提供

了两种发现市场的思路:第一,企业采用"精准营销",并"关注长尾",在原有市场中发现新的细分市场;经济高速发展使顾客需求发生了变化,个性化需求越来越明显,产生了潜在的利基市场。企业需要获取关于顾客信息的大数据,有效用的信息资源,分析顾客信息,发现这些潜在的需求,从而根据潜在需求设计企业独特的价值主张,并围绕这些价值主张建立新的商业模式;第二,企业对"双边市场"理论的应用,在原有市场之外发现新市场;企业需要重新定义市场,将以往的单边市场向多边市场转变,发现不同类型顾客群体需求之间的联系,并将这两种需求连接起来,从中获取利润。

在互联网思维中,企业传递给顾客的价值主张应该符合"简约、便捷、个性化"的特点。在信息时代,信息爆炸,顾客选择多、选择时间短,用户耐心越来越不足,而转移成本太低。因此,企业必须在短时间内抓住顾客的注意力,企业在产品规划与定位上,应力求专注、简单。而企业必须依据其核心用户设计独特的价值主张,满足顾客个性化要求。

2)价值获取的变革,即企业盈利模式创新

价值获取的核心思想是,企业由过去的经营产品转向"经营顾客"。顾客是企业获取价值的最主要来源,企业通过价值节点收入模式的创新,形成盈利模式的组合式创新,并最终形成难以模仿的盈利链。因此,企业需将侧重点放在获取顾客上,将顾客视为企业的资产,遵循"基于顾客量的盈利模式"的原则。企业由单一利润来源向多元化利润来源转变,从而实现可持续的价值获取。

3)价值传递的变革,即企业营销模式的变革,包含"产品界面"和"顾客接触方式"的变革

互联网思维强调"重视顾客体验"。产品是企业价值主张的载体,也是价值传递的核心。信息技术的发展,使知识、服务、信息及技术都成为商品,这使产品的内涵与外延都发生了巨大的变化。在进行产品设计时,企业要从核心顾客的需求出发,采用"体验式设计",并允许顾客参与到产品设计中,满足顾客的个性化需求。对产品中的不足,企业应当做到快速迭代、改善,并提供优质的售后服务,使产品服务化。以往快速迭代是互联网企业的专利,而互联网技术的发展使得一些传统企业也能快速响应。

顾客接触方式的创新是商业模式创新中的一个重要研究方向。顾客接触方式可以分为两个方面,一方面是企业与顾客间如何进行信息传递与沟通,主要是促销策略与客户关系的维护;另一方面是产品与服务如何交付给顾客,主要是营销的渠道问题。

以往企业与顾客之间的交流沟通是不连续的、单方面的,这使企业对顾客的了解有时是失真的。所以,企业与顾客关系越近,沟通越频繁,企业对顾客需求的把握就越准确,隐含的沟通成本也就越高。而互联网改变了这种现状,使企业可以与顾客更直接地进行沟通。互联网也使顾客与顾客之间的距离更近,"口碑营销"成为营销模式中的一个重点,口碑信息的传播会给企业销售带来某种程度影响,这种影响企业难以控制。因此,企业需要构建以顾客为中心的网络"沟通机制",不仅可以大大降低沟通成本,还可以降低负面口碑信息对企业销售的影响。这种沟通机制包括"社会化营销"手段(例如"事件营销")、面向顾客的直接服务等。

此外,在互联网思维下,传统企业需要"重塑渠道"。企业针对不同市场、不同特征的人

群,采取差异化的渠道战略。例如,对于1—3线中心城市,80、90后已成为消费主力,具备明显网购特征,传统企业应扩大与电商平台的合作,逐步摆脱线下渠道负担,将重点转移到线上平台的"产品丰富、现货保证、扩大流量、提升转化率"等方面上来;而对于网购尚未完全普及的4—6线区域市场,传统企业应加大投入规范实体"品牌店",实施社区化经营利用,提升消费愉悦度和尊享感,最终达成高盈利率和持续发展的目的。

4) 价值维护的变革,即以客户为中心

以顾客为中心的管理机制,对企业灵活性、速度和效率提出了高要求。面对这些要求,传统企业有两方面困难:一方面,企业组织速度的提升伴随管理成本的提升;另一方面,传统企业的组织结构使组织管理难以具有灵活性。因此,传统企业需要重构企业的组织结构。首先,企业需将以往金字塔等级化垂直管理向网络型扁平化的水平管理转变,工业经济时代的管理是以庞大的规模和集中的管理来更好地控制原料的供给,以获得高效率。而在信息化社会,顾客的个性化需求也日益增加,为了更好地贴进顾客,企业必须实现对顾客需求的快速反应,而管理层级过多的企业必定导致企业对信息的反馈速度下降。因此,"扁平化"的管理结构更适合当今企业的发展。其次,企业文化也需要相应的变革。企业要在企业文化中充分体现信息化时代的特征,将"顾客中心"加入企业的文化体系中。再次,企业要充分利用信息化手段,提高企业运营效率,降低人力成本。最后,企业需要构建"众包"①创新机制,充分利用组织外的知识资源,降低企业研发成本。

在企业外部,企业要重新定义价值链结构。在今天的竞争环境中,企业成功不再依赖传统的纵向一体化集合程度,而更多的是依靠对企业外部知识与资源的利用,采用开放式的商业模式设计。企业需要在核心价值节点投入更多的资源,同时利用其他企业的资源来弥补自身的不足。互联网技术使价值链在时空顺序上发生改变,传统企业应当适应这种变化。在战略上,企业应改变过去单一的"竞争"思想,将"竞合"思想纳入商业模式设计中,与价值链其他价值节点的企业形成优势互补的联盟,建立独特的生态圈,形成难以复制的核心竞争力。

6.2　"互联网+"时代的商业创新

从广义上来讲,商业领域的任何创新,都可以称为商业创新,就此而言,企业创新、商业化的技术创新,都属于商业创新。通常所说的狭义上的商业创新,侧重指商业意义上的创新,如商业模式、商业运作的创新,而商业模式的核心便是价值创造,基于此,本小节主要从"互联网+"时代的企业创新与价值创造两方面来展开阐述。

---

① 众包:指的是一个公司或机构把过去由员工执行的工作任务,以自由自愿的形式外包给非特定的(而且通常是大型的)大众网络的做法。

6.2.1 "互联网+"时代的企业创新

1)"互联网+"时代企业创新的具体内涵

"互联网+"作为一种技术,是一种工具性创新。"互联网+"可谓是继语言、文字、印刷术、无线电、电视和互联网之后的第七次信息革命。

"互联网+"作为一种方法,是一种基础性创新。前缀模式的"互联网+"与产业创新密切结合,与经济、社会、文化、环境等深度融合,将形成巨大的乘数效应,推动经济前进,推动社会进步。

"互联网+"更是一种精神,带来思维性的创新。连接、开放、共享、实时、交互、智能感应的互联网精神,像空气一样笼罩在衣食住行、教育、医疗、金融等各个行业领域并持续发酵,将催生出诸多的新形态。事实上,借助"互联网+"思维,从 B2B 到 B2C、P2P……大量的新业态已经被创造出来。

2)"互联网+"时代下的企业创新策略

(1)创意引领产业

在"互联网+"时代下,创意是一个企业的灵魂。创意是区别于其他同类产品的个性,是自己赢得口碑,获得销量的"法宝"。中国较大的餐饮 O2O 平台之一"饿了么"创立于 2009 年 4 月,率先提出 C2C 网上订餐概念,为线下餐厅提供一体化运营的解决方案。截至 2015 年 1 月,"饿了么"市场占有率高达 60%,"饿了么"在"互联网+"的时代背景下,通过创意引领了该产业的发展,并实现了从零到一的突破。运用互联网思维,改变人们固有的到店就餐习惯。淘宝将物品搬上网,改变了人们实体店购买的习惯。腾讯将人搬上网,改变了人们面对面交流的习惯。新浪微博将消息搬上网,改变了人们口耳相传与读书看报获取信息的习惯。

(2)发掘市场用户需求,黏住用户

新进企业想要与主导企业同分一杯羹,就必须发掘主导企业忽略的或是无暇顾及的市场,发掘该市场领域的用户的需求,哪怕最初都在亏损,只要能占有大量的人流就能有赢利的机会。淘宝免费式的体验营销,最初的免费让淘宝赚满了人气,让人们不知不觉地习惯了淘宝的存在,作为卖家在淘宝能免费开店,使淘宝这个免费平台的市场越做越大,卖家和买家的用户数量就非常巨大了。因为淘宝市场大,所以买家用户都会来淘宝购物,就这一点就让这个新进企业赚足人气,黏住了大量的客户,拥有了一定的市场份额。只有先吸引用户的注意力才能让用户慢慢习惯,逐步黏住用户,有了用户也就有了市场。只要市场足够大,那么哪怕只有 1% 的用户付费,也能支撑起其他 99% 的人免费享受基本服务,还能让企业获利。

(3)媒介融合策略

"媒介融合",最早由美国马萨诸塞州理工大学的浦尔教授提出,原意是指各种媒介呈现多功能一体化的趋势。清华大学熊澄宇教授认为,媒介融合是指"所有的媒介都向电子化和数字化这种形式靠拢",指出了媒介融合中新媒体技术的中心地位。乐视网销售运营副总裁蔡享伦分享网络视频在运营独播综艺方面的成功经验时,指出乐视网作为节目的独家网络播出平台,采用四大捆绑战略,即艺人曝光与品牌宣传捆绑、内容策划与数据分析捆绑、视觉设计与社会热点捆绑、粉丝互动与衍生节目捆绑,充分发挥网络媒体在反应速度和数据分析上快速灵敏的优势进行内容运营。在新媒体时代背景下,企业的成功离不开对多种媒介的把握与有效融合,因此,企业应在互联网思维指导下,以服务用户为核心,以开放平台为功能转型,以产品迭代为技术支撑,从而实现企业的创新。

(4)借势营销策略

所谓借势营销,是指企业应用现代传媒技术,借助社会热点、名人等,对品牌、产品进行巧妙宣传,赋予其丰富的想象内涵或特定的品位和社会定位,以捕获消费者的注意力,迅速获取市场份额、实现资产快速增值的一种方式。2015 年春节期间,加多宝联合网易共同发布《2015 春运微报告》,当日网友互动量超过十万频次。结合春节期间受众触媒习惯呈现的特点,即移动化、娱乐性、互动性,加多宝通过与腾讯、新浪、网易等媒体的合作,从线上到线下,实现产品销量大幅提升。2015 年 5 月,加多宝在凉茶行业率先布局"移动互联网+"战略,借势苏迪曼杯,通过"双屏互动"实现移动"互联网+"运动的迅速落地,其远见和胆识广受称赞,同时,其借势营销的手段也值得其他企业学习借鉴。

6.2.2 "互联网+"时代的价值创造

价值创造,顾名思义就是企业价值的创造过程。从最初的有形产品,到无形服务,再到信息和知识,企业创造的价值一直处于动态变化之中。互联网的出现,导致传统企业价值链的活动方式发生了变化,因此应适当对企业价值链进行重构。互联网思维强调用户至上,关注用户价值。因此,"互联网+"时代下的企业价值必然将由原来的以利润为导向转变为以市场和消费者为导向。

1)"互联网+"时代价值创造的改变

互联网技术的不断发展,打破了信息不对称所带来的价值驱使,原有交易结构中的黑箱消失,许多产业链的价值因此而消融。因此,互联网促使厂商价值创造改变,诸如经营环境、价值主张、顾客观念、顾客族群、营销渠道、传媒过程等。就价值创造要素来说,这种改变主要表现在 3 个方面,如下所述。

(1)互联网使得价值创造的载体发生了改变

工业经济时代,价值创造的载体是美国战略管理大师波特在 1980 年提出的"价值链"。而互联网时代价值创造的载体从单一的价值链转变成了价值商店(Value Shop)与价值网络(Value Network)两种价值经营模式。与价值链不同的是,价值商店经营模式是通过解决特定顾客问题来为顾客创造价值,也被称为问题解决模式;价值网络经营模式则是靠中介技术来联结顾客,促进厂商与顾客的价值互动和价值协同来为顾客创造价值。相对于传统价值链线性思维,价值商店和价值网络不仅考虑一种静态的线性经济活动分析,还考虑动态的网络经济活动,一并实现虚拟和实体的紧密结合。另外,价值链一般都是以厂商的资源或经验、知识的单一维度来实施价值创造的,而价值商店和价值网络更强调要从厂商和消费者社群两个维度来考虑价值创造。

（2）互联网颠覆了价值创造的方式

工业经济时代，厂商组织是在价值链内部通过一系列的活动完成价值创造的。这些活动分为基本活动和辅助活动两类，基本活动包括后勤、生产作业、市场和销售、服务等；辅助活动则包括采购、技术开发、人力资源管理等。互联网时代，技术因素和市场要素依然是关键，但更注重价值创造与顾客有密切的关系。因为价值来源于顾客的体验和感知，而价值创造的过程是不易也不需要被理解。所以，价值创造取决于开展的活动、目标顾客和相关理论基础。厂商可以通过从社群中获得的资源来创造价值，或者依靠其创新得来的生态系统来创造价值和获得成功。因此，厂商的商业模式首先需要与各自的生态系统相匹配。对于厂商而言，顾客是重要的。长期共同发展的价值来源于通过合作发展起来的持久的交换过程。顾客通过工具也包含和参与在创新和设计的过程中。所以，厂商需要顾客作为价值创造的来源，也是价值创造过程的一部分。理论与实践已经证明，消费者对价值创造有重大的影响。互联网时代，价值是由厂商与顾客共同创造的。不仅厂商与顾客在生产大规模定制化产品的过程中是相互影响的，而且厂商与消费者交互就是价值创造和价值提取的场所。所以，在顾客参与价值共同创造的过程中，无形的消费者环境变得重要。而从共同构建视角看也是如此，维护消费者环境，保护社群是厂商的头等大事。只有当创造并建立出稳定的或完善的网络，市场、价值、产品、服务和品牌才能被稳固地建造或共建起来。

（3）互联网导致了价值创造逻辑的变化

在互联网时代之前，工业经济时代价值创造的5大基本逻辑是：①厂商通过"组织化"协作产生效能，其中最重要的是对协作的指挥。企业家作为指挥协作的人，也是财富的主要获得者。②厂商通过"产品化"规模生产产生效能，在假设消费者是理性的前提下，"产品化"把人类丰富的情感、物质需求，变成单一的物，并拼命地大规模复制。③"中心化"传播产生效能。通过中心获得和传播信息的成本高昂，但为了促销树立品牌，公司需要不断投入资金来推动。④关注"使用中的资源"所产生的效能，允许（或说忽略）"闲置资源"的存在。⑤通过分销渠道产生效能，在产品分配、物流、批发和零售、售后服务等厂商价值活动中，分销渠道及分销商都扮演了极其重要的角色。

随着互联网时代的到来，工业经济时代价值创造的五大基本逻辑逐步衰落，以往的商业标准已经坍塌，价值创造逻辑以及建立在此基础上的商业模式失效。在价值创造的逻辑上，互联网时代发生的变化主要表现为以下5点：①通过跨界产生效能。与以往传统产业链的横向一体化或纵向一体化不同的是，跨界是通过虚拟整合跨越传统的产业边界，这使得原本不同行业间的合作关系在跨界的影响下可能演变成竞争关系。②通过顾客体验产生效能。有学者就指出顾客的体验程度是厂商成功的关键，应该在战略中将顾客作为关键要素。互联网通过新产品开发过程中公司与消费者的互动来创造价值。③传播方式的去中心化和碎片化。如今很多品牌如小米公司不做广告，而是网上构建消费者族群进行交流，网下进行产品体验。移动互联网时代，由于获得和传播信息的方式多样、成本降低，传播方式转向碎片化传播，传播呈两极发展：一是传统媒体弱化，中心化传播效率下降；二是社群、平台、自媒体崛起，引发全民参与，每个人既是传播受众也是传播者。而移动互联网更是将网络的公众性和广泛参与性的特质发挥到了极致。④强调实现"市场出清"产生效能。C2B这些先有需求再有生产的电子商务模式的兴起,使得供需平衡成为可能。网络特质被顾客广泛使用、开发与传播,为市场出清创造了条件。商业平台同时成了人为聚集的社交平台,在网上实现了口碑宣传与推广,在推送特定厂商信息的同时,自动屏蔽了其他海量的信息。⑤厂商通过"脱媒"(Disintermediation)产生效能。互联网时代除了广告脱媒,分销渠道也开始成为脱媒对象。伴随着电子商务的兴起,物流平台的重新搭建正在逐步抛弃传统分销渠道,在减少顾客流通费用的同时,直销成为产品的主要销售方式。

2)"互联网+"时代价值创造的过程

价值创造是一个动态连续的过程。从一般意义上讲,它是指给予价值的追求,通过企业资源、组织结构、管理制度等方面的优化与整合实现企业整体价值增量。价值创造并不是简单的价值转移、加和,而是整个价值链战略整合的结果。企业价值创造的过程主要包括价值确定、价值主张和价值实现 3 个步骤。

(1)价值确定

价值确定是整个价值创造过程的第一步,决定了我们要做的事是否正确。在互联网环境下,企业在进行价值确定时应将用户思维放在首位,在这个阶段首先应确定企业的目标顾客,其次才是确定企业应该提供什么样的产品或服务。目标顾客是指企业的产品或者服务的针对对象,是企业产品的直接购买者或使用者。目标顾客要解决的根本问题是企业准备向哪些市场区间传递价值。企业确定目标顾客一般要经过下述几个步骤。

第一,初步判定。在初步确定目标客户群体时,必须关注企业的战略目标,它包括两个方面的内容,一方面是寻找企业品牌需要特别针对的具有共同需求和偏好的消费群体;另一方面是寻找能帮助公司获得期望达到的销售收入和利益的群体。通过分析居民可支配收入水平、年龄分布、地域分布、购买类似产品的支出统计,可以将所有的消费者进行初步细分,筛选掉因经济能力、地域限制、消费习惯等原因不可能为企业创造销售收入的消费者,保留可能形成购买的消费群体,并对可能形成购买的消费群体进行某种一维分解,分解的标准可以依据年龄层次、购买力水平和有理可循的消费习惯。

第二,需求分析。对目标顾客群体进行初步分析之后,企业下一个目标就是对该目标顾客群体的需求进行细化分析,为此,企业需要从多个角度了解消费者的不同需求,如从消费者的行为、态度、信仰、购买动力等各个方面来了解他们的真正需求,为了进一步确定目标客户群体是否能为企业带来更好的效益,通常企业会通过具体的市场调查活动对目标客户进行深入的定性和定量研究。

第三,寻找和挖掘。市场调查是寻找和挖掘目标顾客的有效途径。市场调查主要分为传统调查和网上调查两种方式,传统调查主要包括观察法、实验法、访问法。传统调查主要通过市场调查人员在现场调查、样品测试、问卷调查等具体活动来获得目标顾客的相关数据。随着互联网的发展,越来越多的传统企业开始关注网上用户这一群体,并通过网上调查的方式来寻找网上目标顾客群。网上调查的途径有多种,主要包括搜索引擎、网上问卷、网站论坛、电子邮件等,企业在确定目标客户群之后,就可以根据不同目标客户群的特点来定位和调整企业所要提供的产品或服务,以此来保障企业的产品或服务能够适应顾客的需求变化,并为企业创造更有效的价值。

（2）价值主张

价值主张是企业通过其产品和服务所能向消费者提供的价值。企业要将自己的核心认同和价值观有效地传达给消费者，需要确立一个价值主张，企业的一切传播和营销活动必须围绕价值主张来进行，企业在确立价值主张时需要注意3个原则：一是所提出的主张必须是真实、可信的；二是提出的主张必须是其他产品所没有的；三是所提出的主张必须是具有销售潜力的。企业的价值主张一般包括顾客价值主张和品牌价值主张两个方面。

第一，顾客价值主张。顾客价值主张是指对顾客来说什么是有意义的，即对顾客真实需求的深入描述。第一件事是对发展趋势作出正确的判断，对未来市场竞争趋势作出正确的阶段性预测。第二件事是根据自己的资源结构特点，进行战略选择。第三件事是在顾客价值取向发生不利于自身战略的转变时，要做出色的领跑者。传统企业在制订顾客价值主张时，容易仅从自身产品和服务优势出发，来考虑顾客价值主张，而较少考虑目标顾客及竞争对手的情况。在互联网条件下，由于顾客需求的差异化，企业尤其要注意从顾客的角度出发，承认顾客的多样化选择，突出自己与竞争对手的不同之处，抓住目标顾客最看重的几个要素展示自己产品和服务的优势，要做到这些，企业必须做好顾客价值的创新，顾客价值创新主要包括两个层面：一是为新的顾客群体提供价值主张，即开发新的市场机会；二是在已知市场中提供更具竞争力的价值主张，从而对顾客产生足够的吸引力。

第二，品牌价值主张。品牌价值主张不仅包括提供给消费者的利益，而且还包括品牌对社会、对人等的态度和观点。消费者的利益，可以通过市场调查得到。品牌对社会的态度和观点主要来自对社会行业潮流的把握。一个没有价值主张的品牌，就像一个没有灵魂的肉身，不会引起任何情感。试想一下，一个没有让人心动的广告，一件屡屡灰尘的产品，一个冷冰冰的世界，任何销售活动都将沦为滑稽。品牌价值主张是能够把静态品牌动化、活化、人格化的一种关键策略，它表现出了品牌的一贯立场，是一种市场承诺，它让人们看到了其存在的价值。同时品牌主张也是一种文化，它透视着一种品牌的精神内涵。因此，品牌价值主张在企业价值主张的打造过程中有着十分重要的地位。

（3）价值实现

价值实现就是把产品或服务交付到最终用户的手中，也就是将价值主张转化为行动。企业商业模式追求的价值实现，不是企业价值的独享，更不是建立在对顾客欺诈和对合作伙伴压榨的基础上的。这种长久价值的实现应当是以多赢为前提的。企业价值的实现首先表现为顾客价值的实现，即顾客认为购买所得大于顾客支出的成本。顾客从企业所提供的产品和服务中获得了超过预期的体验和效用。这是企业价值得以实现的基础。其次表现为伙伴价值。企业与合作伙伴共同通过优化价值链，减少费用，提高运作效率，共享增加的收益。这是企业价值得以实现的保障。再就是企业价值，企业实现最终赢利。由此可见，价值实现的内容涉及价值链的各个参与主体，价值实现的过程即是对价值链的构建过程。在互联网经济背景下，企业价值链一个单向链式过程转变成一个以顾客为中心的价值网络体系，这种价值网络体系是在专业分工的生产/服务模式下，通过一定的价值创造机制，按照合理的治理框架，将处于价值链上不同位置并存在密切关联的企业或者相关利益体结合在一起，共同为顾客创造价值，价值网络体系的构建主要包括价值链的解构和价值网络的形成。

第一,价值链的解构。价值链是由一系列价值活动构成,对价值链的解构其实质是将价值链各个环节进行分解细化,使其成为具有某种标准接口、可以相互连接的子价值模块。企业通过对价值链的解构,能快速分辨和找到价值链中那些对企业价值创造起到关键作用的价值活动环节,确定关键价值活动能帮助企业重新审视其原有价值链,并在此基础上可以进行价值链的重新组合,从而提高其创造价值的效率。

第二,价值网络的形成。价值链解构后形成的子价值模块是重新构建价值网络的基本要素。这些基本要素按照新的规则和标准进行重新整合,形成新的模块化价值链。随着互联网经济时代的到来,具有不同价值链体系的企业纷纷采取合作战略,把各自的价值链连接起来,进而演变成包含供应商、渠道伙伴、服务提供商以及竞争者的企业价值网络。企业价值网络能够将价值链中各个参与者协同在一个无形的网络平台上,通过不同组织模块之间的协作、创新和竞争,全面满足用户的差异化需求,从而更好地适应环境的变化。

以上是对企业价值创造全过程的介绍,需要强调的是整个价值创造是一个持续改进的过程,如果在价值主张过程中出现问题,例如在任务分配中出现了严重的分歧,那么就要回到第一阶段进行检查和修正,必要时要重新进行价值确定;如果在价值实现过程中出现问题,就要及时地退回到价值主张过程进行修正。

6.3 "互联网+"思维与商业模式

商业模式创新是商业创新中非常重要的一部分,"互联网+"思维,给商业模式的创新带来了无限的想象空间,赋予了其新的活力。在介绍"互联网+"思维与商业模式之间的关系之前,本节先对大数据与商业应用进行一个简单介绍。

6.3.1 大数据与商业应用

《大数据时代》一书中记载:我们最终的目的不是储存数据,而是以一种前所未有的方式,通过对海量数据进行分析,获得有巨大价值的产品和服务或深刻洞见;大数据是人们获得新的认知、创造新的价值的源泉。大数据还是改变市场、组织结构,以及政府与公民关系的方法。

《华尔街日报》将大数据时代、智能化生产和无线网络革命称为引领未来繁荣的三大技术变革。麦肯锡公司的报告指出数据是一种生产资料,大数据是下一个创新、竞争、生产力提高的前沿。世界经济论坛的报告认定:"大数据为新财富,价值堪比石油"。

随着全球互联网快速发展,越来越多的网络用户通过多种终端、多种平台输出数字内容,驱动整个互联网世界迈入"大数据时代"。有资料显示,1998 年全球网民平均每月使用流量 1 MB(兆字节),2000 年是 10 MB,2003 年时 100 MB,2008 年是 1 GB(1 GB 等于 1 024 MB),2014 年是 10 GB。

大数据的商业价值主要体现在下述几个方面。

1)对顾客群体细分

"大数据"可以对顾客群体细分,然后对每个群体量体裁衣般地采取独特的行动。瞄准特定的顾客群体来进行营销和服务是商家一直以来的追求。云存储的海量数据和"大数据"的分析技术使得对消费者的实时和极端的细分有了成本效率极高的可能。

2）模拟实境

运用"大数据"模拟实境，发掘新的需求和提高投入的回报率。现在越来越多的产品中都装有传感器，汽车和智能手机的普及使得可收集数据呈现爆炸性增长。Blog、Twitter、Facebook和微博等社交网络也在产生着海量的数据。

云计算和"大数据"分析技术使得商家可以在成本效率较高的情况下，实时地把这些数据连同交易行为的数据进行储存和分析。交易过程、产品使用和人类行为都可以数据化。"大数据"技术可以把这些数据整合起来进行数据挖掘，从而在某些情况下通过模型模拟来判断不同变量（比如不同地区不同促销方案）的情况下何种方案投入回报最高。

3）数据存储空间出租

企业和个人有着海量信息存储的需求，只有将数据妥善存储，才有可能进一步挖掘其潜在价值。具体而言，这块业务模式又可以细分为针对个人文件存储和针对企业用户两大类。主要是通过易于使用的API，用户可以方便地将各种数据对象放在云端，然后再像使用水、电一样按用量收费。目前已有多个公司推出相应服务，如亚马逊、网易、诺基亚等。运营商也推出了相应的服务，如中国移动的彩云业务。

4）客户关系管理

客户管理应用的目的是根据客户的属性（包括自然属性和行为属性），从不同角度深层次分析客户、了解客户，以此增加新的客户、提高客户的忠诚度、降低客户流失率、提高客户消费等。对中小客户来说，专门的CRM（客户关系管理）显然大而贵。不少中小商家将微信作为初级CRM来使用。比如把老客户加到微信群里，在群里发布新产品预告、特价销售通知、完成售前售后服务等。

5）个性化精准推荐

在运营商内部，根据用户喜好推荐各类业务或应用是常见的，比如应用商店软件推荐、IPTV视频节目推荐等，而通过关联算法、文本摘要抽取、情感分析等智能分析算法后，可以将其延伸到商用化服务，利用数据挖掘技术帮助客户进行精准营销，今后盈利可以来自于客户增值部分的分成。

以日常的"垃圾短信"为例，信息并不都是"垃圾"，因为收到的人并不需要而被视为垃圾。通过对用户行为数据进行分析后，可以给需要的人发送需要的信息，这样"垃圾短信"就成了有价值的信息。在日本的麦当劳，用户在手机上下载优惠券，再去餐厅用运营商DoCoMo的手机钱包优惠支付。运营商和麦当劳搜集相关消费信息，类似于广告买卖网的咨询服务，例如经常买什么汉堡，去哪个店消费，消费频次多少，然后精准推送优惠券给用户。

6）数据搜索

数据搜索并不是一个新鲜的应用，随着"大数据"时代的到来，实时性、全范围搜索的需求也就变得越来越强烈。人们需要搜索各种社交网络、用户行为等数据。其商业应用价值是将实时的数据处理与分析和广告联系起来，即实时广告业务和应用内移动广告的社交服务。运营商掌握的用户网上行为信息,使得所获取的数据"具备更全面的维度",更具商业价值。

6.3.2 互联网思维与商业模式

互联网思维是一种方式,是一种基于商业模式的创新思考方式。"互联网思维"一词最早由百度创始人李彦宏在 2011 年《中国互联网创业的三个新机会》的演讲智囊团首次提出,意思是指要基于互联网的特征来思考。目前,互联网思维尚未形成统一的定义。本书在参考了众多专家学者的观点后,认为互联网思维是在互联网、物联网、云计算、大数据等不断发展的背景下,"以用户为中心"的一种创新性思维模式,这种思维模式不同于传统的工业化思维,也不是营销思维或者电商思维,它是对传统企业价值链的重新审视,是一种商业革命的思维方式,这种思维方式会让我们对世界、对社会产生新的观点和看法。

1)互联网对商业模式的初始影响

互联网的出现催生了崭新的商业模式,改变了众多的行业,尤其是在即时通信以及可以标准化、数字化、模块化的流通性比较强的产品业务上,比如在线购物、视频、游戏等。通过便捷的信息搜索与商品比较以及免费体验、现场参与、实时互动、在线交易等举措,互联网时代的业务模式,比如电子商务,极大地改善了用户体验。一时间,实体经济的"渠道为王"仿佛大有被虚拟经济的"眼球为王"或者"流量为王"所代替的趋势。然而,仔细反思以上列举的一些例子可以发现,迄今为止,互联网的优势主要在于对标准化产品提供了信息和交易的便利。然而,互联网的光芒并没有普照大地,互联网思维也仍然存在众多的死角和盲区,对许多问题仍是束手无策,一时找不到改变现状的入口和契机。比如,各类在线教育和函授大学的兴起,并没有替代著名学府的精英教育和知识创造;信息传播的便捷加强了大家对世界著名景点的了解,导致了更为强烈的实地体验刚需以及难以缓解的交通拥堵和景区拥堵。

2)基于互联网思维的商业模式

在互联网影响下,今天的人们正面临着一个跨界的时代,每一个行业都在整合,都在交叉,都在相互渗透,如果原来你一直获利的产品或行业,在另外一个人手里,可能就变成一种免费的增值服务。未来的竞争,不是产品的竞争、渠道的竞争,而是资源整合的竞争,终端消费者的竞争,谁能够持有资源,持有消费者用户,不管他消费什么产品、消费什么服务,都能够用盈利来保证自己的利益,立于不败之地。所以,企业应根据自身条件,基于互联网思维不断创新商业模式来抓住终端消费者,其中互联网思维的商业模式主要体现在战略定位、资源整合、盈利模式、营销模式、融资模式 5 个方面。

（1）战略定位

战略定位就是将企业的产品、形象、品牌等在预期消费者的头脑中占据有利的位置,它是一种有利于企业发展的选择,也就是说,它指的是企业做事如何吸引人。对企业而言,战略是指导或决定企业发展全局的策略,它需要回答 4 个问题:企业从事什么业务;企业如何创造价值;企业的竞争对手是谁;哪些客户对企业是至关重要的,哪些是必须要放弃的。最近很火的一个网络鲜花品牌 RoseOnly,其品牌定位是高端人群,买花者需要与收花者身份证号绑定,且每人只能绑定一次,意味着"一生只爱一人"。2013年2月上线,8月份就做到了月销售额近1 000万元。所以说品牌定位也要专注,给消费者一个选择你的理由,一个就足够。大道至简,越简单的东西越容易传播。专注才有力量,才能做到极致。尤其在创业时期,做不到专注,就没有可能生存下去。

(2)资源整合

在战略思维的层面上,资源整合是系统论的思维方式。就是要通过组织和协调,把企业内部彼此相关但却彼此分离的职能,把企业外部既参与共同的使命又拥有独立经济利益的合作伙伴整合成一个为客户服务的系统,取得"1+1>2"的效果。在战术选择的层面上,资源整合是优化配置的决策。就是根据企业的发展战略和市场需求对有关的资源进行重新配置,以凸显企业的核心竞争力,并寻求资源配置与客户需求的最佳结合点。企业在进行资源整合时需注意以下6点:认识企业自身能力、合作双赢的态度、确定整合目标、整合的可操作性、整合的系统性以及经济性。天猫、京东、1号店之所以能火,是因为它们整合了想开店赚钱的人;滴滴打车、快的打车之所以能得到巨额投资,是因为它们整合了出租车和私家车资源。

(3)盈利模式

盈利模式是在给定业务系统中各价值链所有权,以及价值链结构已确定的前提下,企业利益相关者之间利益分配格局中企业利益的表现;盈利模式是企业在市场竞争中逐步形成的企业特有的赖以盈利的商务结构及其对应的业务结构。基于互联网思维的盈利模式表现在很多方面,如海尔的定制化冰箱,它是按需定制,厂商提供满足用户个性化需求的产品即可;如淘宝品牌"七格格",它是在用户的参与中去优化产品,每次的新品上市,都会把设计的款式放到其管理的粉丝群组里,让粉丝投票,粉丝群决定了最终的潮流趋势,自然也会为这些产品埋单。"海尔"的盈利模式基于用户的个性化需求,"七格格"的盈利模式则是注重用户参与,企业的盈利模式多种多样,互联网思维更是使企业的盈利模式出现了新的形式。

(4)营销模式

营销模式是一种体系,而不是一种手段或方式。目前公认的营销模式从构筑方式上划分,有两大主流:一个是以市场细分法,通过企业管理体系细分延伸归纳出的市场营销模式;另一个是以客户整合法,通过建立客户价值核心,整合企业各环节资源的整合营销模式。基于互联网思维的营销模式之一就是粉丝经济,即让用户参与品牌传播。我们的品牌需要的是粉丝,而不只是用户,因为用户远没有粉丝那么忠诚。粉丝是最优质的目标消费者,一旦注入感情因素,有缺陷的产品也会被接受。未来,没有粉丝的品牌都会消亡。电影《小时代》豆瓣评分不到5分,这个电影观影人群的平均年龄只有22岁,这些粉丝正是郭敬明的富矿。正因为有大量的粉丝"护法",《小时代1》《小时代2》才创造出累计超过7亿元的票房收入。此外,基于互联网思维的营销模式还体现在阿芙精油的服务,它表现在两个方面:第一,客服24小时轮流上班,使用ThinkPad小红帽笔记本工作,因为使用这种电脑切换窗口更加便捷,可以让消费者少等几秒钟;第二,设有"CSO",即首席惊喜官,每天在用户留言中寻找潜在的推销员或专家,找到之后会给对方寄出包裹,为这个可能的"意见领袖"制造惊喜。

（5）融资模式

从广义上讲,融资就是货币资金的融通,当事人通过各种方式到金融市场上筹措或贷放资金的行为。从狭义上讲,融资即是一个企业资金筹集的行为与过程。也就是公司根据自身的生产经营状况、资金拥有的状况,以及公司未来经营发展的需要,通过科学的预测和决策,采用一定的方式从一定的渠道向公司的投资者和债权人去筹集资金,组织资金的供应,以保证公司正常生产需要、经营管理活动需要的理财行为。目前,从消费到储蓄、从产品到梦想……都被互联网思维以及网络技术深深改变。在 2013—2014 年的短短 1 年间,互联网金融趋势飙升,理财模式也层出不穷,互联网基金理财、P2P 网贷平台、大众筹资、O2O 理财模式等,为大众打开了一扇简便、快捷、低门槛的大门。众筹网负责人盛佳曾给出这样的解释"做一件事,有的出钱,有的出力,出力的叫众包,出钱的就是众筹"。大众筹资不仅可以降低企业的融资门槛,有效促进微创企业的发展,还可以激发"草根"创新,拉近生产者与消费者的距离。

3）互联网思维商业模式的主要特征

（1）虚拟与真实

互联网时代,各种通信技术把人们更加紧密地连接在同一个网络世界——一个超越物理条件约束的虚拟空间里。网络拓展了人们的生活空间和想象空间。互不相识的人可以聚在一起聊天或者玩游戏。三星手表、谷歌眼镜、网聊中可以模拟拥抱感觉的夹克衣,各种数码时代的产品正在将人们的生活虚拟化。而虚拟的生活本身就是真实的存在,已然成为人们生活中不可或缺的一部分。即使如此,人们仍然需要身临其境的体验,用模拟世界的逻辑去放慢生活的节奏,暂时忘却互联网思维所带来的一切便利和羁绊。去看红叶、听音乐会、看球赛、泡酒吧、逛书店、做 SPA。将虚拟与真实更加完美地结合,有赖于诸多新兴商业模式的初现。

（2）简单与复杂

如前所述,越是简单的业务,越容易受互联网思维的影响和改变。简单,主要体现在产品和服务的标准化、模块化、流通性强、操作便捷、交易简单上。比如,现在热炒的 O2O 线上线下无缝对接和云商等新时代购物概念也只是在相对标准化产品的流通领域做文章。再比如,互联网极大地改变了股票交易模式,但复杂的欧元期指交易在纽交所仍然是先在场内进行,而不是实地和线上即时同步。而专业性强、不易存储、运送复杂、安装麻烦、质量难以清晰鉴定的产品则很难在网上销售。比如,生鲜食品和蔬菜水果是网购业务中的难点,使得大多数企业望而却步。这些难题,既是挑战,又是契机。也许,未来会有新的商业模式崛起,以解决这些复杂的问题。

（3）陌生与信任

新生事物往往具有"新面孔负债",缺乏广泛的信任度与合法性。网络时代的雇人刷屏,也许可以制造一时的轰动效应,而历史悠久的强势品牌以及在模拟世界里打造品牌的逻辑模式在互联网时代仍然会大有市场。号称以纯互联网思维打造的小米手机,可以在 IT 界的青年才俊之间很快风行,但在投行和咨询公司的从业者中则不大可能成为大家疯抢和使用的对象。亚马逊老板贝索斯完全可以依托其 kindle 系统自己打造一个全新的数字报纸,而他却选择了收购传统深厚的《华盛顿邮报》。无论技术本身和产品本身性能如何,品牌及其背后所代表的消费者的信任与好感、熟悉与忠诚,通常是需要长期的经历和体验的。

（4）精英与大众

互联网思维在如今被大肆渲染,给人的一个错觉之一就是好像到处都是机会,随地都是创意,经济生活和市场活动日益民主化。其实,大家可能忽略了一个基本事实:虽然大家都享有广泛的、近乎错觉的参与感和与时俱进,但主要是作为消费者和被消费者参与的。真正的创新源头,那些想出点子、折腾事儿、吸引众人并从中盈利的仍然是少数精英分子。子曰:"劳心者治人,劳力者治于人"。其言不谬,至今能持。美国制度学派创始人凡勃论在20世纪初预言,技术精英（technocrats）将主宰世界的未来。这一预言,日益成为现实。精英日益强大,因为互联网思维可以帮助他们撬动更多的资源,影响更多的受众。大多数人之所以被称为受众,就是因为轻易接受甚或盲从。

大数据所涉及的资料量规模大,甚至无法通过目前的主流软件工具进行计算分析。大数据可以帮助企业经营决策者在合理的时间内将相关信息擷取、管理、处理并整理成咨询,从而便于其进行决策。基于大数据的种种优势,本小节首先对大数据的商业应用价值进行了阐述。互联网思维与商业模式有着千丝万缕的关系,互联网对商业模式产生着诸多的影响,同时,基于互联网思维的新型商业模式正在进入人们的视线,并发挥着越来越大的作用。最后,本小节对互联网思维与商业模式进行了一个系统的解析。

📖 【案例分析】

互联网＋轮胎＋金融杠杆＝胎大王[①]

胎大王,让天下没有难做的轮胎生意

（一）中国轮胎行业怎样跨过"双反"生死关

100年来中国橡胶工业从无到有,从小到大,由刚开始只能生产胶鞋产品到今天建立了完善的橡胶工业体系,尤其是作为橡胶工业的代表性产品,各类轮胎的年产量已达到5.62亿条,连续10年居世界第一,在全球市场举足轻重。

然而正所谓"树大招风",中国轮胎巨大的产量和出口量也招致国际贸易摩擦频发,目前正在进行的美国对中国乘用车及轻卡轮胎的"双反"（反倾销、反补贴）调查就是一例。作为全球第一大轮胎生产和出口国,中国汽车轮胎（不含非公路轮胎）年出口量超过500万条,出口金额达145亿美元,而美国是我国轮胎出口的第一大市场,出口份额更是占到出口总量的30%。这起美国"双反"案涉案金额高达33.7亿美元,涉案轮胎企业200多家,预计上下游超过100万产业工人的生计将受到影响,在我国轮胎行业引起前所未有的震动。

2月7日,山东德瑞宝轮胎有限公司提出申请破产重组,这是在美国"双反"冲击下,国内轮胎行业倒下的第一家企业。记者了解到,作为山东昊龙集团旗下的轮胎板块,德瑞宝轮

---

① 资料来源:龙仔华.互联网+——改变世界的新产业革命[M].哈尔滨:黑龙江科学技术出版社,2015:116.

胎成立于 2009 年 12 月,是集全钢子午胎、半钢子午胎研发、生产、销售和国际贸易于一体的大型现代化轮胎企业,该企业注册资本 2.1 亿元。德瑞宝轮胎的现状与当前的行业产能过剩大环境有关,而美国"双反"则成为压垮它的"最后一根稻草"。在美国"双反"应诉企业初裁税率表中,该企业的母公司——山东昊龙集团赫然在列。

(二)胎大王与时代同行——打响"互联网+"轮胎第一枪

2015 年是中国国家战略"互联网+"和代表中国工业 4.0 版本的《中国制造 2025》的元年。2015 年 5 月 15 日,中国首家轮胎电商垂直交易平台"胎大王 www. tdw360. tom"上线运行,打响"互联网+"与中国国家战略第一枪,务实地夯实《中国制造 2025》,致力于让天下没有难做的轮胎生意。这也拉开了国家"互联网+"与《中国制造 2025》国家战略在轮胎行业正式落地的序幕。

胎大王——轮胎行业颠覆者顺势而生,它以排山倒海势不可挡的力量,引领了整个行业的消费变革,摧毁了传统销售的封闭模式,驱动一个传统制造业走向转型致力于让天下没有难做的轮胎生意。

(三)胎大王,承载世界的轮胎——胎大王电商平台商业模式解析

胎大王轮胎电商诞生于誉称中国轮胎之都的山东广饶,业界对其曾有"世界轮胎看中国、中国轮胎看山东、山东轮胎看广饶、广饶轮胎看大王"的美誉。大王是山东省东营市广饶县的一个镇,轮胎产量世界第一,胎大王电商平台,名根于此、源于此。

胎大王——中国轮胎电商第一平台,全称胎大王信息科技有限公司,独立法人的互联网股份制公司,是全国首家轮胎行业电商垂直交易平台。平台定位是:品质平台,品牌平台,垂直平台,服务平台。平台功能:互联网+轮胎+金融模式。最终实现轮胎产业链条的资源融合(油卡、ETC、汽修周边、保险等)。

胎大王一期投资 2.3 亿元,于 2014 年 6 月份开始筹建,正在全国建立 30 家省级物流配送中心,拟设立超过 2 000 家终端实体店,并有 5 000 家平安保险服务网点为平台提供产品责任险,打造半径 30 km 的救援服务圈,实现 24 小时实时在线、全球交易,通过线上导流、线下体验、线上评论、精准推荐的运营机制,打造轮胎电商 O2O 服务闭环,打造一对一体验式营销模式,打造最先进的 O2O 电商服务平台。

胎大王乘着中国新经济引擎"互联网+"与《中国制造 2025》的战略东风,以淘汰落后产能、促进产业升级为基础,以传统企业与信息产业跨界融合为手段,促进产品升级和产业转型,推动中国轮胎行业从轮胎制造大国向轮胎质造强国的远大目标迈进。

胎大王垂直电商平台将基于 O2O、LBS、SNS、Cloud、Mobile 等的大数据服务的轮胎产业集群,实现轮胎电商 O2O 闭环,打破传统行业营销方式,服务更贴心,价格更透明,品质更有保障,依托移动互联网实现厂商与用户之间的线上线下全网信息智能无缝链接,时实精准地推荐、推送、推广厂商与用户之间的信息,搭建优质便捷的网上交易平台,让用户在不经意间得到其最有价值的信息和无缝的服务。

(四)轮胎电商"胎大王"有何竞争力

轮胎电商仅仅是一种渠道而已吗?除了能协助卖几条轮胎外,对轮胎行业本身又有多大的作用?"胎大王"决策层认为,"胎大王"模式将肩负起促进行业转型升级、重建轮胎业

营销规范的作用。"登录胎大王、直购好轮胎"的广告片已于 2015 年 4 月 1 日登陆央视一套黄金时间。

胎大王轮胎电子商务平台,致力于打造中国轮胎(特别是卡车胎与矿山车胎)电商第一平台,打造国内最大的轮胎线上服务中心。目前此类网站全球第一,还没类似竞争对手。对于小胎(轿车)电商网站非常之多,但目前专业做商用轮胎或全钢子午胎只有胎大王一个。

"胎大王"模式与传统模式的不同之处如下所述。

1. 传统轮胎营销模式

代理流程:找省级代理商—省级代理找地级市代理—地级市代理找县级代理—县级代理找加盟店—加盟店再到消费者。

销售流程:生产—代理商层层溢价—赊账—追账(法院)—收账。

营销模式:一个终端门店靠路边吸引或主动出击开发客户或大客户。

——轮胎传统销售已经进入高风险、高投入、低毛利的恶性循环,食之无味,弃之可惜,一半以上的代理商在亏本做生意,苦苦挣扎、作茧自缚,谁也不愿意放弃一门做了多年的生意,实在是难以割舍。如何寻找新的生机,是他们最迫切需求的。

2."胎大王"运营模式

第一步:胎大王电商平台通过各种手段(央视广告、地推、广播、微信、网络精准推广等)吸引消费者注册成为胎大王粉丝,网上下单后,直接到体验店安装提货(粉丝传粉丝,千万粉丝团很容易形成)。

第二步:胎大王整合超过 2 000 家终端轮胎加盟店,使用胎大王统一 VI(视觉识别系统),统一服务标准、服务价位,统一店面形象、店面政策(品牌合力极大增强)。

第三步:胎大王在全国建立 30 家省级物流配送商,负责为终端体验店配货,争取实现一日订货到达的购胎体验。

第四步:胎大王整合 100 家轮胎企业(含国际知名品牌)打造网上百家联盟精品商城。

第五步:胎大王为各加盟商嫁接金融工具,为终端直营库担保、银行授信流动资金,解除传统模式带来的三角债问题,让他们无资金压力,赚钱更轻松。

第六步:通过嫁接物流平台、油卡、ETC、修理卡、保险等,为司机,也就是胎大王的消费者,一方面提供方便,一方面省钱,通过胎大王终端服务人员,打造微信群,实时与胎大王平台无缝沟通。利用享券云魔盒的微信周边服务,解决轮胎销售最后 100 米落地问题,翘动超过两万个亿"轮胎+汽配"的汽车后市场。

3. 传统轮胎营销模式的劣势

盈利模式短板:层层加价、价格不透明、信息不透明、品牌鱼龙混杂,轮胎品质没有保障,服务不及时到位。

厂家短板:没有能力运作终端,市场维护成本高,见效不明显,与消费者无法沟通。

经销商短板:维护成本高,加价虽多,但是人流量少,总体效益较差,三角债严重。

终端体验店短板:赊销严重,客流量少,总体效益较差,垂死挣扎、寻求新商机。

消费者的痛点在于:轮胎价格不透明,容易上当受骗,感觉服务差;对轮胎质量难以评估;遇到问题找不到责任承担者。

4."胎大王"运营模式的优势

渠道盈利模式:服务费(固定,由胎大王返还)乘以服务量(由胎大王进行品牌推广,并与各终端体验店共同运作粉丝团);渠道商转型服务配送商,单条轮胎收入降低,轮胎配送总量上百倍提升,节省了市场维护费,利润额超过原先百倍以上;终端店转型服务商,单条轮胎收入降低,但是服务量、客流量百倍提升,减少了资金积压,利润额达到原先几十倍及以上。

轮胎消费者福利:接受服务更加快捷,轮胎价格大大降低,服务满意度上升,愿意向同行分享,带来更多粉丝。

轮胎厂家福利:不用销售人员就可以坐拥全国 2 000 家销售终端店和千万粉丝客户,只需要掌控好质量、成本,然后单独进行品牌运作和生产就可以了。

"胎大王"模式的另一个重要魅力在于它所产生的社会公信力,并服务更到位、规范、便捷、品质更有保障:传统模式中厂家和终端几乎没有多少关系,在胎大王模式中,终端接受胎大王统一管理,关系紧密;传统模式中厂家、中间商、终端店很不规范,胎大王模式中上下一贯一致,统一标准,全国连锁,犹如麦当劳,以统一的标准、服务、价格、形象赢得消费者。

案例分析题

1."胎大王"是如何一步步完成其商业模式的转型的? 你从中获得了哪些启示?
2."胎大王模式"现在应用的如何?

【本章小结】

随着互联网的不断发展,特别是在十二届全国人大三次会议上,李克强总理在政府工作报告中 8 次提到"互联网",并首次明确提出要制定"互联网+"的国家战略,从而使得互联网建设上升到了国家政策层面,"互联网+"商业模式创新也在这一大背景下应运而生。

本章首先对传统商业模式及其特点进行了介绍;然后从"互联网+"商业模式创新的定义、核心要素、实现途径 3 个方面对"互联网+"商业模式创新的内涵进行了阐述;其次介绍了"互联网+"时代的商业创新,分析了"互联网+"时代的企业创新和"互联网+"时代的价值创造。最后对"互联网+"思维与商业模式进行了相关总结。

"互联网+"商业模式创新是企业为了应对市场竞争,充分发挥互联网在生产要素配置中的优化和集成作用,以新的视角发掘商业模式系统的演化规律的过程。"互联网+"商业模式创新的核心要素是:社群、平台、跨界、资源聚合与产品设计。"互联网+"商业模式创新的实现途径包括价值发现的变革、价值获取的变革和价值传递的变革。

"互联网+"时代下的企业创新策略包括:创意引领产业、媒介融合策略、借势营销策略。"互联网+"时代,价值创造发生了变化,主要体现在:互联网使得价值创造的载体发生了改变、互联网颠覆了价值创造的方式、互联网导致了价值创造逻辑的变化。"互联网+"时代价值创造的过程主要包括价值确定、价值主张和价值实现 3 个步骤。

大数据的商业价值主要体现在对顾客群体细分、模拟实境、数据存储空间出租、管理客户关系、个性化精准推荐、数据搜索等方面。未来的竞争,不是产品的竞争、渠道的竞争,而是资源整合的竞争,终端消费者的竞争,谁能够持有资源,持有消费者用户,不管他消费什么产品、消费什么服务,都能够保证自己的利益,立于不败之地。所以,企业应根据自身条件,基于互联网思维不断创新商业模式来抓住终端消费者,其中互联网思维的商业模式主要体现在战略定位、资源整合、盈利模式、营销模式、融资模式和价值创造6个方面。

【关键词】

"互联网+";商业模式创新;企业创新;价值创造

【复习思考题】

一、思考题

1. 简述传统商业模式的定义与特点。

2. 什么是"互联网+"商业模式创新?

3. 简述"互联网+"商业模式创新的核心要素。

4. "互联网+"商业模式创新的实现途径有哪些?

5. 简述"互联网+"时代企业创新的具体内涵。

6. "互联网+"时代下的企业创新策略有哪些?

7. 简述"互联网+"时代价值创造的过程。

8. 大数据的商业价值主要体现在哪些方面?

9. 互联网思维对商业模式的创新产生了哪些影响?

10. 基于互联网思维的商业模式有哪些?

二、讨论题

1. "互联网+"商业模式创新的动态趋势是什么?

2. 传统商业模式与"互联网+"商业模式相比,企业价值创造的异同点有哪些。

3. "互联网+"时代,商业模式创新时应该注意什么问题?

4. 讨论互联网思维与商业模式之间的关系。

5. 不同企业,运用互联网思维进行商业模式创新时是否存在差异? 如果有,原因是什么?

6. "互联网+"时代的商业模式对传统商业模式产生了哪些冲击? 讨论传统商业模式应如何积极应对?

三、网络实践题

1. 访问"小米"网站,分析在"互联网+"的时代下,小米企业运用了哪些创新策略。

2. 访问一个企业的网站,并分析大数据在其商业应用中的体现。

3. 通过搜索引擎进行资料的检索与收集,选出小组认为"互联网+"商业模式创新运用最为成功的企业,应说明原因。

4. 根据网络公开资料,分析"互联网+"对哪个行业的商业模式的创新影响最大。

第7章
"互联网+"企业产品策略

📖 【本章导读】

互联网和移动互联彻底改变了消费者的媒体接触习惯和购物行为,去中心化、去渠道化、碎片化以及信息的畅通,让小企业或新企业有了生存和发展的巨大机会,也使得它们有机会与大企业平等地站在消费者面前。产品策略包括品牌、质量、服务、品类、附加值等,其中的品类理论告诉我们,消费者对品类思考,以及对产品和品牌的选择,使得企业要"绞尽脑汁"进行产品的差异化,以形成新的品类吸引和打动消费者,因此诞生了品类创新的几大方法:行业细分、身份标签、功能定位、产地、站在对立面、生产工艺等。无限细分之后,企业又发现,品类创新进入了另一种"红海":要么无法满足企业营销目标,要么消费者没有感觉明显的差异,也就是通常所说的无效细分。而回归产品本身,"互联网+"的时代,产品又如何与互联网相结合阐释"互联网+产品",在这一新挑战中,产品又该如何重新"打动"消费者呢?

📖 【学习目标】

- 了解"互联网+"企业产品的定义,能对"互联网+"产品规划和"互联网+"的产品特点和内涵进行理解
- 明确"互联网+"企业产品战略规划和产品设计的基本步骤和流程
- 明确"互联网+"企业产品细分的特点
- 了解"互联网+"企业产品生命周期与传统产品生命周期的不同

📖 【开篇案例】

"互联网+"冰糖橙=褚橙

同样是橙子,为什么褚橙却成了众人眼中"励志橙",它是怎么做到的?褚橙在营销上的成功关键在于其高明的网络宣传与营销策略,这或许是很多企业需要借鉴、学习的发展趋势。

首先,它被人赋予了褚时健大起大落的人生经历;其次,在对产品深入分析理解的同时,定义消费者群体,满足个性化的要求,用"用户参与进来"的方式,建立起自己的营销方案,通过这些过程褚橙走向了成功。

农产品较为显著的问题就是标准化、品牌附加价值。长久以来,所有农产品都是被当作普通田间地头的东西,通过层层的中间渠道进行销售,并没有形成真正意义上的商品。在过去的几年中,走了很多弯路,所以要像可口可乐一样卖农产品,既可以做出标准化,同时也让用户为一些文化价值和生产本身之外的东西买单。

随着农业的发展,越来越多的商界大佬进入农业领域,被誉为"昔日烟王"的传奇企业家褚时健也选择在75岁时投入农业,种起了冰糖橙,凭借着全新的农业运作模式、优良的品种和褚时健的影响力,褚橙开始引爆全国市场。

2013年,"本来生活网"成功地借助一场针对年轻人的营销,利用互联网,把褚橙推向了一个高峰,同时也让"本来生活网"借助褚橙这个产品迅速提升了影响力。其中,有哪些值得其他农业品牌参考的地方呢?

(一)品牌要卖一种精神

85岁的褚时健汗衫上的泥点、嫁接电商、新农业模式……"本来生活网"迅速跟进,做了一个转发,引起经济话题,接下来行业、企业界大佬等都对这一条微博进行了转发,之后由王石微博转发点燃了事件,这条微博是"衡量一个人的成功标志,不是看他登到顶峰的高度,而是看他跌到低谷的反弹力"。

2012褚橙进京、褚老精神的内容传播,其核心路径是社交网络平台——微博,主要的人群是60后、创业者、企业家,因为他们对于褚时健的经历感同身受,尤其像王石这样的一些人,有些惺惺相惜以及寻找安全感的因素在里面。

(二)用爆款产品支撑品牌提升

褚橙有着全世界最好的代言人,用一句话来形容老褚就是,他用生命在种橙子,他在中国是独一无二的人,是中国创业家里面的活化石,他又有那么多的粉丝,他的经历足够坎坷,最重要的是这些东西,确实是他一手种出来的,并不是他的一个资本行为或者是买断行为。在产品上,褚橙的口感是24:1的黄金酸甜比,它保持了农产品非常好的一致性。希望大家在记住褚橙时,同时记住"本来生活网",最后利用社会化媒体作为传播的主渠道,由财经媒体向生活方式类媒体延展,进行更大众化的传播。传播的核心就是将老一辈的这种精神传承到年轻人身上,采用的传播路径就是传统媒体到微博然后再到自媒体,主力人群就是80后。

(三)寻找意见领袖,产生圈子效应

褚橙2013广告语"人生总有起落,精神终可传承",这句话在网上传播非常广泛,下面是用一些数字描述褚老的行为:85年跌宕人生,75岁再次创业,耕耘十载,结出24 000万累累橙果,以非常量的橙子进行视觉上的反差,并把包装作为核心传播的素材,实践证明,如果大家在媒体或者是自媒体上分享时,可能橙子是大同小异,但是包装不一样,每个人会有不同的分享,包装上带着LOGO,也解决了如何加上"本来生活网"的诉求。

预售阶段,在北京电视台里面打了第一波广告,做了一个视频,找了10位80后各行各业在自己领域里面有影响力或者杰出成就的人,拍了一段视频,他们处在事业的转型,他们在人生中遭遇了一定的挫折,他们是如何面对自己事业的转型,在遭遇挫折的时候是如何解决的? 这 10 位人物是我们认为的平民英雄,褚老的精神符合我们的精神,当天浏览量达到 18.5 亿。这 10 个人每个人背后都有自己的粉丝,在他的粉丝群里面获得了很好的传播。

(四)个性化包装×内容:有格调者赢天下

说说包装,褚橙的包装是非常重要的一个策划,包装上面有一些非常年轻化的语言,把"本来生活网"原创以及微博上的活动策划征集的一些语言做在了包装上,很多用户可以根据自己的爱好或者根据自己的审美来选择这样的包装。比如说,"谢谢你让我站着把钱挣了",有些企业的负责人买回来送给欠他钱的合作伙伴;再比如结合王菲、李亚鹏离婚热点事件设计的"我很好,你也保重"的包装,很多女孩子买了之后送给前任男友;还有些是"即便你很努力,但是你的成功主要靠天赋""就算你很有钱,我还是觉得你很帅"。

得用户者得天下,但是,站在他们的角度则是"有格调者赢天下"。例如,柯蓝吃褚橙发了微博,刘涛与褚橙也有合作,六六,即是写《蜗居》的作家,也参与褚橙的互动,这些人物都是在微博上比较有知名度的人物。除此之外,"本来生活网"还做了一些活动的营销,比如与太美集团做的二代企业家的论坛活动,主题为传承。

社会化营销其实就像一个火种一样,你把火种投出去以后就靠它自己燃烧了,当然最主要的是褚老,如果没有褚老用生命种橙子,所有的一切都是空的。[1]

7.1 "互联网+"企业产品规划

7.1.1 "互联网+"企业产品定义

按照通常的理解,产品就是劳动生产物,是具有某种特定物质形状和用途的物体。从这个范围来说,产品是指在一定的生产关系下,劳动者和生产资料相结合,根据一定的社会需求和个人的消费而设计、生产出来的物质资料,是社会物质财富的实体本身,而不包括其他内容。所谓企业产品是指企业中有目的的劳动生产物,既包括生产企业的有形产品,又包括服务行业的无形产品。

1)有形产品

人们对产品的理解通常局限于具体的、能够提供某种实际用途的物质实体,比如茶杯、食物、汽车等,这些传统的、狭义的产品概念,指的是"有形产品"。

根据有形产品的耐用性程度,可以划分为耐用品和非耐用品两大类。

(1)耐用品

耐用品(durable goods)是指使用时间较长,至少在 1 年以上的物品,如空调、洗衣机、汽车、器械设备等。此类产品单位价值较高,购买频率较低,往往需要较多的人员推销和服务,故销售价格较高,利润空间也较大。

---

[1] 本案例来自新华网

（2）非耐用品

非耐用品（undurable goods）是指使用时间较短，甚至一次性使用的物品，如纸巾、食物、化妆品等，这类产品单位价值较低，消耗较快，消费者往往频繁购买、反复购买、随机购买，使用量大。因此需要广泛设置分销网点，方便消费者及时购买，就近购买。多采用随行就市制订价格，企业获利空间较小；也可采用拉式促销策略来吸引消费者购买，并促成他们建立品牌偏好，形成习惯性购买行为，以扩大企业产品的销售。

2）无形产品

随着新经济时代的到来，服务业在世界经济中所占的地位越发重要。服务作为一种重要的产品形式，越来越成为企业营销的重要内容。所谓“服务”（service）是指能够满足消费者的某种需求，给消费者带来便利、好处、满足感的各种活动，如美容美发、金融服务、交通运输、律师服务等。服务具有无形性，生产、销售和消费的不可分离性，产品质量的可变性和不可储存性等特点。因而这类产品的营销需要更多的质量控制、更有效的促销推广和更适用的平衡供求矛盾的措施。

实际上企业向市场所提供的大多数产品都是既包括有形的物质产品又包括无形的服务，特别是物质产品和服务的组合，二者密不可分，融为一体，而纯粹的有形产品形式如大米、食盐，或是纯粹的服务形式如医疗、美容等已经越发少见了。人们现在身处全球经济依存度相对发达的大环境中，故不能不注意国际形势的走向。如今，发达国家已经有 1/2 以上的从业人员从事以信息为主的工作，而且，预计在未来 10 年人类的全部工作中将有 4/5 与信息经济有关。

再者，以计算机、网络、机器人为标志特征的信息时代，正以热核裂变的惊人速度，迎面向我们袭来。信息已经从科学家的实验室走进了办公室，走进了普通家庭，信息已经将全世界的计算机都连接起来了，各种多媒体视听设备丰富着每一个人的生活，改变着全人类的生活习惯、工作习惯、生产习惯、科研习惯和商业习惯。

网络、计算机、数据、知识……各种信息像空气一样充满了所有的空间，无所不在、无时不在、无孔不入。不同的内容信息，能产生不同的价值和价格，不同内容的信息，会有不同的市场需求，能服务不同的行业，不同的人群。信息集成的成本、采集的方式、检索的方法、检索的效率、扩散的速度、储备的成本、交换的成本，已经与人们的生存以及产品的生成息息相关。

不难发现，“互联网+”的提出与行动的明确正是时机。无所不在的计算、数据、知识、创新等各种信息的“互联网+”，定然会改变人们的生活、工作和企业产品的生产。“互联网+”代表一种新的经济形态，即充分发挥互联网在生产要素配置中的优化和集成作用，将互联网的创新成果深度融合在经济社会的各个领域之中，提升实体经济的创新力和生产力，形成更广泛的以互联网为基础设施和实现工具的经济发展新形态。“互联网+”行动计划将重点促进以云计算、物联网、大数据为代表的新一代信息技术与现代制造业、生产性服务业等的融合创新，发展壮大新兴业态，打造新的产业增长点，为大众创业、万众创新提供环境，为产业智能提供支撑，增强新的经济发展动力，促进国民经济提质增效升级。

综上所述，本书提出“互联网+”企业产品定义：企业将云计算、物联网、大数据为代表的新一代信息技术与现代制造业、生产性服务业等的融合创新,充分发挥互联网在生产要素配置中的优化和集成作用,与互联网的创新成果深度融合的有目的性的劳动产物。

7.1.2 "互联网+"产品规划的内涵

传统的产品规划是指产品规划人员通过调查研究,在了解市场、了解客户需求、了解竞争对手、了解外在机会与风险以及市场和技术发展态势的基础上,根据公司自身的情况和发展方向,制订出可以把握市场机会,满足消费者需要的产品的远景目标以及实施该远景目标的战略、战术的过程,主要有下述内容。

(1)市场与行业研究

产品规划人员研究与产品发展和市场开拓相关的各种信息,包括来自市场、销售渠道和内部的信息;研究用户提出或反馈的需求信息;研究竞争对手;研究产品市场定位;研究产品发展战略等。

(2)沟通

产品规划人员应及时与消费者以及公司内部的开发人员、管理人员、产品经理等保持良好的沟通,而且不仅仅在规划阶段,这种沟通要覆盖整个产品生命周期。

(3)数据收集与分析

产品规划工作中最基本也最重要的一项内容就是收集与产品规划相关的各类数据,并对这些数据进行科学分析。

(4)提出产品发展的远景目标

产品规划工作的基本任务是提出产品发展的远景目标,并通过各种沟通渠道让公司内的相关人员熟悉和理解这个远景目标。

(5)建立长期的产品计划

除了提出当前产品的远景目标外,产品规划人员还负责对产品的长期发展规划(如 3 ~ 5 年的发展计划)进行设计和描述。

此外,产品规划工作还具有不受产品开发周期约束的特点。也就是说,产品规划通常会跨越整个产品开发周期,在产品开发周期的每个阶段,产品规划人员的工作方式并没有明显的不同,他们会随时了解客户、市场、技术创新等情况,并根据内、外部的各种变化调整或完善产品规划。

随着"互联网+"概念的提出,不仅企业产品的概念发生了变化,企业的产品规划也与传统的企业产品规划具有很大的差别。通过互联网,企业能够及时把握和适应市场变化,满足消费者的个性化需求,从而完善企业的产品线,增强企业的竞争力。同时,网络化也使消费者不再是被动的产品接受者,他们只需要利用搜索工具就能找到符合自己要求的产品并进行组合,作出个性化的选择,或者定制其所需要的个性化产品。企业应该通过互联网向潜在客户推广产品和服务,向已有客户介绍新产品和服务,企业还可以通过网络反馈回来的客户信息,使面向消费者的营销活动更趋个性化。"互联网+"时代对企业来说既是机遇也是挑战。企业开发的新产品如果能适应这个特定时代的市场需求,就可以在很短时间内占领市场,一炮打响。

在"互联网+"时代,企业产品的规划和产出过程体现出与传统工业产品不同的特点。具体表现在下述 3 个方面。

1)消费者可以全程参与新产品的研制与开发

消费者参与新产品的研制与开发不再是传统的新产品开发过程中简单地被动接受测试和表达感受,而是主动地参与和协助产品的研制开发工作。

2)供应商和经销商也可以直接参与新产品的研制与开发

通过互联网,企业可以与供应商、经销商和消费者进行双向沟通和交流,从而最大限度地提高新产品研制与开发的速度。

3)企业与企业之间以新产品开发为纽带的协作关系增强

因为在网络时代,企业之间的关系主流是合作,只有通过合作才能增强企业的竞争能力,才能在激烈的市场竞争中站住脚跟。

所以在"互联网+"的背景下,新产品规划和开发的首要前提是形成新产品构思和概念,然后按照一定的步骤推进。利用互联网规划和开发产品主要从下述 3 个方面理解其内涵。

(1)进行新产品的构思

在每个阶段,都有一些伟大发明推动技术革命和产业革命,这个时期的产品构思和概念形成主要是依靠科研人员的创造性推动。新产品的构思可以有多种来源,可以是用户、科学家、竞争者、公司销售人员、中间商和高层管理者,但是最主要的来源还是依靠用户来引导产品的构思。网络营销的一个特性就是与用户的交互性,它通过信息技术和网络技术来记录、评价和控制营销活动来掌握市场需求情况。网络营销通过其网络数据库系统处理营销活动中的数据,并用来指导企业营销策略的制订和营销活动的展开。利用网络营销数据库,企业可以很快发现用户的现实需求和潜在需求,从而形成产品构思。通过对数据库的分析,可以对产品构思进行筛选,并形成产品概念。

(2)网络营销新产品研制

与过去的新产品研制与试销不同,用户全程参加概念形成后的产品研制和开发工作。通过互联网,企业可以与供应商、经销商和用户进行双向沟通和交流,可以最大限度提升新产品研制与开发的速度。值得关注的是,许多产品并不能直接提供给用户使用,它需要许多企业共同配合才有可能满足用户的最终需要,也就是需要在新产品开发的同时加强与以产品为纽带的协作企业的合作。

(3)网络营销新产品试销与上市

作为新兴市场,网络市场中的消费者群体一般具有很强的好奇心和消费领导性,比较愿意尝试新产品。因此,通过网络营销来推动新产品试销与上市是比较好的策略和方式。但必须注意的是,网上市场群体还有一定的局限性,目前的消费意向比较单一,所以并不是任何一种新产品都适合在网上试销和推广的。一般与技术相关的新产品在网上试销和推广效果比较理想,这种方式一方面可以比较有效地覆盖目标市场,另一方面可以利用网络与用户直接进行沟通和交互,有利于用户了解和相信产品的性能,还可以帮助企业对新产品进行改进。

在这里需要强调的是,"互联网+"在产品规划的过程中,要注意新产品需满足用户的个性化需求的特征,也就是同一产品能针对市场中不同用户需求生产出功能相同,但是又能满足个性需求的产品,这就要求新产品在规划和开发设计中要考虑到产品式样和用户需求的差异性。

7.1.3 "互联网+"企业产品新内涵

索尼 DVD 机、福特轿车、塞班岛的旅游,以及医院医生的建议这些都是产品。任何能够提供市场从而引起人们关注、供人们取得使用或是消费,并能够满足某种欲望或需求的有价值的东西都是人们所说的企业产品。企业产品内涵表现在提供满足顾客需求的价值上,即企业为顾客所提供的产品或服务具有真正价值,而不仅仅是停留在一种纯粹认知概念上的虚幻感觉。

满足用户需求,创造用户价值,是商业的根本目的。人们对于用户需求的满足,可以简单分为 3 个层次:功能、体验、个性。所以,如何根据用户需求,创造真正的用户价值才是企业产品的真正内涵所在。

最容易满足的需求是功能。所谓功能,就是解决了一个问题。比如,冰箱解决了一个食物保鲜的问题,洗衣机解决了一个把衣服洗干净的问题。

然后,就是体验。当电视机基本满足了人们收看电视节目的功能时,便开始出现了各种高清电视、3D 电视等,以实现更好的观看体验;当手机基本满足了人们打接电话的功能后,便开始出现了各种彩屏手机、触屏手机、美颜手机等。这都是在基本功能被满足的情况下,人们的要求变成了更好的体验。

人们更高级的需求,就是个性化的满足。换句话说,就是与众不同。我希望 iPad 背后能够激光雕刻我的格言;希望水杯上有我的照片以及我的名字;希望家里的冰箱能够搭配我家中装饰的颜色,我甚至希望我的手机能根据我手掌大小订制屏幕长度和宽度。这些需求每个人都不同。

从功能,到体验,到个性,越往上的需求,越小众。沟通效率还不高时,满足功能需求,也就是基本需求,是最重要的,也是最容易实现的。所以传统的企业产品内涵表现为满足人们基本的需求提供价值。随着互联网时代的来临,"互联网+"企业将云计算、物联网、大数据等信息技术与现代制造业、生产性服务业等的融合创新,充分发挥互联网在生产要素配置中的优化和集成作用,也让生产者和服务者接触每一个直接的、最终的消费者变成了可能。你所了解的这个个体用户的需求,就是将来要购买的真实需求。你不需要通过对他们做出相继的判断并根据这些判断推及其他人。你生产一个他想要的东西就可以了。每个人想要的都不一样,或大或小,满足"个体用户"需求,是未来的大方向。

随着信息文明的发展,随着互联网对距离的消除,让人们已经从假想用户的功能需求到满足了泛指用户的体验需求,并开始满足个体用户的个性需求。商业的革命就是对用户了解程度的革命,就是对客户需求满足程度的革命,更是对用户价值创造程度的革命。现在,"互联网+"的提出不是仅仅将互联网与传统企业相结合,更重要的是将互联网思维融入传统商业模式当中。

众所周知的互联网企业如阿里巴巴、百度等,确实是与传统企业有很大差别,这些差距之间存在的难以感知的东西就是互联网思维。成功解答"互联网+"的产品新内涵的例子就是雕爷牛腩。这是被人传得神乎其神的企业,也是成功利用"互联网+"的"精神领袖"。

首先,雕爷牛腩花重金买下香港著名厨师戴龙的牛腩秘方,开业前进行半年的封测,邀请各路明星大腕、微博达人进行免费试吃,仅这项就花费了1 000万元。其次,雕爷牛腩在细节上也花了不少心思:盛放面汤的碗是经过专门设计,并申请了国家专利,其碗体上方厚重,端起来有较好的手感,碗口处薄而光滑,方便客人喝汤;每双筷子都是上等木材特别定制,用完以后可以和牙签放在一起,装在纸套里带走;每个月都会有新菜单的内容,如果客人认为这道菜不好吃,有待改良,那么这道菜立刻会在雕爷牛腩的菜品单里消失。

最后,店里的老板每天都在关注大众通过微博、微信对雕爷牛腩做出的点评。如果发现有顾客对菜品和服务不满意,会立刻作出回馈。此外,雕爷牛腩的最大特点是通过制造话题引发消费者的关注:韩寒带老婆到店里吃饭,会因为没有提前预约而被服务员婉拒;12岁以下的儿童不得进入……

其实,隐藏在雕爷牛腩背后的品牌策略就是"互联网+"的产品新内涵。

最后让我们回归本源,商业的本质就是"为满足客户的需求创造有价值的产品",所以在"互联网+"大背景下企业的产品内涵就是最终满足"个体用户的个性需求"而创造价值。而这个目标的实现主要依托于互联网对创造价值环节的改造和创新。

7.2 "互联网+"企业产品战略规划

7.2.1 "互联网+"企业产品战略规划的基本步骤

企业没有产品规划,就像"一母生几子,个个抢饭吃"。即使潜力好的产品也可能夭折,不易形成良好的产品梯队,更难形成持久竞争力。销售区域没有产品规划,就像"断了线的风筝"。区域与公司之间难以形成"合力"。单个产品没有规划,就像"荒漠中的一棵树苗"。没有园丁的浇灌、施肥、修剪等精心呵护,难成参天大树。

产品战略是确定"做正确的事",是企业对其所生产与经营的产品进行的全局性谋划,是企业经营战略的重要基础。产品战略规划是确立公司某一段时间应该"聚焦"哪些产品、区域、渠道、"重点突破"哪些产品、区域、渠道、"布局"哪些产品、区域、渠道,公司产品如何组合,如何进行产品定位,不同发展阶段应该采取何种营销策略等。

通过产品战略规划,分析与评估企业关键成功要素,优化产品结构,帮助企业明确优势业务或产品领域,明确公司的产品发展方向、产品线战略与区域产品战略,通过层层落实与实践,规划出一个优秀的产品。

产品是企业的生命,是企业健康发展的基石,是企业与代理商、经销商以及消费者沟通的桥梁。企业是否有好的产品,产品能否适应市场发展和需要,是决定企业取得持续发展的核心。

传统的产品战略规划过程的3个主要阶段如下所述。

（1）市场细分及选择

在这个阶段,主要通过市场调研和分析,研究如何细分市场以及企业如何选择细分市场;最后企业作出对细分市场的战略选择。

（2）定义新产品概念

对某个细分市场,收集其需求的主要内容,包括客户需求、竞争需求以及企业内部需求,并确定企业在该细分市场的产品定位,然后寻找和定义新产品概念。

（3）确定产品规划

从技术层面分析新产品属于哪个产品族及其开发路径,并根据公司的战略/策略确定新产品开发的优先顺序和组合策略,然后依据企业资源现状制订新产品的时间计划。

虽然产品规划可以分为上述 3 个主要阶段,但这 3 个阶段是相互影响的。不仅前一阶段确定了下一阶段,如细分市场的选择必然确定了需求收集的目标市场;而且后面的阶段也会影响和修正前面阶段的结果,如企业的技术和资源状况可能会影响产品的定位,甚至影响细分市场的选择,细分市场需求的进一步收集和分析可能会修正已经做出的细分市场选择的结果等。所以,3 个阶段是缺一不可的,每个阶段应该有明确的输出结果,另一方面,这 3 个阶段是相互影响的,应该注重有机结合。

如果进一步分析市场细分及选择过程,可以很自然地将产品规划再分成细分市场和细分市场战略选择两个关键活动。而定义新产品概念过程,则包括关键需求分析、竞争分析与定位新产品及定义新产品概念等关键活动。在确定产品规划的过程中,应包括技术平台分析、确定新产品组合及新产品时间资源计划,如下所示。

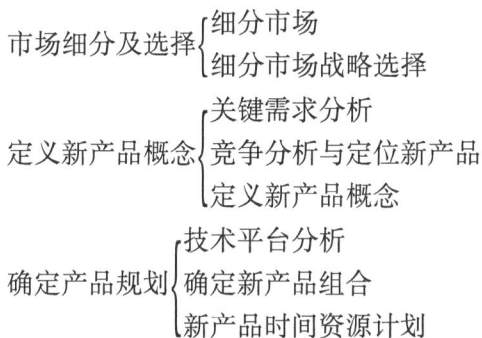

$$
市场细分及选择
\begin{cases}
细分市场 \\
细分市场战略选择
\end{cases}
$$

$$
定义新产品概念
\begin{cases}
关键需求分析 \\
竞争分析与定位新产品 \\
定义新产品概念
\end{cases}
$$

$$
确定产品规划
\begin{cases}
技术平台分析 \\
确定新产品组合 \\
新产品时间资源计划
\end{cases}
$$

随着"互联网+"概念的提出,产品规划的过程也发生了巨大变化,企业的产品战略将依托于云计算、大数据、物联网等新一代信息技术与现代化制造业、生产性服务业等的融合,充分发挥互联网在生产要素配置中的优化和集成作用,将互联网的创新成果深度融于经济社会的各个领域之中。在"互联网+"企业产品战略规划之中,"云计算"带来的落地可能,"大数据"带来的商业价值,智慧城市同行的"物联网"使得万物互联成为可能,也使得生产要素配置中的优化和集成得以实现。

"互联网+"使得云计算、大数据、物联网等技术成为基础,用户和厂商之间更加便捷的链接和互动,不再只是销售和服务人员去面对最终端用户,用户开始越来越多地参与厂商价值链的各个环节的运作。这样,为了更快、更好地满足用户需求,传统的商业链模型就必须被新的互联网思维进行重构。首先是新的产品开发模式,按照传统思维,开发模式大多是企业先对消费者进行调查,继而找出消费者的需求。企业再根据消费者的需求,找到专业的人员进行设计,接着是购置原材料,组织工人生产,做广告,将产品推向市场等。这一套流程既烦琐又冗长,前后耗费大量时间,有时甚至会在产品推出以后,由于市场变化、消费者的需求发生变化而造成产品积压、资源浪费。以致在市场份额上出现落后于别人的不利局面。因此,"互联网+"针对此提出了一种全新的"互联网+"企业,产品战略规划模式如下所述。

①用户的大数据收集。

②用户的大数据分析。

③竞争环境的数据分析。

④用户的参与与体验。

⑤产品开发与测试。

⑥回顾与迭代。

例如,中国电信江苏公司践行"互联网+"思维,充分诠释了全新的"互联网+"的企业产品战略规划模式,它在云计算新产品开发上,探索并实践持续优化、敏捷开发的互联网化、迭代式产品研发方式,通过微小改进、快速迭代,对客户和市场的需求快速反馈和改进。具体来说,有下述 4 个方面的举措。

(1)组织体系创新

率先试点云计算新产品开发运营一体化,对于云清洗、云盾等新产品,产品开发者同时承担产品后期运营,实现前期开发工作与后期运营无缝衔接;以运营作为目标导向,做好做实产品设计、开发工作。

(2)导向机制创新

将以往产品开发以功能为导向的机制转变为以客户需求为导向进行新产品开发,并让核心目标客户参与产品开发过程。在云同步、IDC 代维等产品开发之前和开发过程中,组织产品经理深入分公司调研,了解市场需求,根据客户需求对产品功能进行调整完善,并贯穿整个产品开发生命周期。

(3)开发流程创新

创新"开发、试点、发布、完善、再发布"的迭代式开发流程。通过试点完成后发布产品,既缩短了产品开发周期,快速推出新产品,同时也能够根据反馈再快速迭代完善;采用新流程开发的云、云同步等产品即取得了良好成效,试点初期就完成签约,并根据客户反馈快速完善了产品。

(4)方式方法创新

传统的市场调研主要采用电话或上门拜访的方式,效率低、效果也不理想。在新的产品开发管理模式下,以云同步产品为例,即创新地通过互联网方式(微信、易信投票)进行市场调研、收集反馈,通过收集客户反馈、做精准调查,能长期和客户保持联系与互动,并迅速改进产品。

这是一个数据的时代,全球著名咨询公司麦肯锡曾作出这样的论断:"数据已经渗透到当今每一个行业和业务职能领域,成为重要的生产因素,人们对于海量数据的挖掘和运用,预示着每一波生产率的增长和消费者盈余浪潮的到来。"的确如此,从大数据在移动互联网领域的火爆程度就可见一斑。这一数量巨大、结构复杂、类型众多的数据构成的集合,如果能够整合共享、交叉使用,就能形成有效的智力资源和知识服务能力。所以说移动互联网时代也是大数据的运用时代,"互联网+"企业的本质也是企业利用数据。因为每个人的行为都会被以大数据的形式表现出来,甚至可以被可视化地呈现。对于进军互联网的企业而言,这种基于用户行为和对竞争环境作出的数据分析和预测,必然会为企业的商业决策和基准营销提供依据。

对于"互联网+"给人们带来的一个共识,那就是相对于以前那种大规模生产、大规模销售、大规模布局的工业化思维而言,互联网将通过对整个商业生态圈的重新审视和重构,带领人们进入一个更加开放的、平等的、全新的信息化革命时代。在新的商业链条上,占主导地位的不再是企业,而是消费者,谁能重视消费者的体验,在消费者的诉求上合理动作,谁才能使企业创造更多的商业价值。

在"互联网+"的时代,企业在推出产品的过程中可以犯错,但是必须迅速迭代,只有通过迅速迭代的方式来掩盖过往的错误才能为自己赢得主动权。真正的好产品是在持续不断的迭代过程中产生出来的,没有最好的产品,只有更好的产品。尤其是在移动互联网时代,用户自主选择权利的扩大,信息技术的高速发展,市场竞争的日趋激烈,都注定了市场淘汰速度和产品迭代速度的加倍。

7.2.2 "互联网+"企业产品细分

宝洁公司在美国出售 8 种品牌的洗衣清洁剂(汰渍、博得、甘、快乐、埃拉、象牙雪、醉夫特和纺必适),出售 5 种品牌的香皂(舒肤佳、玉兰油、象牙、佳美和科克斯),5 种洗发水(海飞丝、潘婷、沙宣、波特和费滋柯),4 种清洁剂(黎明、液体小瀑布、象牙和欢乐),3 种卫生纸(怡人、慷慨和蓬松),3 种地板清洁剂(崭新、清洁先生和真棒),3 种除臭剂(老香味、秘密和确信),3 种化妆品(玉兰油、香舍丽人和蜜丝佛陀),3 种护肤品(玉兰油、纳科斯马和克里尔)、两种织物柔软剂(丝柔和弹力)、两种一次性尿片(帮宝适和 Luvs)。并且每一种品牌类型在不同的国际市场中又有许多附加品牌。

在"互联网+"概念提出以前,以宝洁公司为代表的企业在进行企业产品细分时通过市场细分、目标市场选择和市场定位的方式根据不同市场之中的购买者之间的不同的欲望(需求),不同的资源,不同的地理位置,不同的购买态度,不同的购买习惯等对企业的产品进行细分,对各个不同现实状况的市场出售不同的产品。

"互联网+"的提出,才使得这些思维模式开始与传统的商业思维模式相结合,但不是因为有了互联网才有了互联网思维,这些思维方式原本在以前就是客观存在的,只不过是互联网的出现和发展,使得这些思维得以集体爆发。这使得与以前工业时代的商业模式产生了很大的差异,包括产品细分。以前企业更多的是大规模生产、大规模销售和大规模营销,在生产、营销和销售的过程中以企业为核心,对市场进行细分,确定目标市场进而市场定位后制造不同种类的产品,在这一过程中企业占据主动位置,所以作出的决定具有高度的主观性而欠缺客观性。

而在"互联网+"的企业产品细分中,首先,消费者占据主动位置,所以说"互联网+"是消费者主权的时代。因为人是互联网商业模式的核心,所以,"用户思维"成为互联网思维的核心也是毋庸置疑的,其他各种思维和运营方法都是围绕着用户思维在不同层面展开的,"用户至上"的用户思维不仅仅体现在做产品的层面上,还要体现在细分市场和产品细分上。通俗一点讲就是利用大数据、云计算等技术作为基础,进行市场细分,将每个客户都视为一个目标市场,针对不同客户的个性化需求而进行个性化的产品细分,将市场和产品的细分程度达到极致。也就是不同客户需要什么,你就给什么;不同用户什么时候想要,你就什么时候给;用户要得少,你就多给一点;用户没想到的,你就替他考虑到。这就是在"互联网+"之中对产品的细分。

例如现在,门户网站的内容和功能可谓是大而全。因为只有这样才能最大限度地满足不同顾客的需求。进入大数据时代,情况发生了一些变化。对于绝大多数用户来说,自己喜欢的内容主要集中在少数的板块中,其他板块增加再多也对自己用处不大。于是,致力于打造互动娱乐模式的互联网平台纷纷变招。一方面,门户网站追求内容的大而全,以求吸引潜在客户;另一方面,网站也开始根据大数据分析结果来给每一位用户定制个性化的内容,以增加对这些用户个性需求的满足。

个性化的网站体现了利用大数据的"互联网+"中产品细分的特点以及其与传统产品细分的差别。在追求个性化与创意多元化的今天,互动参与模式是创意产业发展的一个重要推动器。应该说创意供应者在"互联网+"时代根据大数据来定制内容,准确地把握市场动态,根据每一个顾客的不同的特定需求提供不同种类的产品,将产品细分到为每位顾客提供不同种类的产品这一产品细分极致,从而提升目标顾客的支持率。

7.2.3 "互联网+"企业产品设计

传统的企业产品设计过程中包括创意形成、创意筛选、概念的形成和测试等过程,而如今互联网领域流行一种"用户引导型创新"的说法,意思就是说通过让用户参与产品设计的方式来进行产品创新。这种新方式成功地将互联网和互联网思维加入企业之中,是一种伟大的革命。因为在传统商业时代,产品都是在企业工程师闭门造车的过程中创造出来的,这种工程师思维创造出来的产品,并不能完美地满足用户的需求;而有了"先进用户引导型创新"这种新的生产方式,由于用户可以直接或间接地参与到产品创造中,这意味着企业更加贴近用户,企业和用户之间不再是相互分割的独立关系,而是融为整体。用户在参与企业产品创造的过程中,可以同特定的渠道与企业沟通,把自己对产品的意见或是创新思想传达给企业,企业利用大数据分析的方式,通过分析顾客的不同需求而对不同需求的客户群体进行细分,最终根据分析结果来给每位用户定制个性化的产品和服务。最后根据不同的需求产生的不同类的产品进行小规模的产品内测和试销,让顾客参与内测和试销并将使用意见反馈给客服,客服再把意见反馈给设计部门,每个用户的意见直接影响到其产品的设计和性能,从而让每个产品都快速完善。以上商品设计的思维和方式正是"互联网+"中企业产品设计的核心所在,可以归结为如下步骤。

(1)以用户参与、体验模式开始

企业通过对互联网的搜索、浏览、问询、支付、评价等业务产生的数据进行全面的掌握,就能够清楚地了解顾客在最近时段喜欢什么、需要什么,从而研发适合大众的新产品。通过这种方式进行转变之后,在注重软硬件结合兼顾用户体验设计思路的同时,更多的是带来用户对个性、丰富、极致的深刻体验,企业完全从用户角度出发,把产品设计和研发与用户体验结合起来,以便在同行业的竞争中占有先机。

(2)利用大数据、云计算等计算机技术对客户信息进行分析和整合

在价值层面,"互联网+"不应该仅仅简单地停留在思维意识层面,而是要将这种思维衍化成一套完全依靠大数据、云计算等技术,并且能够改造企业内部的产品研发、销售推广、产品营销、供应支付、售后服务 5 个价值环节的具体措施和操作方面,从而给企业在产品的设计、生产销售、产品升级、供应渠道、增加客户黏性等方面带来积极的作用。

(3)产品在反复修改中得到完善

"互联网+"典型的产品开发思路就是"敏捷开发",即不放过任何微小的创新点,快速迭代。当然,这种以人为核心、循序渐进的迭代创新会有不足,但是企业应不断完善,在持续迭代中完善产品。

如互联网保险产品的应用范围越来越广泛,这也是由互联网的环境需要所决定的。通过"互联网+保险"的产品介入,近年来网络风险大大降低,整体的互联网环境氛围也有所改善。可以说,在信息时代的影响下,该产品的出现是有极大必要的。实际中,该产品可以有效化解传统保险公司与保单持有人之间的冲突关系,降低其中的销售成本。除此之外,由于互助组合的成员之间的关系较为紧密,对于实现投保人的核保、索赔都将极大程度地降低风险。因此,"互联网+保险"产品会出现得越来越多,功能也将趋于多样化发展,其具体细节也将更加细致。因此,对于此类产品设计思路的分析就显得十分必要。

可以说,在信息与网络时代的推动下,互联网与金融产业的融合程度将会逐渐加深,使之形成新的互联网金融产业。在这一方面,该产业拥有巨大的上升空间。同时,保险行业也在一直寻找着互联网求新的突破口,目前已走过了近 20 年。

保险是一项非中介性的行业项目,与银行等相关的金融部门之间存在着较大的差异。互联网与金融的融合给银行产业带来了巨大的模式变化,同时给保险行业创造出了更多的发展机遇。基于此类情况,可以发现保险行业在随着互联网的发展对社会的各个方面以及领域进行了深入的扩展,覆盖层面也越来越广泛。但是这其中的本质原因在于互联网与保险之间的融合性较强,业务也都以数据为发展核心。通过这一模式的介入也为保险客户提供了更加精细的服务水平,其领域与规模也都将极大程度地进行了延伸。基于此类情况,"互联网+保险"的概念也就被提了出来,并且此类概念也越来越深入人心,整体的发展形态也越来越发达,存在较大的业务上升空间。在这一概念的影响下,使得投保人群的消费方式也有了一定的变化。很多线下的投保方式纷纷转入了线上保险。从整体上来说,利用最新的技术手段与场景可以极大地对保险业务进行优化,使得保险行业真正进入互联网时代。

可以说,"互联网+保险"的发展是必然的,也将成为未来的主流保险产品。总的来说,互联网保险产品将在未来的一段时间内再次发生质的变化,并将在最大程度上与互联网本身相结合,成为整个互联网生态环境中的重要组成部分。在新的互联网时代中,互联网将完全成为保险产品的一种工具与模式。在这样的背景下,整个互联网渠道以及营销渠道将会

被拓展,产品定制方向也将更具针对性。整体上,产品的使用将更加智能化、数据化,能在各个新型的科技领域中均有所突破。其智能化将具体体现在产品的设计中,在定价与服务方面也会有新的体验,并不像现有的多数保险产品的定价仅是单单针对分析按单位的定价。保险的数据化也格外重要。在互联网时代,经济已从原子经济向比特经济转变,数据是企业的核心竞争力之一。因此在这一方面,数据的集成与衍生和预测功能都将得到大幅度加强,成为产品的价格基础之一。同时,在"互联网+保险"的带动下,企业也将与用户的联系更加密切,形成一种互助的体系。

在"互联网+"的思维中,真正做到与互联网相结合对产品进行设计的是小米手机。小米手机针对粉丝团的定位,寻找到目标人群喜欢聚集的平台,相继建立了小米论坛、小米微博、小米微信等社区平台,吸引"发烧友"级的手机用户参加。等积累了一定规模的粉丝以后,接下来就是根据铁杆粉丝的需求设计相关产品,并进行小规模的产品内测,让粉丝参与内测,并最终将意见层层反馈,通过客服传给设计部,所以说用户至上,用户的意见直接决定着产品的设计和性能,使产品快速完善。

7.3 "互联网+"企业产品生命周期

7.3.1 产品生命周期理论

在推出一个新产品之后,管理部门是想让它有一个较长的生命周期。尽管企业并不能期望产品能够永久的销售,但是却想赚到足够的利润以补偿在推出该产品时的成本和经受的风险。管理部门知道每种产品的生命周期都有不确定的长度和特征。如图7.1所示为典型的产品生命周期(product life cycle,PLC),即产品销售和利润在整个产品生命期间的变化过程。

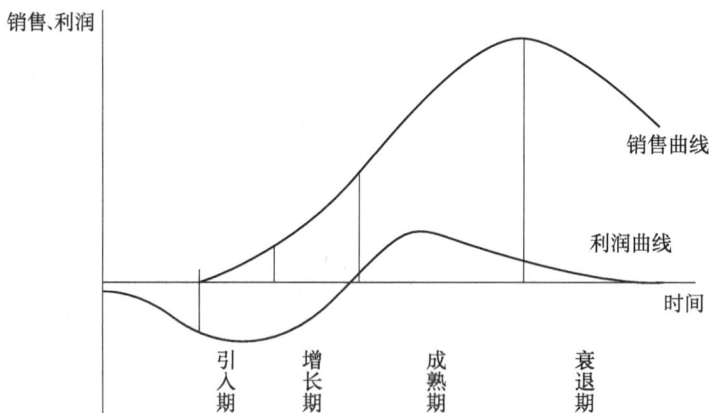

图7.1 产品生命周期

产品生命周期有4个不同的阶段,如下所述。
(1)导入期
导入期是指产品进入市场,销售量缓慢增长时期。由于产品导入费用很高,所以这个时期还没有出现利润。在这一时期提供信息的促销活动是非常重要的,通过促销可以向潜在的顾客宣传产品的优点及新产品的使用方法。

（2）增长期

行业销售量增长较快,但是行业利润在上升之后,又会开始回落,创意者随着越来越多的顾客购买增长,利润也在增长。但是,竞争者开始看到机会并进入市场。一些人只是简单地复制较成功的产品或稍微改进以增加竞争力。而另一些人会努力确定他们提供的产品是否能更好地吸引某些目标客户。新加入的公司使产品更加多样化。由此垄断竞争——拥有向下倾斜的需求曲线——常常出现在市场增长期。

（3）成熟期

由于产品已经被绝大多数潜在购买者接受,所以销售量增长速度减慢。在这一时期,一些极富竞争力的公司加入追逐利润的竞争中,这也是竞争最激烈的时期,但独占垄断除外。一些低效的公司因无法承担这种压力而放弃了这个市场。

一些新的公司在这个时期仍旧加入市场,这就更加剧了竞争。注意这些新加入的公司跳过了产品周期的早期阶段,包括利润增长期。其就不得不从已经存在的市场中进行新的分割,这是非常困难的并且必须付出高昂的代价。市场领导者在生死存亡关头,一般都会对这些公司进行猛烈的打击以保护自己的市场份额及收入。由此,那些获得益处的顾客非常满意这种情况,而不会轻易转向别的新品牌。

（4）衰退期

随着新产品度过它们的市场导入阶段,老的产品有可能会维持一些对其产品极度忠诚的顾客,或一些很少尝试新构思的人们,因此,销售急剧下降,利润跌落。新产品取代了旧产品。将要过时产品的价格竞争更为激烈。但是,有较强品牌效应的公司直到最后都会获得利润,因此它们成功地差别化了它们的产品,但是,这些公司的需求曲线呈缓慢下降的趋势。

值得强调的是,并非所有产品都有上文所提到的生命周期。对于一些产品来说,它们一进入市场就会很快消失,还有一些商品则会有很长的成熟期,而另一些产品在进入衰退期后,能通过大量促销或产品的重新定位返回到增长期。

产品生命周期概念可以用来分析产品大类、产品形式或品牌。这 3 种形式下的产品生命周期的概念应用各不相同。产品大类有最长的生命周期——许多产品大类的销售量在成熟期停留了很长时间。与此相反,产品形式的生命周期趋于标准模式。驱虫剂、手机等产品形式都很有规律地度过了导入期、增长期、成熟期和衰退期。由于不断变化的竞争性攻击和反击,某种具体品牌的生命周期会很快地发生变化。例如洗衣皂(产品大类)和洗衣粉(产品形式)有相当长的生命周期,但是具体品牌的生命周期却显得很短。

产品生命周期概念也是商家用来描述产品和市场如何工作的有用工具。但是,用产品生命周期概念来预测产品性能或开发营销战略还是存在一些实际问题的。例如,经理们在识别产品位于哪个生命周期阶段,确认产品何时进入下一个阶段,以及决定影响产品阶段移动的因素时,均有可能遇到麻烦。在现实中,还很难预测每个产品生命周期阶段的销售水平,每个阶段应有的时间长度是多少以及产品生命周期的实际曲线的形状是什么样的。

用产品生命周期的概念来研究营销战略也是很困难的,因为该战略既是产品生命周期的原因也是其结果。产品现在的生命周期地位可使人想到最好的产品营销策略,同时由此得出的营销战略又影响产品在下一个生命周期阶段的销售和利润情况。但是如果运用得当,产品生命周期概念是能够帮助设计出不同生命周期阶段的营销策略的。现在讨论一下产品在各个生命周期的阶段所应采取的产品策略。

1)导入期应采取的产品策略

导入期(introduction stage)开始于新产品首次进入市场。和其他阶段相比,这个阶段产品的销售量低,销售和促销的费用高,也需要很多资金来吸引销售商们建立他们的库存和让消费者对新产品进行试用,因此此时的利润很低或是亏本。由于这个阶段的市场一般不愿接受产品的精心改制,所以市场上的竞争者较少,企业只生产产品的最基本样式。这些企业集中力量向那些最可能购买的顾客进行销售。企业,特别是市场的先导者,必须选择一种与企业设定的产品定位一致的新产品初始战略。企业必须意识到这个最初的战略只是更大、更复杂的产品生命周期营销计划的第一步。如果市场先导者所选择的新产品战略是一大"杀手",那么企业将为了短期的利益而丧失长期的利益。先驱企业进入产品生命周期的后几个阶段时,将不得不继续制订新的价格、促销等策略。一开始就选择正确策略的话,企业就很可能确立并保持在市场中的领导位置。

2)增长期应采取的产品策略

增长期(growth stage)产品如果能够在新兴市场使消费者满意,则会进入其增长期。在此阶段,早期的产品接受者将开始跟着这股潮流走,尤其是当他们从别人那里听到关于此产品的好的相关信息时。因为有着丰富利润的诱惑,新产品的竞争者在此时也相继进入了该市场。他们会推出新的有特色的此类产品,也会有与此产品高度相似的类似产品,市场因此也将会扩展。竞争者的增加会导致销售量的增加。此时,价格会保持不变或者稍微地下降。企业的促销费用则保持不变或是稍有增加。培育市场仍然是主要的目标,但是在这一时期,现代企业还必须面对竞争。

在增长期,由于促销费用由更大的销售量分摊以及单位制造成本的不断下降,利润在此时会得到增长。企业运用几种战略来尽可能长地保持高速增长。企业改善产品质量并增加新的产品特色和式样,进入新的细分市场以及新的销售渠道。把一些广告内容从对产品初级的认知改为产品销售和购买习惯上,并且在适当的时候降低价格以吸引更多的购买者。

在这一时期,企业面临着在高市场份额和短期高额利润之间做出权衡。通过再改进产品、促销和销售方面开支大笔费用,企业可获得领导地位。但是,这样的做法使企业可能要面对放弃当前的利润。

3)成熟期应采取的产品策略

产品的销售量和利润增长到某一个点后将会慢慢停下来,此时的产品就进入了成熟期(maturity stage)。在一般的产品生命周期中,成熟期是最长的时期。销售量的增长速度停止,导致众多的生产商销售众多产品的生产过剩现象。反过来,生产过剩的现象又会导致行业竞争的更加激烈。此时竞争者开始打价格战、增加广告的投入、增加产品研发预算以便找到更好的产品样式。这些过程都会导致产品利润的下滑,因此一些实力欠缺的竞争者开始被淘汰,行业之中只有实力强的竞争者可以守住市场份额。

尽管许多产品在成熟期看起来很长时间都没有变化,但是实际上绝大多数成功的产品总是不断地演化和完善,以满足消费者的需求。产品经理要做的应不仅仅是简单地保有或是保护现有的市场,因为最好的防守就是进攻,他们应该积极进行改进和调整产品、产品组合以及市场。

企业通过调整市场来增加现期产品的销售量。企业寻找新的使用者和细分市场。例如,强生公司把成人市场也作为婴儿香粉和洗发水的目标市场。经理人员还寻找增加现有顾客产品使用量的方法。金宝公司就是这样做的,它向消费者提供菜单并使它们相信"汤是一种好食品"。

企业还可以尝试用调整产品的方式,也就是在产品的特征上,如质量、式样、特色等来吸引新使用者的方式引发更大销量。企业也可以改进产品的质量和性能,如可靠性、耐用性等。例如汽车制造商重新设计汽车以便吸引那些想要一种新外形的购买者。消费者产品和家用产品的制造商可以通过介绍新的风味、配料、包装等来激发新的消费者的购买欲望。例如,沃尔沃公司把新的安全特色加到了它的汽车上后,沃尔沃汽车就成了安全出行的标志。

最后,企业同样可以尝试一下调整营销组合,即通过改变一个或多个营销组合因素来改进销售状况。企业可以用降价来吸引新的使用者或是竞争者的顾客,也可以开展更好的广告或是采用进攻性的促销手段,例如暂时的降价、赠奖等方式。如果还有较大的市场渠道处在增长之中,那么企业还可以利用大规模推销进入这些渠道当中。最后,企业可以提供新的或改善的服务给购买者。

4)衰退期应采取的产品策略

大部分的产品形式和品牌的销售量最终都会下降并退出市场。只是有些产品的销售是会慢慢衰退的,就像咖啡、燕麦片、奶粉等;有些产品的销售量会急剧下跌,例如传统的唱片。销售量可能下降到零,或是下降到某个水准就停下来,长期保持不变,这就是衰退期(decline stage)。

销售量下降的原因有很多,包括技术的进步、消费者的需求发生变化以及日趋激烈的竞争等。伴随着销售量和利润的下降,有些企业会退出市场,而有些企业则会通过调整产品的供应量来坚守阵地。它们可能放弃较小的细分市场和不太重要的商业渠道,或是削减促销预算并进一步降低价格。

在衰退期,企业更需要注意衰退中的产品,企业第一项任务就是通过定期检查产品的销售、市场份额、成本和利润的走势,来找到那些处在衰退期的产品。然后,由管理部门决定是否维持该产品,也可以决定是否收获该产品,即减少各种成本,如厂房、设备、维修、研发、广告和销售力量等,并希望继续销售。如果该方案取得了成功,就会增加企业的利润。同样,企业也可以决定是否放弃该产品,就是把产品卖给其他的企业或是对价格进行简单快速的处理。

7.3.2 "互联网+"企业产品生命周期的阶段及特征

"互联网+"的本质是以创新2.0下客户为中心,依托于三大平台和大数据、云计算等技术,强调用户参与和体验的互联网发展的新业态,是知识社会创新2.0推动下的互联网形态演进及其催生的经济社会发展新形态。

1)创新2.0

知识管理的新思想和现代信息通信技术推动着知识社会的形成,给人们的生活、学习、工作和创新模式带来了巨大的影响,人们通常把以技术为中心的创新称为"创新1.0",它强调通过技术创新将新的产品、理念和服务引入市场,而把以人为本、以应用为中心的创新称为"创新2.0"。

创新2.0是一种以用户为中心,以社会实践为舞台,以大众创新、共同创新、开放创新为特点的用户参与创新。知识社会下开放自由的知识环境和这一环境所催生的创新需求,推动了创新2.0的蓬勃发展。

2)"互联网+"的三大平台

(1)交互平台

打开你的微信朋友圈,你是否能看到几个在微信上卖面膜的朋友?"十个朋友圈八个卖面膜"虽然说是一句趣谈,却说明了交互平台在互联网营销中的巨大作用。互联网的发展催生的网络经济模式,让开店创业都变成了分分钟就能实现的事情。这很神奇,同时也说明了互联网的强大,拥有一个合适的平台,力量再微薄的人也可以干出惊天动地的大事。

微信、微博作为互联网时代人们常用的交互工具,蕴含着巨大能量。在微信、微博上进行营销宣传,往往能够取得立竿见影的效果。微信,只是一款即时通信工具,但是因为其用户众多以及强大的交互功能,让众多创业者在微信上实现了自己的创业梦。仅仅是利用一款小小的社交软件,创业者就找到了交互平台,完美地使互联网与传统行业进行了融合。

(2)媒体平台

在过去的一年里,所有的互联网业界人士几乎都在提互联网思维,所有在提互联网思维的人士都对一个词不会陌生,就是"罗辑思维"。"罗辑思维"是很火的一档个人视频脱口秀节目,为什么能够这么火?毋庸置疑,"罗辑思维"是"互联网+"催生的产物。互联网与个人渊博学识的融合再加上一个合适的媒体传播平台,即让"罗辑思维"迅速蹿红。

当今时代,已经不再是"酒香不怕巷子深"的时代了。如果你找不到合适的媒体平台去宣传自己,哪怕你拥有真材实料,别人也不知道,自然也就不会买你的账。有料,还要有平台,懂得依托平台稳步发展和壮大,才能真正让"互联网+"技术为我们所用。

(3)商务平台

电子商务平台就好比是传统零售行业中的集市,有了集市,各行各业才能有地方来售卖自己的商品,有了平台,各行各业才能找到施展的空间。伴随着互联网技术发展起来的商务平台有很多,其中成就最显赫的无外乎就是淘宝、京东、当当、天猫。

淘宝作为发展多年的电商平台,实力雄厚,主营的是一些服装等生活用品。

天猫作为淘宝分离出去的电子商务平台,主要以高端服饰品类为主打。

京东作为直销的垂直电商,以经营家电类的产品为主。

当当主要经营图书音像类产品。

各行各业在选择商务平台时,应综合考虑自己所经营的商品品类,慎重选择商务平台,才能让互联网与传统行业的结合发挥出最大的作用。

在前面章节中已经介绍了有关大数据、物联网以及相关以客户为中心的产品设计和用户参与体验相关的内容。"互联网+"正是以大数据、物联网、以客户为中心的产品设计理念、用户的参与和体验、创新 2.0 等创造了新经济模式。新的模式与传统经济模式在很多方面存在着巨大差异,其中产品的生命周期在"互联网+"下就发生了巨大的改变,如图 7.2 所示。

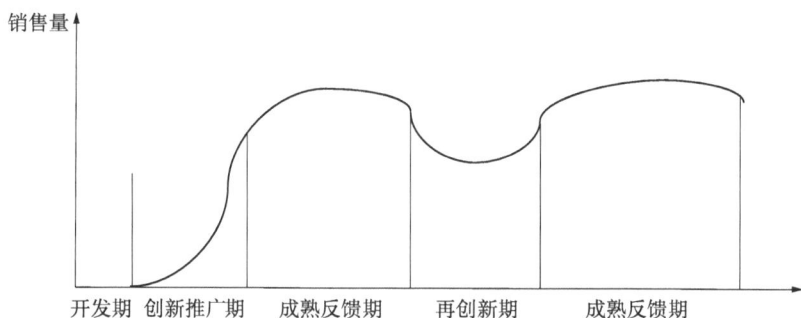

图 7.2 "互联网+"时期的产品生命周期

"互联网+"因为以顾客为中心,以创新 2.0 为基础提倡顾客参与到产品的前期设计当中,所以在企业研发和设计产品之前会利用互联网技术和大数据分析技术让产品的潜在使用者参与到产品的设计之中。通过企业建立的社交平台等工具广泛了解潜在使用者们对产品功能的诉求来获得产品的基本样品。因为在这一过程中既可以以顾客为中心,迎合顾客的需求而获得产品的研发和设计,也可通过网络交互平台使得产品在这一过程中进行营销(而且是精准营销),所以这一过程既包括了传统产品周期中的开发期也包括了传统产品周期中的引进期和成长期,所以在"互联网+"中将这一时期定义为创新推广期;当产品以潜在顾客的诉求为依据进行设计,产出的成品进行测试后就会进入市场,此时产品进入传统意义上的成熟期,但是任何产品都不是完美无缺的,任何产品都是无法让所有客户都满意的,所以在这一个过程中,企业将根据客户的反馈意见对产品的功能进行不断改善,故在"互联网+"中,这一阶段称为成熟反馈期;随着技术的不断进步,人们观念的转变,任何产品都将逃不掉进入衰退期的命运,但是在"互联网+"中以创新 2.0 为基础,"互联网+"的企业是学习组织,是一个不断创新的组织,所以当期产品进入衰退期时,其将会以对产品的再次创新与改造使得产品进入下一个成熟反馈期,人们称这一时期为再创新期。

所以说,"互联网+"中的产品生命周期如图 7.2 所示,其将是一个循环迭代的创新的过程。就如把"互联网+"的思维运用到极致的腾讯微信一样,2011 年 1 月 21 日,腾讯发布了微信 1.0 版本,这时候微信只有一些基本的功能,比如即时通讯、更换头像、分享照片等简单功能,其趣味性和实用性还不如腾讯 QQ。

在随后的 1.1、1.2、1.3 这 3 个测试版本中,微信团队又逐渐增加了对手机通讯录的读取、与腾讯微博私信的交互以及多人会话功能的支持。每次版本的迭代,都会吸引一定数量的注册用户。到了 2015 年 5 月 10 日,微信 2.0 版本正式上线,这个新版本增加了语音对讲功能,在功能提升的背后,是注册用户数量的显著上升。随后,微信一直保持着每个月迭代一次的频率,有时候甚至是一个月迭代多次。微信的一次迭代,在功能上都会有明显的改进,如今,经过多次迭代,微信 6.1 版本的功能已经能够强大到几乎无以复加的地步,公众号、朋友圈、扫码、支付、微信视频、语音对讲、视频通话、摇一摇、附近人、漂流瓶、购物、游戏、表情商店等各种功能应有尽有。微信功能的不断完善,让微信用户人数不断猛增,截至 2014 年末,月活跃用户达到了空前的 5 亿,注册用户已超过了 10 亿。这一巨大的用户资源,为腾讯带来了非常可观的收入。

"互联网+"企业产品生命周期各个阶段的特点如下所述。

(1)创新推广期

在这一阶段中,主要应用互联网交互技术和大数据分析技术,在企业平台上与潜在客户进行交流,了解潜在使用者对产品的诉求,获得产品设计的创意。在这一时期,并没有产品产出,甚至没有设计好的产品样本,产品处于探索阶段,对产品设计探索的过程也是通过互联网精准营销的过程。当产品被设计出并被测试成功进入市场后将迅速地度过产品的销售成长阶段,迅速占领市场进入成熟阶段。

(2)成熟反馈期

进入成熟阶段后,由于互联网传播速度快,产品销量将进一步增大,但是随着使用者的增加,对产品的功能需求也在不断地增加或是改变,此时企业要根据市场中对产品的反馈信息而对产品的功能进行不断地调整和完善。另外,此时的市场中模仿者也逐渐增多,类似的产品也在不断涌现,竞争强度最为激烈。

(3)再创新期

随着技术的不断创新和人们观念的转变,产品已经很难迎合人们的需求,所以此时进入了产品销售量的逐减阶段,此时市场中实力和创新能力不强的企业将会逐渐退出竞争市场,而行业中具有持续创新的企业将会根据人们观念的变化对产品进行二次开发创新,使产品再次进入成熟反馈期。

📖 【案例分析】

互联网+煎饼果子=黄太吉

最近卖煎饼果子的黄太吉大热,10 多平方米的煎饼店估计一年能实现 500 万元的流水,甚至被风投估值 4 000 万元人民币。他们到底做了什么?品途网把黄太吉的营销体系整理如下。

(一)找对产品——为什么做煎饼果子

老板赫畅思索过,为什么肯德基、麦当劳这样的洋快餐能在中国生存这么多年,并发展得那么好,这可能得益于他们简单的食品形态。比如汉堡,两片面包,中间夹什么都可以,千变万化,但非常容易标准化。披萨,一张面饼,上面撒什么都可以,也是千变万化又能标准化的食品。但是中餐的流水线作业就很难,炒菜的火候、口味很难掌握到每份都相同。能否在中餐中找到类似汉堡和披萨那样既能不断拓展口味、又能做到规范化、标准化生产的食品形态呢? 按照这个思路,赫畅很快想到了"中国式汉堡"——煎饼果子。

(二)找对目标人群——CBD 白领

找到了合适的产品,接下来就是定位,赫畅将目光锁定在 CBD 的白领身上。当过白领的赫畅深有体会,天天为每顿饭吃什么头疼的上班族,对食品的要求主要在于是否物美价廉、清洁卫生,同时还要对这种食品有熟悉感,不能稀奇古怪不接地气。此外还要有些附加价值,这就要求就餐环境舒适、品牌有格调。

而选择煎饼果子为主打产品面临着 3 项挑战:第一,豆浆油条、煎饼果子常规来讲是早餐,怎么能够从早卖到晚? 大家会不会频繁光顾? 第二,做高品位的煎饼果子成本投入比摊位高,所以单价就会比一般的高,消费者会不会接受? 第三,格调问题,如何让百姓化、平民化,甚至可以说有点"土"的煎饼果子登上大雅之堂? 讲究情调的白领会不会接受?

为此,黄太吉出招了。

第一招:与目标人群的消费时间同步。

黄太吉将营业时间定为早上 7 点到夜里 2 点半,推出夜间同步外卖活动,并打出海报"夜太黑,我们懂"。

第二招:符合目标人群的品质需求。

品质上,坚持用无明矾现炸油条做馅,而不是很多摊位上的薄脆。有油条,再配以现磨豆浆,剩下的部分豆浆做成豆腐脑。这就有了煎饼果子系列产品——黄太吉的"老四样"。之后为了丰富口味,加入了东北卷饼,为了适应大众的四川风味,于是黄太吉又推出了"麻辣个烫"和四川凉面。针对爱吃肉食的吃客,店里还有限量定时供应的秘制猪蹄。CBD 的女孩子很多,黄太吉就又开发了两款甜品——南瓜羹和紫薯芋头泥,这就是整个产品系列。有主食、饮料、甜品,产品成了系列化,也成了标准化。白领们一边上网,一边品甜食,格调一下变得优雅起来。白领在舒适的用餐环境中吃着放心的食品,对产品的价格并不敏感,很少有人会关注到食品价格到底是多几块还是少几块钱。

第三招:与目标人群的格调性吻合。

如何做到让写字楼的白领觉得,在黄太吉吃煎饼果子和在星巴克喝咖啡是一样的,赫畅为此费尽了脑筋:在店面装潢上略带港式茶餐厅的格调;背景音乐包含了流行、爵士、蓝调等;店面陈设中除了盆景,还有来自世界各地的新奇玩意儿;此外还有各种文案接地气的宣传招贴,免费 Wi-Fi 等。

第四招:创造吸引眼球的传播热点。

"开奔驰送煎饼果子外卖"一度是微博上被热炒的话题,黄太吉的知名度也被打响。不过这倒是成了黄太吉的卖点,够起定金额,老板就开豪车送餐,北京国贸周围是 120 元,稍微远点是 200 元,三里屯附近是 260～300 元。"很多人看见我们很开心,好像我们不是送餐员而是明星,看见我们就拍照,看见老板娘开奔驰送餐,觉得是件很酷的事情,很好玩。"

80 后们都有一颗未泯的童心,儿童节那天,成人戴上红领巾入店用餐赠煎饼果子,而员工们有扮成蜘蛛侠的,有扮成超人的,赫畅则戴上了个星球大战的大头盔。将煎饼果子卖出这么多花样,赫畅认为给别人带来了快乐才能够提升品牌价值。

这些都成了微博玩家分享新奇的"素材",让吃煎饼果子、喝豆浆、啃猪蹄成了一种时尚。

（三）用互联网思维做传统行业

互联网主要特点是创造需求而不是迎合需求,是做别人不敢想的事情。这一做法打破了餐饮业的地址选择困境,不仅节约了成本,还提高了品牌的真诚度和黏度。"这个行业正在做的人不具备你这种能力,当你跳进去就是这个领域最强的。"黄太吉 CEO 赫畅说,找到自己的相对竞争优势,对于互联网思维融入黄太吉有重要的推动作用,"我不能说是最懂互联网、广告、营销的人,但是当我降落到煎饼果子这个行业里,我可能就是最懂的人。"

互联网与其他媒介相比最显著的优势在于用户体验,黄太吉也借鉴这一思路,除了好玩和具有话题性,和消费者之间是否存在积极紧密的互动也是成败的关键。食客在饭前、饭后与老板微博互动,第一时间将意见和感受反馈给商家,这是难能可贵的。同时食客利用互联网分享照片美图,等于免费为黄太吉做了宣传。值得一提的还有跨平台式交流,老板十分了解年轻人的生活方式,几乎利用了所有社会化媒体平台营销,不止微博、大众点评,还有即时通信工具,如微信、陌陌,通过这些途径来订餐和推送促销信息。

黄太吉还借用了很多其他互联网方法进行营销,比如互联网产品有测试版本,注重用户反馈。黄太吉几乎每一款新菜都会有试吃,最近推出的"金榜蹄名",坚持做试吃 3~5 天,根据食客反馈来调整口味,再正式推出。而推出时结合类似网络赢家的手段,限量限时、提前预订,这是很知名的"饥饿营销"方式,但很少有人会在快餐店上使用饥饿营销,这是典型的互联网模式。赫畅认为,通过互联网的营销方式,不仅能把地理位置上的短板补上来,而且可以节省大量成本,因为有了这种口口相传的概念,反而会让生意做得更好。

执着于细节的用户体验是黄太吉的一大优势,如此粉丝众多的微博主页全靠 CEO 赫畅一个人打理,一条条的回复都出自他的笔下,时不时还发长篇微博,1 500 页 PPT,6 小时的免费 UFO 讲座,如此"不务正业"却将消费者和商家的黏性大大提高。

（四）小生意的品牌之路

赫畅的想法是,黄太吉这个品牌是很个性的,而这种个性来自于管理者自身的爱好,黄太吉的微博不只是产品,时不时赫畅会为大家上几堂"世界的背面"、神秘文化等课程,一些有趣的话题立刻勾起了众人的好奇心。"大家会觉得原来还可以聊点别的,会好奇什么人把黄太吉做成这个样子,同时我们也在输出企业的一些理念。"把小事做酷,久而久之,提起黄太吉三个字,大家会想到一种年轻向上的生活方式,感受到一种润物无声的文艺情怀,体会出一种接地气的小资情调。

在煎饼果子的世界里,你想不出其他品牌,这就是黄太吉的优势。"获得用户的品牌持续关注,才是最核心的价值。所以品牌层面应该延续互联网的营销手段、沟通方式,把用户体验作为第一位。我们认为,未来无论发展到什么样子,黄太吉这三个字才是应该变成最值钱的资产。"

（五）互联网的态度

开放的学习态度,是互联网人的"基因",黄太吉的老板在持续学习和不断完善自己的能力。同时,黄太吉的故事也对其他人带来启发,包括太稳重的传统行业老板和太跳跃的互联网牛人。

(本案例来自:新浪教育　新浪网)

案例分析题

1.描述一下黄太吉煎饼果子是怎样与互联网相结合的?

2."互联网+"下的黄太吉与传统的煎饼果子有什么区别?

3."互联网+"产品的核心内容在黄太吉煎饼果子中是怎样体现的?

【本章小结】

随着"互联网+"概念的提出,企业产品的定义在传统产品定义的基础上产生了一些变化,本书将"互联网+"产品定义为:企业将云计算、物联网、大数据为代表的新一代信息技术与现代制造业、生产性服务业等的融合创新,充分发挥互联网在生产要素配置中的优化和集成作用,与互联网的创新成果深度融合的有目的性的劳动产物。而"互联网+"产品规划的内涵可以从:①消费者可以全程参与新产品的研制与开发。②网络营销新产品研制。③网络营销新产品试销与上市这3个方面进行理解。

"互联网+"是以客户的体验为核心,以大数据、云计算、物联网等技术为基础,这也使得其在对企业产品战略规划、企业产品设计以及企业产品细分的过程中与传统模式具有很大的差别。传统的企业产品生命周期以导入期开始,随着科学技术的发展,人们需求理念的改变等原因,最终以衰退期而结束。但是在"互联网+"中的产品以客户体验和需求为中心,在不断的创新和改进中而使得产品的生命周期不断地循环和迭代创新中延续。

【关键词】

"互联网+";"互联网+"企业产品;客户体验;客户参与

【复习思考题】

一、思考题

1."互联网+"产品的思想本质是什么?

2."互联网+"产品的技术基础是什么?

3."互联网+"产品核心包括哪些内容?

4."互联网+"企业产品的内涵是什么?

5.与传统企业产品规划相比,"互联网+"的产品规划过程有哪些?

6."互联网+"产品细分的过程与传统企业产品细分之间存在什么差别?

7."互联网+"的产品规划过程在传统企业产品规划过程中做了哪些改变?

8. 简述传统企业产品生命周期的内容。

9. 详述"互联网+"企业产品生命周期的内容。

10. "互联网+"产品生命周期具有什么样的特点？

二、讨论题

1. "互联网+"企业产品的定义与传统企业产品的定义之间有什么差别和联系？

2. "互联网+"为什么可以运用到企业中？

3. "互联网+"企业产品战略规划与传统企业的战略规划之间产生差别的本质原因是什么？

4. "互联网+"下的企业产品生命周期为什么可以呈周期状？

5. 是什么原因导致"互联网+"下企业产品生命周期呈现周期性特征的？

6. 什么是互联网与传统的企业产品相结合的关键？

三、网络实践题

2013 年,有一个科技界豪赌让我们大开眼界,那就是在中国经济年度人物颁奖盛典上,小米雷军和格力董明珠定下了 10 亿赌局,成败的关键就是 5 年内小米市值能够超越格力。对此,雷军自信满满,称自己有 99.999% 信心赢得与董明珠的 10 亿元赌约,他认为小米在未来几年的增速有机会达到 100%,超过格力的概率就非常之大,甚至用不了 5 年。

可口可乐从 2012 年开始,不断做出"惊人之举",先有"昵称瓶"、后有"歌词瓶",今年又开始了为可口可乐一个即将上线的网站征名。一个百年品牌,用到了在国内最时髦、最前沿的"卖萌营销""参与感",营销着实让人眼前一亮。在产品不变的情况下,可口可乐让自己更个性、更有娱乐性、更有体验感,使得品牌和消费者沟通力更强了。在超市、网络、手机等传统终端和移动终端看到可口可乐的产品,你会心一笑,因为很多文案表现和场景能触及你内心某一个敏感区,引发共鸣。品牌成为消费者心目中的"私人定制",这就是为我订制的产品和品牌,这应该是品牌传播和塑造的最高境界了。你看,在好玩、有趣、参与感方面,可口可乐这个"百年老店"做得很完美。

结合上文的提示,通过相关的实践与资料查询,回答下述问题。

1. 雷军为什么会对小米手机如此的自信？

2. 小米手机怎样与"互联网+"相结合,最终形成"互联网+"的产品？

3. 通过对可口可乐这一行为的了解,谈一谈可口可乐将互联网的什么思维应用于产品中？

4. 可口可乐公司是怎样利用这一互联网思维的？将会产生什么样的新效果？

第8章
"互联网+"客户关系管理

📖 【本章导读】

客户关系管理(Customer Relationship Management，CRM)已被证明是企业确定最佳客户,满足他们的需求,并使其忠诚于企业业务,从而提高企业盈利能力的重要工具。它是企业通过与客户的有效沟通、互动和协作,影响客户行为,最终实现客户获得、保留和提高客户忠诚及客户创造价值的过程。CRM系统通过向企业的销售、市场、服务等部门和人员提供全面及个性化的客户资料,强化企业跟踪服务和分析信息的能力,使他们能够协同建立和维护一系列与客户以及商业伙伴之间卓有成效的"一对一"关系,从而使企业得以提供更快捷和更周到的优质服务,提高客户满意度,吸引和保持更多的客户,从而增加营业额,并通过信息共享和优化商业流程有效地降低企业经营成本。

"互联网+"是创新2.0下的互联网发展的新业态,是知识社会创新2.0推动下的互联网形态演进及其催生的经济社会发展新形态。"互联网+"是互联网思维的进一步实践成果,其推动经济形态不断地发生演变。当前,"互联网+"客户关系管理的理念已逐渐深入企业发展之中,其应用也在我国开始普及。本章尝试阐述"互联网+"客户关系管理的定义、内涵及内容,总结"互联网+"客户关系管理发展的技术、理念、市场趋势,对"互联网+"时代下客户关系价值的创造过程进行讨论。

📖 【学习目标】

- 掌握"互联网+"客户关系管理的定义和内涵
- 掌握"互联网+"时代下客户关系管理的特征
- 理解"互联网+"时代下的客户关系管理策略
- 理解"互联网+"客户关系管理理念、技术、市场的发展趋势
- 理解"互联网+"时代顾客价值创造的特征

📖 【开篇案例】

八百客 B 轮融资引发 CRM 市场波澜①

近日,中国在线 CRM 提供商八百客宣布完成 B 轮融资,为宛如一潭死水般的国内 SaaS 市场掀起一阵涟漪。Salesforce.com 参与投资,但并未公布具体金额。

Salesforce.com 是美国纳斯达克上市企业,今年第二季度营业收入为 5.46 亿美元。而八百客已成立 7 年,在国内 SaaS 领域也位列前茅,此次二者的合作可谓强强联手。此外,值得一提的是,作为全球按需 CRM 解决方案的领导者,Salesforce.com 在拥有中国办事处的前提下依然选择入股业务类型重合的八百客,其意图耐人寻味。

猜想 1:Salesforce.com 为收购八百客投石问路?

虽然收购八百客这个假设有些过于大胆,但由于此轮融资并未透露具体金额,故不能排除有 Salesforce.com 希望借投资全面控股八百客的可能。

此前,在国内 B2C 企业京东商城完成 C 轮融资之际,京东商城 CEO 刘强东一句"因沃尔玛欲全面控股京东拒绝其投资",引起业内广泛关注。而近期 1 号店股权出让传闻与莎啦啦鲜花网内讧事件,使国内企业管理者与投资方的利益冲突剑拔弩张。

毫无疑问,国外巨头企业觊觎中国庞大市场的司马昭之心可谓路人皆知,但就目前而言,Salesforce.com 收购八百客的可能性微乎其微。

之前进军中国市场,豪言一统江湖的国外巨头企业,大多数已成为过去,近期最明显的案例当属团购鼻祖 Groupon 借高朋网进军中国却满处碰壁,灰头土脸。国外企业对中国互联网环境缺乏认知,盲目自大是其在华市场失败的根本原因,此前已有众多先例,Salesforce.com 入华势必谨慎行事。此外,Salesforce.com 在北美市场的根基并未稳固,SAP、微软等强敌环伺,其现有资金与精力恐难以顾及国内市场。

猜想 2:看好 SaaS 行业,Salesforce.com 入股八百客为战略投资。

全力进军中国市场暂不可行,那么战略投资很可能是 Salesforce.com 投资八百客的主要目的。

Salesforce.com 千挑万选,在国内 SaaS 企业中选中了八百客作为投资对象,而非用友、金蝶、浪潮等此前人们心目中的传统豪门,由此看来,Salesforce.com 对八百客的发展前景颇为看好,并认为在将来可以从这笔投资中获取不菲收益。

作为成立 7 年的老江湖,八百客在国内在线 CRM 领域已成为公认的王者。在服务价格上,八百客相对具有竞争性。例如,Salesforce.com 每用户每月 65 美元,而八百客则是 60 元人民币,差额在 6 倍以上。本地化的服务,性价比最高的软件系统支持,使八百客吸引了包括中国移动、加拿大铝业、中易安、NEC 中国、ADP 中国、安富利和中国人寿保险等大型企业的入驻。

此前国内企业接受国外互联网巨头的投资案例并不少见,全球搜索门户谷歌此前在

---

① 案例来源:IT 专家网,http://esoft.ctocio.com.cn/125/12160625.shtml.

2004 年曾战略投资国内具有相同业务属性的百度,阿里巴巴也曾接受雅虎投资。如今百度和阿里巴巴都已成长为国内乃至全球极具影响力的著名企业,谷歌随后虽然在中国战略受挫,但其投资百度的行为收益良多;持有的阿里巴巴股份更成为如今雅虎唯一值得称道的价值,此类投资可谓双赢。作为全球领先的 CRM 服务供应商,Salesforce.com 投资八百客与雅虎投资阿里巴巴和谷歌入股百度的行为大同小异。Salesforce.com 通过国内办事处与投资行为两手准备入华,更加事半功倍;而八百客借助此轮融资发展壮大,日后成为国内互联网行业的另一巨头亦非没有可能。

虽然 Salesforce.com 入股八百客意欲何为目前尚未可知,但可以肯定的是,Salesforce.com 之所以会选择投资八百客,除了看好八百客的未来外,更重要的是看好 SaaS 行业的未来,这无疑是对"悲观论"最为有力的回击。此外,通过此轮融资,八百客在技术与服务方面势必再上台阶,国内 SaaS 领域硝烟再起或许意味着新一轮市场洗牌已迫在眉睫。

8.1 "互联网+"客户关系管理的内涵

8.1.1 "互联网+"客户关系管理的概念

"客户关系管理",英文为"Customer Relationship Management,CRM",一般译作"客户关系管理",也有译作"顾客关系管理"的。在实际中,Customer 译作客户所表示的意义更为广泛,它包括了过去购买或正在购买的消费者,以及还没有购买但今后可能产生购买行为的"潜在消费者"。客户关系管理的概念是在企业把客户看成最重要的资产,并对其进行长期管理的实践中产生的。客户关系管理是企业基于以客户为中心的商业理念和运作模式,借助一定的信息技术,实现企业与客户之间的良性互动,最终实现企业价值最大化的管理方式。

随着互联网的应用与迅速发展,企业之间、组织甚至国家之间的竞争已经从过去的以质量、价格和管理为中心的竞争,转变为以客户为中心的竞争。而管理及竞争中的一个重要环节,即互联网环境下的客户关系管理就全面解决了针对企业外部及内部的客户问题,实现了对客户资源的有效挖掘和利用。而各类组织及国家从管理模式向服务模式的转变中也需要客户的支持,因此,客户关系管理已经不再是单纯的企业问题,而是向新的管理方式的一种转变。它为企业及组织的发展起到了重大的促进作用,并成为企业获得以客户为中心的竞争手段。

人们可先从客户关系管理的概念入手,对"互联网+"客户关系管理的概念进行总结。关于客户关系管理的定义,不同学者和商业机构都从不同的角度提出了自己的看法,见表 8.1。

表 8.1　不同学者和商业机构对客户关系管理的定义

Gartner Group	最早提出客户关系管理定义,认为客户关系管理是整个企业范围内的一个战略,这个战略目标通过组织细分市场,培养客户满意行为,将从供应商到客户的系列处理过程联系在一起,使得利润、收益、客户满意程度最大化

续表

CRMGuru.com	客户关系管理是在营销、销售和服务业务范围内,对现实的和潜在的客户关系及业务伙伴关系进行多渠道管理的一系列过程和技术
IBM 商业公司	客户关系管理是通过提高产品性能,增强客户服务,提高客户交付价值和客户满意度,与客户建立起长期、稳定、相互信任的密切关系,从而为企业吸引新客户、维系老客户,提高效益和竞争优势
SAP 公司	客户关系管理系统的核心是对客户数据的管理。客户数据库是企业最重要的数据中心,记录了企业在整个市场营销与销售的过程中和客户发生的各种交互行为,以及各类有关活动的状态,并提供各类数据的统计模型,为后期的分析和决策提供支持
NCR(The National Cash Register Corporation)	客户关系管理是企业的一种机制。企业通过与客户的不断互动,提供信息和客户进行交流,以便了解客户并影响客户的行为,进而留住客户,不断增加企业的利润。通过实施客户关系管理,能够分析和了解处于动态过程中的客户状况,从而弄清不同客户的利润贡献度,清楚应该提供何种产品给何种客户,以便在合适的时间、通过合适的渠道来完成交易
美国机械制造技术协会（The Association for Manufacturing Technology，AMT）	把客户关系管理理解为一种以客户为中心的经营策略,以信息技术为手段,对业务功能进行重新设计,对业务流程进行重组
信息产业部中国信息化推进联盟客户关系管理专业委员会	客户关系管理是现代管理科学与先进信息技术结合的产物,是企业树立"以客户为中心"的发展战略,并在此基础上开展的包括判断、选择、争取、发展和保持客户所实施的全部商业过程

本书在总结以上定义的基础之上,结合"互联网+"的内涵和特征,将"互联网+"客户关系管理定义为:"互联网+"客户关系管理是互联网技术、经营理念和管理思想的结合体,它以互联网为载体,信息技术为手段,通过对以"客户为中心"业务流程的重新组合和设计,形成一个网络化的解决方案,以提高客户的忠诚度,最终实现业务操作效益的提高和利润的增长。

8.1.2 "互联网+"客户关系管理的内涵

"以互联网为载体,以客户为中心"是客户关系管理的核心所在。"互联网+"客户关系管理通过互联网平台,以满足客户个性化的需要、提高客户忠诚度来实现缩短销售周期、降低销售成本、增加销售收入、拓展销售市场、全面提升企业盈利能力和竞争能力的目标。"互联网+"客户关系管理的内涵主要包含 3 个方面内容,即客户价值、关系价值和互联网技术,如图 8.1 所示。

图 8.1 表明,在客户价值和关系价值之间存在着某种互动,这种互动关系反映了客户价值最大化和关系价值最大化之间的平衡和互动。通过对关系价值的管理,使企业将资源和能力集中在关系价值最高的客户身上,为其提供高质量的产品或服务,满足其需要,进而实现客户价值的最大化;同时,从客户的角度而言,客户价值能够提高客户的满意度,积累的满

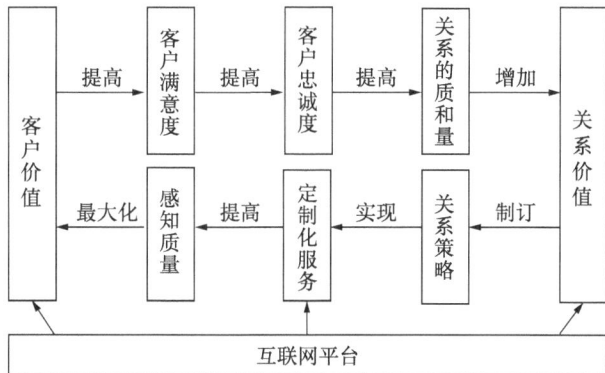

图 8.1 "互联网+"客户关系管理的内涵

意度能促进其对供应商的忠诚,进而促进关系的质(如客户的消费更多更广)和量(如关系生命周期的延长)的全面提高,进一步增加该客户的关系价值。信息技术不仅支持了客户价值最大化和关系价值管理两项活动,而且还支持了两者之间的互动过程。

无论是否基于互联网技术,客户关系管理的目的是实现客户价值的最大化和企业收益的最大化之间的平衡,任何企业实施客户关系管理的初衷都是想为客户创造更多的价值,即实现客户与企业的"双赢"。坚持以客户为中心,为客户创造价值是任何客户关系管理战略必须具备的理论基石。为客户创造的价值越多,就越能增强客户满意度,提高客户忠诚度,从而实现客户的维系,有利于增加客户为企业创造的价值,使企业收益最大化。

企业是一个以盈利为目的的组织,企业的最终目的是实现企业价值的最大化。因此,在建立客户关系时,企业必须考虑关系价值,即建立和维持特定客户的关系能够为企业带来多大的价值。从逻辑上讲,企业的总价值应该等于所有过去的、现在的或将来的客户的关系价值的总和。关系价值高,所创造的利润就高,企业应该将精力放在关系价值高的客户身上,而对那些价值较低,不具有培养前景,甚至会带来负面效应的客户关系,企业应该果断终止。人们可以认为,关系价值是客户关系管理的核心,而管理关系价值的关键却在于对关系价值的识别和培养。

互联网技术是"互联网+"客户关系管理的关键因素,没有互联网技术的支撑,客户关系管理可能还停留在早期的关系营销和关系管理阶段。正是因为互联网技术的出现,使得企业能够快速地获取手机客户信息,有效地分析客户数据,积累和共享客户资源,根据不同客户的偏好和特性提供服务,从而提高客户价值。同时,互联网技术也可以辅助企业识别具有不同关系价值的客户关系,针对不同的客户关系采用不同的策略,从而实现客户价值最大化和企业利润最大化之间的平衡。

8.2 "互联网+"时代下客户关系管理的内容

8.2.1 "互联网+"时代下客户关系管理的特征

"互联网+"客户关系管理是一个依托互联网技术,获取、保持和增加可获利客户的方法与过程。作为一种新的商业运作模式,它借助于互联网技术,通过开展系统化的客户研究,增强客户关系,通过优化企业组织体系和业务流程,最终提升企业利润率,提高企业的竞争力。

"互联网+"客户关系管理是企业为了提高核心竞争力,通过改进对客户的服务水平,提高客户的满意度与忠诚度而树立的一种以客户为中心的经营理念;是通过开展系统化的理论研究,优化企业组织体系和业务流程,实施于企业的市场营销、销售、服务与技术支持等与客户相关的领域,旨在改善企业与客户之间关系的新型管理机制;也是企业通过技术投资,建立能搜集、跟踪和分析客户信息系统所创造并使用的先进信息技术、软硬件和优化的管理方法、解决方案的总和。因此,客户关系管理具有下述特征。

(1)"互联网+"客户关系管理是一种软件和技术的管理

"互联网+"客户关系管理是互联网技术、软硬件系统集成的管理办法和应用解决方案的总和。它既是帮助企业组织管理客户关系的方法和手段,又是一系列实现销售、营销、客户服务流程自动化的软件乃至硬件系统。

"互联网+"客户关系管理将最佳的商业实践与互联网平台、数据挖掘、工作流、呼叫中心、企业应用集成等信息技术紧密结合在一起,为企业的销售、客户服务和决策支持等领域提供了一个智能化的解决方案,使企业有一个基于电子商务的面向客户的系统,从而顺利实现由传统企业模式到以电子商务为基础的现代企业模式的转化。

(2)"互联网+"客户关系管理是一种管理机制

"互联网+"客户关系管理也是一种旨在改善企业与客户之间关系的新型管理机制,可以应用于企业的市场营销、销售、服务与技术支持等与客户相关的领域。

"互联网+"客户关系管理通过向企业的销售、市场和客户服务的专业人员提供全面的、个性化的客户资料,强化其跟踪服务、信息分析的能力,帮助他们与客户和生意伙伴之间建立和维护一种亲密信任的关系,为客户提供更快捷和周到的优质服务,提高客户满意度和忠诚度。客户关系管理在提高服务质量的同时,还通过信息共享和优化商业流程来有效地降低企业经营成本。

成功的"互联网+"客户关系管理可以帮助企业建立一套运作模式,随时发现和捕捉客户的异常行为,并及时启动适当的营销活动流程。这些营销活动流程可以千变万化,但是基本指导思想是不变的,因此应在提高服务质量和节约成本之间取得一个客户满意的平衡,如把低利润的业务导向低成本的流程,把高利润的业务导向高服务质量的流程。

(3)"互联网+"客户关系管理是一种管理理念

"互联网+"客户关系管理的核心思想是将企业的客户(包括最终客户、分销商和合作伙伴)视为重要的企业资产,通过完善的客户服务和深入的客户分析来满足客户的个性化需求,提高客户满意度和忠诚度,进而保证客户终生价值和企业利润增长的实现。

"互联网+"客户关系管理吸收了"网络营销""数据库营销""关系营销""一对一营销"等最新管理思想的精华,通过满足客户的特殊需求,特别是满足最有价值客户的特殊需求,以此建立和保持长期稳定的客户关系。客户同企业之间的每一次交易都使得这种关系更加稳固,从而使企业在同客户的长期交往中获得更多的利润。

"互联网+"客户关系管理的宗旨是借助于互联网渠道,通过与客户的个性化交流来掌握其个性需求,并在此基础上为其提供个性化的产品和服务,不断增加企业给客户的交付价值,提高客户的满意度和忠诚度,最终实现企业和客户的双赢。

8.2.2 "互联网+"时代下的客户关系管理策略

相比于传统的客户关系管理,电子商务环境下尤其是"互联网+"时代下的客户关系管理策略发生了巨大变化。这些变化不仅涉及管理的工具、渠道,还包括管理的理念和方法。为更加深入地了解"互联网+"时代下的客户关系管理策略,现就基于客户关系生命周期的概念进行讨论。

1)客户关系生命周期的内涵

代耶、斯霍夫和昂(1987)指出,买卖双方的关系存在着生命周期的特点,生命周期的理论可以运用到客户关系的研究中,因此提出客户关系生命周期的概念,简称客户生命周期。由此可以得出,客户关系生命周期理论是指从企业与客户建立业务关系到完全终止关系的全过程,动态地反映了客户关系在不同阶段的总体特征。在生命周期框架下运用客户生命周期理论研究客户关系问题,能够清晰地洞察客户关系的动态特征:客户关系的发展是分阶段的,不同阶段客户的行为特征和为公司创造的利润不同;不同阶段驱动客户关系发展的因素不同,同一因素在不同阶段其内涵不同等。

对于客户关系生命周期的阶段划分,不同的学者有着不同的解释。代耶、斯霍夫和昂(1987)进一步提出了买卖关系发展的一个五阶段模型,第一次明确强调渠道关系的发展是一个具有明显阶段特征的过程。他们认为,买卖关系的发展一般要经历认知、考察、扩展、承诺和解体 5 个阶段。在 5 个阶段中,认知阶段通过接触与广告得到加强;考察阶段以买方搜索卖方和尝试性购买为特征;扩展阶段买卖双方相互依赖日益增强;承诺阶段双方高度满意,并相互保证持续现有关系;解体阶段至少一方退出关系。

稚普和加尼森(2000)参考德怀尔盖尔等人的五阶段模型,将供应商和零售商之间的关系发展划分为考察、形成、成熟、退化和恶化 5 个阶段。董金祥(2002)将客户关系生命周期分为潜在客户期、开发期、成长期、成熟期、衰退期、重新进入成熟期、终止期 7 个阶段。在 Dwyer 模型和 Jap -Ganesan 模型的基础上,陈明亮(2002)提出了四阶段模型,将客户关系划分为考察期、形成期、稳定期和退化期 4 个阶段。这 4 个阶段类似于 Jap -Ganesan 模型中的考察、形成、成熟和退化 4 个阶段,而去除了 Dwyer 模型中的认知阶段和解体阶段。

2)客户关系生命周期阶段的划分

客户与企业的关系,与产品生命周期和企业生命周期一样也有一个从建立到消亡的变化过程。在各个阶段,客户的市场特征不同,企业需制订出不同的个性化营销策略。客户关系生命周期阶段划分是客户关系生命周期研究的基础。现在就来认识、分析客户关系不同阶段和表现出的关系特征,在生命周期各阶段上企业的具体投入产出比如图 8.2所示。

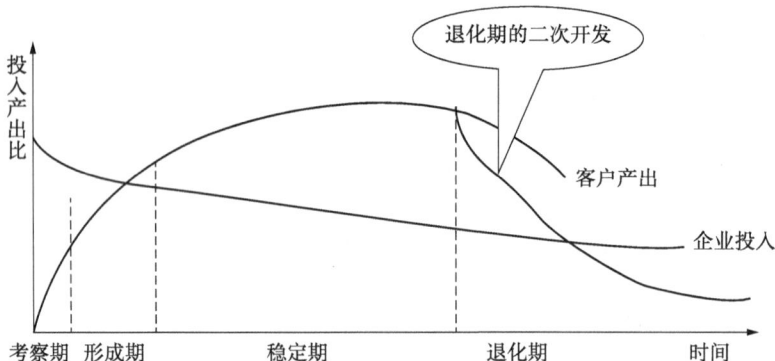

图 8.2　客户生命周期企业投入产出对比

（1）考察期

考察期是关系的探索和试验阶段。在这一阶段，双方考察和测试目标的相容性、对方的诚意、对方的绩效，考虑如果建立长期关系，双方潜在的职责、权利和义务。这个阶段的基本特征是：双方相互了解不足，不确定性大，客户会尝试性地下订单。其中心目标是：评估对方的潜在价值，降低不确定性。

（2）形成期

形成期是关系的快速发展阶段。双方在考察期内相互满意，并建立了一定的相互信任和交互依赖，双方关系将进入这一阶段。在这一阶段，双方从关系中获得的回报日趋增多，交互依赖的范围和深度也日益增加，逐渐认识到对方有能力提供令自己满意的价值（或利益）和履行其在关系中承担的职责，因此愿意承诺一种长期关系。这个阶段的基本特征是：了解和信任不断加深，关系日趋成熟，双方的风险承受意愿增加。

（3）稳定期

稳定期是关系发展的最高阶段。双方或含蓄或明确地对持续长期关系做了保证。这一阶段的明显特征是：双方对对方提供的价值高度满意，为长期维持稳定的关系，双方都做了大量有形和无形投入。因此，在这一时期双方的交互依赖水平达到整个关系发展过程中的最高点，双方关系处于一种相对稳定的状态。

（4）退化期

退化期是客户关系发生逆转的时期。关系的退化可能发生在前 3 个阶段的任意时点。有些关系可能永远越不过考察期，有些关系可能在形成期退化，有些关系则越过考察期、形成期而进入稳定期，并在稳定期维持较长时间后退化。引起关系退化的可能原因很多，如一方或双方经历了一些不满意、发现了更适合的关系伙伴、需求发生变化等。退化期的主要特征是：关系退化，一方或双方正在考虑结束关系甚至物色候选关系伙伴（供应商或客户），提出结束关系。

3）"互联网+"时代下的客户关系管理策略

（1）考察期

考察期是企业与客户的接触期，在"互联网+"时代里，该阶段的时间将被大大缩短。这需要企业通过多种渠道、多种展现方式为客户提供翔实的企业和产品信息，在企业与客户间形成双向的、推拉互动的信息供需模式。在此过程中,企业要尽可能快速地收集客户信息并加以分析,挖掘客户的潜在需求以提供个性化的服务和产品。

另外,企业可借助互联网技术,将网络日志、客户的网络操作(如点击率、点击次序等)与客户相关信息结合分析,建立客户档案,划分客户类别,为市场细分做好充分准备。

(2)形成期

形成期阶段,企业与客户的关系逐渐稳固,随着双方相互信任的增加和客户承受风险能力的提高,客户的支付意愿会随着客户关系水平的提高而不断增加,交易量快速上升。由于互联网时代下企业与客户间的直接接触较少,这需要企业借助各种渠道主动对客户进行感情投资,与客户形成持续的、双向的沟通关系,不断获取客户对现有产品或服务的满意度,对存在的问题和不足以及客户的期望进行总结,使客户的满意度向忠诚度转化。

(3)成熟期

在成熟期,企业要通过互联网与客户的接触寻求"来自客户的知识",而非"关于客户的知识",实现客户知识管理。客户知识管理是通过特定方式和系统将企业其他资源要素(如现金、产品等)与客户知识连接在一起,以建立最优的客户组合,使企业的各项资源发挥最大效率,提高企业服务客户的能力。

另外,在互联网环境下,企业可以建立客户知识共享平台,使不同客户进行有效交流,让客户真正融入产品或服务的研发和设计,从而为企业改进产品或服务提供借鉴价值。

(4)退化期

托马斯(1995)认为,退化期客户流失的原因并不相同,70%的客户是因为企业服务差和产品缺乏个性而流失的,剩余30%的客户主要是因为竞争对手有更好的产品、较低的价格或者其他因素。在退化期,企业要认真总结客户流失的原因并进行分类,对没有太大价值或挽回成本大于其所提供价值的客户敢于放弃,使企业有效资源用于仍然有较大价值的客户以及潜在客户上。针对由于企业自身产品、服务差或缺乏个性而流失的客户,企业要充分利用互联网技术,及时对客户进行回访和调查,收集客户的抱怨或不满,争取改进的意见或补救措施。

8.2.3　"互联网+"时代下客户关系管理系统的发展

客户关系管理经过多年的应用,自身在不断地发展和变化。随着管理理念和信息技术的进步以及企业市场的需求变化,CRM 应用出现了很多趋势,并在企业应用中产生了深刻的影响。

1)"互联网+"客户关系管理理念的发展

"互联网+"客户关系管理这个概念本身也在发展中,要解释其发展趋势,必须将客户关系管理提升到全面的企业关系管理的层次,将客户的语义范围扩展到其他关系对象。概括起来说,"互联网+"客户关系管理在理念上将呈现出两个发展趋势。

(1)"客户"含义不断延伸

对"互联网+"客户关系管理中"C"的理解,将扩展客户的理解范围,包括员工和伙伴等其他关系对象。也就是说,任何个人或组织,只要他们对企业的发展有贡献(现实的或潜在的),都称为客户,这样建立起的"企业关系管理"概念已不再局限于传统概念上的客户。

需要指出的是,目前定义的很多社会角色,其定义都已过时,它们之间的界限正在不断模糊。企业内部员工可以转化为企业产品的购买者或义务推销员;今天的竞争者可能成为明天的伙伴;今天的员工可能成为明天的竞争者。正因为如此,有些研究人员干脆去掉"互联网+"客户关系管理中"客户"这个词而简化为关系管理(RM)或者称为(xRM),即将 x 改为客观对象,将客户的内涵覆盖到更大范围的管理对象。比如,现在已经产生了学生关系管理和市民关系管理的应用等一系列关系管理的新名词。这样,根据个人或组织特性,就可以自然延伸为个人关系管理、企业关系管理、事业关系管理和政府关系管理(公民关系管理)等。很显然,这种"关系管理"论点可以在某一天真正上升至"关系管理学"的理论高度。

(2)"关系"的重要性日益增强

企业采用"互联网+"客户关系管理几乎是以企业利益为中心的,在企业和客户的"权力斗争"过程中,企业基本上主导着关系的发展和维持。而人们也知道,关系是双方建立的,只有合作互利才可以将关系长久化,关系的双方没有谁大谁小的问题。因此,"互联网+"客户关系管理的主要发展就是要确实地将客户作为一个"尊敬的关系主体"邀请到关系管理的全过程中,而不是目前大多数实施 CRM 项目的企业所采取的试图利用新技术应用"驱赶式"地对待那些显得不那么重要的客户的方式。

2)"互联网+"客户关系管理技术的发展

(1)B/S 架构的全面普及

为了满足移动办公和分布式管理的需求,"互联网+"客户关系管理系统将更多采用基于浏览器/服务器(B/S)架构的多层结构,如图 8.3 所示。B/S 结构的特点是在客户端使用标准的 Web 页面浏览器,不需要安装特殊的应用程序,减少了升级和维护的难度。所有的业务数据都保存在服务器端,以确保数据的安全。在通信方面,由于使用标准的 HTTP 协议,使得系统可以轻松地实现移动办公和分布式管理。另外,为了系统功能的可扩展性,应该采用将数据库、应用层及表现层分离的多层结构。独立的数据库层便于支持多种数据库系统,将实现企业逻辑的应用层独立,使得业务逻辑的更新和扩展更为方便。而当需要支持手机、PDA 等新的客户端设备时,只要对表现层进行扩充就可以实现。同时,这种多层结构也可以采用负载均衡与集群等技术实现系统的高可用性和性能的平滑扩展。

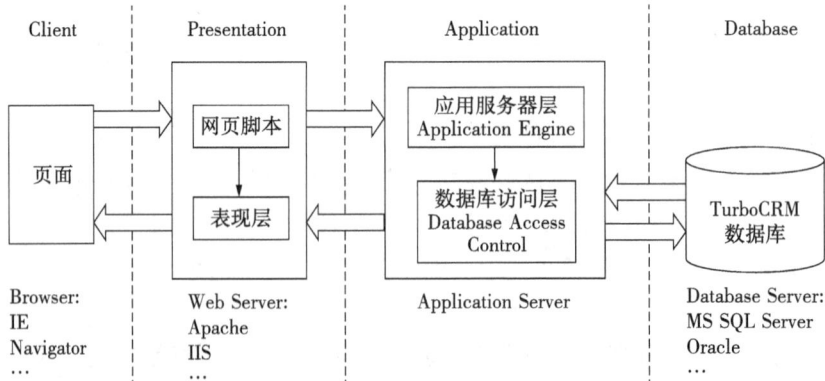

图 8.3 "互联网+"客户关系管理系统的 B/S 架构

随着 Web 2.0 技术的成熟和需求的拉动,CRM 系统厂商将全面以 Web Base 的技术来进行产品开发。Web Base 产品的优势在于只要可以上网的地方都可以使用,符合现代企业据点分散于世界各地的远程管理需求。

(2)云计算的广泛应用

云计算是分布式计算技术的一种,其最基本的概念是透过网络将庞大的计算处理程序自动分拆成无数个较小的子程序,再交由多部服务器所组成的庞大系统经搜寻、计算分析之后将处理结果回传给用户。通过这项技术,网络服务提供者可以在数秒之内,达成处理数以千万计甚至亿计的信息,达到和"超级计算机"同样强大效能的网络服务。

进入互联网时代后,客户关系管理活动正在从传统的劳动、服务密集型向现代的知识、信息密集型方向转变。尤其是在"互联网+"客户关系管理蓬勃发展的今天,海量的客户信息和数据更加需要云计算等先进的思想和技术来应对。总体来说,云计算在客户关系管理中应用的优势有下述几点。

①加快了客户数据资源整合,提高了客户信息利用率。"互联网+"客户关系管理的重要特征是信息密集,需要处理海量的数据和信息,而对大多数企业来说,仅仅依靠自身的力量往往显得力不从心。云计算能实现高效快速的数据存储和分析,对海量数据的快速处理和智能挖掘具有独到优势,可以为"互联网+"客户关系管理的发展提供存储能力和计算能力的保障。

②运用云计算技术可以使线上与线下、虚拟与现实有机结合,形成对客户服务全过程的整合。可根据客户的消费心理、行为以及其他个性化的信息,全方位提供专业化和多样化的服务,更好地满足客户多方面的需要。云计算中心采用分布式来进行数据存储,采用冗余存储的方式来确保存储数据的可靠性,这种存储技术的高吞吐率和高传输率可以满足客户服务访问量大、数据资源丰富繁杂的行业应用需要。

③可以让商务和技术分离,形成弹性基础架构服务。"云"概念的出现,催生了一批以服务客户服务为主的各类高新技术企业,比如"互联网+"客户关系管理软件服务提供商,它们可以为各类企业设计和开发网站、各类管理信息系统等;甚至可以向企业承担外包业务,如客户服务中心功能等。这些新企业的出现可以让传统企业不再局限于自身较弱的技术问题,做到术业专攻、强强联合。

④云服务还可以根据企业的自身需求提供定制化的服务,比如可以随时调整服务器租用的时间、空间容量的大小等,形成弹性基础架构服务,降低企业的软硬件设备投入,减少在客户信息化管理和服务方面的资源消耗。

(3)大数据的深入拓展

在维克托·迈尔·舍恩伯格及肯尼斯·库克耶编写的《大数据时代》中,大数据是指不用随机分析法(抽样调查)这样的捷径,而采用所有数据进行分析处理。在维基百科中,关于大数据的定义为大数据是指利用常用软件工具来获取、管理和处理数据所耗时间超过可容忍时间的数据集。

大数据聚合在一起的数量是非常大的,根据 IDC 的定义至少要有超过 100 TB 的可供分析的数据,数据量大是大数据的基本属性。数据类型繁多,复杂多变是大数据的重要特性。

以往的数据虽然数量庞大,但通常是事先定义好的结构化数据。而随着互联网与传感器的飞速发展,非结构化数据大量涌现。非结构化数据没有统一的结构属性,难以用表结构来表示,大数据正是在这样的背景下产生的,大数据与传统数据处理最大的不同就是重点关注非结构化信息。要求数据的快速处理,是大数据区别于传统海量数据处理的重要特性之一。

在互联网迅速发展的今天,对大数据的分析可以为企业制订更加精准有效的客户营销策略提供决策支持。互联网行业主要特征之一是各种类型的信息和数据都呈现爆炸式增长,同时用户行为和网络中的社会群体变得更加多样化、复杂化。例如,Facebook 通过对海量社交网络数据与在线交易数据进行分析和挖掘,从而提供点对点的个性化广告投放策略,实现了广告份额翻番,2009—2010 年、2010—2011 年增长 95%,比 Google 的增速快了近 3 倍。百度通过搜集整理网络玩家搜索需求与热点,将用户人群细分,并对网络游戏的搜索行为数据提炼组织,建立用户行为数据库销售给网络游戏运营商,创造了以数据销售为主,广告服务为辅的双轨模式。

大数据与"互联网+"客户关系管理的结合应用,可以从下述方面进行考虑。

首先,在大数据的整体趋势之下,移动设备和人进行捆绑,进而促进了整个互联网生态结构的转变。这就意味着,移动式的互联业务,促进了数据体量的增长,而传统的客户关系管理策略也应该有所转变,从原先只针对电子计算机台式设备的客户信息获取模式,要更为关注移动电子信息设备的重要影响。特别是社交聊天类型的,资讯阅读以及便携的实用工具应用,都成了移动式电子设备的重要热点。通过移动的互联网以及移动的设备所产生出来的数据越来越丰富和巨大,这就意味着人和移动设备已经成了不可以分割的一部分,并且已经成为一个庞大的客户关系管理对象。

其次,数据流量不断地增长,网络数据分析成了客户关系管理的导向。搜索引擎使用的普及化,每一天都会有数以亿计的客户进行搜索引擎使用次数,这样的客户数据信息流动是异常庞大的。传统的结构化客户数据已经不再是数据和信息体量当中的最大构成元素,而是转为非结构化的数据,广泛存在于各种社交途径、网页的浏览及点击、手机的呼叫、邮件和在线文件的传输,这些非结构化的数据已经成为大数据时代的主流。客户网络行为的转变,网络使用时间的不断延长,都会增加数据量,而客户需求的数据也从文字形式之中解放出来,转化成为图片、影音等形式,也促进了数据量的增多,这些都成为客户关系管理的一个重要的导向。

再次,用户行为分析成了客户关系管理的一种新的基点。大数据发展影响了用户行为的转变,而这也反过来促进了大数据的形成和流动。因此,用户行为对于非结构化数据的产生有着直接的影响,这一点也成了客户关系管理所应该关注的一个重要变化。因此,用户行为的分析,就成了客户关系管理要开展转型的一个重要的导向。

(4)数据仓库及数据挖掘技术的使用

随着全球经济一体化的加速和互联网技术的快速发展,企业比以往任何时候都面临着更为复杂的生存环境。市场竞争的压力对企业决策的质量和速度都提出了更高的要求。作为管理客户资源这一企业核心资源的信息系统,"互联网+"客户关系管理系统必须具备强大的数据分析和挖掘功能,为管理者做出正确决策提供及时而准确的依据。数据仓库(Data

Warehousing)、数据挖掘(Data Mining)和 OLAP 技术已成为 CRM 系统提供决策支持的关键技术。"互联网+"客户关系管理系统可以利用这些技术为企业建立完善的、量化的客户价值评估体系,以销售额、利润等原始数据为指标建立评估模型,找出对企业最有价值的客户群体并分析其特征,帮助企业制订更合理的经营策略。通过应用数据仓库和挖掘技术,一个"互联网+"客户关系管理系统还能够透视企业的销售、市场和服务等各个业务环节,按照组织机构、时间、产品线和客户群的特征等各种维度进行多维数据分析和数据挖掘,从而帮助企业及时发现市场环境的细微变化和自身业务流程中的潜在问题,迅速采取相应的应对措施。

3)"互联网+"客户关系管理市场的发展

互联网时代,传统的客户关系管理方法产生了巨大改变,这也同时影响了客户关系管理市场的发展。从全球范围看,客户关系管理市场的发展表现出下列趋势。

（1）社交型客户关系管理理念

随着互联网的进一步普及和各种网络应用的不断深入,社交网络服务(social network service,SNS)以前所未有的速度普及,并已成为人们在网络上的重要应用平台。根据中国互联网信息中心的调查,2013 年美国互联网用户每上网 1 小时就有 16 分钟用在社交网络上。而市场研究机构 Emarketer 预测,到 2017 年全球将有 23.3 亿社交网络用户。社交网络成为客户汇集和 CRM 不得不关注的领域,甚至是企业与客户联系的主要沟通渠道。

贴近客户是 CRM 的首要任务,鉴于 SNS 应用的普及,越来越多的企业热衷于利用 SNS 来完成这一目标,于是传统的 CRM 系统被赋予了社交属性,社交 CRM 应运而生。利用 SNS,企业采用社会化的方式与自己的客户、合作伙伴、供应商相互沟通交流,企业内部的员工也通过社会化的方式相互连接,传递内容和信息,共同协作。通过简单的分享、评价、讨论和参与,SNS 能方便快捷地帮助人们建立和维护基于互联网的社会性网络。SNS 改变了消费者信息获取和沟通交流的方式,并逐渐影响到消费者与企业之间的沟通,以及企业内部的组织管理和外部的沟通协作。

传统 CRM 注重呼叫中心、企业网站以及面对面沟通等渠道的管理,而社交 CRM 需要以网络社区的动态环境为基础定义社交网络,将关系的控制权转移到客户手中,因为客户与企业的沟通将会通过社交网络迅速地扩散到他或她的朋友圈,客户有能力影响社交网络中的其他人,实现信息和内容的快速病毒式传播。CRM 以流程和技术为支撑,提高对客户的响应能力,其目的是在整个客户生命周期内管理客户关系,从而获取最大价值。但是,在使用社交网络时,企业不再拥有客户关系的控制权,客户及其社交网络成为与企业对话的推动者。社交 CRM 要求企业抛弃管理客户的做法,并推动客户所关心的沟通和体验,确保客户能够通过参与获取他们所需的价值,主动赢得客户的信任,从而为客户和企业双方都带来收益。当然,社交网络并非企业与客户贴近的唯一渠道,社交 CRM 需要将社交网络全面地与其他面向客户的途径集成。

社交 CRM 的实施可以分为"倾听—分析—参与—演变"4 个持续的过程。通过实施社交 CRM,企业可以使用社交平台挖掘数据,深入了解客户,对品牌进行监控,并推动创新,改善产品、服务和客户体验。

（2）移动客户关系管理理念

从 CRM 在国内的实施来看，虽然国内 CRM 市场成长迅速，但也存在 CRM 低成功率或实施效果不尽如人意的现实，这使更多的企业在尝试 CRM 时感到犹豫、彷徨。CRM 系统价格过高或行业定制化的不成熟，使许多中小企业与 CRM 绝缘。我国企业领导对 CRM 重视不够、传统观念强大、信息技术为企业文化等带来的冲击，使先进的 CRM 系统在我国的企业中受到冷遇。

以上问题的出现离不开一个重要原因，即销售人员"不愿意用或用不起来"企业花大费用所购买的客户关系管理软件，而其根本原因是传统的 CRM 软件复杂难用、忽视销售人员需求。而移动、社交技术的兴起与成熟，为研发符合销售人员工作特点和需求、对销售本身有价值的 CRM 提供了技术基础，这是移动客户关系管理软件诞生的初衷。

而新事物从形成到为人们所接受再到被人们有效利用，总是存在一个逐步发展的过程。移动信息化研究中心调查发现，74.5%的受访企业用户表示在未来 1 年内暂时不打算引入移动 CRM 项目规划；仅 13.9%的企业用户计划在 1 年内引入移动 CRM 项目；对于存量市场，目前有 7.2%的企业用户正在部署移动 CRM，4.4%的企业用户已成功部署使用移动 CRM 系统。

移动信息化研究中心认为，企业用户当前对于移动 CRM 的部署积极性还没有被激活，一方面企业用户对于移动 CRM 的深化应用还存在诸多的担忧，包括应用的系统和网络环境是否成熟、终端的部署成本如何消化、系统内的客户资料是否能够得到可靠的安全保障等；另一方面，部分已经成功部署的企业用户认为，当前的移动 CRM 在产品设计和功能方面还没有真正契合企业移动化应用的精神，主要表现在产品功能方面过多地简单复制传统桌面端的 CRM 系统功能。

（3）在线客户关系管理理念

从 2004 年到现在，国内在线 CRM 市场已经发展了超过十年。这期间，在线 CRM 软件技术日趋成熟，市场规模与日俱增，这吸引了更多的软件公司转型进入，以及更多的创业者选择这片蓝海。可以预测的是，在线 CRM 厂商在未来将迎接更多的挑战。

同时，客户关系管理市场的整体需求也在不断上涨，但需要注意的是，受经济发展疲软的影响，中国管理软件在近几年来并不景气，不仅用友和金蝶所代表的财务软件这样，CRM 市场也同样如此。再加上 CRM 应用度不断成熟，很多用户开始重新选型或二次开发，竞争更加激烈。此外，国外巨头如 SAP、微软将继续加强产品的研发，开始在中低端市场上与国内在线 CRM 厂商打响争夺战，这将给国内主流 CRM 厂商发展带来更多压力。在这个过程中，国内在线 CRM 厂商也需要明确自己的定位，并在细分领域不断进行服务与技术创新，才能在竞争中脱颖而出。

8.3　"互联网+"时代的客户价值创造

"互联网+"客户关系管理的核心是对客户价值的发现、保留和发展的动态管理过程，客户价值的研究能够帮助企业正确认识、选择客户。对客户价值的创造有利于企业资产的增值。

8.3.1 "互联网+"时代客户价值创造的特征

1) 客户价值的界定

自 20 世纪 90 年代以来,"客户导向"的竞争观念已在全球企业中得到了广泛普及。据沃顿商学院(Wharton School)的一项研究表明:客户导向型企业的确比较赚钱。只要每年的客户流失率能降低 5% ~ 10% ,公司的利润便可以增加 25% ~ 75% ,程度多少视行业而定。[①]在这种情况下,越来越多的企业开始重视以客户价值的创造为核心的战略导向。但是,对客户价值的理解存在的分歧,体现在对客户价值的流向、方向性和所有者认定等方面。归纳起来有两种:一是客户价值的方向是"企业→客户",即企业为客户创造价值,其受益者和所有者都是客户,称为客户价值。提出该观点的代表人物有伍德罗夫(Woodruff)、尼尔森(Nilson)和赫斯凯特(Heskett)等。二是客户价值的方向是"客户→企业",即客户为企业创造了价值,其收益者和所有者都是企业,称为客户终身价值。认同此观点的代表人物是罗杰·卡特怀特(Cartwright R.)。

客户价值的方向性区别于理解客户价值的内涵、建立企业与客户的双向性关系和倡导企业与客户之间互动和双赢,具有不同意义和影响。无论是强调客户价值是由企业创造、流向客户、其受益者和所有者都是客户,还是强调客户价值是由客户带给企业、由客户流向企业、其受益者和所有者都是企业,都单纯地强调了"客户导向"条件下,企业为追求市场份额而不得不一味地、想方设法地讨好客户,追求客户满意。只注重客户满意的企业关注的是如何使购买自己产品或服务的客户感到满意,较少关注竞争对手与客户的情况。这样形成的企业与客户之间的关系往往是以静态的"单方取悦"来获得客户对自己产品的忠诚。这曲解了现代关系营销理论强调的企业与客户之间的互动关系。

显然,对客户价值方向性的界定应表现为双向性,即客户价值既体现在"企业→客户",也体现在"客户→企业"。缺少或单独只选取一个方向都是不成立的。这种双向性的确定,既是为了对客户价值概念的明确,也是为了体现在关系营销中客户与企业的双向性、共同创造价值并获得双赢。

基于上述前提,客户价值的内涵应表现为:一方面,企业在充分考虑了客户的期望价值之后,通过其所提供的产品和服务,使客户获得符合他们期望的让渡价值,并产生满意感,形成重复购买意向和行为,并且相信只有该企业能够为他们提供最高让渡价值,而不受竞争者的诱惑,从而对该企业提供的价值产生忠诚。另一方面,企业不仅从客户那里获得一次性交易的利润,而且在与客户保持的长期关系中获得更多的利润,如忠诚客户向他人推荐的口碑利润、因转移成本而带来的利润、客户终身价值等。

因此,人们可以这样来理解客户价值的内涵:从客户角度,客户价值即客户让渡价值,是指客户期望从某一个特定的产品或服务中获得的一组利益与其在评估、获得和使用该产品和服务时引起的预计费用之差。该组价值是由企业创造并交付给客户的,价值的感受主体

---

① 哈维·汤普森. 创造客户价值[M]. 北京:华夏出版社,2003:7.

是客户,受益者也是客户;从企业角度,客户价值是客户在时间上带给企业的利润最大化,是企业在发展、培养和维持与特定客户的特定关系时期内,由客户带给企业的一组利益,即关系价值。该组价值是由客户提供给企业,并且是在一定的时间过程中产生的,其感受主体和受益者都是企业。

2)"互联网+"时代客户价值的变迁

客户价值或消费者价值,是指消费者的需求和期望被满足的程度及因此而建立的相对稳定的认识和信任。按照马斯洛关于人的需求层次的理论,在一个相对富裕的社会中,消费者价值一般与人较高层次的需求,比如安全、自尊、成就感和自我实现等有关。随着人们收入水平的提高,可支配收入将越来越多地用于与消费者价值相关领域的消费。

消费者的价值在于企业提供优质产品(效用)后消费者所提供的购买成本(价格)。所以企业应在发展中高度关注消费者价值,并能高效地为消费者提供产品,通过从消费者那里得到回报为企业注入活力。企业仅仅关注消费是远远不够的,企业需要洞察消费者的购买行为和生活方式,把消费者的需求看成一种资源,并根据自身的能力不断地去满足消费者的需求,只要把握住需求,利用和激发消费者的价值,企业就能掌握自身的命运。通常部分消费者表现出的价值并不算高,但他们在生活中出现问题时企业也应尽量提供解决方案,从而体现这部分消费者的价值。为此企业需要建立更加灵活的组织结构与管理体系来面对日益变化的需求。只有充分认识到消费者的价值,通过不断努力满足消费者的需求,企业才有机会从消费者处得到更高的回报。在认识到消费者的价值后,企业就要据此打造自身的核心能力和加快企业发展速度,消费者价值的变迁导致了管理理念的更新,从而也使客户关系管理产生和发展起来。消费者价值的变迁经历了3个阶段。

第一个阶段是"理性消费时代"。在这一时代的恩格尔系数较高,社会物质尚不充裕,人们的生活水平较低,消费者的消费行为是相当理智的,不但重视价格,而且更看重质量,追求的是物美价廉和经久耐用。此时,消费者价值选择的标准是"好"与"差"。

第二个阶段是"感觉消费时代"。在这一时代,社会物质和财富开始丰富,恩格尔系数开始下降,人们的生活水平逐步提高,消费者的价值选择不再仅仅是经久耐用和物美价廉,而是开始注重产品的形象、品牌、设计的艺术性和使用的方便性等,选择的标准是"喜欢"和"不喜欢"。

第三个阶段是"感情消费时代"。随着科技的飞速发展和社会的不断进步,人们的生活水平大大提高,消费者越来越重视心灵上的充实和满足,对商品的需求已跳出了价格与质量的层面,也超出了形象与品牌等的局限,他们更加注重追求商品购买与消费过程中心灵上的满足感。因此,这一时代,消费者的价值选择是"满意"与"不满意"。

可以说,正是这种价值取向将营销管理推进到了"互联网+"客户关系管理时代。在这个时代中,产品的差别越来越难以区分,产品同质化的趋势越来越明显,通过产品差别来细分市场从而创造企业的竞争优势变得越来越困难,这就决定了企业从以产品为中心的模式向以客户为中心的模式转移,并将客户关系管理作为营销管理的重要内容和决定性因素。

3)"互联网+"时代客户价值创造的特征

(1)突破传统客户关系管理理念的局限

"互联网+"客户关系管理的运用改变了过去客户资料分散、客户管理复杂烦琐的状况，在企业管理决策上广泛得到了运用。"互联网+"时代下，将互联网技术引入客户关系管理，借助互联网灵活、便宜的收费、简便的操作和可定制的个性化流程等优势，将网络平台优势以及客户关系管理需求有效结合，同时还可以节约大量的信息化成本。

(2)目标客户范围更大

互联网技术的发展能够更高地提升数据的广泛可获取程度，以及高度的透明度。一些相关的有客户关系管理需求的企业，更愿意试图去集合多种不同系统下的数据，甚至是从外部的网络供应商以及客户处去获得这些数据，以此来制订相应的客户关系管理战略。对于这些战略的研究和开发不再是局限于区域的用户行为或者用户偏好，而是能够更关注到在更广泛范围内的使用者或者潜在使用者的使用偏好。

(3)个性化特征更加明显

企业的客户关系管理战略都是需要面向使用者或者潜在使用者进行制订，互联网技术的加入能够借助大量的客户数据以及分析让企业更好地实现定制，而且这种实时的定制，可以促进使用者的个人体验上升，可以更好地享受实时的个性化。在"互联网+"时代里，企业更关注互联网热点以及互联网的点击数据流量，以此来跟踪市场用户的走向，修正对于用户偏好的设置，进而实时模仿用户的使用偏好。

(4)更好地满足企业对客户关系管理的需求

互联网的出现为满足企业客户关系管理各种需求提供了可能，不管是在业务体系建设上还是成本节约上都得到了满足。随着企业对客户关系管理应用的不断深入、市场环境竞争的加剧以及企业经营发展的需要，用户对更多细节功能的要求越来越高。把客户关系管理系统引入互联网领域中，可为企业量身打造在线的客户关系管理。例如，当前一些国内的中小企业已经开始提前感受云服务带给它们的喜与忧。基于云形式的客户关系管理，解决了传统客户关系管理欠缺灵活性、执行期冗长、缺少创新等弊端，整合了包括软件许可、硬件基础设施升级、顾问团队等各个方面信息，拓展销售机会，推进客户关系管理在互联网时代下的发展热潮。

8.3.2 "互联网+"时代客户价值创造的途径与方法

1)客户价值的来源

分析客户价值的来源，有助于我们更准确、更深刻地理解客户价值的创造是企业获得关系价值的前提。人们可以通过分析客户价值的理论模型来更清晰地认识客户价值的来源。

(1)科特勒的客户让渡价值模型

现代消费行为的研究表明，客户在进行购买决策时，常常是围绕着他们能够获得的两个基本利益而展开的。一个是由产品和服务本身为客户提供的实际功效和使用价值等核心利益；另一个是购买中的服务态度、购买和使用的便利性、安全性，品牌形象、信誉等给客户所带来的附加价值和利益。近年来,在新的市场竞争形势上,由于实现产品的差别化越来越困难,因而通过全方位的客户服务、客户关怀等来满足客户需求的附加价值和利益便成了企业的新选择。

科特勒(Kolter,1964)教授认为,企业为客户创造的价值——客户价值,来源于客户让渡价值(CDV),即客户获取的总价值或利益(Total Customer Value,TCV)与其所花费的总成本(Total Customer Cost,TCC)之差,用公式表示为:

$$p_{CDV} = p_{TCV} - p_{TCC}$$

同时,科特勒还进一步分析了总客户价值与总客户成本构成的基本要素,如图8.4所示。

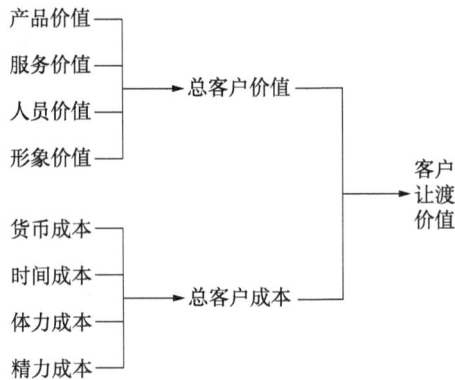

图8.4　客户让渡价值示意图

显然,要使客户让渡价值(CDV)最大化,最根本的途径就是提高总客户价值(TCV),降低总客户成本(TCC),在这里逐一分析总客户价值与总客户成本的基本构成要素,见表8.2。

表8.2　总客户价值与总客户成本的基本构成要素

总客户价值	产品价值	产品价值是客户购买和使用过程中由产品的功能、特性、品质、价格、品种和样式等给客户带来的价值。产品价值是客户需要的核心内容之一,是客户选购商品的首要因素,由客户的需要来决定。在产品个性化生产和服务的今天,如何针对个性化的客户需求进行新产品的设计、开发、生产和销售,是提高产品价值的基本要求
	服务价值	服务价值是指企业向客户提供的各种服务带给客户的价值。服务价值一方面可以伴随有形产品的实体销售和物流过程来提供,另一方面可以直接在企业为客户提供无形产品和服务的过程中来获得。服务价值是构成总客户价值的主要组成部分。其本质在于,服务是决定实体商品交换的前提和基础,实体商品流通所追求的利益最大化应首先服从客户满意的程度
	人员价值	人员价值是指在企业与客户的关系交往或接触过程中,企业员工经营思想、知识水平、业务能力、工作效率、经营作风以及应变能力等因素给客户所带来的影响和价值。员工的素质直接决定着为客户提供产品和服务的质量和效率,从而也影响着客户购买整体价值的大小。只有企业所有部门和员工协调一致地成功设计和实施卓越的竞争性的价值让渡系统,营销才会变得卓有成效

总客户价值	形象价值	形象价值是指企业及其产品品牌在社会公众面前的形象对客户所产生的影响和价值。形象价值是企业各种内在要素质量的反映。良好的企业形象是企业的财富,它可以创造消费者信息,提高消费者对本企业产品的认知价值,给客户带来精神上和心理上的信任感,使客户在购买产品的同时也获得较高的精神和心理方面的价值,成为推动客户重复购买的巨大力量
总客户成本	货币成本	货币成本是客户在购买商品过程中所要支付的最重要的成本,也是客户在消费过程中最为关心的基本要素。客户支付的货币成本越低,所获得的价值就越大。因此,通过技术创新、改进生产以及再造业务流程等方式,提高生产效率来降低产品和服务的价格是企业降低客户购买成本的根本途径
	时间成本	时间成本是客户为想得到所期望的商品或服务而必须处于等待状态的时间和代价。在客户总价值与其他成本一定的情况下,时间成本越低,客户购买的总成本越小,"客户让渡价值"越大。因此,降低客户的时间成本实质上就是提高企业的效率。因此,在保证产品与服务质量的前提下,企业应尽量提高效率来减少客户的时间成本,为客户创造更大的让渡价值
	精力和体力成本	精力和体力成本是指客户在购买产品时,在精神、体力方面的消耗和付出。在客户总价值与其他成本一定的情况下,精神、体力成本越低,客户购买的总成本越小,从而"客户让渡价值"也就越大。客户购买行为过程,是一个产生需求,寻找、判断选择、决定购买到实施购买,以及使用后的消费体验和评价的全过程。在购买过程的每一个阶段,消费者都要付出一定的精神和体力。而且,客户为购买商品和服务而付出的精力和体力成本的大小,还受到具体购买的商品、购买情况的复杂程度的影响。因此,对企业来说通过有效的服务措施和通畅的信息沟通等方法来降低客户的精力成本,对于创造客户价值也是非常重要的

客户让渡价值理论从客户角度出发,分析了客户价值的一个来源,它是客户价值创造的一个方面。从企业角度来看,企业在为客户提供让渡价值时是需要付出成本的,这种成本既包括产品的研发、生产、销售成本,也包括企业与客户的良好关系的关系成本。

(2)扬科、罗恩和昂诺的客户价值模型

扬科、罗恩和昂诺(2001)的模型从供应商和客户两个角度,描述价值从一个模糊的概念到市场上的具体产品的整个过程,如图 8.5 所示。对供应商而言,供应商依据的是他所感觉到的客户需求以及企业本身的战略、能力和资源,形成"想提供的价值"的概念。由于企业条件或产品开发与市场脱节等原因,企业以"想提供的价值"为基础,设计出以具体产品或服务为载体的"设计价值",两者之间存在"设计差距"。对客户而言,客户从自身角度出发希望获得的是"想要得到的价值"。由于社会环境、科技的发展程度等客观因素的限制,市场上提供的产品不可能与顾客想得到的价值完全吻合,因此存在"折中差距"和客户的"期望价值"。由于供应商与客户之间存在对于客户需求的不对称信息,或是企业在客户需求调查过程中过多地掺杂了企业自身的思想,对客户需求的分析未必客观准确,所以"想提供的价值"与客户"想得到的价值"之间存在"信息差距"。客户的主观性价值感知,使"期望价值"与"设计价值"间出现"感知差距"。当客户使用产品后,所"得到的价值"与"期望价值"之间的差距为"满意差距"。通过缩小各个差距,企业就可以提供真正为客户所需的价值。

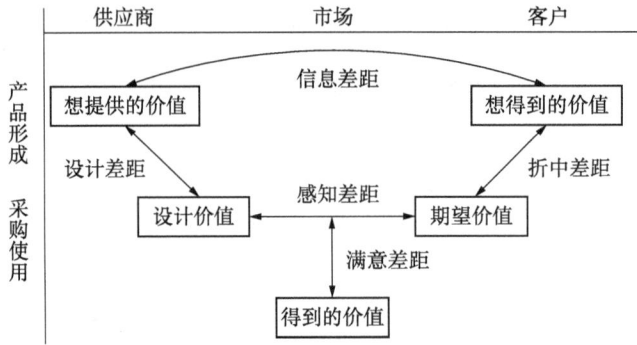

图 8.5 扬科、罗恩、昂诺的客户价值模型

(3)伍德罗夫的客户价值层次模型

伍德罗夫(Woodruff,1997)的客户价值层次模型对客户如何感知企业所提供的价值问题进行了回答,如图 8.6 所示。该模型提出,顾客以途径—目标的方式形成期望价值。从底层往上看,在购买和使用某一具体产品时,顾客将会考虑产品的具体属性和属性效能,以及这些属性对实现预期结果的能力。顾客还会根据这些结果对顾客目标的实现能力形成期望。从最高层向下看,顾客会根据自己的目标来确定产品在使用情景下各结果的权重。同样,结果又确定属性和属性实效的相对重要性。同时,该模型强调了使用情景在顾客价值评价中的关键作用。当使用情景发生变化时,产品属性、结果和目标间的联系都会发生变化。该层次模型还提出,顾客通过对每一层次上产品使用前的期望价值和使用后的感知价值的对比,会产生每一个层面上的满意度。因此,顾客对于产品属性、属性效能、使用结果和目标意图的达成度都会感到满意或者不满意。

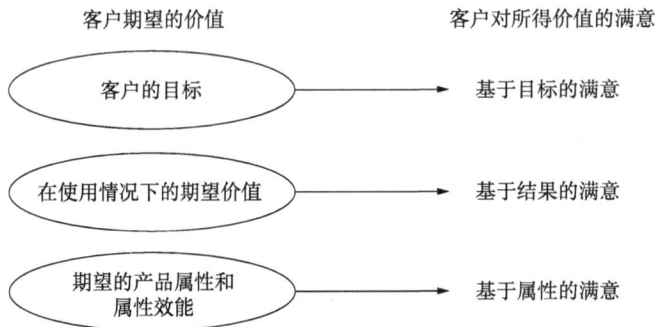

图 8.6 伍德罗夫的客户价值层次模型

(4)瓦因甘德的客户层次模型

瓦因甘德(Weingand,1997)在进行图书馆的实证研究过程中,将顾客价值划分为 4 个层次,即基本的价值、期望的价值、需求的价值和未预期的价值,各个层次都对应不同的客户价值,如图 8.7 所示。基本价值反映的是客户对产品的基本需求,如产品的丰富性和可选择性;期望价值反映的是产品能够提供给客户的质量保证;需求价值反映的是客户对产品品质的要求,当拥有该产品时,不仅获得的是产品提供的实用性,还包括心理上的满足感;未预期价值反映的是在客户消费过程中,获得的事先未考虑到的实惠或利益。

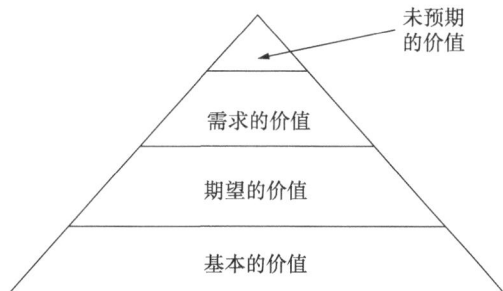

图 8.7　瓦因甘德的客户层次模型

通过以上模型可以看出,不同的学者基于不同的视角对客户价值的来源有不同的解释,这反映出对于"客户价值"这一基本概念,不同学者的理解也是存在偏差的。

2)客户价值的影响因素

客户价值的产生受特定因素的影响,不同的客户对价值的认知程度不同。从客户让渡价值、客户感知价值和关系价值等不同角度,都会产生不同的价值影响因素。只有对影响客户价值的因素有更深入、更准确的理解,才能更好地把握价值客户的需求。

(1)外部环境因素

外部环境因素的变化是影响客户价值的主要因素之一。在市场经济条件下,任何经济实体都存在于一个相互联结的社会网络中。企业为客户创造价值的努力必须得到相应的环境支撑,包括:①原材料、零部件供应环境。例如,没有高质量的零部件供应商,汽车厂商可能就很难为客户提供高质量的车。②产品使用环境。例如,缺乏发达畅通的道路系统,客户在购买和使用汽车时所能获得的利益就要大打折扣。③竞争环境。企业面临的市场竞争状况对其创造和提供客户价值的行为会产生直接的影响。竞争会对企业产生增加客户价值的压力,若竞争限制了企业价格提升的空间,会迫使企业将大部分利益转让给客户,降低了客户消费的成本;同时会刺激创新,促使企业努力通过生产和销售等技术的革新为客户提供新的利益。④客户因素。人们往往不是依据事实行事,而是依据他们对事实的认识做出决策。在营销过程中存在同样的道理。因此,决定客户满意及忠诚度的不仅是企业创造客户价值的能力,更重要的还在于客户如何感知这些利益。如客户拥有的信息度;客户的消费偏好,这种偏好状况影响人们对某种产品或服务能够为其带来的利益的评价;市场供求状况及替代的可获得性;客户购买和使用体验;客户使用某产品或服务的用途和目的。众多的因素都会影响到客户对所获得利益的知觉。

(2)企业因素

影响客户价值创造的企业内部因素包括:①企业是否具有较强的为客户提供利益的意愿。这种意愿表现为企业能否将客户利益放在首位,是否愿意整合企业的全部资源为客户服务,是否愿意并切实弄清楚客户的实际利益要求等。②企业是否能够充分地理解客户的利益诉求,这将直接关系到客户价值创造的结果。企业对客户需求的熟悉程度,特别是关于客户对不同利益、不同成本的敏感程度的了解,影响其创造和提供客户价值努力的效果。企业通过与客户的沟通,了解客户的实际需求越多,包括客户尚未感知到的某些潜在需求,则能为客户提供的实际利益就越大。没有充分的交流,企业付出再多的努力,提供的利益也可能是客户并不需要或者并不看重的,所有为赢得客户付出的努力就会是低效的甚至是无效的。③企业的技术水平直接关系到客户价值创造的能力。④企业的成本控制能力。成本控制能力更强的企业可以以更低的成本提供与竞争者所提供的相同产品或服务,企业就会有更大的让利空间,从而降低总客户成本,增加客户价值。⑤品牌形象。品牌直接与客户所获得的形象价值相关,消费者购买某些特定产品的目的可能不是为了获得产品本身的某些物理功能,而是借助于产品品牌获得某种知觉满足,或是树立自身的某种特定形象。⑥员工的服务态度与能力即人员价值。服务人员良好的服务态度和很强的服务能力成为客户得益的主要来源。

3)客户价值的驱动因素

客户价值驱动因素是指企业通过价值活动,对企业进行客户价值的创造和传递产生影响的因素。拉曼(Parasuraman,2000)认为,客户价值的驱动因素是由产品质量、服务质量和价格因素构成的。类似地,沃尔夫冈(Wolfgang,2001)等人通过实证研究,则把客户价值驱动因素分成3类:①产品相关特性。如产品的一致性、产品特征、产品范围、便于使用。②服务相关特性。如供应的可靠性与敏捷性、技术支持、快速响应、技术信息。③促销相关特性。如形象、个人关系、公司的声誉、公共关系等。

伍德罗夫(1997)等人认为,客户价值之所以具有动态性的特征,都是由驱动因素所引起的。他们将价值概念区分为价值观(Value)、客户感知价值(Customer Desired Value)、价值判断(Value Judgement),认为不同的驱动因素会导致不同价值概念的变化,进而导致客户满意及客户忠诚的变化。

覃蓉芳、武振业(2001)认为,企业可以从一般价值、品牌价值和保持价值这3个方面施加影响力,以驱动客户价值。其中,一般价值驱动因素由质量、价格和方便程度等因素构成;品牌价值驱动因素由客户品牌意识、客户品牌认同和客户品牌忠诚等因素构成;保持价值驱动因素由常客奖励计划、感情联络计划、特别对待计划、共同体计划和客户信任计划等因素构成。[①]

马云峰、郭新有(2002)则给出了客户价值的一级驱动因素、亚驱动因素(二级驱动因素)和三级驱动因素,[②]见表8.3。

表8.3 客户价值的驱动因素

	一级驱动因素	亚(二级)驱动因素	三级驱动因素
客户价值	产品因素	质量	实物产品、服务产品、服务提供、服务环境
		价格	价格竞争、折价减价
		便利性	地理位置、方便使用、可获得性
	品牌因素	品牌认知	传播信息、传播媒体、传媒组合
		品牌态度	信息沟通、特殊事件、品牌延伸、品牌合作、产品展示、名人签名
		品牌道德	公益事业、隐私保护、环境保护、善待员工、产品承诺

① 覃蓉芳,武振业.一个以顾客价值为中心的组织结构框架[J].世界科技研究与发展,2001(23):2.
② 马云峰,郭新有.论顾客价值的推动要素[J].武汉科技大学学报:社会科学版,2002(4):4.

客户价值	一级驱动因素	亚(二级)驱动因素	三级驱动因素
	关系因素	情感氛围	特殊奖赏、特殊对待
		情感联络	联谊活动、记忆价值、经历价值
		转移成本	常客回报、学习曲线

从以上相关分析中可以看出,有关客户价值驱动因素构成的提法大同小异。可以从客户感知利益所得和客户感知成本所失两个方面,把客户价值驱动因素总结为 5 个重要组成部分:知识因素、品牌因素、产品因素、关系因素和技术因素,这 5 个客户价值驱动因素彼此间存在一定的相互关联性。

4)"互联网+"时代客户价值创造的途径与方法

对电子商务或"互联网+"环境中客户价值创造的途径与方法,不同的学者有不同的观点,其中较为新颖的,是格朗鲁斯(Gronroos,2004)提出的服务化(Servicizing)的概念。

根据其观点,营销资源和活动必须与企业所面临的目标顾客相互一致,同时,顾客价值不是由制造商或服务提供者创造的,而是由顾客在其价值创造过程中创造的。企业的资源、流程和能力并不是企业的生产(如产品)、管理(如网站)、财务(如结算)、法律(如顾客申述的处理)及其他活动过程的结果,而应当被视为顾客价值创造过程的投入要素。因此,供应商的作用是通过向顾客提供恰当的资源要素,如产品、服务、信息、服务补救、个性化关怀等来支持顾客价值创造过程,并与顾客资源形成互动,只有这样,顾客才会感知到价值被创造出来。要以此方式运营,企业必须将自己看作是服务企业,而且真正地为顾客服务。为强化顾客价值的生成,企业必须将其客户关系中的所有要素"服务化",无论是与制造或服务相关的,还是管理、财务或者法律等常规活动。这些常规活动通常属于"隐性服务"(Hidden Service),它们在价值创造中的潜力没有得到应有的重视。

格朗鲁斯认为,顾客关系中可以"服务化"的要素有很多,包括产品、物流、信息等(表8.4)。从原则上讲,企业中的任何要素都可以服务化。能否做到这一点,只是一个态度问题或能否以顾客为中心的问题。在特定的情况下,是否"服务化",取决于目前的竞争态势和长期的成本收益分析。实际上,转向以顾客为中心并对顾客关系中的所有要素都予以服务化,并不会增加额外的成本,相反,却有可能使供应商和服务提供者节约成本。避免服务过程中的错误,减少应付不必要的咨询和抱怨的精力,其结果是企业可以花费更少的资源、时间和金钱来处理诸如服务中的问题、改正服务失误和与顾客争吵这些非生产性的服务活动,这是一种节约。

表 8.4　顾客关系中可以"服务化"要素

产品	产品以往被看作是生产过程的结果。将产品"服务化"要求我们转变观念,即将其视为顾客价值生成过程的投入要素,而不是生产过程的结果。例如,利用计算机辅助设计(CAD)或计算机辅助生产(CAM)来定制化生产产品;使顾客能够参与到产品的设计和生产过程中来;大规模定制化生产等都可以使产品服务化。但需要注意,"服务化"并不仅仅意味着"个性化";根据情景和顾客的要求,有些情况下,"服务化"可能还意味着标准化。这取决于哪个方案更有利于顾客感知价值的生成

续表

物流	准时生产制(JIT)是将货物运输和仓储予以服务化的非常著名的方法。通过这种策略,供应商可以使其物流过程与顾客的生产过程相一致,进而最大限度地降低顾客的仓储成本
货物运输	作为物流中的一个独立部分,送货也可以服务化。例如,根据顾客的要求来定制货物到达时间表,并使顾客随时知晓货物运输的进展情况
信息	关于如何使用机器、软件和其他产品的信息资料,也可以通过将其转化为顾客所需要的真正知识的方式加以服务化。顾客能够轻松地获得这些信息,很快理解,并立刻加以运用
局域网与互联网站	对两者的服务化意味着使用者可以轻松地浏览并寻找到他们所需要的信息,同时,这些信息可以容易地转化成能够运用的知识
质量问题和服务失误的管理	当产品出现质量问题或服务出现失误时,服务化就意味着要根据服务补救的原则来对这些问题加以处理。应让顾客感到,供应商或服务提供者关注他们所面临的问题,很快便寻找到解决方案,同时,对他们遭受的损失予以补偿
结算	企业应当设计出让顾客容易理解、便于检查和核对的结算体系和结算过程,这样结算就可以成为一项为顾客节约成本的服务项目。当然,避免结算中的错误,同样也是将该过程服务化的内容
产品和服务开发	在开发和设计新产品和服务时,一定要让顾客介入进来,使这些产品或服务能更好地与顾客要求的价值相互一致,那么这些活动就会促进顾客感知价值的生成(Wikstrom,1997)。这样做不仅会促进顾客价值生成,同时会降低顾客交易成本,这正是顾客关系服务化的范例
研发活动	让顾客参与到企业的 R&D 过程中来,企业会取得上面所论及的同样的效果
其他	在顾客关系中可以服务化的其他因素

按照格朗鲁斯的思路,人们可以大致得出"互联网+"时代客户价值创造的途径与方法,即要借助互联网的优势,创造企业与客户沟通的渠道和平台,实现与客户的有效、便捷交流;充分吸收客户的建议和意见使产品或服务在满足顾客需求的前提下充分实现"定制化"和"服务化";在物流服务过程中,以信息化、科学化的管理方式提升客户满意度,并降低客户成本;出现问题后,充分利用沟通渠道及时处理,将客户损失及企业负面影响降至最低;在结算方面,利用互联网金融工具或技术,设计出客户乐于接受的便捷、安全、低成本的结算方法;提升客户的积极性,让客户足不出户参与新产品或服务的设计研发工作,改善客户体验并实现客户忠诚度。

总之,互联网的优势在于可为用户提供多渠道融合、快速高效的各类服务,而客户的价值创造可以通过客户关系中的要素"服务化"过程来实现,这样就一定可以为企业找到借助互联网提升客户价值的途径和方法。

📖 【案例分析】

CRM 移动应用铸就恒大冰泉销售神话(删节)①

2013 年以来,大量的传统企业开始启动向移动互联网领域的迁移,并逐步部署移动互联网应用,企业级移动互联的应用案例层出不穷。移动互联网时代的到来,将促使企业移动应用无处不在,无论企业在经营层、内部控制层还是战略决策层,企业级移动应用需求的大幕已然拉开。

恒大速度背后的"快"与"痛"

快消行业玩转得最为顺畅的营销模式就是深度分销,深度分销模式的核心就在于渠道的整合,终端为王是深度分销模式的灵魂。恒大冰泉最重要的成功秘诀在于"恒大速度",归根到底就是一个字——"快",为了在终端制胜,必须建立一个庞大的能深入终端控制的营销组织,为此,恒大冰泉以最快的速度搭建了万人营销团队,早在去年 12 月,销售人员就已经达到 1 万人,用短短 2 个月时间就铺货到全国 200 万终端。

(1)对人的管理,我们的营销组织人数庞大,终端覆盖面积广,如何管好手底下数以万计的销售人员成了首要的难题,目前传统的销售人员周期性地拜访管理规范,主要通过管地略图、路线和 CRC 表格等手段,但这些文件信息依靠手工进行,不仅拜访出勤难以举证,拜访执行的质量和效率也难以跟踪。销售员管不好,终端就不可控,不仅人力成本高,工作效率、质量都难以保证。

(2)由于恒大冰泉走的是以终端直营渠道和现代渠道为主,以特通渠道和经销商渠道为辅的营销体系,销售通路链条长、环节多,数据采集困难、反馈慢成了难题。销售报表的原始数据收集需要层层上报和统计,完成速度慢而且容易出差错,从各地销售办事处统计完毕交到总部,往往需时超过一个月,严重影响了公司市场决策的时效性和销售管理的有效性。

(3)对钱的管理,主要表现在总部对地方营销费用的投放使用缺乏实时掌控,业务员常常谎报费用或多报费用,使得各地费用经常超标且又达不到预期效果。目前各地市场的品牌宣传、促销费用等方案从计划到审批再到验收,费用申请审批流程烦琐、无序,很多费用最终到了何处,有没有用到关键点上,是否按计划和标准投放,都难以跟踪落实和控制。

(4)为最快速地实现终端市场的铺货量,恒大冰泉实行分销体系多样化,渠道层层分隔,终端市场仍分别由经销商、批发商或零售商等经营与管理,导致我们对产品分销的流向、销量难以把控,渠道销售数据和渠道库存情况反馈不及时,容易出现偏差,难以有效预测市场需求和合理安排生产,造成有的产品在渠道库存形成积压,直接影响经营效益。

所以,恒大冰泉集团提出的营销管理信息化系统建设的首要需求是:通过系统的搭建,将旗下 1 万多人的终端销售人员管控起来,能够实现业务流程标准化、规范化,做到拜访管理的高效、有效执行,提高工作效率;加强集团对订单、门店、经销商、人员、财务等及时、全面、高效的管理;并且做到销售订单快速收集统计,市场数据的快速反馈。

---

① 案例来源:玄讯科技网站 http://www.xtion.net/case/info_2101_itemid_629_lcid_28.html。

恒大信息化建设团队首先考虑的是移动应用,原因是:销售人员去巡店的时候,不可能带着电脑去,也不可能带着iPad平板电脑或其他设备,恒大冰泉的信息化部署,要用手机端代替传统PC端。经过严格选型,从需求匹配程度高、经验丰富、系统成熟、开发能力强、售后服务反应迅速及行业排名口碑等几个方面综合考量,恒大冰泉选择了玄武科技,通过玄讯移动CRM移动营销管理平台构建恒大冰泉创新型的营销管理模式。

解决方案——恒大冰泉玄讯移动CRM

目前,恒大冰泉的营销管理已通过玄讯移动CRM营销管理平台全部实现。这套系统总共分为SFA、TFM、DMS、PMS 4大模块。

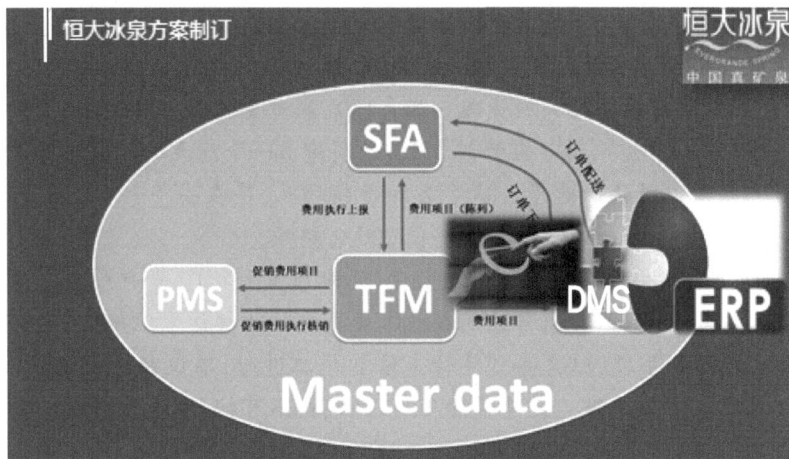

SFA——管好自己人,终端管控很轻松

恒大冰泉玄讯移动CRM营销管理平台中最重要的一个系统模块——SFA,通过产品管理、终端管理、人员管理、竞品管理、拜访管理、资产管理、订单管理、资讯管理、车销管理等主要功能模块,将终端销售行为的全过程实现了规划范、流程化、标准化管控。

业务人员只需要拿着手机就可以轻松跑店,根据拜访路线提示进行巡访工作,在店面工作的内容和标准,通过系统进行固化步骤和流程,规范化业务人员的拜访动作,实现标准化操作和销售行为的高可复制性,使得业务人员的业务技能和效率不断提升,从而提升人员绩效。

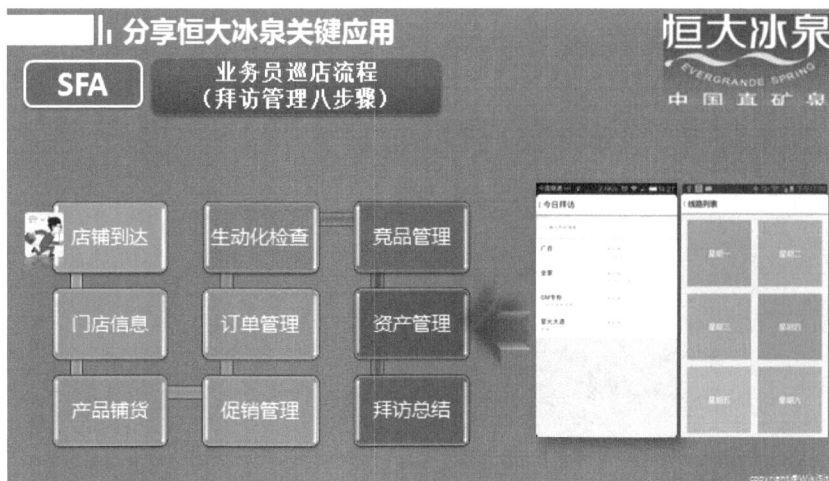

此外,按照终端等级设置拜访频率,编排周期拜访路线计划,实现量化业务人员的拜访工作指标,实时跟踪监督业务人员的工作目标达成,为业务人员的业绩考核提供有效的依据凭证。而通过手机也可以方便督导稽查、协同拜访,从而建立一套高效的业务行为督导机制,保证业务人员的执行力和提升工作效率。

DMS——管好经销商,打通渠道分隔

通过基础信息管理、采购订单管理、销售订单管理、信用资金管理、来往对账管理、资讯管理、库存管理几大方面,对恒大冰泉产品分销体系进行合理规划,实现对下属经销商进销存信息的及时掌控,库存、货流和销量等数据信息快速反馈,防止缺货、窜货等情况发生。渠道阻隔打通了,通路理顺了,经销商管理实现系统化、流程化、自动化,不再无从下手,四处抓瞎。

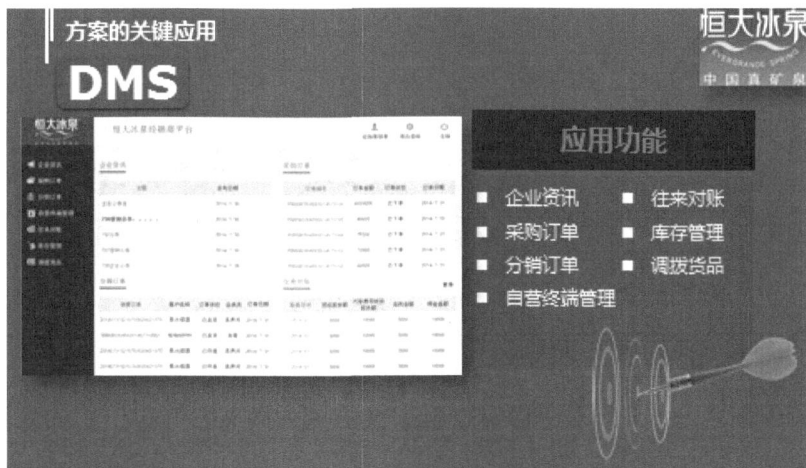

TFM——一键核销,管好钱

费用管理专员可进入系统后台设置费用投放的方案和金额,挂接具体投放的终端门店,业务员使用手机接收具体终端门店的费用投放提醒,使用手机对费用执行进行拍照和记录

举证,如果有计划外的费用投放方案,业务员可以使用手机针对具体终端门店随时新增投放,并同时进行费用执行举证上报,督察员使用手机查询需要稽核的终端门店,实时上报费用执行的稽核结果。

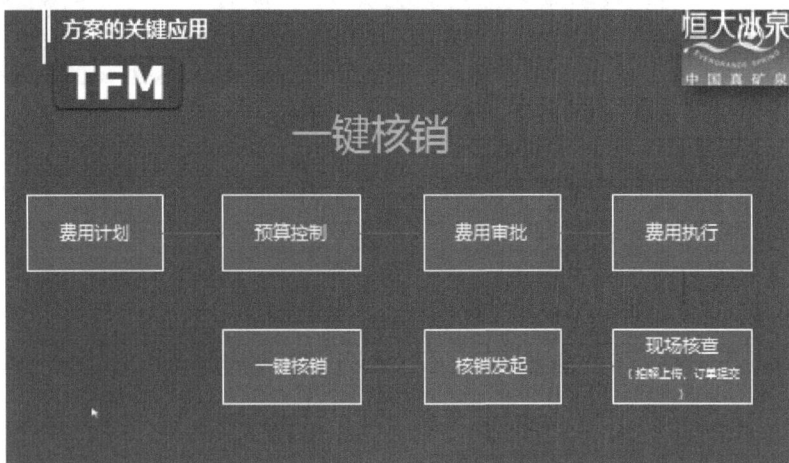

此外,恒大冰泉还可以通过费用管理、费用申请、费用审批、费用核销,实行申请、审批、执行、检查、核销的规范审批,提高费用实投率和费率,切实跟踪管控渠道终端费用的投放,提高执行力,防止费用虚报和挪用,分析实投率和费率,为费用决策提供依据,规范费用全业务流程。费用核销执行电子化流程,核销资料系统自动完成检查,做到一键核销。

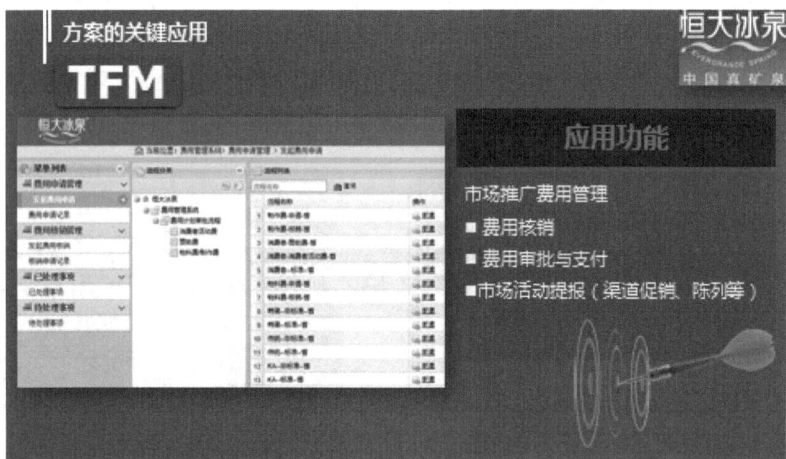

成效初现　现身说法

作为一线的营销部门,我们是最直接的获益者,对系统的使用感受最直观最有话语权。玄讯移动 CRM 让每一业务员都动了起来,一句话概括就是——管理轻松了,效率提高了。简单来说,可以算笔经济账,SFA 上线后每天拜访频次从 30 次上升至 40 次,那节省的总成本为:16 000 名业务代理降低至 12 000 名业务代理,一年可节省 4 000 个人的成本,效率高,成本自然控制下来。

我们当初对系统功能的初衷之一,就是要让销售动作简化,提高工作效率,现在系统将拜访流程简化固化,业务员只需要拿着手机按步骤操作,就能轻松完成工作,有序有据,快速高效。销售工作简化了,业务员用起来得心应手,好用爱用,推广起来也省心很多。

玄讯移动 CRM 的另一个巨大作用就是通过管理层对市场的准确了解,同时根据市场的变化提供即时的支持。在以前没有移动手机终端的时候,销售人员每天都要统计上报业绩,然后由市公司统计上报到省公司,再由省公司统计上报到集团,需要花费 1~2 天的时间,才能把最终的业绩呈现到集团领导面前,而现在销售业绩即时就可以呈现在集团领导面前。市场数据如沙场点兵,快速反馈是制胜关键,对于新的动向,即时通过玄讯做出审批、决策,不错失、不放过!

玄讯让我们把终端控在了手里,把市场拿到眼前,把管理者拉到了市场,对恒大冰泉全局营销战略部署的作用不言而喻。

——恒大冰泉营销管理总监　霍立谊

目前恒大冰泉的信息化建设采用玄讯移动营销管理系统支撑实现,在恒大冰泉销售管理中心、特殊渠道、商超渠道、线下广告、财务中心,各地区省公司、市公司等全线推广使用,从 0~57 亿的销售额,足以说明,移动信息化初显威力。

能以最小的投入获得最大的收益,其实最重要、最关键的一点在于前瞻性的信息化建设思维,我们比别人更早地预见了移动信息化手段对于企业创新发展的变革意义与价值。移动互联网技术的突飞猛进,使得移动应用不仅仅只局限于满足个人需求的 APP 应用,结合实际业务场景的企业移动应用创新,成为企业解决管理、营销、效率、成本等众多难题的一把钥匙。与时俱进,利用可移动办公的销售管理工具,快速布局,赢在终端,这才是我们的秘密武器。

恒大冰泉的信息化建设还处于起步阶段,接下来还会与玄武科技开展更多的合作,在业务快速发展变化的形势下,我们将不断完善移动信息化体系,充分发挥系统移动营销的管理思想,实现全方位协同。不负时代,勇于创新,恒大冰泉有信心,在两三年内做到快消品行业的标杆!

——恒大集团信息化中心总经理助理　彭敏聪

【本章小结】

在互联网环境下,电子商务开始成为企业应对迅速变化的环境、建立和保持竞争优势的有力措施。CRM 是电子商务实施中的重要环节,它可以提高企业对市场的快速响应能力和满足客户个性化需求的能力,进而全面提升企业的核心竞争力。

"互联网+" CRM 的兴起是企业应对环境变化的需求、技术进步的拉动以及管理理念发展的结果。只要企业成功实施"互联网+" CRM,就能不断地培养和提高客户的满意度,从而提升企业的盈利能力。

本章从客户关系管理的概念出发,对"互联网+"客户关系管理的概念、内涵做了详细阐述,分析了"互联网+"客户关系管理的内容,并从 CRM 理念、技术和市场等方面对"互联网+"客户关系管理的未来发展趋势做了分析,最后对"互联网+"客户关系的价值创造进行了深入的讨论。

【关键词】

"互联网+";客户关系管理;电子商务;顾客价值

【复习思考题】

一、思考题

1. "互联网+"客户关系管理的定义是什么?

2. "互联网+"客户关系管理的内涵有哪些?

3. "互联网+"时代下客户关系管理的特征是什么?

4. 在客户生命周期的理论下,"互联网+"时代下的客户关系管理策略有哪些?

5. "互联网+"客户关系管理理念的发展有哪些趋势?

6. "互联网+"客户关系管理技术的发展有哪些趋势?

7. "互联网+"客户关系管理市场的发展有哪些趋势?

8. 什么是顾客价值?

9. "互联网+"时代顾客价值创造的特征有哪些?

10. "互联网+"时代客户价值的变迁经历了哪几个阶段?

二、讨论题

1. 客户关系管理的控制权是在企业手里还是在客户手里?

2. 除了客户需求、技术发展和企业变革之外,你认为 CRM 的发展还有哪些推动力量?

3. 大数据会对 CRM 技术发展产生什么样的影响?

4. 企业实施 CRM 是以"管理"为核心还是以"技术"为核心?

5. 在缺乏相应技术支持的情况下,CRM 相关的理念能在企业成功实施吗?

6. 你认为移动网络的普及将会对 CRM 的发展带来哪些变化?

三、网络实践题

1. 根据网络公开资料,归纳总结"互联网+"CRM 在中国应用的概况和技术发展趋势。

2. 在线注册试用微软的 Dynamic CRM 或其他公司的 CRM 在线版,撰写试用报告。

3. 访问主要"互联网+"CRM 厂商的网站,对比分析它们的产品和解决方案的异同点。

4. 利用"互联网+"CRM 行业网站,分析国内"互联网+"CRM 供应商的技术背景和发展动态。

第9章
"互联网+"企业营销渠道

📖 【本章导读】

随着互联网技术的不断发展,企业需要在原有传统渠道的基础上建设"互联网+"企业营销渠道。与传统渠道相比,"互联网+"企业营销渠道使得营销流程被极大压缩和简化,营销成本更低、营销速度更快、营销效率更高,通过对"互联网+"企业营销渠道的认识,可以更好地掌握"互联网+"技术给企业传统渠道带来的影响,并能更好地运用"互联网+"技术做好线上线下渠道的整合,为企业发展带来更大的效益。

📖 【学习目标】

- 认识"互联网+"企业营销渠道的基本定义和类型
- 掌握"互联网+"企业营销渠道的功能和作用
- 认识"互联网+"企业营销渠道的特征和优势
- 认识"互联网+"企业营销渠道的构成
- 掌握"互联网+"企业营销渠道的建设和运营
- 认识"互联网+"企业营销渠道的战略联盟

📖 【开篇案例】

阿里巴巴案例

根据阿里巴巴公布的实时数据,截至 2016 年 11 月 11 日 24 时,2016 年天猫"双 11"全球狂欢节总交易额超 1 207 亿,无线交易额占比 81.87%,覆盖 235 个国家和地区。与 2015 年天猫"双 11"交易额 912.17 亿元相比,又创新的纪录。

近年来的"双 11",阿里巴巴以惊人的速度一次又一次地刷新着成交额。当所有人的目光都关注在这些天价成交额时,我们还是要回归到事物的本质问题上,看看阿里巴巴是如何获取成功的。

我们先来分析一下中国网购市场在全世界整体的发展情况。2006—2013 年,欧洲人的网购规模差不多占全世界网购规模的35% ~40%，基本都在40%以下；同一时间段，美国人2006年的网购规模占全世界的42%，但到2013年这个数字跌到了21%；而中国人的网购规模从2006年的占全球网购规模1.2%增长到2013年的24%。

从这个节点来看，中国的GDP占全世界的12%，而网购规模却占到了全世界的24%。中国人在网购上持续多年的爆发力，造就了阿里巴巴的诸多奇迹。但在网购的中国人中，发现了一个很有意思的现象——中国网购的人数只占到总人口的30%，而欧美国家的这一数字竟高达80%，如此小比例的人群怎么能创造出这么大的成绩？这与中美欧网购消费者的购买习惯有关。在美国，网购的人大部分是买电子书、软件之类的，而在中国，网购人群只要是涉及衣食住行的，几乎什么都买。

我们和美国人的消费习惯为什么会有这么大的差异？第一个原因，因为我们的传统实体店消费要经过5层代理：厂商、大区代理、市县代理、零售商，最后把商品卖到消费者手里。每一层代理都要赚取利润，所以商品每经过一级代理就会涨一次价。这就解答了中国消费者什么都要网购的消费习惯。

以阿里巴巴为代表的中国电子商务平台为中国产业转型提供了新思维，即所谓的互联网思维。阿里巴巴集团是如何做到产业转型的？

首先来看，草根创业者最担忧的是什么？第一，资金不充裕；第二，没有平台；第三，消费者对你是不信任的。而这三大忧虑在阿里巴巴系统都可以解决。

第一个问题，资金。

我们发现，2010—2013年阿里巴巴的小微金融服务为64.2万户的商家提供了资金援助，总贷款金额是1 722亿元人民币，但年利息只要6.7%，仅仅相当于银行的基准利率。在商业银行重视大客户的那几年，阿里巴巴为草根创业者提供了巨大的实惠。

第二个问题，销售平台。

阿里巴巴本身就是一个销售平台，小商户可以在上面低价开店。与此同时，阿里巴巴还为网络小商户解决了物流的问题。现在中国54%的快递都和阿里巴巴有关。在阿里巴巴的带动下，中国最近五年的快递业务增速达到了43.5%。而在美国，从东海岸到西海岸用比较便宜的快递，一周都不一定能送到。也就是说，在阿里巴巴的帮助下，我们的草根创业者不仅可以享受到便捷的网上销售平台，还可以使用非常高效的物流系统。

第三个问题，消费者信任度。

阿里巴巴旗下的支付宝就是专门用来解决金融和信任问题的。买家在购买商品后，把钱打到支付宝而不是厂商那里，如果拿到货品后发现不满意，可以选择退货，把钱拿回来。而在阿里巴巴的招股书里发现，2014财年，支付宝的总支付金额已经到了3.87万亿元，相当于每天都有106亿元的支付量，占到了中国零售额的1/6。

阿里巴巴网络技术有限公司（简称：阿里巴巴集团）是以曾担任英语教师的马云为首的18人，于1999年在中国杭州创立，他们相信互联网能够创造公平的竞争环境，让小企业通过创新与科技扩展业务，并在参与国内或全球市场竞争时处于更有利的位置。阿里巴巴集团经营多项业务，另外也从关联公司的业务和服务中取得经营商业生态系统上的支援。业务和关联公司的业务包括：淘宝网、天猫、聚划算、全球速卖通、阿里巴巴国际交易市场、1688、阿里妈妈、阿里云、蚂蚁金服、菜鸟网络等。2014 年 9 月 19 日,阿里巴巴集团在纽约证券交易所正式挂牌上市,股票代码"BABA",创始人和董事局主席为马云。2015 年全年,阿里巴巴总营业收入 943.84 亿元人民币,净利润 688.44 亿元人民币。2016 年 4 月 6 日,阿里巴巴正式宣布已经成为全球最大的零售交易平台。

(案例根据网络资料整理)

9.1 "互联网+"企业营销渠道的基本概念

本节对"互联网+"企业营销渠道的定义、构成、类型和特征等基本概念进行阐述,方便读者认识和理解"互联网+"企业营销渠道。

9.1.1 "互联网+"企业营销渠道的定义

企业营销渠道是企业市场营销中的一个重要环节,承担了产品或服务交付价值的功能。"互联网+"企业营销渠道是在"互联网+"环境下,利用互联网思维,借助先进的互联网手段,整合信息流(商品查询)、资金流(付款)和物流(取货送货)所有环节,实现商流的快速流动,实现产品和服务快速到达客户。相比传统营销渠道而言,"互联网+"企业营销渠道消除了商家与客户之间的距离,使得供需双方信息沟通更加直接,效率更高。

1)企业营销渠道

大多数生产者并不是将其产品直接出售给最终顾客,在生产者和最终顾客之间有一系列的营销中间机构执行不同的功能,这些中间机构组成了营销渠道(也称分销渠道)。

科特勒和凯勒(Kotler and Keller,2008)、斯坦恩(Stern,1980)、斯坦恩和韦茨(Stern and Weitz,1997)以及罗圣朋(Rosenbloom,2006)等众多市场营销权威给出的营销渠道定义基本一致:营销渠道是产品或服务从生产者向消费者转移过程的具体通道或路径。

对于营销渠道的功能与分类,科特勒和凯勒(2008)认为,营销可以分为 3 种不同的类型:沟通渠道(Communication Channel)、分销渠道(Distribution Channel)和服务渠道(Service Channel)。同时,科特勒和凯勒(2008)强调,面对 3 种渠道,企业应当选取最优渠道或最优渠道组合。

2)"互联网+"企业营销渠道

国内外营销学者从不同的角度对网络营销渠道进行了定义。例如,美国学者伯特·罗森布罗姆(Bert Rosenbloom,2003)认为"网络营销渠道是指应用互联网提供可利用的产品和服务,以便使用计算机或其他能够使用技术手段的目标市场通过电子手段进行和完成交易活动"。美国学者安妮·T.科兰(Anne T. Coughlan,2003)认为,网络营销渠道是指将互联网作为工具来接近最终用户的渠道,或是消费者完全通过网上购买的渠道。这些渠道可以分为面向消费者(B2C)和企业间销售(B2B)两种形式。朱迪·施特劳斯(Judy Strauss,2004)指出网络营销渠道中的商品流、信息流和资金流相互依存组成了一个系统,这些组成共同的作用是在把产品通过网络渠道传递给消费者的过程中创造价值,其进而描绘了一幅上述功能流的流程结构图,其中信息流作为基础,其他功能流在信息流的基础上完成了各自的功能,各功能流之间相辅相成。爱德华·J.迪克(Edward J. Deak,2006)指出网络渠道的强项在于其开放式、互动式的信息,其他功能流均借助信息流才能发挥作用,他同时指出在实施网络渠道时必然会遭遇渠道冲突,并提出了通过战略合作伙伴关系、差异化、网络市场细分等方面来解决这些渠道冲突。

国内学者瞿彭志(2001)认为,网络营销渠道就是借助互联网将产品从生产者转移到消费者的中间环节,它一方面要为消费者提供产品信息,方便消费者进行选择;另一方面,在消费者选择产品后要能完成一手交钱一手交货的交易手续,当然交钱和交货不一定同时进行。清华大学卓骏教授(2005)在《网络营销》一书中认为:传统的营销渠道的层次设计、相互匹配及全面管理是一件很繁杂的工作,网络营销渠道将销售渠道变成网络这一单一的层次,其作用、结构和费用都有很大的变革和进步。司志刚、蹼小金(2005)在《网络营销》一书中认为:生产者与消费者之间存在时间差异、地点差异和所有权差异,就是生产者提供的产品或服务与消费者消费这些产品或服务的时间不同、地点不同和所有权在消费的前后分属不同的所有人,网络营销渠道能很好弥补这些差异。武汉大学李纲教授(2005)指出,在网络营销渠道下,产品的生产者可以更多地直接面对最终用户,与传统的营销渠道相比,无论是从模式、成本还是作用方面网络营销渠道都有较大的发展。王方华、奚俊芳(2005)认为电子网络渠道就是通过互联网提供某些可实现的产品和服务,方便目标市场的顾客利用计算机或其他电子技术手段进行和实现交易活动的渠道模式。季芳(2008)认为网络营销渠道是指企业通过互联网或其他互联网相连接的电子设备寻找、接近顾客,或是顾客通过互联网或其他与互联网相连接的电子设备寻找供应者,进行交易的营销渠道。

根据上述学者对网络营销渠道的定义,结合本书前面章节对"互联网+"的定义,现把"互联网+"企业营销渠道定义为:是企业利用信息通信技术以及互联网技术,向客户提供产品和服务信息,从而使目标市场能够利用计算机或其他可行的互联网技术手段,通过交互式电子方式进行和完成交易的营销渠道模式。"互联网+"企业营销渠道一方面是利用互联网思维,对企业的营销渠道进行优化整合以及创新,另一方面是利用新媒体时代的互联网技术,对企业营销渠道提供新技术支持,以使企业营销渠道运营效率更高。"互联网+"企业营销渠道是以互联网技术作为支撑的企业营销渠道,具备传统营销渠道的功能,同时相比传统营销渠道而言,在信息流、商流、资金流和物流等方面,信息更透明、运营效率更高。

企业营销渠道是企业运营的重要组成部分,而互联网主要对企业的媒体功能和营销渠道有着重要的影响,因此"互联网+"企业营销渠道必然对企业运营有着深刻的影响。

9.1.2 "互联网+"企业营销渠道的构成

"互联网+"企业营销渠道的构成要素包括渠道成员、渠道结构和渠道控制。

1)渠道成员

广义地说,构成产业链的任何一个组成部分,都是一个渠道成员。因此,厂商、代理商、经销商以及用户都是渠道成员,而且是基本渠道成员(basic channel member),因为它们拥有产品或服务的所有权并相应地承担实质性的风险。除基本渠道成员之外,如广告公司、公关公司、市场研究机构、运输公司等,它们并不拥有产品或服务的所有权,也不承担相应的市场风险,但是它们对产品或服务从厂商转移到用户手中这个过程具有促进作用,因此这类渠道成员被归属为特殊渠道成员(special channel member)。

相对于特殊渠道成员来说,基本渠道成员对该产业链系统的良性发展起着更为关键的作用,因此,基本渠道成员是营销渠道管理的主要关注对象。

"互联网+"企业营销渠道的成员包括商品的提供者(可以是制造商也可以是零售商)、商品的需求者(即消费者)、网络服务供应商、商品的配送者(即物流商)。

2)渠道结构

传统营销渠道的结构,可以分为长度结构(层级结构)、宽度结构以及广度结构 3 种类型。3 种渠道结构构成了渠道设计的三大要素或称为渠道变量。传统分销渠道的结构是线性的,体现为一种有流动方向的线性通道;而"互联网+"企业营销渠道是网状的,呈现出以互联网站点为中心,向周围发散式的结构。"互联网+"企业营销渠道结构相比传统营销渠道来说,渠道结构更简单。

(1)长度结构

营销渠道的长度结构,又称为层级结构,是指按照其包含的渠道中间商(购销环节),即渠道层级数量的多少来定义的一种渠道结构。"互联网+"企业营销渠道结构,根据包含渠道层级的多少,可以将一条营销渠道分为零级和一级渠道。

①零级渠道,又称为直接渠道(direct channel),是指没有渠道中间商参与的一种渠道结构。零级渠道,也可以理解为是一种分销渠道结构的特殊情况。在零级渠道中,产品或服务直接由生产者销售给消费者。零级渠道是大型或贵重产品以及技术复杂、需要提供专门服务的产品销售采取的主要渠道。在 IT 产业链中,一些国内外知名 IT 企业,比如联想、IBM、HP 等公司设立的大客户部或行业客户部等就属于零级渠道。另外,DELL 的直销模式,更是一种典型的零级渠道。

②一级渠道包括一个渠道中间商。在"互联网+"企业营销渠道中,这个渠道中间商通常是一个互联网中间商。

(2)宽度结构

渠道的宽度结构,是根据每一层级渠道中间商数量的多少来定义的一种渠道结构。渠道的宽度结构受产品的性质、市场特征、用户分布以及企业分销战略等因素的影响。渠道的宽度结构分成下述 3 种类型。

①密集型分销渠道(intensive distribution channel),也称为广泛型分销渠道,是指制造商在同一渠道层级上选用尽可能多的渠道中间商来经销自己产品的一种渠道类型。密集型分销渠道,多见于消费品领域中的便利品,比如牙膏、牙刷、饮料等。在"互联网+"环境下,企业可能选择多个网络中间商来经销自己的商品。

②选择性分销渠道(selective distribution channel),是指在某一渠道层级上选择少量的渠道中间商来进行商品分销的一种渠道类型。在 IT 产业链中,许多产品都采用选择性分销渠道。

③独家分销渠道(exclusive distribution channel),是指在某一渠道层级上选用唯一的一

家渠道中间商的一种渠道类型。在 IT 产业链中,这种渠道结构多出现在总代理或总分销一级。同时,许多新品的推出也多选择独家分销的模式,当市场广泛接受该产品之后,许多公司就从独家分销渠道模式向选择性分销渠道模式转移。比如东芝的笔记本产品渠道、三星的笔记本产品渠道等就是如此。

（3）广度结构

渠道的广度结构,实际上是渠道的一种多元化选择。也就是说许多公司实际上使用了多种渠道的组合,即采用了混合渠道模式来进行销售。比如,有的公司针对大的行业客户,公司内部成立大客户部直接销售;针对数量众多的中小企业用户,采用广泛的分销渠道;针对一些偏远地区的消费者,则可能采用邮购等方式来覆盖。

概括地说,渠道结构可以笼统地分为直销和分销两个大类。其中直销又可细分为几种,比如制造商直接设立的大客户部、行业客户部或制造商直接成立的销售公司及其分支机构等。此外,还包括直接邮购、电话销售、公司网上销售等。分销则可以进一步细分为代理和经销两类。代理和经销均可能选择密集型、选择性和独家等方式。

3）渠道控制

概括地说,渠道的控制就是指通过对渠道的管理、考核、激励以及渠道冲突的解决等一系列措施对整个渠道系统进行的综合调控。公司建立起渠道系统,仅仅是完成了实现分销目标的第一步,而要确保公司分销目标的顺利完成,还必须对建立起来的渠道系统进行适时的渠道控制。

在一定程度上,渠道是企业制胜市场的关键。在产品、价格高度同质化的背景下,渠道是否合理和畅通至关重要,渠道建设及管理成为企业成功的关键点。如果不能牢牢控制销售渠道,企业的产品就难以转化为货币,企业就将失去生存发展的源泉和动力。因此,可以说渠道管理是一个企业能否生存的命脉。

由于渠道是与客户接触的重要环节,渠道表现的好坏将直接影响商家的声誉、产品的销量,渠道管理涉及产品的宣传、促销、销售和服务,涉及商流、信息流、资金流和物流等,为确保渠道对商家品牌的统一宣传,促进产品销售,为客户提供优质服务,需要加强渠道的管理和控制。渠道是趋利的,如果缺乏有效的管理和控制,将会出现一系列有损客户和商家利益的问题,如跨区域窜货、渠道违规套利、虚假宣传、溢价销售、售后服务不到位等。因此,需要对渠道制订规范的管理办法以及实施有效的管理和控制。

"互联网+"企业营销渠道有了互联网技术的支持,具有互联网的很多特性,有助于企业的渠道控制。如互联网的全球性、互动性、开放性和数字化,突破了市场的时空界限,使市场价格更加透明,使所有渠道参与者能够享受更加平等的市场机会。传统营销渠道中存在于不同地区分销商之间的"价格战"和"窜货"问题,以及其他一些投机行为,有望在电子网络环境下得到部分解决。比如,通过网络平台的互联和签订适用的网络协议,使整个交易过程更加透明,更少人为操纵,从而减少渠道中的投机行为。然而,互联网也为渠道控制带来了新问题,如网络交易安全问题。在互联网环境下,互联网技术渗入企业管理的每一个环节,如果安全出了问题,轻则企业的生产经营活动不能正常进行,重则系统瘫痪、商业秘密泄露,甚至被骗,企业将蒙受巨大的经济损失。在互联网环境下,企业对于传统渠道的控制容易了,但是却不得不想办法控制网络交易安全。企业对于网络交易安全的控制是一个新的课题,需要多方面的措施相配合:一是技术方面的措施,如防火墙技术、网络防毒、信息加密存储通信、身份认证、授权等;二是管理方面的措施,包括交易的安全制度、交易安全的实时监控、提供实时改变安全策略的能力、对现有的安全系统漏洞检查以及安全教育等;三是法律保障措施,如网络立法与执法。

9.1.3 "互联网+"企业营销渠道的类型

"互联网+"企业营销渠道是网络经济时代的一种崭新的营销理念和营销模式,就是借助互联网络将产品从生产者转移到消费者的中间环节,它一方面要为消费者提供信息,让消费者进行选择;另一方面,在消费者选择产品后要能完成支付的交易手续。"互联网+"企业营销渠道是借助互联网技术手段实现消费者的网上购物、商户之间的网上交易和在线电子支付的一种新型的商业运营渠道模式。相对于传统营销渠道而言,网络营销渠道最大的特点是除了有形商品的位置移动外,交易过程全部在互联网上完成。互联网强大的信息传递能力和信息传递的低成本,使互联网赢得了信息高速路的美名,人们在这条信息高速路上甚至可能产生空间距离仿佛不存在的错觉。

1)传统营销渠道类型

传统营销渠道,主要指在传统营销模式中,产品从研发生产到最终消费者手中所经过的渠道。传统营销渠道是用商店、市场等传统手段销售商品的商业运营模式,它建立在传统传播与交易工具的基础上,虽然其在营销渠道的发展初期起到了基础和推动的作用,但在今天,随着技术的不断进步,传统营销渠道面临着新的挑战,需要实施转型才能更好地适应客户需求和市场环境的变化。

传统渠道是一种分离度很高的组织网,渠道上的各个成员之间彼此独立、各自为政、各行其是,购销交易是建立在自身利益、讨价还价、相互竞争基础上的,因此联系松散、交易关系很不稳定。这样虽然保持了各企业的独立性,但由于缺乏共同目标,因而影响了局部与整体运行效率和经营效益。传统营销渠道的典型模式如图 9.1 所示。

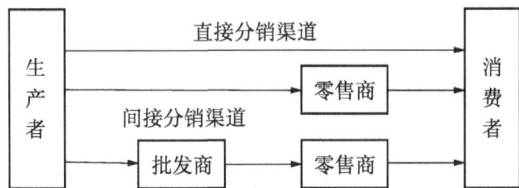

图 9.1 传统营销渠道模式

根据有无中间商,传统营销渠道可分为直接分销渠道和间接分销渠道。由生产者直接将商品卖给消费者的营销渠道称为直接分销渠道;而包括至少一个中间商的营销渠道则称为间接分销渠道。根据中间商数目的多少,可以将营销渠道分为若干级别,直接分销渠道没有中间商,因而称为零级分销渠道;间接分销渠道则包括一级、二级、三级乃至级数更高的渠道,传统营销的渠道分类如图 9.2 所示。

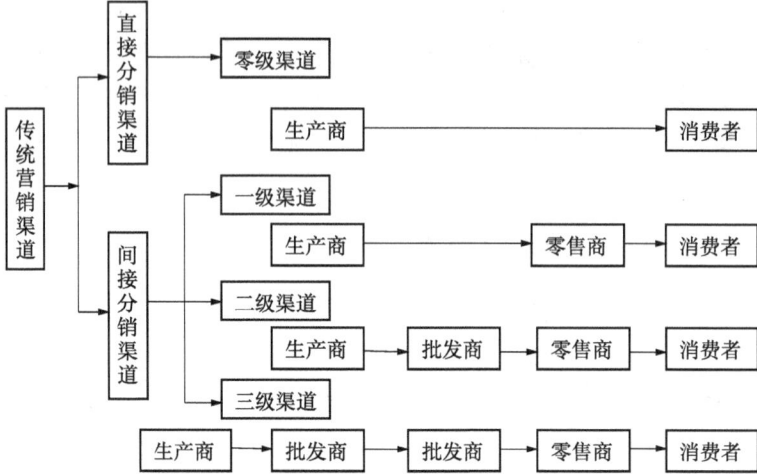

图9.2 传统营销的渠道分类

2)"互联网+"企业营销渠道类型

典型的"互联网+"营销渠道运营模式如图9.3所示。

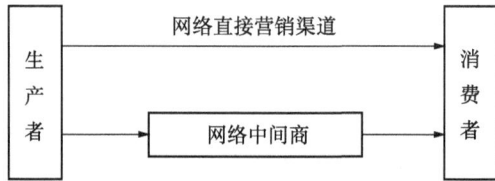

图9.3 网络营销渠道模式

相对于传统的营销渠道,"互联网+"营销渠道也可以分为直接分销渠道和间接分销渠道。但互联网高效率的信息交换,改变了过去传统营销渠道错综复杂的关系,简化了渠道的结构,其结构要简单得多(图9.4)。

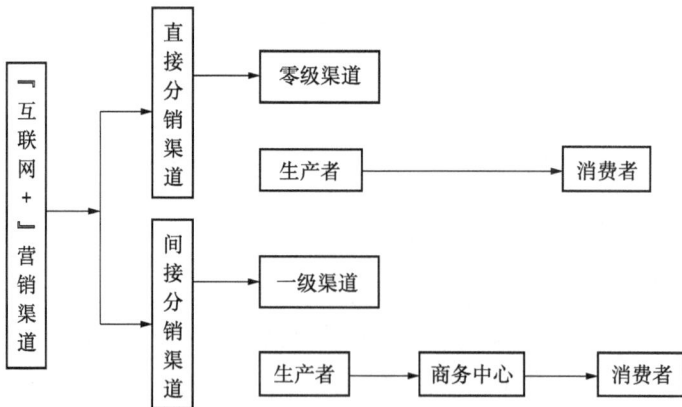

图9.4 "互联网+"营销的渠道分类

按照企业营销渠道有无中间环节来划分,"互联网+"企业营销渠道可分为"互联网+"直接营销渠道和"互联网+"间接营销渠道两种类型。

（1）"互联网+"直接营销渠道

"互联网+"直接营销渠道，即生产制造商和消费者通过互联网直接联系和沟通，厂商通过互联网将产品和服务直接送到消费者手中，利用先进的互联网技术，不受时间和空间的限制，随时随地完成交易，无须任何类型的中间商参与。

在此过程中，通过互联网服务提供商（internet service provider, ISP，即向广大用户综合提供互联网接入业务、信息业务和增值业务的电信运营商）和电子商务服务商提供产品信息发布和网站建设、在线选购、网络支付方式、物流配送服务等，从而完成整个网络直销流程。其最大特点是交易环节比较少，速度很快，费用比较低。

"互联网+"直接营销渠道与传统的直接分销渠道一样，都没有营销中间商，商品直接从生产者转移给消费者或使用者。"互联网+"直销营销渠道也有订货功能、支付功能和配送功能。在网络直销中，生产企业可以通过建设网络营销站点，使顾客直接从网站进行订货；可以通过一些电子商务服务机构的合作，如网上银行等，直接提供支付结算功能，解决资金流转问题。另外，还可以利用互联网技术，通过与一些专业物流公司进行合作，建立有效的物流体系。网络直销渠道一般适用于大型商品及生产资料的交易，如戴尔公司的直销模式。戴尔直销，就是戴尔公司建立一套与客户联系的渠道，由客户直接向戴尔发订单，订单中可以详细列出客户所需要的配置，然后戴尔接到订单后按单生产。戴尔的直销模式致力于了解客户真正的需求，所以他们从设计、制造到销售的整个过程，都有客户参与，重视客户的意见，以客户所需为宗旨。这样，直销模式省略了中间商的时间和成本耗费，加强了与客户的直接交流，提供最快最好的服务，深得客户的好评。戴尔公司的直销模式拥有巨大的竞争优势，从而改变了传统的销售过程。戴尔公司迅速成长为世界 PC 界的龙头老大，而直销方式也已经风靡全球。

（2）"互联网+"间接营销渠道

"互联网+"间接营销渠道，即在生产制造商和消费者或用户之间有一个电子商务中间商作为枢纽连接买卖双方，使买卖双方可以通过电子商务中间商的网络交易系统发生买卖关系，商品由电子商务中间商销售给消费者或使用者的营销渠道。

传统间接分销渠道可能有多个中间环节；而由于互联网技术的运用，"互联网+"间接营销渠道只需要互联网中间商这一中间环节即可。"互联网+"间接营销渠道一般适应于小批量商品及生活资料的交易。比如中国商品交易中心、中国国际商务中心以及阿里巴巴网站等都属于这类中介机构。

以阿里巴巴为例，阿里巴巴是服务于中国和全球中小企业的电子商务公司，通过构建 B2B 的电子商务平台，汇聚了大量的市场供求信息，同时为各中小企业提供了信息流、资金流、物流的支持。阿里巴巴网站是"互联网+"间接营销渠道的典型代表。阿里巴巴网站属于综合类 B2B 电子商务网站，定位于为世界上的商家建立一个综合信息交易服务平台，涉及 40 多个行业，是一个为商家和消费者提供信息、促进交易的平台。

（3）两种渠道类型的优劣势对比

对于直接营销渠道，无论是在网络营销渠道还是传统营销渠道中都没有中间商存在，同属零级渠道，在这点上两者不存在太大的区别；而对于间接分销渠道而言，基于互联网的网络营销渠道与传统营销渠道有着很大的不同。一般来说,网络间接渠道只需要一个中间环节,即只有一个电子中间商来沟通买卖双方的信息。也就是说,网络间接分销渠道只有一级分销渠道,因而也就不存在多级分销渠道,网络营销渠道的结构得以精简。而且随着网络营销的发展,网络间接渠道将会减少,直接渠道的比重会逐渐增大。

"互联网+"企业营销渠道两种类型各有优劣:"互联网+"直销渠道优势在于厂家和消费者直接见面、一对一互动、比较容易控制,劣势在竞争激烈、网站访问者少、需要较大的投入和专门人才管理。"互联网+"中间商渠道优势在于规模效益显著、不必独自建立自己的网络系统(因此投入较小),也不必有自己的电子网络专门人才,劣势在难以控制。企业需要根据产品或服务的特点、目标市场的特点、企业自身的能力,以及渠道目标和渠道策略等来决定建立哪一类互联网渠道。

从近几年的发展情况看,不管企业是否建立自己的"互联网+"直接营销渠道,绝大多数企业都会委托一些知名度较高的网络信息服务商(网站)发布信息。由于这些信息服务商知名度高、信誉好、信息量大,所以检索访问的人数非常多。它们为国内外企业开展网络营销提供了一条便捷的途径,也有助于网络直销渠道的建立与发展。

有的企业同时采用网络直接营销渠道和网络间接营销渠道,以期达到销售业绩的最大化。企业在实施网络营销渠道的过程中,经常的策略是两种渠道均采用。在买方市场的现实情况下,通过两条渠道销售商品比通过单一渠道更容易开拓市场。以戴尔为例,起初戴尔通过采用直销模式,1999 年,戴尔成为互联网上销售量最大的公司,其销售额比亚马逊、eBay和雅虎的总和还要高;但随着技术的发展和市场的不断成熟,可供消费者选择的计算机品牌越来越多,同时消费者的购买行为也发生了变化,戴尔的直销优势行不通了,2005—2007 年,戴尔推出了"商用产品合作伙伴计划"(Partner Direct)的渠道合作方案,在全球发展了 11 500 家合作伙伴,戴尔从直接联系消费者的直销模式变更到与渠道合作伙伴合作销售的模式。可见,企业同时选择网络直接营销渠道和间接营销渠道,将更有利于市场的拓展。

9.1.4　"互联网+"企业营销渠道的特征

"互联网+"企业营销渠道是在传统营销渠道的基础上,运用互联网的先进技术来实现产品和服务的传递和交付的,具有渠道扁平化、交易实时化、配送社会化等特征。

1)渠道扁平化

任何产品或服务从生产商到达消费者之间经过的渠道越长,中间环节越多,产品的加价率就越高,因而消费者希望能够直接向制造商购买所需商品,制造商也希望能够直接把商品提供给消费者,网络分销链正是这样的一种分销渠道。

传统的营销渠道链条涉及生产者、代理商、中间商(一级中间商、二级中间商、三级中间商)、最终消费者等多层次的、全方位的角色,而互联网使企业能跳过价值链中的部分环节,主要是绕过零售商。互联网的发展和商业应用,使得传统营销中间商凭借地缘获取的优势被互联网的虚拟性所取代,同时互联网高效率的信息交换,改变了过去传统营销渠道的诸多环节。由于互联网起到了分销商的作用,其直接模式代替了传统的迂回模式,分销链比传统的渠道要短。制造商与消费者之间可以在网上直接供求商品,大大降低了各种成本,提高了分销的效率。互联网缩短了中间流通环节,实现了扁平化管理。

2)交易实时化

"互联网+"企业营销渠道,核心是在企业营销渠道中运用了互联网、移动互联网的先进技术,有了先进的技术支撑,只要有网络的地方,不受时间和空间的限制,消费者可随时随地通过互联网、移动互联网(如手机 APP 等)方式进行商品信息的查询和对比,随时随地进行下单和支付,实时完成交易。

"互联网+"企业营销渠道可以实现消费者和生产厂家的双向信息流,既方便客户在第一时间获得商品的信息,快速进行购买,也便于企业拿到客户对产品不同需求的第一手资料,快速生产出消费者需求的产品。同时,相对于传统的营销渠道而言,无论是直接网络渠道还是间接网络渠道的结构都减少了很多的流通环节,缩短了流通的周期,提高了渠道的效率,降低了渠道的成本。"互联网+"企业营销渠道的在线支付功能也加快了资金流通的速度和效率,方便客户和商家之间随时随地进行交易。

3)配送社会化

对于企业来讲,进行网络营销时要保证商品在最短的时间内由最近的分销网点送到消费者手中,而这一切必须要靠现代化的物流配送体系加以保证才能完成。目前国际上较为流行的物流配送模式是"第三方物流",即由与货物有关的发货人和收货人之外的专业企业,即第三方来承担企业物流活动的一种物流形态。

9.2　"互联网+"企业营销渠道的功能和优势

产品是为客户创造价值,渠道是为客户传递价值和交付价值。"互联网+"企业营销渠道是在传统营销渠道功能的基础上,利用先进互联网技术手段,构建了一个平台,承担了宣传促销、订货交易、支付结算、物流配送等功能,是传递产品和交付服务价值的平台。

9.2.1　"互联网+"企业营销渠道的功能

"互联网+"企业营销渠道通过互联网技术的工具支撑,传递价值的效率大大提高,通过"互联网+"企业营销渠道可实现宣传促销、订货交易、支付结算和物流配送功能,发挥信息流、商品流、资金流和物流的作用。

1)宣传促销功能,发挥信息流作用

"互联网+"企业营销渠道相比传统营销渠道而言,最大的优势是通过互联网工具与消费者的信息沟通更加直接和便捷,消费者或客户可以通过互联网、微信、客户端等方式直接获取产品信息,了解产品功能和特点,制造商或生产厂商可以通过自身企业网站、互联网中间商渠道实现对产品和服务进行宣传促销。"互联网+"企业营销渠道可实现信息的双向传递,是产品和服务信息发布的渠道,发挥了信息流的作用,同时作为一种信息传播的媒介,体现了媒体价值。

2）订货交易功能，发挥商品流作用

消费者通过互联网实现对企业产品（服务）基本信息的了解，然后进行对产品的预订。订货系统为消费者提供产品信息，同时方便厂家获取消费者的需求信息，以求达到供求平衡。一个完善的订货系统，可以最大限度地降低库存，减少销售费用。

3）支付结算功能，发挥资金流作用

消费者可以通过网络进行结算。消费者通过互联网购买产品后，直接可以通过多种方式方便地付款。目前的支付结算方式主要有信用卡和储蓄卡转账、网上银行、支付宝、手机银行等。

4）物流配送功能，发挥物流作用

企业只需按照订单就可以配送消费者需要的产品（服务），消费者足不出户就实现了购买行为。一般来说，产品分为有形产品和无形产品，对于无形产品如服务、软件、音乐等产品可以直接通过网上进行配送，对于有形产品的配送，要涉及运输和仓储问题。

"互联网+"企业营销渠道是一种新型的商务交易平台，连接着买卖双方，是为买卖双方提供产品和服务的平台，通过这个平台，消费者可以通过网络轻松完成商品选购、在线支付和物流配送，使产品和服务得到快速交付和传递，提高了效率，降低了成本。

"互联网+"企业营销渠道中的信息流、商品流、信息流、资金流和物流相互依存组成了一个系统，这些组成共同的作用是在把产品通过"互联网+"企业营销渠道传递给消费者的过程中创造价值，"互联网+"企业营销渠道的强项在于其开放式、互动式的信息性，其他功能流均借助信息流才能发挥作用，以信息流作为基础，其他功能流在信息流的基础上完成各自的功能，各功能流之间相辅相成。

9.2.2 "互联网+"企业营销渠道的优势

与传统营销渠道对比，"互联网+"企业营销渠道具有信息传播速度快、运营成本低、效率高等优势。

（1）信息流优势

"互联网+"企业营销渠道的信息流优势主要体现在：信息丰富、高速及时、互动性强、全球性全天候、个性化等。互联网通过将资金流和部分物流（比如软件）转化成信息流，将网络营销的优势扩大，并通过信息优势提高传统商品的流通效率和降低其流通成本。网络营销渠道在信息流方面的优势是传统营销渠道所难以替代的。

（2）成本优势

对企业来说，"互联网+"企业营销渠道较具诱惑力的优势之一，即是可以降低交易成本，这可以从两个方面来体现，如下所述。

①运用互联网营销可以降低企业的采购成本。企业采购原材料往往是一项程序烦琐的过程，通过计算机网络的商务活动，企业可以加强与主要供应商之间的协作关系，将原材料的采购与产品制造过程有机地配合起来，形成一体化的信息传递和信息处理体系。

②运用互联网手段可以降低促销成本。尽管建立和维护公司的网站需要一定的投资，

但是与其他销售渠道相比,使用互联网的成本已经大大降低了。第一,降低了材料等费用。产品特征、公司简介等信息都存储在网络里,可供顾客随时查询;所有的营销材料都可直接在线上更新,无须反复,从而可以大大节省打印、包装、存储、交通等费用。第二,可以节省广告宣传费用,与传统的广告相比,无论是在宣传范围的广度、宣传内容的深度方面,网络广告均具有优点。第三,可以降低调研费。在产品销售过程中,往往需要进行广泛的市场调查。互联网的运用,既为做市场调查提供了国际性的空间,也降低了调查的各种费用。第四,在提高售后服务效率的同时大大降低了运作成本。

(3)促销优势

一方面,"互联网+"企业营销渠道大大增加了营销触点,使得营销推广无处不在。在网络上可提供全天候的广告及服务而不需要增加开支,这种不间断的服务有利于增加企业与顾客的接触机会,更好地发挥潜在的销售能力。随着移动智能终端的不断普及,互联网已经渗透到人们生活的每一个角落,基本上每天都离不开它,弹窗广告、网页推送、微信朋友圈、QQ 个人空间等,营销入口随处可见,对于企业来说,这无疑为他们的营销推广增添了更多的机会和成功率,但如此纷繁的触点,也使企业的选择和取舍变得更加困难,如何从众多的触点中找到最为行之有效的路径将成为企业获取用户的关键所在。另一方面,互联网消除了时空限制,可以即时连通国际市场,减少市场壁垒,同时能把广告与订购连为一体,促成购买意愿。

(4)服务优势

"互联网+"企业营销渠道更加注重客户需求,个性化元素更多。互联网为客户提供了更透明的信息,让客户有更大的选择自由,客户可以根据自己的个性特点和需求,在全球范围内不受限制地寻找满意的商品。互联网降低了企业与用户的交互成本,让企业可以快速响应用户的具体需求,网络营销渠道能满足顾客对购物方便性的需求,提高顾客的购物效率,同时可以针对消费者个性化需求,实现大规模、个性化的定制服务。

另外,"互联网+"企业营销渠道还可以帮助传统企业优化产业链,重构商业模式。淘宝、阿里巴巴、京东商城等互联网购物平台的兴起,让众多的传统产业,如服装、电器、终端等厂商纷纷转战互联网,O2O 的协同发展模式得以迅速发展,这其中,互联网平台逐步取代了传统零售店成为销售行为转化的场所,大大缩短了"厂商—代理商 1—代理商 2……—代理店—消费者"的传统销售路径,产业链得以优化。

9.2.3 "互联网+"企业营销渠道的不足

"互联网+"企业营销渠道具有成本低、效率高等优势,同时也存在一些不足,如下所述。

(1)对消费者素质提出了更高要求

消费者去商店购买东西,除了钱之外,会说话就行了。而要到网上商店买东西,则至少要有一台联网设备,还要懂一点操作技术。虽然目前网民人数增长迅速,但"互联网+"企业营销渠道对消费者的素质提出了要求,要求消费者会上网,会操作计算机或手机 APP。

(2)缺乏传统营销渠道提供的购物乐趣

传统营销渠道经过数百年的发展,已经发展出了一套以顾客为中心的经营理念,其硬、软件建设围绕这一理念已经达到了一个很高的水平,特别是在城市,消费者置身于传统营销渠道之中,会感到被他人尊重、呵护甚至是奉承,产生良好的心理享受感。有时,这种精神享受比物质享受更重要,但网络营销渠道缺乏这种感觉。当然,随着网络营销渠道的发展,网络营销渠道会越来越人性化,消费者上网购物时被尊重、被呵护甚至被奉承的感觉会增强,但不管网络营销渠道怎样发展,面对机器与面对人的感受肯定不会一样。在交易时难以为消费者带来真实感,消费者在传统营销渠道中能亲身体验商品,如买衣服可以试穿,买电器可以试用等,这些都为消费者带来了真实感,而恰恰是这些消费者需要的,网络营销渠道却办不到,而只能模仿和介绍,不能提供商品的试用和体验,因此,在交易过程上难以为消费者带来真实感。

(3)存在一定的资金风险

在网络上购物有较多的资金方面的风险。即使大部分商家都承诺通过网络营销渠道能保证绝大多数交易的安全,但从理论上来说交易的安全仍不可能与传统营销渠道相比,传统营销渠道的支付都是面对面通过现金或刷卡完成,而通过网络进行支付时,需要通过网上银行、支付宝等方式进行支付,有可能出现资金不能按时到账,支付不成功等问题,存在一定的资金风险。

(4)物流配送体系不健全

目前我国企业主要采用通过邮政系统、自建配送体系、借助第三方物流企业 3 种形式进行物流配送,但拥有全国物流能力的企业还不多,特别是中小企业,物流配送体系不健全已成为阻碍其网络营销发展的主要因素。

(5)信息安全存在一定的隐患

"互联网+"企业营销渠道是通过互联网、移动互联网等技术实现产品的销售和交易,客户的个人信息、位置信息、银行卡信息等通过网络进行传送,信息安全存在一定的隐患。

9.3 "互联网+"企业营销渠道建设运营

企业营销渠道是企业一项关键性的外部资源,它不仅可以提高企业的销售收入,而且还可以与其他企业进行有效的竞争。虽然市场营销活动中的其他部分,如定价和广告策略的科学化,可以使企业超越竞争对手,但相对来说,这种优势容易被模仿,而企业完善的营销渠道,是企业经过长期建立和积累起来的,往往会创造出更为持久的竞争优势,在"互联网+"时代下,如何利用移动互联网新技术,建设和运营"互联网+"企业营销渠道是企业十分重要的内容。

9.3.1 "互联网+"企业营销渠道的设计

营销渠道设计是企业为实现分销目标,对各种备选渠道结构进行评估和选择,从而开发出新型营销渠道或改进现有营销渠道的过程。营销渠道的决策是企业面临的重要决策之一,企业所选择的渠道将直接影响到所有其他的营销渠道。

企业营销渠道设计的内容包括分析客户需求、建立渠道目标、确定渠道方案。

1）分析客户需求

消费者会基于价格、产品品类、便利程度和他们自己的购物目标来选择喜欢的渠道。比如有的客户关注产品、服务和质量，有的客户关注价格和价值，有的客户关注便利性等。即使是同一位消费者，也可能在一次购买过程中选择不同的渠道完成不同的功能，如在去实体店前先登录网站浏览商品，或者是先到实体店体验后再登录网站下订单，总之，企业需要根据不同客户的需求，设计和建设满足客户需求的渠道。

2）建立渠道目标

企业应该用服务产出水平、相关的成本等来建立渠道目标。企业可依据不同服务产出水平的需求来识别细分市场，然后为不同的细分市场选择最佳渠道。渠道目标因产品特性的不同而不同。如产品是无形的，则选择建立网络方式的渠道；如产品是有形的，则需要建立实体渠道供客户体验和选择。

3）确定渠道方案

根据客户需求，结合产品特性，企业需要确定最佳的渠道方案，包括实体渠道的方案、线上渠道的方案、线上线下渠道协同的方案；以及确定渠道的层级、各层级的渠道密度、渠道成员的选择等。

在"互联网+"环境下，企业营销渠道的设计，除了传统实体渠道的设计外，更多的要考虑利用互联网技术，进行线上渠道的设计，以及进行线上线下全渠道的设计。

（1）线下渠道设计

线下渠道需根据细分市场目标客户的需求，结合产品特性，选择建设厅店或直销队伍进行渠道覆盖，以厅店为例，需按照自营店、授权店、加盟店等类型不同，围绕如何吸引客流、提升客户体验等角度出发，从商圈选址、厅店布局等方面进行设计和规划。

（2）线上渠道设计

随着互联网技术的广泛应用，对于大多数传统企业而言，网上销售会是接受度较高的互联网化形式之一，因此线上渠道的设计也显得尤为重要。

线上横向全渠道，自己卖+别人卖+带动线下卖。即构建包括线上自营店、授权线上分销渠道、线上给线下引流等 $1+N+n$ 的多渠道销售体系。

①网上自己卖。如今拥有开放平台的综合型电商平台和垂直型电商平台均不少，这与无数的传统百货商场和超市类似。品牌商在这些平台上开店，一方面可以增加品牌曝光度，完成渠道终端铺货率；另一方面也确确实实会带来更多的销量。不过多平台旗舰店的开设和管理是一个较大的工程，因此可以选择最重要的一个平台的旗舰店由品牌商直营，而其他平台的旗舰店可以交给代运营商去直营，企业只需要加强对代运营商的管控即可。

②网上别人卖。主要有两种形式：一种是直接供货给一些自采型的电商平台，当产品较好但对于该平台运营环境不是很熟悉时，不妨采用先供货给自营平台，待产品被用户认可后再申请在平台上开旗舰店，这样相当于该平台在帮企业进行"暖场"。另一种形式则是供货给一些网络零售商，比如天猫的一些大专营店，这样需要的就是要做好分销商的筛选、谈判、管控和激励等相关运营推进工作，然后就可以充分利用其平台地位、用户规模及优质免费流

量等资源。

③带动线下卖阶段。同样也有两种形式:其一是鼓励线下经销商上网开店分销,一方面是巩固与线下经销商的合作关系,另一方面是推动经销商互联网化有助于其更好地接受与品牌商在互联网环境下合作形式等方面的改变。其二是线上引流到线下成交,这更适合一些网购适配度相对不那么高的品类,也适合已经开始构建线上线下立体全渠道的企业。

(3)线上线下立体全渠道,线上+线下+O2O

即构建包括互联网、移动互联网、实体店等在内的协同销售。

全渠道规划。根据所处的行业和业务特征,判断实施O2O的可行性和必要性,设计适配的O2O模式,设定O2O目标和计划,设计未来的演进路径。

O2O是指线下渠道与线上互联网渠道(Online to Offline, O2O),将线下的商务机会与互联网结合,让互联网成为线下交易的前台,将线下和线上的商业通路进行融合。O2O从狭义来理解就是线上交易、线下体验消费的商务模式,主要包括两种场景:一种是线上到线下,用户在线上购买或预订服务,再到线下商户享受服务,目前这种类型比较多;二是线下到线上,用户通过线下实体店体验并选好商品,然后通过线上下单来购买商品。广义的O2O就是将互联网思维与传统产业相融合,未来O2O的发展将突破线上和线下的界限,实现线上线下虚实之间的深度融合,其模式的核心是平等、开放、互动、迭代、共享等互联网思维,利用高效率、低成本的互联网信息技术改造传统产业链中的低效率环节。该模式最重要的特点是推广效果可查,每笔交易可跟踪。

全渠道打造。线上生态构建:互联网平台生态体系内部的引流、用户互动、支付各端的应用触点整合,跨平台多个生态体系之间的应用触点整合。线下生态优化:有效货源的控制能力分析和改造整合,线下调货配货能力分析和提升,原有进销存管理体系的梳理和系统对接等。线上线下打通:支付、用户、库存、渠道、价格等数据的打通,以及数据挖掘分析。图9.5所示为线上线下全渠道。

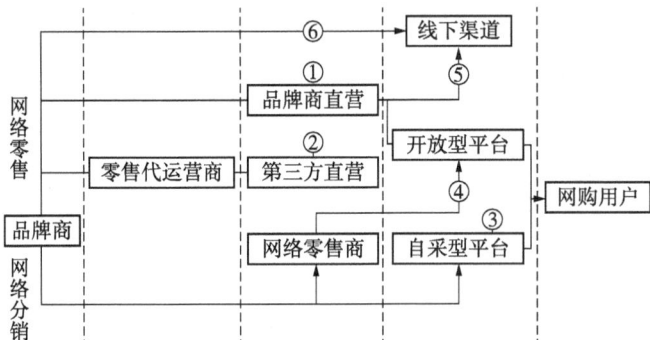

图9.5 线上线下全渠道图

第一阶段:网上自己卖。①品牌商直营;②第三方直营。

第二阶段:网上别人卖。③自采型平台;④网络零售商。

第三阶段:带动线下卖。⑤线上引流线下成交(O2O);⑥促进线下经销商招商。

9.3.2　"互联网+"企业营销渠道的建设

"互联网+"企业营销渠道的建设包括下述内容:明确商业模式、确定渠道定位;分析客户需求、提供合适的渠道选择;根据产品特点、对产品展示进行渠道布局;在安全的原则下,建立支付系统;从方便客户角度出发,构建智能物流配送体系;利用先进的信息技术,构建强大的后台支撑系统;打造适应"互联网+"环境的企业营销渠道运营团队。

1)明确商业模式,确定"互联网+"企业营销渠道的功能和定位

随着电子商务的不断发展,出现了一种新型的电子商务模式 ABC 模式,被誉为电子商务界继阿里巴巴 B2B 模式、京东商城 B2C 模式、淘宝 C2C 模式之后的第四大模式。它是由代理商(Agents)、商家(Business)和消费者(Consumer)共同搭建的集生产、经营、消费为一体的电子商务平台。相互之间可以转化。大家都是这个平台的主人,生产者、消费者、经营者、合作者、管理者,大家相互服务,相互支持,你中有我,我中有你,真正形成一个利益共同体,资源共享,产、消共生而达到共同幸福的良性局面。

根据企业所选择的电子商务模式,确定"互联网+"企业营销渠道的功能和定位。如 B2B 模式,是企业对企业的模式,这种模式每次交易量很大、交易次数较少,并且购买方比较集中,因此网上销售渠道的建设关键是建设好订货系统,方便购买企业进行选择;由于企业一般信用较好,通过网上结算实现付款比较简单;另一方面,由于量大次数少,因此配送时可以进行专门运送,既可以保证速度也可以保证质量,减少中间环节造成的损伤。而 B2C,即企业对消费者模式,这种模式的每次交易量小、交易次数多,而且购买者非常分散,因此网上渠道建设的关键是结算系统和配送系统。

2)从客户需求出发,设计多样化的渠道类型,提供客户多种渠道选择

从客户需求出发,提供实体店、互联网、APP 等多种方式的互联网渠道,供客户选择,只有采用消费者喜欢的、容易接受的方式,才有可能吸引消费者去使用。并以客户体验最佳为目标,进行渠道布局和风格的设计等。

3)根据产品的特性不同,进行产品的展示和搜索

产品包括有形产品和无形产品等,需结合产品的特性进行展示。顾客主要是通过网络平台来了解企业的产品。因此,企业在网络平台上展示产品时要更加丰富产品的种类、颜色,并且根据不同的时节及时对产品做出调整。使得自己的网络产品更加吸引顾客的兴趣,让顾客能够切身体会到产品体验,通过各种网络媒体技术尽可能地带给顾客一种实体店的感觉。另外要根据不同的人群以及不同的时节,设立不同的板块,使自己的产品展示区看起来符合潮流时尚,确保能够吸引到顾客。另外,还应该提供商品搜索和分类查找功能,以便于消费者在最短时间内找到需要的商品,同时还应对商品提供消费者想了解的信息,如性能、外形、品牌等重要信息。

在选择网络销售渠道时还要注意产品的特性,有些产品易于数字化,可以直接通过互联网传输;而对大多数有形产品,还必须依靠传统配送渠道来实现货物的空间移动,对于部分产品依赖的渠道,可以通过对互联网进行改造以最大限度地提高渠道的效率,减少渠道运营中的人为失误和时间耽误造成的损失。

4）建立安全的支付系统

当客户完成订单后就涉及支付问题,设立一个完善安全的支付系统是十分有必要的。企业应建立一个网络结算系统,为顾客提供多种多样的结算方式,将网上的结算转账和银行转账系统联网,使消费者可以轻松购物,轻松结算,以提升消费者购物的体验感。

5）建立智能的物流配送体系

利用条形码、射频识别技术、传感器、全球定位系统等先进的物联网技术构建一套完善的物流配送体系,智能物流配送体系在功能上要实现6个"正确",即正确的货物、正确的数量、正确的地点、正确的质量、正确的时间、正确的价格;在技术上要实现:物品识别、地点跟踪、物品溯源、物品监控、实时响应。在实施过程中强调的是物流过程数据智慧化、网络协同化和决策智慧化。

智能的物流配送体系可以帮助企业快速安全地将产品发送给顾客,商家可将商品配送中的信息适时发送信息给客户,包括商品已发货、到达城市、预计到货时间、到货地点、到货签收信息反馈等,可方便顾客随时查看自己货品的配送信息,给顾客营造一种安全贴切的感觉,给客户以良好的体验和感知,这样可以牢牢地抓住顾客源头,为企业增加销售额。同时,建立透明的物流监管体系,把物流作为一项服务进行打造,将会极大地提高客户的满意度。

6）构建强大的后台技术支撑平台

"互联网+"企业营销渠道与传统渠道最大的不同是有了先进的信息技术,企业在进行"互联网+"营销渠道设计时,需要对互联网、移动互联网,包括物联网等技术进行研究,根据企业的发展需要,投入资源,构建强大的后台技术支撑平台,以实现单个渠道、渠道之间的信息数据传递和共享,实现大数据、云计算的支撑需要。

7）打造适应"互联网+"的运营团队

传统企业过去与用户的交互是通过中间商来做的,营销团队更擅长于线下中间商开发、维护与管理。但"互联网+"环境下要求企业更重视客户的数据化管理与多维利用,这就倒逼企业建立新的客户沟通部门、产品研发部门、市场推广部门,并加强与其他相关产业的跨界合作和资源分享。打造适应"互联网+"的团队,为客户提供满意的服务。

9.3.3 "互联网+"企业营销渠道的运营

随着互联网技术的不断发展,"互联网+"企业营销渠道是把供需信息的传递以一种更有效率、更有经济规模的方式来实现,利用互联网工具,实现了客户和商家的连接和聚合,而不是对传统渠道的替代。要根据渠道为客户提供的信息传递、功能体验、服务沟通等功能,做好渠道功能定位,实现各渠道间信息相互共享,客户体验一致,提升客户的满意,因此既要巩固传统渠道的优势,继续做好传统渠道的运营,又要建立"互联网+"企业营销渠道,发挥"互联网+"企业营销渠道优势,全面构建线上线下全面融合的全渠道销售体系,实现线上线下渠道的有效整合,优势互补、高效协同。

1)巩固传统渠道的优势,做好传统渠道的运营

传统渠道经过多年的发展,积累了丰富的经验,通过与客户面对面的接触,赢得了客户的信任,因此要继续发挥传统渠道的优势,继续做好传统渠道的运营,同时,加强与线上渠道的互动和连接,实现优势互补。

(1)坚守好实体零售的商圈阵地

传统实体零售渠道经过商家多年的发展,结合所销售的产品特点,在城市核心商圈、黄金地段、居民社区,甚至农村区域等有了广泛的渠道覆盖,形成了线下零售商圈阵地,线下的商圈阵地是一个很好的优势和基础,不能简单地用线上渠道进行替代,而是要坚守好原有的商圈阵地,发挥覆盖广泛的优势,为线上客户引流提供基础,向客户提供如物流配送和售后服务等支持。

(2)巩固好与合作中间商的关系

传统渠道布局中有大量的合作中间商,这些合作中间商是企业发展中的核心力量,熟悉企业的产品特点,具有很强的销售和服务能力,因此在向互联网销售转型过程中,仍需巩固好与传统合作中间商的关系,鼓励他们利用互联网技术进行互联网化转型,继续发展成为互联网中间商,引领他们与企业一起共同转型,实现共同发展。

(3)经营好与客户长期积累的关系

传统实体渠道在多年的发展中,培养了客户的消费习惯,与客户积累了很好的关系,随着新兴渠道的出现,企业需要采取相应的措施,及时主动地向客户告知可以通过新型渠道如互联网、APP 等方式获取服务,并主动发挥原有客户流量的优势,采用二维码等方式,做好向线上的引流,继续与客户保持良好的沟通,不能由于新兴渠道的发展,忽略了与客户的沟通,导致原有客户的流失。

(4)丰富好线下实体店的功能

传统实体店在过去更多的是承担商品宣传和销售功能,而随着"互联网+"企业营销渠道的不断发展,需要优化厅店布局,丰富线下实体渠道的功能,如商品展示、客户体验、物流配送、售后服务等功能,让线下实体店充分发挥与客户面对面接触和沟通的优势,发挥线上不具有的优势,做好与线上的协同互补。

(5)实现好与线上渠道的互动连接

传统实体店是过去客户入口的主要渠道,因此具有先天的客户认知优势,在企业"互联网+"线上渠道的发展中,初期要充分利用实体店客户流量的入口优势,做好宣传,同时要做好线下渠道与线上的连接,如客户进店后,通过微信扫描二维码,把客户变成商家微信平台的粉丝,客户以后可以及时获得新产品和促销活动信息,也可以通过线上渠道进行交易。

2)发挥互联网技术的优势,做好线上渠道的运营

"互联网+"企业营销渠道一旦建立起来后,线上渠道的传播、营销、运营、维护和分析是进行互联网线上渠道运营中必须要做到的。

(1)线上渠道传播

线上渠道传播就是引入互联网的传播手段,利用移动互联网资源或自有资源扩大渠道的影响力和覆盖面,让更多的用户知道和了解渠道。一方面,利用企业自有的互联网渠道资源进行推广,如企业网站、微信公众号、APP 等,把这些资源利用和整合起来,经常做一些联合的产品或渠道的推广营销,共享用户、资源,把这些互联网资源打造为移动互联网渠道群,以覆盖尽可能多的互联网用户。另一方面,与合作伙伴网站进行广告置换,或是在网站上发布广告链接,像 QQ、淘宝、百度等网站,可对自有线上渠道起到迅速大规模传播的作用。另外,结合企业自身的产品特点,还可以在一些博客、论坛上以吸引眼球的软性方式进行推广。

（2）线上渠道营销

营销推广就是要制造热点,吸引用户访问渠道或是尝试在渠道上推广产品。具体的方法如利用节日或热点事件,开展节日或事件营销,可以根据热点营销内容提供与主题相关的业务营销或奖品促销等,通过节假日、热点事件或主题营销活动,吸引用户访问渠道,增加线上渠道的认知度和访问量。

（3）线上渠道运营

线上渠道运营是一个线上渠道能否长时间维持庞大用户群的关键。如何运营呢? 首先要保持热度,建立更新机制。就是说线上渠道所呈现的产品或业务要能不断地更新或不断地进行包装,制作不同类型的专题,挖掘在不同情形下所能提供给客户的服务。其次是要维持用户的黏性,还要让线上渠道具有和用户互动的能力（即允许用户评论、反馈、推荐、赠送产品或业务）。这在移动互联网上很容易实现,也是线上渠道必不可少的功能。例如,提供相应产品的调查问卷,或是允许用户在渠道上分享自我制作的内容,提供用户空间以管理其业务、订购关系,针对用户喜好进行推荐、提供积分机制等。

当然,无论是渠道还是产品或业务,决定性的部分是给用户提供适合互联网用户的优质服务体验。应做好的工作有:线上渠道登录流程的优化,线上渠道内容展现的优化（像提供业务的分频道分类展示）,线上渠道内容搜索查找的优化（包括提供热门关键字、高级搜索的能力等）,线上渠道热点内容或用户使用排名在前 10 名的业务列表以及渠道上的业务订购流程、扣费的优化,如果第三方有接口还需要接口的优化,线上渠道产品质量的监控,客服的处理能力,还有线上渠道是否有帮助中心和在线客服等。

（4）线上渠道维护

及时、有效的渠道维护能提升客户访问渠道的体验感,因此线上渠道维护也是重要工作之一。用户访问移动互联网,瓶颈是网络速度慢,因此,一定要在架构设计上考虑满足兼容性、分布式部署、高稳定性等电信级参数,还要把网络性能（即访问速度的提高）放在重要位置,如进行专线建设、镜像的布置、增加系统容量、进行渠道的系统结构优化等。

（5）线上渠道分析

未来商业的本质就是数据,要么数据化,要么灭亡。对所有的渠道访问、传播、营销、运营、维护数据进行统一的收集、分析、反馈和总结是必需的,然后用这些结果来优化渠道和日常工作,以形成闭环。具体的,比如客户行为的分析（什么样的客户喜欢登录、什么时候登录、对什么内容感兴趣等）,营销活动的总结分析（什么样的宣传、促销最有效）,活跃目标用户的行为分析（了解活跃用户的活跃点在哪里）,异常订购行为稽核（解决风险隐患）等。构建线上渠道的数据库、分析指标、管理视窗是做好线上渠道运营的核心基础。

3）做好传统渠道与"互联网+"企业营销渠道的整合,实现渠道协同

在电子商务背景下,企业既可以选择单一的营销渠道模式,更可以根据自身特点选择多种合适的营销渠道。企业如果仅仅选择单一的营销渠道将不能实现企业资源的完美整合,如果选择多种不同的营销渠道又将产生种种渠道冲突,这就需要对所有营销渠道予以整合,减少渠道冲突,提高渠道效率。

（1）整合渠道间利益,保持价格稳定

首先,企业要确保渠道间、区域间价格的整体平衡,建立健全级差价格制度,确保价格透明公开。采取的激励方式与手段不同,便可根据各营销渠道希望达成的目标制订相应的激励措施,以期达到维护价格稳定,降低窜货的风险。其次,网络营销渠道比传统营销渠道更具价格优势,但是不能与实体渠道最终零售价相差太大,而是要依靠自身特点,通过差异化的销售手段吸引消费者购买。

（2）渠道产品差异化组合

传统营销渠道与网络营销渠道应保证在二者之间保持一定程度的差异。这样可以按产品和服务所处的生命周期将企业生产的产品和服务分配给恰当的营销渠道。对于新产品导入市场的初期,基于产品的不确定性,传统营销渠道风险较大,而网络营销渠道的风险较之偏小,这时便可选择网络营销渠道予以销售。对于成长期或成熟期的产品,重点是扩大消费者的接触群体,可在网络营销渠道和传统营销渠道同步售卖。

（3）渠道关系的协调

渠道关系协调作为渠道整体效益以及成本优势的关键因素,对营销渠道运行优劣至关重要。在电子商务背景下,网络营销渠道的广泛应用使得营销渠道的关系更为复杂,由于渠道成员之间良好的协作和信任机制,各种信息能够在渠道成员间传播和共享,继而促进产品和服务增值,为各渠道创造了明显的竞争优势。

（4）建立健全渠道成员间知识共享体系

电子商务与知识管理相互协调。知识管理和电子商务都是新背景下新兴的管理策略和手段,电子商务可以为知识管理提供便捷的渠道,可以使企业通过网络获取和传播信息,知识管理又可以方便地提取企业电子商务系统各环节的原始数据,为企业实施电子商务提供智力帮助和决策支持。通过持续创新,有利于提高员工生产技能和企业生产效率,帮助企业合理安排生产计划。

完善知识共享过程。在"互联网+"时代,知识的共享是一个不断演进的过程,营销渠道中的知识共享不仅包括各个营销渠道和渠道成员对陈旧知识的转移,更催化了其对知识的学习和再创造。在"互联网+"时代,企业营销渠道的知识共享和交流过程中,供应商可以将其拥有的产品知识、市场行情全面地提供给下一级的企业,企业进行归集整理后,再将过滤过的知识传递给下一级的中间商、物流企业或最终消费者。在这个过程中,企业可以根据其所获得的市场信息及时调整其营销进程,有针对性地应对市场行情的变化,用相同的成本创造更多利润。

（5）加强企业营销渠道文化建设

企业的营销渠道文化主要是指渠道内部共同的企业价值观、目标和愿景,这种文化既是在相互合作、生产实践过程中逐步形成的,也包含企业人为制订的制度和规范。这种企业营销渠道文化对渠道各环节成员有一种无形却又神秘的约束力,有助于渠道成员之间的合作共赢,更有利于整个营销渠道的稳定。

9.3.4 "互联网+"企业营销渠道的战略联盟

"互联网+"企业营销渠道的战略联盟是企业为了更好地实现企业的发展,利用互联网思维,通过互联网技术手段,将企业营销渠道的上下游伙伴(包括供应商、厂商和经销商),以及企业营销渠道本身涉及的技术厂家、物流提供商、银行或支付提供商和其他渠道等,通过构建相应的商业模式,将利益相关者进行连接,形成具有共同利益的战略联盟。

1)战略联盟的概念

战略联盟的概念最早由美国 DEC 公司总裁简·霍普兰德(J. Hopland)和管理学家罗杰·奈格尔(R. Nigel)于 20 世纪 70 年代提出,他们认为,战略联盟指的是由两个或两个以上有着共同战略利益和对等经营实力的企业,为达到共同拥有市场、共同使用资源等战略目标,通过各种协议、契约而结成的优势互补或优势相长、风险共担、生产要素水平式双向或多向流动的一种松散的合作模式。

因为战略联盟要求共同承担责任,相互协调,精心谋求各类活动的相互合作,因而模糊了公司的界限,使得各个公司为了实现联盟的共同目标而采取一致或协同的行动。但是有一点是清楚的,联盟伙伴保持着既合作又竞争的关系。联盟伙伴虽然在部分领域中进行合作,但在协议之外的领域以及在公司活动的整体态势上仍然保持着经营管理的独立自主,相互间可能是竞争对手的关系。

"互联网+"的"+"是指加速度,它改变了企业传统运营管理方式,战略联盟显得越来越重要,它在整合有限资源等方面有明显优势,对提升企业竞争力有着深刻影响。

2)营销渠道战略联盟概述

从营销渠道的流程和参与的成员可以看出,渠道的效率和效益取决于成员之间协作的程度,而渠道成员之间结成联盟关系对于提高渠道的效率十分有利,因此国内外学者对营销渠道联盟分别从不同的角度进行了研究。由于研究的侧重点不同,对于营销渠道联盟的定义也各不相同。

斯坦恩(2003)认为渠道联盟就是两个或更多(渠道中的)组织发生关系(法律的、经济的或人际的),从而使得他们按照各方的共同利益进行运作。当组织之间的联系是持久的和广泛的,并涉及各方业务的许多方面时这种联盟就是战略性的。成员资格使得各方改变自己的行为以适应联盟的目标。斯坦恩还指出,渠道联盟可以有很多方式,包括紧密关系、伙伴关系、关系管理、混合管理、准纵向一体化以及承诺关系。

杰奇摩尔和罗伯特·派克蒙(1996)认为渠道联盟就是渠道成员间为实现那些单打独斗很难实现的目标而形成的伙伴关系。这种伙伴关系于传统的商业关系不同,主要表现在渠道成员间关系的紧密程度。这种关系的紧密程度主要靠合作程度来衡量,主要体现在突发事件中的互助、对对方需求或要求变化的灵活应对、或仅为双赢的关系而紧密合作工作。

斯密兹等人(1995)认为营销渠道联盟就是为获得有利于渠道一体化的长期、相互的目标而作出的(渠道成员的)关系安排。

美国卢·E.佩尔顿(Lou E. Pelton)(2004)认为营销渠道联盟是一种长期的盟友关系,它在环境内部及成员相互作用过程中提供了一种天然联系,它强调的协作是一种长期双赢的关系。也就是指许多结构内两个或更多的渠道成员在共同目标的基础上进行合作,但是它不仅仅是合作关系,还包括共生关系,其互相独立又共享利益。营销渠道联盟形成于渠道系统内部,存在于渠道成员之间不同层级或同一层级之上。联盟的前提是一旦形成联盟,战略伙伴应该在渠道交易系统中做得比单个更有效率并取得成果。

王方华、奚俊芳(2005)认为:营销渠道联盟或合作伙伴关系是指制造商及其渠道成员之间进一层的一种新型的渠道关系,强调的是制造商与其渠道成员间持续的相互支持关系,制造商改变其传统的商品交易观念,与其渠道成员努力建成更加积极主动的渠道团队、渠道网络或者渠道网络联盟,构筑一个利益共同体。陈洁(2005)认为营销渠道联盟是指渠道的上游供应商与供应商之间、经销商与经销商之间、供应商与经销商之间以及经销商与供应商之间形成的战略协作关系。

综上所述可以得知:营销渠道联盟的本质就是营销成员之间形成的一种战略合作关系,它是在相互信任和共同长远目标的基础上,营销渠道成员(包括生产厂商、经销商和零售商)之间为了实现共同的利益目标,通过战略协议的方式建立的风险—利益联盟集团,按照商定的分销策略和游戏规则,共同开发市场,共同承担市场责任和风险,共同管理和规范销售行为,并共同分享销售利润的一种联盟,联盟双方或多方均从公司整体战略的高度出发,着眼于公司未来的发展而达成具有战略意义的联盟。

3)营销渠道战略联盟的分类和特点

根据渠道中成员的经营方向将渠道战略联盟分为垂直战略联盟和水平战略联盟。

(1)垂直战略联盟

垂直战略联盟是指在经营业务上具有上下游关系的企业形成的战略联盟。企业若与上游企业联盟则是前向垂直联盟,若与下游企业联盟则是后向垂直联盟。产品工序互为上下游关系的制造商形成的联盟则是垂直生产联盟,制造商、销售商在产品营销上形成的联盟则是垂直营销联盟,菲利普·科特勒将其称为垂直营销系统,认为它是近年来营销渠道最大的发展之一。

供应商和经销商之间的战略联盟就是属于垂直战略联盟,根据联盟主导作用的角色不同,分为厂家主导型和商家主导型。这种关系根植于购买者导向的市场,是对客户定向的市场营销理念的客观反应。其目的和宗旨通常是通过供应链中上下游的联盟和合作,提高整个供应链的效益和效率,快速反应市场需求,为顾客提供更好更满意的服务。这种渠道联盟通常是由传统的交易关系演变而来的,而在长期交易中建立起来的信任和相互依赖的关系往往是战略联盟的基础。

(2)水平战略联盟

水平战略联盟是同行业或相关行业的企业在营销活动上结成的联盟,也称合作联盟、共生联盟,主要有制造商之间的战略联盟、供应商之间的战略联盟、经销商之间的战略联盟。

①制造商渠道联盟。是指同一层次的制造商共同利用一个营销渠道,组建分销网络,或共同利用服务和维修网、订货程序系统、物流系统、销售人员和场地等。

②供应商之间的战略联盟。这种联盟通常是在购买者导向的市场上,随着产品同质化程度加大和市场竞争的加剧,供应商对愈演愈烈的价格战苦不堪言,不得不通过达成一定的联盟(最初是价格联盟)来抵御价格的滑坡。这些联盟中的一些内容在经过较长时期的合作之后最终发展成了战略联盟,而更多的联盟却因外部环境条件的变化呈动态性,事实上供应商之间的联盟多为在一定利益驱动下的短期行为。

③经销商之间的战略联盟。经销商建立联盟的动机是通过联盟形成的规模优势和垄断优势与供应商进行博弈,以获得更大的利润空间。借助买方市场的优势,经销商(尤其是大型经销商)们越来越善于运用资金优势、规模优势来建立成本优势和垄断优势。通过集中采购或建立经销商联盟,经销商们在营销渠道中有决定性的发言权。

营销渠道战略联盟具有下述特征。

①组织的松散性。渠道联盟以共同占领市场为基本目标,其所建立的并非一定是独立的公司实体,联盟各成员之间的关系也并不正式。战略联盟本身是个动态的、开放的体系,是一种松散的公司间一体化组织形式。

②行为的战略性。渠道战略联盟的方式与结果,不是对瞬间变化所作出的应急反应,而是对优化企业未来竞争环境的长远谋划。因此,联合行为注重从战略的高度改善联盟共有的经营环境和经营条件。

③合作的平等性。联盟成员均为独立法人实体,相互之间的往来不是由行政层级关系所决定,而是遵循资源互利原则,为彼此的优势互补和合作利益所驱动。各成员企业始终拥有自己独立的决策权,而不必受其他成员企业的决策所左右。

④合作关系的长期性。联盟关系并不是企业与企业之间的一次性交易关系,而是相对稳定的长期合作关系。因此,制造商和经销商参与联盟的目标不在于获取一时的短期利益,而是希望通过持续的合作增强自身的竞争优势,以实现长远收益的最大化。

⑤整体利益的互补性。联盟关系并不是企业与企业之间的市场交易关系,或是一个企业对另一个企业的辅助关系,而是各成员之间的一种利益互补关系。每个成员企业都拥有自己的特定优势,通过扬长避短,可有效降低交易成本,产生"1+1>2"的协同效应。同时,每一个成员企业都能获得与其在联盟中的地位和对联盟的贡献相对应的收益,这种收益仅依靠企业自身的力量将难以获取。

⑥管理的复杂性。渠道联盟的出现给"竞争"一词注入了新的含义,即企业间除了对抗性竞争外,还可能存在以合作和联盟为基础的竞争。为竞争而合作,靠合作来竞争,竞争中的合作与合作中的竞争并存不悖。

"互联网+"企业营销渠道的战略联盟除了具有传统营销渠道战略联盟的特征外,还应具有下述特征。

①厂商以客户满意为共同目标。在"互联网+"时代,一个显著的变化就是思维的变化,即由过去的"以产品为中心"转变为"以客户为中心",因此以"客户为中心",以客户满意为

共同目标是"互联网+"企业营销渠道形成战略联盟的基础。

②厂商之间要由单纯的利益驱动变为理念与利益双驱动机制。在当前的竞争态势下，市场动力来自于客户之所需，它正在演进为一种分销利益共同体，共同满足消费者的需求。面对新一轮市场洗牌，厂商双方只有立场一致、观点一致、角色一致、目标一致、期望一致，打造一种"求大同存小异"的分销联合体，在最大范围、最大限度内满足最终消费者的需求，才会给厂商双方带来真正的实惠和利益。

③厂商之间的合作更加深层次。过去，厂商之间最关心的问题在于销售量、货款和利润的分配。因此，往往出现为获得较高的返利点而盲目上量，最终损害了双方的利益。新型渠道关系是产品供应链的整合，包括信息共享、物流合作和服务的无缝衔接，最终形成消费者需求→生产企业研发生产→经销商销售的扁平化平台。这种扁平化不是简单地裁减或压缩中间环节，而是要在高度集成信息系统的支撑下，实现信息的同步共享，杜绝供应链上的信息失真、计划失控、操作失误。快节奏的信息共享，必将缩短整体供应链中的物流沉淀，减少不必要的存货风险和物流周转。在高度集中的信息系统体系里，生产企业不仅要了解经销商的库存与销售，而且还要了解不同产品的销售进度，从而改善库存结构，调整生产节奏，向市场提供适宜的产品。从这个意义上看，只有真正实现了信息的共享和利用，双方才能实现真正意义上的供应链连接。

④厂商之间的合作更加透明和规范。互联网先进技术带给人类的最大变化是加速了信息的流动，厂商之间的信息是对称流动的，这就带来了两个方面的影响，一是从外部条件来看，企业的整合在增强其谈判能力，同时，日趋成熟的消费者对产品的熟悉程度在不断提高，这在一定程度上削弱了渠道的影响能力。二是从内部条件看，渠道之间的竞争更趋激烈，也需要通过规范化运作来适应变化的外部环境。处在渠道不同环节上的组织成员都必须清楚认识到在互联网时代环境下，任何企业都不可能独立运转，只有相互依赖，真诚合作，走战略联盟之路，从商品流通的全过程出发，通过提高渠道每一环节的效率来提高整个流通渠道的效率，从而增加消费者的利益，提高自己的竞争力，获得更大的生存空间。

4）"互联网+"企业营销渠道战略联盟的构建

根据"互联网+"企业营销渠道的功能，其战略联盟的构成应围绕商流、物流、资金流和信息流等核心功能来构建。

（1）与厂商建立垂直战略联盟，构建合作伙伴型营销渠道关系

"互联网+"企业营销渠道是通过互联网等技术手段建立的销售渠道，与各厂商建立战略联盟，则可及时将产品信息传递至消费者，使得生产者和最终消费者直接连接和沟通。这样既节省了传统渠道中昂贵的人力资源成本，同时给消费者更大的选择对比了解购买信息的空间，实现生产商、网络营销渠道与消费者的三方共赢。

（2）与物流商建立水平战略联盟，构建高效的物流配送体系

一般来说，产品分为有形产品和无形产品，对于无形产品如服务、软件、音乐等产品可以直接通过网上进行配送，对于有形产品的配送，就要涉及运输和仓储问题。国外已经形成了专业的配送公司，如著名的美国联邦快递公司，其业务覆盖全球，实现全球快速的专递服务，

以至于从事网上直销的戴尔公司将美国货物的配送业务都交给它完成。因此,专业配送公司的存在是国外网上商店发展较为迅速的一个原因所在,在美国就有良好的专业配送服务体系作为网络营销的支撑。因此,与物流商建立联盟,可实现商品快速配送到客户,可以使客户通过"互联网+"渠道有良好的购物体验,能有效提升客户满意度。

（3）与银行等金融机构建立水平战略联盟,构建快捷的支付体系

"互联网+"企业营销渠道,其中有一个很重要的功能是线上支付。消费者在购买产品后,可以有多种方式方便地进行线上付款,因此要与银行等金融机构建立联盟,提供多种结算方式服务,实现货款的快速支付和结算,目前常见的支付方式有网上银行、电子货币、支付宝、财付通、货到付款等。同时,通过与银行或第三方支付方建立联盟,可实现资金的快速结算,提高资金周转率。

（4）与其他渠道建立水平战略联盟,实行多元化的营销渠道模式整合

戴尔计算机公司在互联网上将生产的计算机直接销售给消费者,公司40%以上的销售额来自这种直销经营。戴尔借助互联网,节省了大量的销售开支,以相当低廉的运营成本,创造出高于业内平均水平的利润。此举在很大程度上改变了计算机业的运作格局。其实,其他主要个人计算机生产商都在竞相寻找能与戴尔模式长期抗衡的新方法。然而,值得注意的是,戴尔成功的关键在于实施了多渠道交流策略:除了大胆应用互联网以外,戴尔建立了一支大规模的直销队伍,向不同领域的潜在客户发送大量促销信件,同时为销售和服务部门分别设立了自己的电话资讯中心等。

（5）构建基于客户关系管理的渠道管理信息系统

渠道整合会产生渠道之间业务的分流,例如有些银行已经做了信用卡客户的CRM或者其他的一些个人客户的CRM系统,但都是独立来做的。这样,客户的信息并没有得到整合,银行甚至连这个客户在银行内的资产和负债都弄不清楚。在这种情况下,就不可能实现优质的客户享受优质的服务。网点的营销活动要和网上银行、ATM等渠道一样,要向客户提供"一致性体验"。

如果某个客户在某个渠道上获取不了完整服务的话,会对银行的服务有一个不好的感觉,就更不用说对银行的忠诚度了。进行渠道整合的出发点之一就是要改善客户体验。渠道整合包含着渠道之间的配合。为客户提供周全的个性化的服务是吸引客户的一种手段。渠道整合带来了空间上的整合。渠道整合的目的不在于渠道自身,而在于提高客户的服务质量。渠道整合如果成功的话会在服务质量方面带来一个很大的变化。

企业要意识到,这种新型渠道冲突并不是网络营销渠道与传统渠道间的竞争,而应理解为一种不友好的合作关系,渠道建设的目的不应以本渠道利益最大化为目标,而要放长远眼光于企业的整体利益,只有改变了合作模式,才能发挥各个渠道的最大效用,从而获得营销的成功。所以说,渠道建设真正的成功不是渠道本身的成功,而应该是渠道整合的成功。

📖 【案例分析】

阿里巴巴与百联联姻 六大领域合作试验"新零售"

2017 年 2 月 20 日,阿里巴巴集团和百联集团在上海宣布达成战略合作,两大商业领军企业将基于大数据和互联网技术、全业态融合创新等六个领域展开全方位合作,为消费者提供随时随地多场景的新消费体验。

阿里巴巴网络技术有限公司(简称:阿里巴巴集团)是以曾担任英语教师的马云为首的 18 人,于 1999 年在杭州创立。阿里巴巴集团经营多项业务,另外也从关联公司的业务和服务中取得经营商业生态系统上的支援。业务和关联公司的业务包括:淘宝网、天猫、聚划算、全球速卖通、阿里巴巴国际交易市场、1688、阿里妈妈、阿里云、蚂蚁金服、菜鸟网络等。2015年全年,阿里巴巴总营业收入为 943.84 亿元人民币,净利润 688.44 亿元人民币。2016 年 4 月 6 日,阿里巴巴正式宣布其已经成为全球最大的零售交易平台。2016 年 8 月,阿里巴巴集团在"2016 中国企业 500 强"中排名第 148 位。

百联集团是由原上海市第一百货集团、华联集团、友谊集团、物资集团合并重组的大型国有商贸流通产业集团,挂牌成立于 2003 年 4 月。注册资本为 10 亿元,资产总额达 300 亿元,集团基本涵盖了生活资料和生产资料的全部经营业态,直接和间接控股百联股份、物贸股份、友谊股份、第一医药、联华超市 5 家上市公司,经营网点以上海为中心,辐射全国 25 个省、自治区和直辖市,共 7 000 家,从业人员 25 万,网点形式从购物中心、奥特莱斯、大型卖场,到标准超市、便利店、专业专卖等,几乎囊括了全部的商业形态。百联集团现位列中国零售百强第 1 名,中国企业 500 强第 16 名,中国大企业集团第 33 位。《财富》世界 500 强,2013 年排名第 466 名。2016 年 8 月,百联集团在"2016 中国企业 500 强"中排名第 121 位。

而现实的情况却是,传统零售业态的生意并不是那么好做。最新财报显示,百联集团旗下的百联股份 2016 第三季度报净利润 7.46 亿,同比下降 37.8%。联华超市则在近期发布了盈利警告,2016 年全年预计亏损 4.4 亿~4.8 亿元,这已是其亏损的第二年。充分融合线上线下、同时依托领先技驱动,提供全新全面体验模式是百联集团的战略目标。

与此同时,阿里巴巴在攫取了电商行业第一的市场份额后,也把眼光瞄准了潜力更大的线下零售市场。统计数据表明,2016 年中国实物商品网络零售市场交易规模近 4.2 万亿元,占社会消费品零售总额的比重为 12.6%。

正是在这一趋势下,马云提出了新零售的概念。他表示,尽管在未来的 3~5 年内,电商企业还会保持高速的增长,但是十年之后新都市的商业圈应该是怎么样的,还不能确定。"尤其是我们看到现在传统零售日子非常难过,但是阿里巴巴不是为了冲击传统零售,未来新的都市商业形态需要我们与线下企业一起探索。"他认为,阿里巴巴拥有足够大线上零售市场,而涵盖百货、超市、便利店、购物中心等线下零售业态的百联集团拥有足够大的线下市场,双方的合作可以形成完美的互补。

百联集团党委书记、董事长、总裁叶永明透露,双方将基于大数据和互联网技术,在全业态融合创新、新零售技术研发、高效供应链整合、会员系统互通、支付金融互联、物流体系协同六个领域展开全方位合作。

2016年，"i百联"全渠道平台正式上线，开启全渠道零售的全面转型，新消费模式呼之欲出，这与阿里巴巴去年10月首倡的新零售战略不谋而合。在老上海人中，百联还是品质的保证。阿里巴巴选择百联也是看中了百联在零售业的优势地位，以及全渠道改革的优势。

马云表示，"在过去八个月里，双方秘密谈判了很多次。最终合作是你情我愿、双方互补的结果。我们一起在寻找服务未来消费者的方式，和打造新经济体的模式。"

阿里巴巴CEO张勇对具体的合作方向做了解读：①整个线上线下数据管道能够完全打通，这也是阿里巴巴集团在过去提出的"三通"：即商品通、会员通、支付通；②在人、货、场3个商业元素上实现体验变革和效率打通。衡量的标尺是创造新的零售业态。

根据阿里发布的声明，公司将通过数据来整合店面、货品、物流和支付。合作关系涉及店面升级，以及合并客户的实时订单。公司将探索利用人工智能、数据和物联网的方式阿里巴巴将与百联联合管理客户关系，将整合供应链管理，以改进采购和降低成本。百联所有店面都将采用支付宝，百联物流体系将与阿里巴巴的菜鸟合作。

张勇表示："传统的电子商务、传统商业都是需要变革的，这也是我们合作的前提。"张勇指出，不仅是希望提高大卖场或者便利店效率的提高。更希望未来与百联发生化学反应。希望成为未来消费、玩乐的中心。如果未来能出现大家看不懂的消费模式，才算成功。

随着时代的变化，零售商也必须要满足消费者的需求和变化，需要生态链和互联网技术的支持，新零售的内涵才能发生变化。拥有电商份额第一的阿里巴巴集团与位列中国零售百强第1名的百联集团的合作，是线上线下零售商合作的典型代表，既是企业发展的需要，更是时代发展的需要，期待两个集团的合作为中国新零售开启新的篇章。

（案例来源：腾讯财经、百度、阿里研究院等网络资料整理）

案例分析题

1. 阿里巴巴与百联集团的合作是在什么样的时代背景下产生的？
2. 阿里巴巴与百联集团的合作将会给中国零售业改革带来什么影响？

【本章小结】

"互联网+"就是"互联网+各个传统行业"，但这并不是简单的两者相加，而是利用数字化信息技术以及互联网平台，让互联网与传统行业进行深度融合，创造新的发展生态。"互联网+"的本质是对传统产业的一次革命性升级换代。"互联网+"企业营销渠道，就是借助互联网技术对传统企业的渠道流通模式的改造，其主要是依赖电子商务、社交网络等进行销售和促销，实现企业渠道的扁平化、网络化和弹性化。"互联网+"企业营销渠道是以互联网技术作为支撑的企业营销渠道，具备传统营销渠道的功能，同时相比传统营销渠道而言，在信息流、商品流、资金流和物流等方面，信息更透明、运营效率更高。构建"互联网+"营销渠道，不是简单地抛弃传统的线下营销渠道，而是要通过O2O模式，实现优势互补，推动线下与线上的完美融合。

【关键词】

营销渠道;"互联网+"企业营销渠道;O2O 模式;"互联网+"企业营销渠道的战略联盟

【复习思考题】

一、思考题

1.请给出"互联网+"企业营销渠道的定义。

2.请分析"互联网+"企业营销渠道的功能。

3."互联网+"企业营销渠道的特征有哪些?

4.与传统营销渠道相比,"互联网+"企业营销渠道有哪些优势?

5.论述"互联网+"企业营销渠道的设计原则。

6."互联网+"对企业营销渠道运营有什么作用?

二、讨论题

1.试给出"互联网+"企业营销渠道的定义。

2.试分析"互联网+"企业营销渠道的功能。

3."互联网+"企业营销渠道的特征有哪些?

4.与传统营销渠道相比,"互联网+"企业营销渠道有哪些优势?

5.论述"互联网+"企业营销渠道的建设和运营。

6."互联网+"技术给企业营销渠道带来了什么影响?

三、网络实践题

1.请谈谈你身边熟悉的"互联网+"企业营销渠道建设成功的案例,对你有什么启发?

2.如果让您为一个企业设计"互联网+"企业营销渠道,您将如何开展?

3.假设你是一个企业的渠道运营总监,面对新的移动互联网技术,您将如何进行渠道整合?

4.根据你对 O2O 模式的理解,请谈谈这种模式对企业的发展会带来什么影响?

第 10 章
"互联网+"技术平台支撑

📖 【本章导读】

    "互联网+"代表一种新的经济形态,即充分发挥互联网在生产要素配置中的优化和集成作用,将互联网的创新成果深度融合于经济社会各领域之中,提升实体经济的创新力和生产力,形成更广泛的以互联网为基础设施和实现工具的经济发展新形态。通俗说,"互联网+"就是"互联网+各个传统行业",但这并不是简单的两者相加,而是利用信息通信技术以及互联网平台,让互联网与传统行业进行深度融合,创造新的发展形态。"互联网+"行动计划将重点促进以云计算、物联网、大数据为代表的新一代信息技术与现代制造业、生产性服务业等的融合创新,发展壮大新兴业态,打造新的产业增长点,为大众创业、万众创新提供环境,为产业智能化提供支撑,增强新的经济发展动力,促进国民经济提质增效升级。所以在进行"互联网+"的前提下,人们需要对"互联网+"技术平台支撑有一个全面的了解,本章重点介绍了"互联网+"的相关技术,其中相关技术包括移动互联网、物联网、云计算、供应链等,同时概述了"互联网+"技术与商业的融合。

📖 【学习目标】

- 掌握"互联网+"相关技术
- 掌握移动互联网技术的概念及体系结构
- 掌握物联网技术的概念及体系结构
- 掌握云计算技术的概念及体系结构
- 掌握供应链技术的概念及体系结构
- 了解"互联网+"信息化平台的构成
- 了解"互联网+"技术在商业中的应用
- 了解"互联网+"技术与商业融合的趋势

📖 【开篇案例】

华润联手小米、爱空间打造"华润盒子"提供客户定制①

2015 年 4 月,在华润北京大区品牌战略发布会上,华润悦景湾正式推出了 2.0 版的 LOFT——"华润盒子",并公布其精装套餐价格"998 元/平方米,45 天完工",引起业内关注。之所以称为 2.0 版 LOFT,"华润盒子"代表 LOFT 产品的升级,可定制成为产品最大的亮点,亦是其销售的卖点。

相比于众筹方式解决客户定制户型、低成本置业需求,"华润盒子"则解决客户的家装之需。"华润盒子"品牌形成来自华润、爱空间及小米智能家居三方融合,其中,华润提供房源,爱空间充分吸收"华润盒子"粉丝建议,进行家装设计,小米智能则为项目提供定制的 APP,可通过手机控制家里的电子设备。作为"华润盒子"的首次尝试,华润悦景湾 LOFT 产品结合年轻客群及项目层高特点,实现复式结构设计,划分 8 个独立空间,覆盖 8 种户型,爱空间则针对户型推出 8 种精装套餐,每个套餐均可进行二次设计。

由于华润悦景湾 LOFT 产品全部为毛坯交付,此次与爱空间、小米智能家居合作,华润为房源销售打造一步到位解决方案,让需求引导置业。一方面,"华润盒子"作用于营销环节,与项目匹配客群的需求在设计中得到反馈,客户未置业已认可要的就是这个居住环境;一方面,8 种精装套餐可定制,而且客户也可要求爱空间按照自己的要求调整套餐内的设计方案,如通往 LOFT 上层的斜坡式楼梯改为旋转式楼梯,同时可利用斜坡式楼梯二楼走廊下方空间做开放式厨房,扩展空间使用功能。

"华润盒子"可以说是未开先火。据悉,在 6 月底 7 月初,华润悦景湾将首推面积为 32～68 平方米的可定制精装套餐的 LOFT 产品,共 200 多套房源,而在 6 月初,已有 200 多组客户排号,房源行情不错。小面积的 LOFT 产品契合青年置业,精装成本同样关系到这部分客群购房选择,华润引入爱空间,提供精装套餐定制,既解决 LOFT 产品不易装修的问题,也将装修成本降至最低。以 54 平方米房源为例,客户自己装修,费用一般为 20 万～30 万,而定制套餐,则只需 10 万元左右的费用,且保证装修质量。综合而言,定制策略释放于营销环节,房企为房源销售赢得了更多筹码。

现在已经进入互联网时代,跟不上这个浪潮,就可能被永远甩在后面。推动大众创业、万众创新在很大程度上需要依靠互联网,因此更要加强对互联网企业的支持力度。那么,"互联网+"技术究竟包含了什么?各个技术的定义是什么?体系结构是怎样的?本章将介绍"互联网+"相关理论及技术,以便初步解答上述种种问题,厘清思路。

10.1 "互联网+"相关技术

"互联网+"就是"互联网+各个传统行业",但这并不是简单的两者相加,而是利用信息

---

① 资料来源:成功案例,雪珠 2016 年 9 月 13 日,作者改编.

通信技术以及互联网平台,让互联网与传统行业进行深度融合,创造新的发展生态。本章将介绍"互联网+"的相关技术。

10.1.1 移动互联网技术

移动互联网是当前信息技术领域的热门话题之一,它将移动通信和互联网这两个发展最快、创新最活跃的领域连接在一起,并凭借数十亿的用户规模,正在开辟信息通信业发展的新时代。移动互联网体现了"无处不在的网络、无所不能的业务"的思想,它所改变的不仅是接入手段,也不仅是对桌面互联网的简单复制,而是一种新的能力、新的思想和新的模式,并将不断催生出新的业务形态、商业模式和产业形态。

1)移动互联网的概念

移动互联网是基于移动通信技术、广域网、局域网及各种移动信息终端按照一定的通信协议组成的互联网络。广义上指的是手持移动终端通过各种无线网络进行通信,与互联网结合就产生了移动互联网。简单来说,能让用户在移动中通过移动设备(如手机、平板电脑等移动终端)随时、随地访问互联网、获取信息,进行商务、娱乐等各种网络服务,就是典型的移动互联网。

2)移动互联网的特点

移动互联网的特点不仅体现在移动性上,可"随时、随地、随心"地享受互联网业务带来的便捷,还表现在更丰富的业务种类、个性化的服务和高品质的服务质量。总体来说,移动互联网具有下述特点。

①精准化。包括用户身份精准、用户行为记录精准以及用户位置精准,在这3个精准的条件下,移动互联网相对桌面互联网就具备了可管理、可支付以及可精准营销的优势。例如,位置类服务都是在这个前提下发展起来的。

②泛在化。包括终端形式泛在化、网络类型泛在化和用户行为泛在化。终端的突破性发展是实现移动互联网爆发的重要前提,也是继续推动其神话发展的基本力量。网络的泛在化对运营商提出了更高的要求,蜂窝网、WLAN甚至物联网的有机协调统一是网络运营商还没有解决好的难题,而管道经营将是运营商所必须解决的一大核心问题。

③社交化。移动应用的最大特点是随身性和熟人社交,对于手机而言,所有社交活动的第一入口是通信录,这就意味着用户需要和自己熟知的人进行交流,获取信息。

3)移动互联网体系结构

移动互联网是互联网的技术、平台、商业模式和应用与移动通信技术结合及实践活动的总称,包括移动终端、网络和应用服务3个要素。

下面从业务体系和技术体系方面来介绍移动互联网的架构。

(1)移动互联网的业务体系

目前来说,移动互联网的业务体系主要包括3大类,如图10.1所示。

①桌面互联网的业务向移动终端的复制,从而实现移动互联网与固定互联网相似的业务体验,这是移动互联网业务的基础。

②移动通信业务的互联网化。

③结合移动通信与互联网功能从而进行的有别于固定互联网的业务创新,这是移动互联网业务的发展方向。移动互联网的业务创新关键是如何将移动通信的网络能力与互联网的网络与应用能力进行聚合,从而创新出适合移动互联网的互联业务。

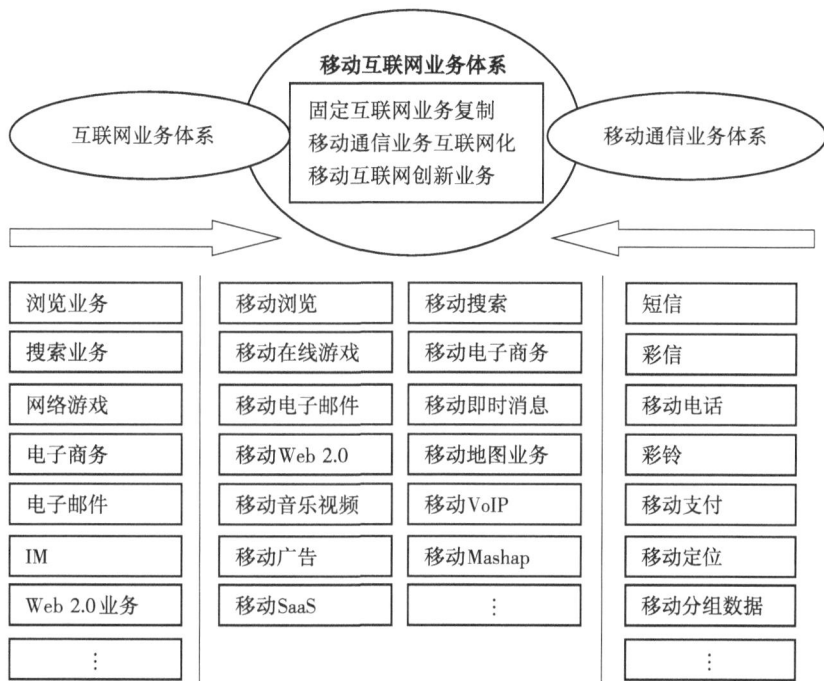

图 10.1　移动互联网的业务体系

(2)移动互联网的技术体系

移动互联网作为当前空旷的融合发展领域,与广泛的技术和产业相关联,纵览当前互联网业务和技术的发展,主要涵盖 6 个技术领域,如图 10.2 所示。

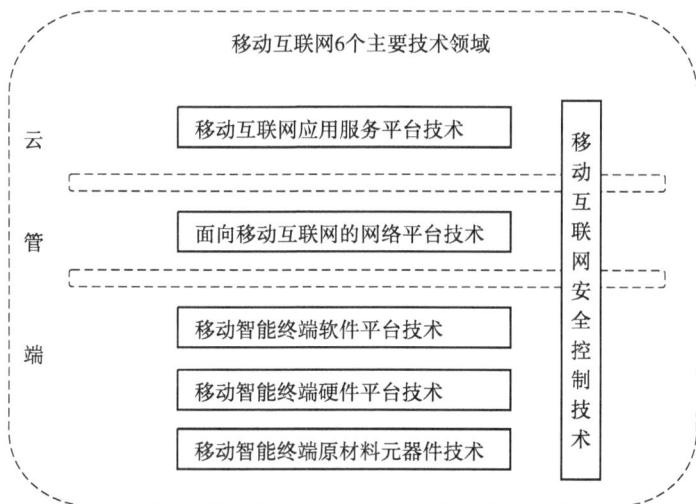

图 10.2　移动互联网的技术体系

①移动互联网应用服务平台技术。

②面向移动互联网的网络平台技术。

③移动智能终端软件平台技术。

④移动智能终端硬件平台技术。

⑤移动智能终端原材料元器件技术。

⑥移动互联网安全控制技术。

4)移动互联网的网络技术

(1)蜂窝移动网络

关于蜂窝移动通信网络的概念,美国联邦通信委员会是这样定义的:一个高容量的陆上移动通信系统,分配给系统中频谱被划分为独立的信道,这些信道按组分配给各个地理小区,这些小区覆盖了一个蜂窝地理服务区,独立的信道能够被服务区内的不同小区复用。

(2)移动 IP 技术

移动 IP 就是在原来 IP 协议的基础上为了支持结点移动而提出的解决方案。移动 IP 的主要涉及目标是在移动节点改变网络接入点时,不必改变节点的 IP 地址,能够在移动过程中保持通信的连续性。移动 IP 技术让用户能够在漫游过程中自由实现互联网接入,得到个性化的内容服务。

5)移动互联网技术的意义

移动互联网为人类几千年来梦寐以求的个性化自由新生活提供了实现的条件。移动互联网的出现,才使人类个性化新生活得以真正诞生和发展。因此移动互联网的意义,在于通过个性化的学习、工作、生活、商务、娱乐活动,引导人们进入一种全新的生活模式。

在这种个性化新生活模式中,人类可以更好地认识自己、认知自己的独特性和唯一性。无论这种独特性、唯一性,是从人体外在因素着眼,还是从人体内在因素着眼。她都是一种创新、一种创造,一种只属于自己的意识和方法。这种模式的出现,是人类自身修养和修行的回归。简单地说,移动互联网借助智能外设、3D 打印(纳米机器人)、比特币等一系列新技术、新材料、新金融手段,在改变人类生活方式的同时,引导人类从外在物质欲望的无限扩张,转移到内在精神修养的无限深入。从而,开启一个全新的人类新文明时代。

10.1.2 物联网技术

早在 2010 年,物联网(Internet of Things, IoT)就被确立为我国五大新兴战略之一,随后工业和信息化部又专门制定了《物联网"十二五"发展规划》,物联网已成为国内外广泛关注的科技制高点。

1)物联网的概念

目前比较广为接受的定义是 2005 年国际电信联盟(International Telecommunications Union, ITU)给出的描述:物联网是通过射频识别、红外感应器、全球定位系统、激光扫描等信息传感设备,按约定的协议,把任何物品与互联网相连接,进行信息交换和通信,以实现对物品的智能化识别、定位、跟踪、监控和管理的一种网络,如图 10.3 所示。物联网有狭义和广义之分,狭义的物联网指的是物与物之间的连接和信息交换,广义的物联网不仅包含物与物的信息交换,还包括人与物、人与人之间的广泛连接和信息交换。

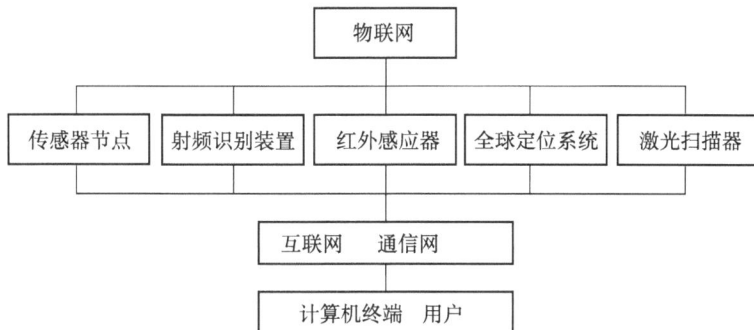

图 10.3　物联网的定义

根据物联网的应用规模,可将物联网分为以下 4 类。

①私有物联网(Private IoT):一般面向单一机构内部提供服务,可能由机构或其委托的第三方实施并维护,主要存在于机构内部(On Premise)内网(Intranet)中,也可存在于机构外部(Off Premise)。

②公有物联网(Public IoT):基于互联网向公众或大型用户群体提供服务,一般由机构(或者委托的第三方,少数情况)管理。

③社区物联网(Community IoT):向一个关联的"社区"或机构群体(如一个城市政府下属的各委办局,如公安局、交通局、环保局、城管局等)提供服务,可能由两个或以上的机构协同运维,主要存在于内网和专网(Extranet/VPN)中。

④混合物联网(Hybrid IoT):上述两种或以上的物联网的组合,但后台有统一管理实体。

物联网建立了人与人、人与物、物与物之间的信息交流,每个物体都是一个终端,构造了更为广泛的信息网络系统,在这个系统中,可以自动实时地对物体进行识别、定位、追踪、监控和管理。物联网的发展进步,可以大大地促进全球信息化,更有利于提升物联网在各行业的广泛应用,包括物流、交通、医疗、智能电网等领域。

2)物联网的体系结构

目前,物联网的体系结构还没有统一的标准,人们普遍接受的体系结构就是物联网的 3 层体系结构,认为物联网的体系结构通常可以分为 3 个层次:感知层、网络层和应用层,如图 10.4 所示。

(1)感知层

感知层主要用于采集物理世界中发生的物理事件和信息,包括各类物理量、标志、音频、视频等。感知层在物联网如同人的感觉器官对人体系统的作用,主要用来感知外界环境的温度、湿度、压强、光照、气压、受力情况等信息,通过采集这些信息来识别物体和感知物理相关信息。

(2)网络层

网络层用于实现更加广泛的互联功能,相当于人的神经系统,能够无障碍、高可靠性、高安全性地传送感知到的信息,需要传感器网络与移动通信技术、互联网技术相互融合。经过

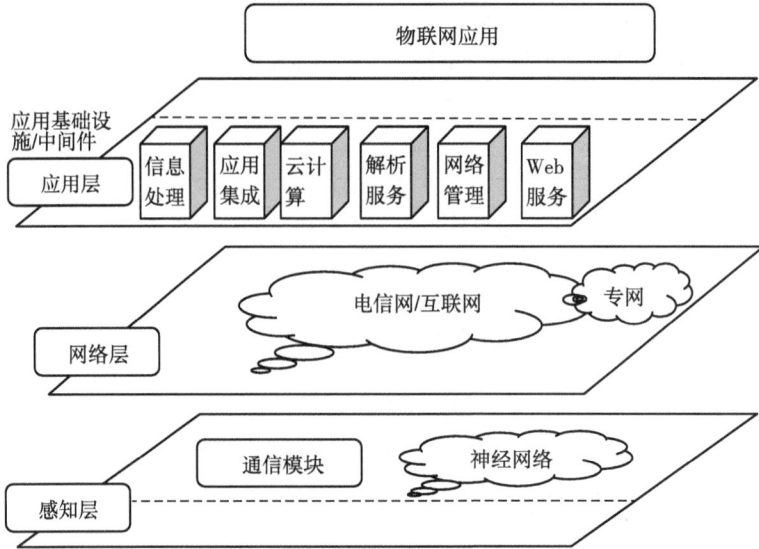

图 10.4　物联网体系框架图

十余年的快速发展,移动通信、互联网等技术已经比较成熟,基本能够满足互联网数据传输的需要。

(3)应用层

应用层包括了各种不同业务或者服务所需要的应用处理系统。这些系统利用感知的信息进行处理、分析、执行不同的业务,并把处理的信息再反馈以进行更新,对终端使用者提供服务,使得整个物联网的每个环节更加连续和智能。

3)**物联网的特点**

物联网的核心是物与物以及人与物之间的信息交互,其基本特征可简要概括为 3 个方面:全面感知、可靠传输和智能处理,如图 10.5 所示。

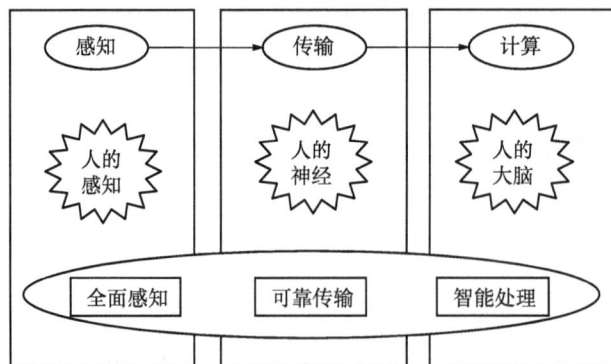

图 10.5　物联网的特征

(1)全面感知

全面感知即利用 RFID、WSN 等随时随地获取物体的信息。物联网所获取的信息不仅包括人类社会的信息,也包括更为丰富的物理世界信息,包括压力、温度、湿度等。其感知信息能力强大,数据采集多点化、多维化、网络化,使得人类与周围世界的相处更为智慧。

（2）可靠传递

物联网不仅基础设施较为完善，网络随时随地的可获得性也大大增强，其通过电信网络与互联网的融合，将物体信息实时准确地传递出去，并且人与物、物与物的信息系统也实现了广泛的互联互通，信息共享和互操作性达到了很高的水平，可以完成对信息实时准确的传递。

（3）智能处理

智能是指个体对客观事物进行合理分析、判断及有目的地行动和有效地处理周围环境事宜的综合能力。物联网的产生是处理器技术、传感器技术、计算机网络技术、无线通信技术不断发展融合的结果，从其自动化、感知化要求来看，它已能代表或代替人对客观事物进行合理分析、判断及有目的地行动和有效地处理周围环境事宜，智能化是其综合能力的表现。

除了上述 3 大主要特征外，物联网还具有显著的网络化、物物相连、多技术融合等特点。网络化是物联网的基础，无论是 M2M、专网，还是无线、有线传输信息，都必须依赖于网络；不管是什么形态的网络，最终都必须与互联网相连接，这样才能形成真正意义上的物联网。物物相连是物联网的基本要求之一。计算机与计算机连接而成的互联网，可以完成人与人之间的交流，而物联网，就是在物体上安装传感器、植入微型感应芯片，然后借助无线或有线网络，让人们和物体"对话"，让物体和物体之间进行"交流"。可以说，互联网完成了人与人的远程交流，而物联网则完成人与物、物与物的即时交流，进而实现由虚拟网络世界向现实世界的转变。物联网集成了多种网络、应用技术，是实现人与自然界、人与物、物与物进行交流的平台，因此，在一定的协议关系下，实行各种技术相融合，分布式与协同式并存，是物联网的显著特点，从而使物联网具有很强的开放性、自组织和自适应能力，可以接纳新器件、提供新服务。

4）物联网的主要技术

物联网的发展离不开相关技术的发展，技术的发展是物联网发展的重要基础和保障。在物联网的概念没有提出之前，一些技术已经出现和使用，这些技术的不断进步、演变催生了物联网的出现。物联网不是一门技术或一项发明，而是过去、现在等多项技术的高度集成和创新。物联网的主要技术架构如图 10.6 所示。

（1）RFID 技术

RFID（Radio Frequency Identification）技术即射频识别，俗称电子标签，可以快速读写、长期跟踪管理，被认为是 21 世纪较有发展前途的信息技术之一。在很多关键技术点上，RFID 已日趋成熟，尤其表现在阅读器识读距离的提高、标签和识读器之间数据交互稳定性的提高，以及与无线通信技术结合等多个方面。它能够广泛应用于生产、物流、交通、运输、医疗、防伪、跟踪、设备和资产管理等需要收集和处理数据的应用领域，并被认为是条形码标签的未来替代品。

（2）EPC 编码技术

EPC（Electronic Product Code）编码技术即产品电子代码，其目标是为物理对象提供唯一标志，从而通过计算机网络来标志和访问单个物体。EPC 编码体系是新一代的与全球贸易

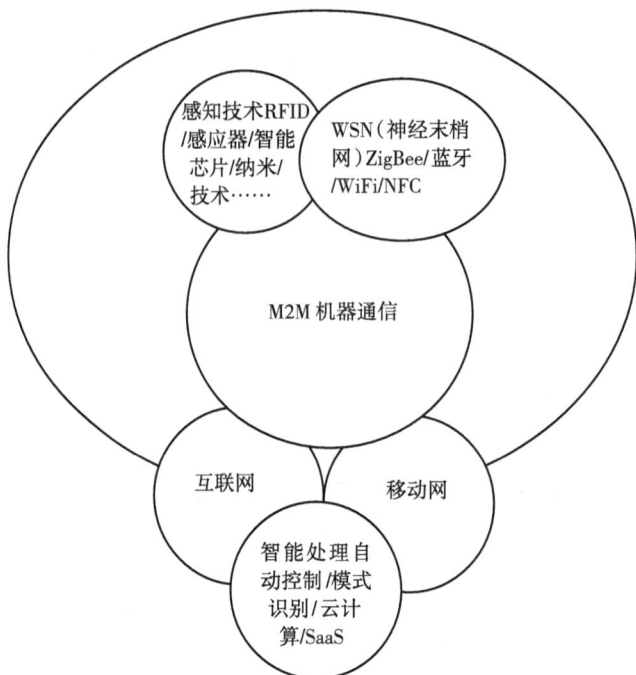

图10.6 物联网的主要技术架构

项目代码（Global Trade Item Number，GTIN）兼容的编码标准，也是 EPC 系统的核心。EPC 旨在为每一件单品建立全球的、开放的标志标准，实现全球范围内对单件产品的跟踪与追溯，从而有效提高供应链管理水平、降低物流成本，是一个完整、复杂、综合的系统。

（3）ZigBee 技术

ZigBee（又称紫蜂协议）技术是一种近距离、低复杂度、低功耗、低速率、低成本的双向无线通信技术。其主要用于短距离、低功耗且传输速率不高的各种电子设备之间进行数据传输以及典型的有周期性数据、间歇性数据和低反应时间数据传输的应用。与蓝牙技术类似，它是一种新兴的短距离无线技术，用于传感控制应用，是一种高可靠的无线数据传输网络。

（4）无线传感器网络技术

无线传感器网络（Wireless Sensor Networks，WSN）技术广泛应用于军事、国家安全、环境科学、交通管理、灾害预测、医疗卫生、制造业、城市信息化建设等领域，是典型的具有交叉学科性质的军民两用战略技术。

（5）中间件技术

中间件是物联网的神经系统，是连接标签读写器和应用程序的纽带，是介于应用系统和软件系统之间的一类软件，用于加工和处理来自读写器的所有信息的事件流，包括对标签数据进行过滤、分组和计数，以减少发往信息网络系统的数据量，并防止错误识读、漏读和冗余信息的出现。

（6）智能技术

物联网智能是利用人工智能技术服务于物联网络的技术，是将人工智能的理论方法和技术通过具有智能处理功能的软件部署在网络服务器中去,服务于接入物联网的物品设备和人。

5)物联网技术的意义

物联网在过去的 5 年里在很大程度上改变着人们的生活方式,而中国也率先感受到物联的世界和智慧的地球。物联网把新一代 IT 技术充分运用在各行各业之中,将"物联网"与现有的互联网整合起来,实现人类社会与物理系统的整合。

第一,随着智能终端的逐渐普及,特别是智能手机的发展,让二维码应用范围逐渐扩大,手机二维码可以印刷在报纸、杂志、广告、图书、包装以及个人名片等多种载体上,人们通过手机摄像头扫描二维码或输入二维码下面的号码、关键字即可实现快速手机上网,快速便捷地浏览网页、下载图文、音乐、视频、获取优惠券、参与抽奖、了解企业产品信息,而省去了在手机上输入 URL 的烦琐过程,实现一键上网。同时,还可以方便地用手机识别和存储名片、自动输入短信,获取公共服务(如天气预报),实现电子地图查询定位、手机阅读等多种功能。随着 4G 时代的到来,二维码可以为网络浏览、下载、在线视频、网上购物、网上支付等提供方便的入口。

第二,智能化交通也逐渐走入人们的生活,如现在广泛应用的汽车导航系统。另外,物联技术还可以随时告知车主汽车各部件是否正常,有否隐患,保障行车安全。

第三,节约能源将是物联网最明确的作用,物联网的推广就直接取得了节能减排的良好效果。城市堵车是经常现象,这会产生巨大的能源浪费和尾气排放。据悉,深圳市民现在已经可以通过手机查询实时路况,基于物联网技术的感知能力,交通信息服务每 5 分钟便能刷新路况信息,使司机选择最快捷有效的路线。

10.1.3 云计算技术

云计算是继 20 世纪 80 年代大型计算机到客户端—服务器的大转变之后的又一种巨变。云计算的目标是形成计算资源的"自来水"式服务模式。其最高境界是把计算资源(包括其承载的信息资源)做成如自来水提供的水,煤气、发电厂提供的电一样,只要打开开关,计算资源就会像这些生活资源一样源源不断地进入家庭、办公室和厂房,成为人类生产和生活不可缺少的一部分。

1)云计算的概念

云计算的核心是可以自我维护和管理的虚拟计算资源,通常是一些大型服务器集群,包括计算服务器、存储服务器和宽带资源等。云计算将计算资源集中起来,并通过专门软件实现自动管理,无须人为参与。用户可以动态申请部分资源,支持各种应用程序的运转,无须为烦琐的细节烦恼,能够专注于自己的业务,有利于提高效率、降低成本和技术创新。图 10.7 所示为云计算的概念模型示意图。

2)云计算的特点

将云计算与网格计算、全局计算、互联网技术等相比,归纳出云计算的下述特点。

①以用户为中心的界面。云计算的界面不需要用户改变其工作习惯和环境;需要在本

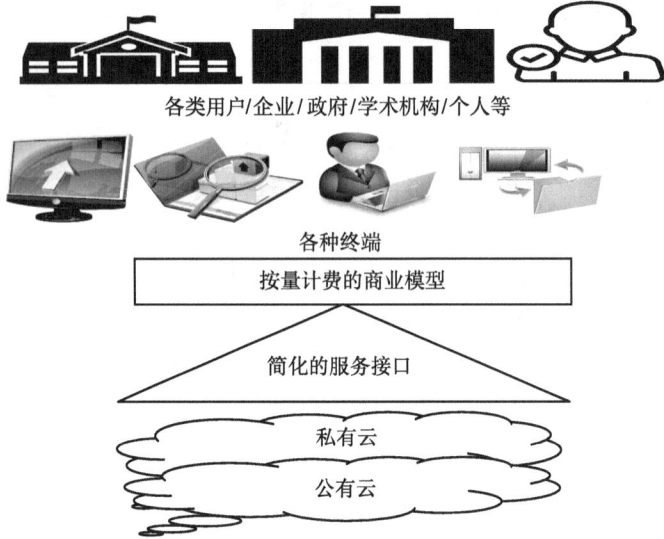

图 10.7 云计算概念模型

地安装的云计算客户端是轻量级的；云计算界面与地理位置无关，可通过 Web 服务框架和互联网浏览器成熟界面访问。

②按需配置服务。云计算根据用户的需求提供资源和服务，用户可配置个性化的计算环境。

③服务质量（Quality of Service，QoS）保障。云计算可为用户提供 QoS 保障，用户可与服务商签订 SLA（Service-Level Agreement 的缩写，服务等级协议）。

④自主系统。云计算系统是一种自主系统，对用户是透明的，系统中的硬件、软件和数据都可自动配置、安排、强化，并作为统一的资源提供给用户。

⑤可伸缩性与灵活性。可伸缩性与灵活性是云计算最重要的特征，可以从地理位置、硬件性能、软件配置等多方面伸缩云计算服务与平台。云计算平台应该具有足够的灵活性，以满足大量用户的不同需求。

3）云计算的体系结构

云计算是一种商业计算模型，它将计算任务分布在大量计算机构成的资源池上，使用户能够按需获取计算力、存储空间和信息服务。美国国家标准和技术研究院提出云计算的 3 个基本架构（服务模式），即软件即服务（Software as a Service，SaaS）、平台即服务（Platform as a Service，PaaS）和基础设施即服务（Infrastructure as a Service，IaaS）。本小节将较详细地介绍这 3 种基本架构的具体内容。

（1）云架构的基本层次

根据云计算服务的部署方式和服务对象范围，可以将云结构的基本层次分为 3 类：公有云、私有云和混合云，如图 10.8 所示。

①公有云。云设施向公共开放使用，即当云按服务方式提供给大众时，称为"公有云"（或称公共云）。公有云由云提供商运行，为最终用户提供各种各样的 IT 资源。云提供商可以提供从应用程序、软件运行环境到物理基础设施等方方面面的 IT 资源的安装、管理、部署

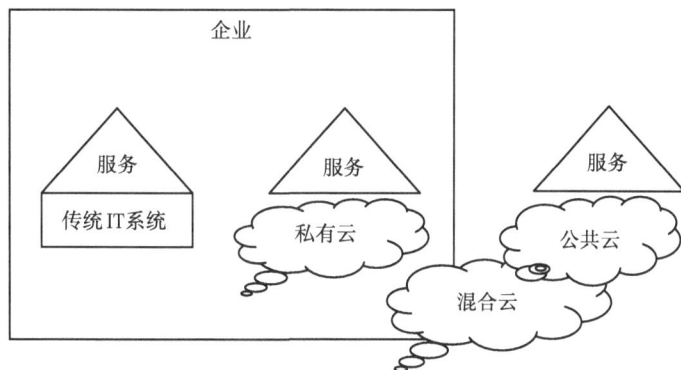

图 10.8　云计算架构的基本层次

和维护。最终用户通过共享的 IT 资源实现自己的目的,并且为其使用的资源付费,通过这种比较经济的方式获取自己所需的 IT 资源服务。

②私有云。商业企业和其他社团组织不对公众开放,为本企业或社团组织提供云服务(IT 资源)的数据中心称为私有云(或称专属云)。相对于公有云,私有云的用户完全拥有整个云中心设施(比如中间件、服务器、网络和磁盘),可以控制哪些应用程序在哪里运行,并且可以决定哪些用户使用云服务。

③混合云。混合云是把"公有云"和"私有云"结合到一起的方式。用户可以通过一种可控的方式部分自己拥有,部分与他人分享。当企业需要使用既有公有云优势又有私有云的服务时,选择私有云比较合适。然而由于私有云和公共服务组件间的交互和部署会带来更多的网络和安全方面的要求,这会相应带来较高的设计和实施难度。混合云的示例包括运行在荷兰的 iTricity 的云计算中心。

(2)云架构的服务层次

可以将云计算的服务类型分为 3 层:基础设施即服务、平台即服务和软件即服务(图10.9)。不同的云层,提供不同的云服务。下面对这 3 层的云服务逐一进行详细说明。

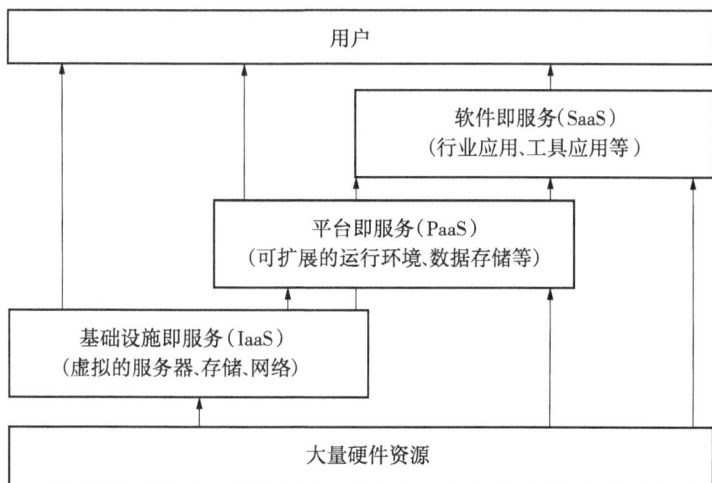

图 10.9　云计算按层次分类

①基础设施即服务(Infrastructure as a Service)。位于云计算 3 层服务的底端,即把 IT 基础设施像水、电一样以服务的形式提供给用户,以服务形式提供基于服务器和存储等硬件资源的可高度扩展和按需变化的 IT 能力。通常按照所消耗资源的成本进行收费。该层提供的是最基本的计算和存储能力,以计算能力的提供为例,其提供的基本单元就是服务器,包含 CPU、内存、存储、操作系统及一些软件。为了用户能够定制自己的服务器,需要借助服务器模板技术,即将一定的服务器配置与操作系统和软件进行绑定,并提供定制的功能。

②平台即服务(Platform as a Service)。位于云计算 3 层服务的中间,也称为"云计算操作系统"。它提供给终端用户基于互联网的应用开发环境,包括应用编程接口和运行平台等,并且支持应用从创建到运行整个生命周期所需的各种软硬件资源和工具。

③软件即服务(Software as a Service)。软件即服务是常见的云计算服务,位于云计算 3 层服务的顶端。用户通过标准的 Web 浏览器来使用互联网上的软件。服务供应商负责维护和管理软硬件设施,并以免费(提供商可以从网络广告之类的项目中获取收入)或按需租用方式向最终用户提供服务。这类服务既有面向普通用户的,诸如 Google Calendar 和 Gmail;也有直接面向企业团体的,用以帮助处理工资单流程、人力资源管理、协作、客户关系管理和业务合作伙伴关系管理等。这些产品的常见案例包括 IBM Lotuslive、Salesforce. com 和 Sugar CRM 等。

以上 3 层,每层都有相应的技术支持提供该层的服务,具有云计算的特征,比如弹性伸缩和自动部署等。每层云服务可以独立成云,也可以基于下面层次的云提供的服务。每种云可以直接提供平台给最终用户使用,也可以只用来支撑上层的服务。

4)云计算的关键技术

云计算(cloud computing)是基于互联网的相关服务的增加、使用和交付模式,通常涉及通过互联网来提供动态易扩展且经常是虚拟化的资源。云计算包含了以下几种关键技术。

(1)虚拟化技术

虚拟化技术(Virtualization)是伴随着计算机技术的产生而出现的,近年来随着服务器虚拟化技术的普及,出现了全新的数据中心部署和管理方式,为数据中心管理员带来了高效和便捷的管理体验。该技术还可以提高数据中心的资源利用率,减少能源消耗。这一切使得虚拟化技术成为整个信息产业最受瞩目的焦点。

(2)数据存储技术

云计算的数据存储技术主要有谷歌的非开源的可扩展的分布式文件系统(Google File System, GFS)和 Hadoop 开发团队开发的 GFS 的开源实现 Hadoop 分布式文件系统(Haddoop Distributed File System, HDFS)。大部分 IT 厂商,包括雅虎、英特尔的"云"计划采用的都是 HDFS 的数据存储技术。

①Google 文件系统的 GFS。GFS 是一个管理大型分布式数据密集型计算的可扩展的分布式文件系统。它使用廉价的商用硬件搭建系统并向大量用户提供容错的高性能的服务。云计算的数据存储技术在未来的发展将集中于超大规模的数据存储、数据加密和安全性保证以及继续提供 I/O 速率等方面。

②Hadoop 分布式文件系统(HDFS)。S Hadoop 分布式文件系统是一个为普通硬件设计

的分布式文件系统,是 Hadoop 分布式软件架构的基础部件。HDFS 被设计为部署在大量廉价硬件上的,适用于大数据集应用程序的分布式文件系统,具有高容错、高吞吐率等优点。HDFS 使用文件和目录的形式组织用户数据,支持文件系统的大多数操作,包括创建、删除、修改、复制目录和文件等。

(3)资源管理技术

资源管理主要针对所有物理课件的网元设备包括服务器、存储、网络(设备、IP、VLAN)、物理介质、软件资源以及经虚拟化技术形成的资源池(计算资源、存储资源、网络资源、软件资源)进行抽象和信息记录,并对其生命周期、容量和访问操作进行综合管理,同时对系统内重要配置信息的发现、备份、比对和检查等。

(4)自动化技术

自动化技术在通过控制日益增长的复杂性、优化云计算方面发挥了非常重要的作用。自动化是可持续的、可伸缩的云计算商业模式的关键。随着 IT 领域继续面向服务,焦点继续集中在虚拟化、计算和计费模式等方面。不过,这个组合中漏掉了自动化技术。目前,有业界专家指出,自动化技术是任何云计算基础设施的基础。

5)云计算技术的意义

无论对于用户还是服务的提供商来说,云计算的发展都具有巨大的潜力,正因其广泛的应用,才逐步改变了传统的信息处理方式以及信息产业开发方向。首先,与人们直接相关的是改变信息处理及存储理念。目前,大部分人仍然在使用 PC 处理文档、存储资料,通过电子邮件或者移动存储介质与他人分享信息。一旦 PC 硬盘或者移动存储介质坏了,他们会因为资料丢失而束手无策。而在"云计算"时代,"云"会替人们做存储和处理工作。届时,人们只需要能连接上网的终端设备,不需关心存储或计算发生在哪朵"云"上,但一旦有需要,人们可以在任何地点用任何设备,快速地计算并找到这些资料,再也不用担心资料丢失。

同时,基于云计算平台,用户可将一个实时动态的全社会数据库与应用完美结合,无须再安装任何应用软件,这时云端扮演了动态变化的智能知识库和服务提供商的角色,它不但节省了用户终端资源,而且免去了维护的环节,有了"云",用户可通过网络连接到对应的服务器直接调用软件,这将有效地降低终端软件使用成本,同时还可避免安装和随时更新的麻烦。

通过云计算平台,用户可以把互联网实时出现的信息利用起来,未来的终端设备使终端需求与服务器之间作一个结合,省去安装插件等中间环节,为用户带来享受云计算服务快捷体验。

10.1.4 供应链技术

1)供应链的概念

供应链由直接或间接地履行顾客需求的各方组成,不仅包括制造商和供应商,而且包括运输商、仓储商、零售商,甚至包括顾客本身。在每一个组织中,例如制造企业中,供应链包括接受并满足顾客需求的全部功能。这些功能包括但不限于新产品开发、市场营销、生产运作、分销、财务和客户服务。一个典型的供应链可以包括许多环节。这些供应链的环节包括顾客,零售商,批发商/分销商,制造商,零部件/原材料供应商。

供应链的各环节通过物流、信息流和资金流彼此相连。这些流动经常是双向的,可能通过其中一个环节或一个中介来进行管理。如图10.10所示的一个供应链并不一定包含所有环节,恰当的供应链设计不仅取决于客户的需要,而且取决于各环节所起的作用。

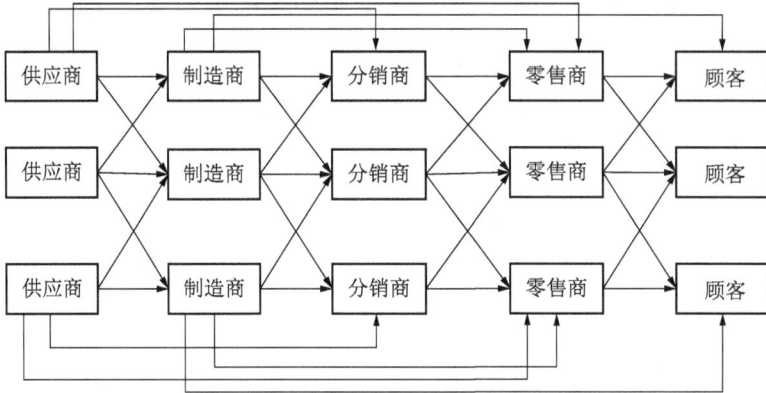

图 10.10　供应链的环节

2)供应链的特点

一般来看,供应链机制具有下述特点。

①客观性。只要市场中存在企业,各个企业面临激烈的市场竞争,就必然要努力维持自身的生存,那么供应链中各个企业就必然面对供应链中的各个机制。

②相关性。供应链中各机制互相关联,如信息共享机制、协商机制、竞争机制等之间互相影响企业建立合作伙伴关系,合作协商,实现信息共享,最终提高市场竞争力,实现共赢目标。

③自发性。企业追求经济效益,而经济效益不仅是市场机制运行的基础,也是供应链机制运行的基础,也就是说供应链机制的运行不过是供应链诸要素之间的内在因果关系。

3)供应链的体系结构

对供应链体系结构的研究是近几年才开始的。研究时间虽短,却已经取得非常丰硕的成果,来自不同领域的研究人员都得到了非常一致的企业供应链体系结构模型。这里介绍几个重要的模型。

(1)SCOR

供应链作业参考模型(Supply Chain Operations References,SCOR)是供应链管理委员会(Supply Chain Council,SCC)开发的。SCC开发的供应链运作参考模型提供了通用的供应链结构、标准的术语定义、与评价有关的通用标准和最佳实施分析,可用于评价、定位和实施供应链应用软件的公共模型。SCOR模型由4个基本的过程组成:计划、供应、制造和交付,如图10.11所示。它可描述、分类并评价一个复杂的管理过程。其核心是一个4层的金字塔形结构,表示要改善供应链管理性能指标时应采取的行动步骤。

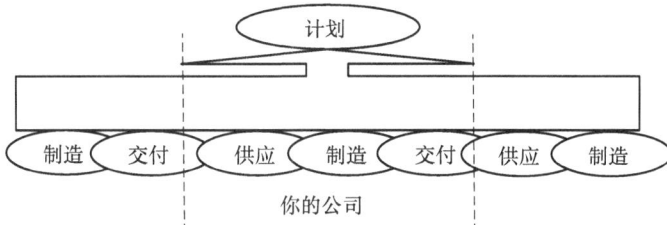

图 10.11　SCOR 供应链参考结构

（2）ROCKFORD 咨询公司供应链管理开发模型

ROCKFORD 咨询公司是美国一家有名的企业管理咨询公司。该公司于 1998 年提出了自己的供应链开发模型（Supply Chain Development Model，SCDM），强调不断改善业务过程和提高供应链的敏捷性。该集成模型是三维结构，如图 10.12 所示。第一维是闭环的业务管理过程，第二维是 6 个关键的决策因素，第三维是通向成功的 5 个重要的性能指标。

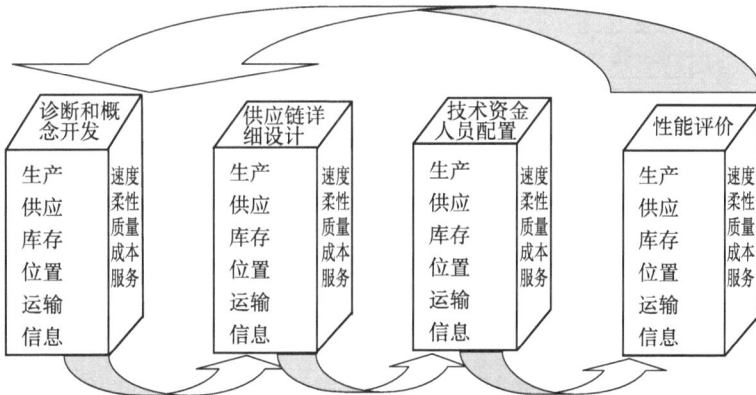

图 10.12　ROCKFORD 公司供应链开发模型

该模型的实质是从总体规划开始，在实施供应链管理过程中的每一阶段，对供应链的 6 个关键业务过程进行速度、柔性、质量、成本和服务等方面的性能分析和评价，以获得最佳的供应链实施方案。

（3）多伦多大学的供应链管理功能结构

多伦多大学企业集成实验室在供应链管理的研究中把供应链的这些活动表示为功能结构（图 10.13），并应用于 Agent 理论，把网络中人、组织和机器间的交互合作、共同完成工作任务的各种活动描述为智能 Agent 间的自主作业活动，从而供应链可视为由合作的智能自由的 Agent 组成的网络。每 Agent 具有一定功能，并可与其他 Agent 协作。他们设计的多伦多 Agent 供应链管理模型（图 10.14），包括企业级和工厂级两类，并设计了 8 个功能：订单获取、后勤、运输、信息、工厂管理、资源管理、执行及调度代理。其核心是后勤代理和工厂管理代理，分别是企业级和工厂级活动的组织和管理者，并在此基础上进行了供应链管理的仿真研究。

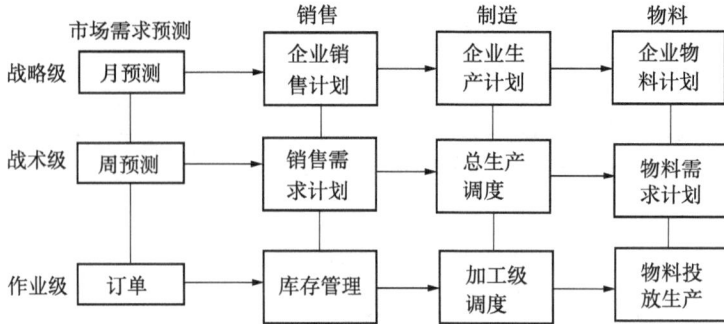

图10.13　供应链管理的功能结构

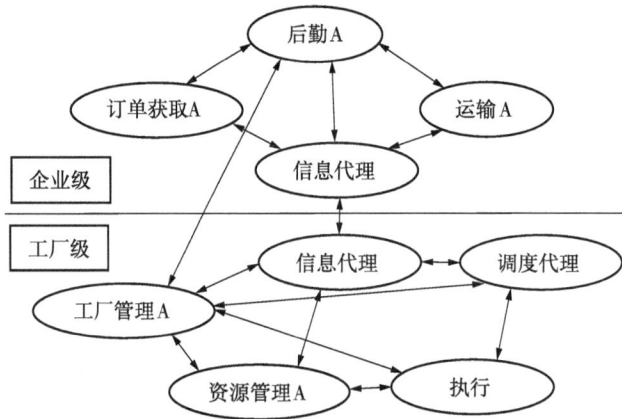

图10.14　供应链管理仿真研究中的功能代理

4）供应链的主要技术

随着全球经济日渐一体化，供应链管理已经成为国际经贸活动中必需的配套环节，而近年各种技术的急速发展也使得供应链管理的效率大幅度提高，其中供应链的主要技术如下所述。

（1）全方位链接技术

近年来，各种无线连接技术如雨后春笋，包括个人局域网用的蓝牙技术、802.11无线局域网、支持语音及数据通信的蜂窝式无线广域网等。它们在供应链领域的最新应用趋势是汇聚在同一种设备里，提供多样化的无线通信服务，这可以为用户以及相关的 IT 管理人员带来便利。

（2）语音及 GPS 技术

供应链方案的另一个发展趋势是手持式电脑结合了语音通信及 GPS 功能，令它可以同时支持数据采集、数据通信及手机通信，Intermec 公司的 CN3 便是一个典型例子。随着包括GPRS、GSM、CDMA 等在内的广域无线通信的覆盖面日趋广阔及通信价格不断下调，越来越多的公司能负担使用实时数据访问系统的费用，提高供应链管理的效率。

（3）语音识别技术

语音识别技术使得手持式电脑的使用者不需分心留意屏幕。在 IT 产业提倡开放系统及互操作性的大潮下，目前语音合成/识别功能已经能轻易地融合进多种已有的供应链应用软件里,包括仓库管理、提货及存放、库存、检验、品质监控等,这主要是得益于终端仿真(TE)语音识别技术的面世。

(4)数码成像技术

企业级移动计算机也增添了数码成像技术,不少运输和配送公司已经使用整合了数码照相机的移动计算机,使得他们的送货司机能采集配送完成的证明,存储已盖章的发票并将未能完成送货的原因记录在案。

(5)便携式打印技术

目前移动打印机是打印行业中发展最为迅速的一环。销售、服务及配送人员使用便携式打印设备可以立即为客户提交所需文件,同时马上建立一个电子记录文档,不需另行处理纸张文件。在工业环境中使用便携式打印设备,可以节省工人前往打印中心提取标签、提货单或其他输出文件的时间。

(6)二维条码技术

随着自动对焦技术的面世,二维条码逐渐成为进行物品管理、追踪及其他运营工作的主流支持技术之一。大多数的机构需要使用不同的条码应用软件来处理各式各样的标志以及编码数据。比如,对于用在仓库货架的标签,使用大规格线性标志技术较为理想。

(7)实时定位系统(RTLS)技术

RTLS 能将无线局域网拓展至资产追踪系统,其中一个很大的市场驱动力是思科系统的Wireless Location Appliance(无线定位设备)。它可以通过思科的无线局域网进行资产追踪,任何一台和无线局域网连接的设备都可以被追踪和定位。一个应用就是通过车载计算机的射频信号来追踪叉车。无线定位设备和支持软件可以实时追逐射频信号,高效地支持存储、路由、数据收集及资产使用率分析等操作。

5)供应链技术的意义

供应链技术不仅可以降低成本,减少企业库存,而且使企业资源得到了合理使用。更重要的是供应链技术实现了生产与销售的有效连接,做到了物流、信息流、资金流的合理流动。供应链技术拆除了企业的围墙,将各个企业的独立信息连接在一起,起到了承上启下的作用。供应链技术重要的优势表现在下述几个方面。

第一,降低了企业间的采购成本,在整条供应链中,供应商能够顺利地得到生产企业原材料存货和它们的采购信息。这样减少了采购人员的工作,他们就可以从事更高价值的工作,这样不仅降低了采购成本,而且加强了供应商对企业的管理。

第二,节约企业间的交易成本。在供应链管理的条件下,供应链将相互关联的企业联系在一起,大大降低了企业间各个环节的交易成本,缩短了交易周期。

第三,降低企业的库存。过多的库存是企业盈利的瓶颈,然而,在供应链管理的条件下,实现了信息的共享化,供应商能够随时掌握存货量,缺货就能及时补充,降低了企业的存货量。

第四,减少循环的周期。通过供应链的自动化以及企业间不断的紧密交流,使企业对商品的预测精度大幅度地提高,不仅企业间互利互惠,更重要的是提高了顾客满意度。

第五,企业的收入和利润增加。供应链中的各个节点不断地循环,企业间履行了相关的合同,使市场份额和收入不断地增加。

10.2 "互联网+"信息化平台

10.2.1 移动管理云平台

移动管理云平台是面向移动应用提供综合应用管理、运行统计、运营分析的云服务平台。其设计目标是把移动应用共性的管理需求进行标准化实现,使移动应用开发聚集于移动业务本身,减少甚至忽略移动管理需求的开发投入,移动管理云平台机构如图 10.15 所示。

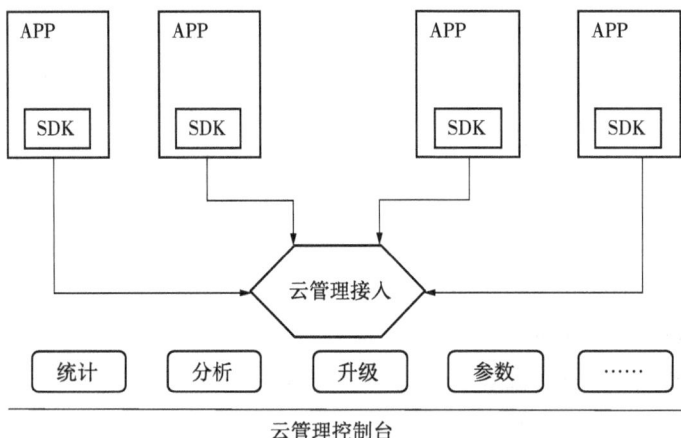

图 10.15 移动管理云平台架构

目前互联网主流移动管理云平台主要包括统计分析、升级管理、远程参数等服务。有些管理平台还会提供推送等附加服务。移动管理云平台的统计分析能力主要包含下述几个方面。

(1)综合分析

综合分析是对各项数据在两日内的对比分析和一段时间内的趋势变化分析,使管理员快速了解应用的即时运行情况和趋势变化。

(2)用户分析

用户分析是以用户为采样点,对新增、活跃、流失情况进行分析,帮助提高用户留存率。一般对用户的应用日使用情况、单次使用时长进行统计。

(3)渠道分析

对于应用分渠道分布的场景,通过统计渠道信息,便于渠道分化和优化渠道构成,提高应用推广效率。

(4)终端分析

对于应用所部署的目标终端信息进行统计分析,了解用户终端型号构成、用户网络使用构成,便于调整应用版本开发和测试方案,减少应用适配工作的投入成本。

(5)异常分析

用于获取应用崩溃信息,便于开发人员修正问题,提高应用稳定性。

(6)行为分析

对用户的功能访问路径、时间转化率、自定义事件进行分析,提供应用后期改进参考,提高用户转化率,增加应用营业收入。由于移动应用的碎片化需求众多,移动应用的持续改进压力远远大于传统应用,因此,平滑稳定的升级能力是应用可持续服务的关键。移动管理云平台的升级管理服务主要包含下述几个方面。

(1)多平台升级

支持不同移动操作系统应用的升级能力。管理人员不再需要复杂的优化配置,只需要简单的上传安装包或配置升级源地址即可完成应用的升级版本发布。

(2)多渠道升级

由于移动应用的多平台性,移动应用的升级渠道也是多种多样的,移动管理云平台能够对多渠道进行管理,支持面对多渠道的应用快速发布和升级,提升应用运维管理效率。

(3)灰度发布

当应用量较大时,面对全部用户的同时升级发布对于升级服务器的压力是灾难性的。同时,基于需求的版本改进也需要进行少量用户试点。因此,灰度分布是管理云平台升级能力的必备项。一般灰度分布包含分平台发布、分地域发布、分用户发布、限量发布、分渠道发布、分版本发布、分活跃度发布等。

(4)增量分布

随着 HTML5 混合技术的逐渐普及,增量发布已经成为混合模式开发应用的核心功能。通过下发升级网页包替换原始应用内容,更新应用能力,可以有效降低用户升级下载所需的流量,减少 AppsStore 发布成本,缩短应用上线范围。

移动管理云平台除具有上述功能外,不同公司还有不同的功能扩充,如添加用户反馈、分享等。通过功能封装可以降低应用功能的开发工作量,使开发资金和开发人员的主要精力集中在核心业务和用户体验上。

10.2.2 移动云开发平台

传随着 PhoneGap、AppCan 等国外混合技术厂商的技术逐渐成熟,混合模式移动应用研发已经成为业内普遍的方案。微信内置的 JSBridge 框架其实就是混合模式应用的一种表现。混合模式开发不再强调原生技术,而是以 HTML5 为主要应用开发语言,通过 HTML5 技术实现业务需求,同时把各种原生能力进行集成,输出可与原生应用相媲美的移动应用。混合式应用可以看作采用 HTML 技术开发的 C/S 架构应用。新的开发技术产生新的开发体系。混合模式厂商为开发人员提供了强大的定制工具和云端服务,这就是移动云开发平台,如图 10.16 所示。

移动云开发平台首先为开发者提供全面的开发社区服务,支持开发人员快速学习和熟

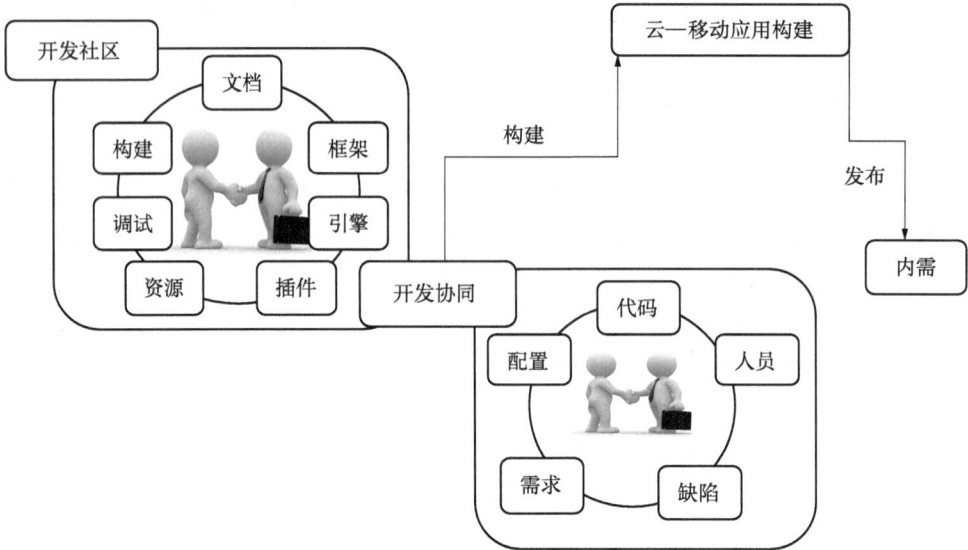

图 10.16　移动云开发平台

练使用移动开发技术。开发社区包含开发文档、开发框架、引擎、插件、资源、开发工具等,全面覆盖移动开发所需要面对的各种挑战。同时,移动云开发平台还为开发人员提供开发协同服务,便于开发人员管理代码、人员、缺陷、需求和配置。开发人员不再需要自行搭建相关服务来管理项目。基于 Hybrid 技术开发的应用最终还需要编译环境完成应用的最终发布编译,但是,基于 Hybrid 技术的开发人员主要是 HTML 开发人员,他们没有能力和经验来搭建复杂的原生编译环境。因此移动云开发平台提供基于 Web 的云编译环境,开发人员不再需要了解具体的编译配置细节,只需要选择目标项目并配置相关图标、启动图片等资源和信息,即可完成应用的最终编译。移动云开发平台的出现使人人开发移动应用成为可能。

10.2.3　移动 BaaS 平台

移动管理平台解决了移动应用管理问题,移动开发平台解决了移动应用前端开发问题,移动应用开发的最后一个堡垒即后端服务开发。

移动 BaaS 平台是为了降低后端开发速度而设计的移动数据支撑平台。移动 BaaS 平台基本的后台服务不仅仅需要支撑数据库存储查询,还需要文件资源存储下载、即时通信服务支撑、推送能力支撑等。移动 BaaS 平台通过对数据服务进行标准化,并通过处理前端化的方式,规避后端开发问题,使仅仅具有前端开发人员的团队也可以完成移动应用的开发(图10.17)。

10.2.4　移动物联网云平台

物联网云平台希望建立统一的标准为不同的厂家提供物联网支撑能力。物联网云平台并不生产硬件,而是生产标准,物联网云平台的工作方式如图10.18所示。

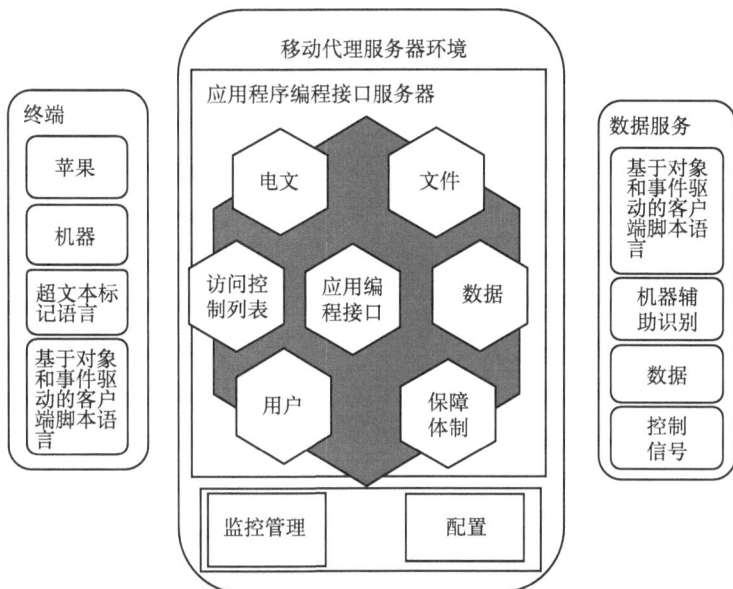

图 10.17　**移动 BaaS 平台**

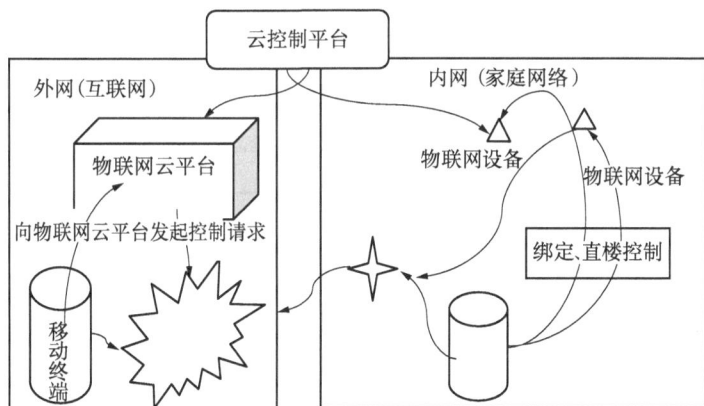

图 10.18　**物联网云平台的工作方式**

物联网云平台仅提供协议层的封装和企业后端管理能力。移动应用和物联网设备由厂商或开发者个人定制。这种方式与京东智能云、阿里物联平台有一定差异性。阿里和京东在 APP 端打造了超级 APP 来控制所有设备，这牺牲了一定的用户体验。AppCan 基于 Hybrid 技术，不仅在前端提供了 SDK 库进行封装，还提供了丰富的设备控制模板。企业可以通过快速拼接完成个性化的移动应用，普通用户也可以自己开发私有的移动控制台。

10.2.5　移动一站式开发平台

移动一站式开发平台如图 10.19 所示。

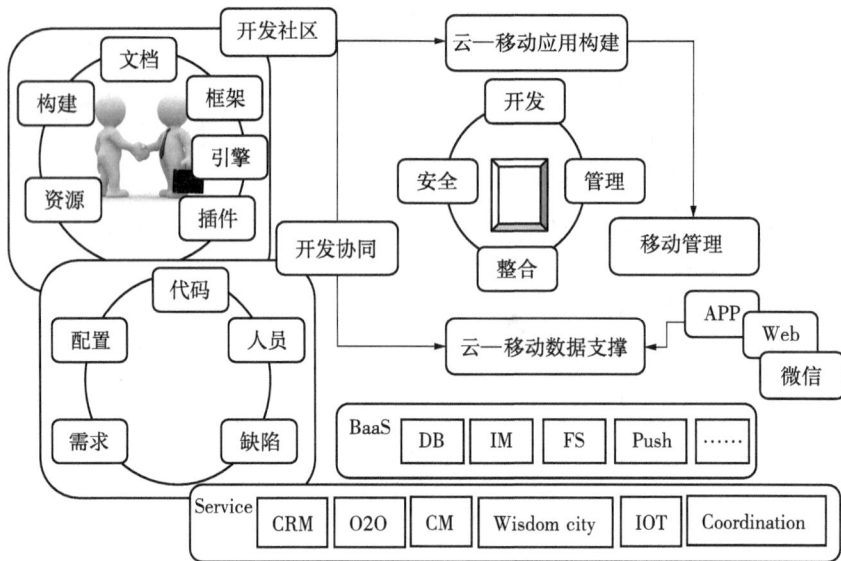

图 10.19　AppCan 移动一站式开发平台

10.3　"互联网+"技术与商业的融合

"互联网+"技术融合了互联网、云计算、大数据、物联网等技术且在诸多行业发挥着越来越重要的作用,尤其是在商业领域,对于互联网金融和线上零售业的发展创造了巨大的发展潜力与机遇。本节将对"互联网+"技术下,商业发展的具体应用和趋势进行具体的阐述。

10.3.1　"互联网+"技术在商业中的应用

"互联网+"是创新 2.0 下的互联网发展新形态、新业态,是知识社会创新 2.0 推动下的互联网形态演进。"互联网+"代表一种新的经济形态,即充分发挥互联网在生产要素配置中的优化和集成作用,将互联网的创新成果深度融合于经济社会各领域之中,提升实体经济的创新力和生产力,形成更广泛的以互联网为基础设施和实现工具的经济发展新形态。"互联网+"技术在商业中的应用主要体现在下述几个方面。

1)客户管理

客户是一个商业单位的最重要资产,这是一个商业共识。在客户管理方面,传统企业应该结合自身行业特点从下述 3 个方面结合自身特点进行改善。

(1)基于互联网的商业扩展

可以将传统业务流程中的一部分转移到互联网上去,以此来降低成本,客户方便和激励消费。比如商业企业,可以为 VIP 客户(或一次性购买一定金额的客户)提供网上下单、送货上门的服务,还可以为驾车客户提供网上下单,免费泊车购物的服务。

(2)建立专业互动平台

俗话说:"买的没有卖的精",它描述的是商业中信息不对称的特征。但是,随着互联网的成熟,每个消费者在进行购买前,大多数已经获得了很多的相关商品信息,这也就是现在很多销售员大叹"生意难做""消费者越来越精"的根源所在。

（3）开发后续市场

互联网下商业模式的最大改变莫过于店铺等实体变得不再重要。这为商业单位利用自己的客户资源开发主营业务以外的相关后续市场提供了低风险的商业机会。比如驾校,完全可以利用自己的学员资源、专业优势和信任优势,在网上平台发展租车代理、购车咨询、团购组织、驾驶技术提升和修车咨询等业务,为学员和租车、卖车、修车的企业搭建平台并从中获得广告和推荐利益,实现多赢。

2）连锁经营

连锁经营是商业发展的大势所趋。对连锁经营企业来讲,如何统一管理客户资源,如何将新的成果（产品、管理、服务）快速统一地传递到各分店,如何协调各分店资源,如何及时了解各分店经营情况,这些问题都可以借助互联网的应用得到很好的解决。基于这样的网络环境,连锁经营企业完全可以购置服务器放置在总店,在总店部署连锁经营管理软件,各分店通过互联网直接连接到总店系统开展日常营业。这样,各分店的资源情况、经营情况总店可以随时了解;客户可以在任何一家分店享受会员卡付费,打折等统一的个性化服务。

（1）移动商务

对销售人员的管理和对客户资料的保全,相信是很多商业老总头疼的事情。人在外面,究竟在干什么,很难掌控。让他每天回来写总结,销售人员又觉得是额外任务,抱怨连连。其实,用互联网可以很好地解决这个问题。给销售人员配备带移动互联网功能的掌上电脑或智能手机。销售人员利用这些设备,可以进行个人日程安排、销售机会跟进、客户资料查询、与企业内其他同事协作、费用申请等活动,方便工作的同时,销售过程、客户资料、费用情况等企业一目了然。

（2）供应商管理

在采购方面,企业有时候比较两难,既想获得更多的报价又担心被供应商频繁的电话搅得心神不安;也想帮着供应商及时反映库存情况,但面对众多供应商时又觉得工作压力太大。在这一方面,互联网可以帮到您。您可以建立网上采购平台,发布采购信息。有意向的供应商可以在上面填写公司资质、商品描述和图片、报价等信息。您可以综合评比,最大限度地选择供应商。通过内部一体化的采购、仓储、销售管理系统,供应商可以在权限范围内查询本公司供货的仓储和销售情况,及时申请补货并自行回避过期等损失。

（3）渠道管理

与渠道之间的地域差距往往会带来与渠道的沟通隔阂,对渠道执行力难以监管,商品等资源的统筹和调度缺乏实时信息等问题。有效利用互联网,能够使这类问题得到有效缓解。通过建立基于互联网的渠道管理体系,渠道对本地市场的判断以及各类信息提交后会根据预定的流程在企业内自动流转,流转的过程各级领导和渠道自己可以根据权限一目了然,结合公司绩效管理,可以有效提升企业对市场的反应速度。由于渠道工作人员每日的日常工作在信息化系统中完成,所以各级渠道的销售计划、销售状况、库存情况等信息能够得到及时统计,避免各类损耗的同时,可以有效调度资源实现公司制定的各项市场战略。

(4)企业宣传

现在,互联网已经成了企业主流的宣传平台,并且价格便宜。在企业互联网宣传中,一般要注意以下方面:提供动态企业门户;如果企业现在还只是在互联网上建一个静态的网站,那就像开公司仅仅在门前挂一块公司牌一样,必要但绝对不够。企业需要提供动态的门户给客户来了解企业的最新商品、服务和促销信息,来方便地与企业进行交易,以便捷地查询积分等激励,获取他们想要的资讯,以及时地获得他们疑问的解答。定向地发布信息;您可以向您的客户,或从第三方资讯平台获得的客户列表来定向发送促销信息,通过互联网,您可以采用短信、彩信、Wap 推送、电子邮件等多种信息来低成本、高效率地发布信息。投放定向广告;您可以分析您的客户行为,在最合适的互联网媒体上发布互联网广告。

(5)商业模式的转变

"互联网+"企业四大落地系统(商业模式、管理模式、生产模式、营销模式),其中最核心的就是商业模式的互联网化,即利用互联网精神(平等、开放、协作、分享)来颠覆和重构整个商业价值链,目前来看主要分为 6 种商业模式。

①"工具+社群+商业"模式。如今互联网正在催熟新的商业模式,即"工具+社群+电商/微商"的混合模式。比如微信最开始就是一个社交工具,先是通过各自工具属性/社交属性/价值内容的核心功能过渡到海量的目标用户,加入了朋友圈点赞与评论等社区功能,继而添加了微信支付、精选商品、电影票、手机话费充值等商业功能。工具如同一道锐利的刀锋,它能够满足用户的痛点需求,用来做流量的入口,但它无法有效沉淀粉丝用户。社群是关系属性,用来沉淀流量;商业是交易属性,用来变现流量价值,三者相互交融,自成一体。

②长尾型商业模式。媒体行业从面向大量用户销售少数拳头产品,到销售庞大数量的利基产品的转变,虽然每种利基产品相对而言只产生小额销售量。但利基产品销售总额可以与传统面向大量用户销售少数拳头产品的销售模式媲美。通过 C2B 实现大规模个性化定制,核心是"多款少量"。所以长尾模式需要低库存成本和强大的平台,并使得利基产品对于兴趣买家来说容易获得。

③跨界商业模式。互联网企业通过减少中间环节,减少所有渠道不必要的损耗,减少产品从生产到进入用户手中所需要经历的环节来提高效率,降低成本。因此,对于互联网企业来说,只要抓住传统行业价值链条当中的低效或高利润环节,利用互联网工具和互联网思维,重新构建商业价值链就有机会获得成功。

④免费商业模式。很多互联网企业都是以免费、好的产品吸引到很多的用户,然后通过新的产品或服务给不同的用户,在此基础上再构建商业模式。比如 360 安全卫士、QQ 用户等。互联网颠覆传统企业的常用做法就是在传统企业用来赚钱的领域免费,从而彻底把传统企业的客户群带走,继而转化成流量,然后再利用延伸价值链或增值服务来实现盈利。

⑤O2O 商业模式。O2O 是 Online To Offline 的英文简称。O2O 狭义来理解就是线上交易、线下体验消费的商务模式,主要包括两种场景:一是线上到线下,用户在线上购买或预订服务,再到线下商户实地享受服务,目前这种类型比较多。二是线下到线上,用户通过线下

实体店体验并选好商品,然后通过线上下单来购买商品。广义的 O2O 就是将互联网思维与传统产业相融合,未来 O2O 的发展将突破线上和线下的界限,实现线上线下、虚实之间的深度融合,其模式的核心是基于平等、开放、互动、迭代、共享等互联网思维,利用高效率、低成本的互联网信息技术,改造传统产业链中的低效率环节。

⑥平台商业模式。平台型商业模式的核心是打造足够大的平台,产品更为多元化和多样化,更加重视用户体验和产品的闭环设计。在互联网时代,用户的需求变化越来越快,越来越难以捉摸,单靠企业自身所拥有的资源、人才和能力很难快速满足用户的个性化需求,这就要求打开企业的边界,建立一个更大的商业生态网络来满足用户的个性化需求。通过平台以最快的速度汇聚资源,满足用户多元化的个性化需求。所以平台模式的精髓,在于打造一个多方共赢互利的生态圈。

3)在金融领域的应用

在金融领域,余额宝横空出世时,银行觉得不可控,也有人怀疑二维码支付存在安全隐患,但随着国家对互联网金融的研究也越来越透彻,银联对二维码支付也出了标准,互联网金融得到了较为有序的发展,也得到了国家相关政策的支持和鼓励。

"互联网+金融"从组织形式上看,这种结合至少有 3 种方式。第一种是互联网公司做金融;如果这种现象大范围发生,并且取代原有的金融企业,那就是互联网金融颠覆论。第二种是金融机构的互联网化。第三种是互联网公司和金融机构合作。

4)互联网供应链金融

该业务与电子商务紧密结合,阿里巴巴、苏宁、京东等大型电子商务企业纷纷自行或与银行合作开展此项业务。互联网企业基于大数据技术,在放贷前可以通过分析借款人历史交易记录,迅速识别风险,确定信贷额度,借贷效率极高;在放贷后,可以对借款人的资金流、商品流、信息流实现持续闭环监控,有力降低了贷款风险,进而降低利息费用,让利于借款企业,很受小微企业的欢迎。

10.3.2 "互联网+"技术与商业融合发展的趋势

"互联网+"技术是我国创新发展的又一重大发展方向,是我国产业转型升级的重要助推器,其在商业领域中的应用极大地催生了商业的竞争活力,依托信息化和工业化发展起来的"互联网+"技术,一方面使得传统商业在技术和管理的革新上有了新的目标方向,另一方面也为"大众创业,万众创新"搭建了更加广阔的平台。本节主要就"互联网+"技术在商业活动中的应用及发展趋势进行概述。

从目前来看,"互联网+"技术的发展还处在初级阶段,但就整个宏观层面来看,"互联网+"技术在经济领域的融合趋势是比较可观的,本节就以下几个方面来阐述"互联网+"技术在商业活动中的发展趋势。

①商业功能空间转变,网络信息的快速发展,带动了"互联网+"概念在各行各业的应用与发展,使得传统的商业业态发生了巨大的变化,并促使传统的商业空间结构发生了重大的变化,空间布局更多地向分散化式拓展,商业空间的结构也会随着"互联网+"推进不断

革新。

②"互联网+"服务商崛起，接下来会出现一大批在政府与企业之间的第三方服务企业，这些企业可能会以互联网企业为主，但不排除部分传统企业也会逆袭成为"互联网+"服务商。其实从服务角度来看，传统企业转型为"互联网+"服务商也是一种转型。这是一种类似于中介的角色，其本身不会从事"互联网+"传统企业的生产、制造及运营工作，但是他们会帮助线上及线下双方的协作。更多的是做双方的对接工作，营利方式则是双方对接成功后的服务费用及各种增值服务费用。

这些增值服务可能会是培训、招聘、资源寻找、方案设计、设备引进、车间改造等。初期的"互联网+"服务商是单体经营，后期则会发展成为复合体，不排除后期会发展成为纯互联网模式的平台型企业。第三方服务涉及的领域有大数据、云系统、电商平台、O2O 服务商、CRM 等软件服务商、智能设备商、机器人、3D 打印等。

③平台（生态）型电商再受热捧，在电商方面，平台型电商及生态型电商会广受关注，包括大型平台及地方平台，无论是淘宝、京东还是某地的小型商城，将会有更多的传统企业与其接洽。甚至这些平台会专门成立独立的"互联网+"服务公司，更深入企业内部。对于传统企业而言，在初期的转型实操上，更多企业会选择加入一个平台或者生态。一来可以从平台或者生态上积累部分资源并学习其运营模式，二来可以避免自搭平台运营失败的情况出现。加上平台或生态也能更好地认知自身的资源优势与不足，通过与其他商家合作，了解整体产业链布局，建立格局观。

这有利于传统企业找到转型突破点，以后才能以点代面，企业自身也有可能发展成为一个生态。当然，平台或生态不只是线上的，线下的资源整合的一定程度，也能催生出平台。更多的平台或者生态出现以后，"互联网+"要做的只是生态与平台的连接，更有利于行业的整体升级。

④供应链平台更受重视，供应链平台会成为重中之重，专门设计和研究供应链的商家会成为构成传统企业新商业模式主架构部分的服务者，这是每一个接受"互联网+"的企业应该遵循的。企业及行业转型的根本是供应链的互联网化，也是供应链的优化与升级。对于一个传统企业来讲，人员架构可以变得像传统企业一样扁平，技术人员也都可以配齐，考核制度也可以效仿互联网企业，但是更底层的供应链改造是个非常困难的问题。供应链涉及物流、现金流等各种维持企业运营的重要因素，很多传统企业在现在看来根本是无法改造的。传统供应链模式相对效率低下，互联网化以后的传统企业必定会受其拖累。因此，"互联网+"要求有一部分专门研究供应链设计及改造的专业人才站出来，为广大需要转型升级的企业服务。

⑤O2O 模式将成为"互联网+"企业首选，O2O 将会大受重视，O2O 已经成为当前商业都在探讨的话题，只是 O2O 不算商业模式，只是一种形式，广大传统企业可以借用这种方式而进一步改造原有的商业模式。同时，作为连接线上及线下的新商业形式，会成为当前广大传统企业的首选，O2O 相关的资讯公司及研究单位会受重视及热捧。

📖 【案例分析】

"互联网+"战略下企业技术创新与商业模式创新案例

——Google 的 Gmail 推广执行①

Gmail 采用了推荐注册的方式,并不接受公开的注册。也就是说,并不是你想拥有 Gmail 就能拥有的。Google 在自己的官方网站上宣布说,有 3 种途径可以得到 Gmail 账户:由 2004 年 3 月 21 日开始,如果你是 Google 员工或亲友,那么可以使用,人数控制在 1 000 人左右;由 4 月 25 日开始,在 Google 旗下的 Blogger.com 的活跃使用者会受到邀请,参与测试;最后一种方法是 Gmail 使用者会不定期受到 Google 给予的邀请权,可邀请其他人使用 Gmail。正是这种独特的邀请方式,一时间 Gmail 被赋予了更多的象征意义,比如拥有 Gmail 可以证明:你是一个互联网活跃分子,对新鲜事物充满渴求;你的英语有一点基础,体现出文化层次;你有一定的渠道(关系),并不是每个人都可以获得 Gmail。Google 不必费力自己宣传,就赢得了业内外包括媒体在内的热烈关注和讨论。"用户的好奇心对 Google 来讲是多么好的宣传呀。你得不到一件东西,你的朋友又在跟你说它有多么多么好,你一定会很想得到它。"Blogger(博客)陈吉力说。这就在网上创造出了一种谈论 Gmail、到处寻求被邀请的氛围。饥渴营销在起作用了。一时间,在 eBay 上的 Gmail 拍卖条目有上千条之多,价格从 1 美分到 10 个账号 30 美元不等。引用 Google 员工之间流传的一条经典语录:"不一定每个人都使用 Gmail,但每个人都为得到一个 Gmail 账户而疯狂。"Google 独特的市场策划也是病毒性营销的经典演绎。病毒性营销描述的是一种信息传递战略,包括任何刺激个体将营销信息向他人传递、为信息的爆炸和影响的指数级增长创造潜力的方式。这种战略像病毒一样,利用快速复制的方式将信息传向数以千计、数以百万计的受众。比如天梯网 Google 独特的市场策划也是病毒性营销的经典演绎。病毒性营销描述的是一种信息传递战略,包括任何刺激个体将营销信息向他人传递、为信息的爆炸和影响的指数级增长创造潜力的方式。这种战略像病毒一样,利用快速复制的方式将信息传向数以千计、数以百万计的受众。网络营销专家胡宝介认为邀请的方式是病毒营销的典型特征,它还有一个好处,邀请方有一个挑选接受方的过程,对应的接受方也有一个认真考虑的过程,这样 Google 就把甄选用户的权利下放到用户手上,事实上减少了 Gmail 无用注册的情况。天梯网也有专家表达过这一观点,Gmail 的推广做得很 Google,很有策略性地利用了用户资源,但有很多人还只是简单认为其不过是邀请式的病毒性营销而已(我一直认为 Gmail 的推广是有一些前提条件的,简单的复制只会是东施效颦),以空瓶子一向的"学习和借鉴主义精神",就 Gmail 的推广模式执行总结如下几点:第一点:种子用户的选取和发展。从我的判断来看,Gmail 的推荐注册(初期)的一个重要目的是种子用户的选取和发展。第二点:利用用户"传销"Gmail。我觉得"传销"更能说明 Gmail 邀请模式的特点,Gmail 邀请模式几乎是应用了病毒式营销、饥渴营销以及口碑营

---

① 资料来源:互联网观察中心.

销不同的传播优势,同时 Gmail 基于 Google 良好的品牌和用户基础以及 Gmail 产品本身的亮点,克服了用户对营销传播的抗拒心理,有效带动了用户为 Gmail "传销"的积极性。第三点:把筛选的权力交给用户,低成本并有效地提高了推广的质量。第四点:利用其他产品的相关性和 Gmail 的整合性推动用户增长的几何效应和注册用户忠诚度的提高。

问题:根据案例,谈一谈在"互联网+"战略下,小米公司怎样进行企业技术创新与商业模式创新的?

【本章小结】

"互联网+"技术作为一种大数据时代下的必然产物,必将作为一种全新的思维方式和发展理念深刻变革现有的经济生活,在以相关的技术平台和手段的支撑下,"互联网+"技术在商业中应用的广度和宽度都可以得到极大扩展,在商业中的应用集中体现在本章所述的 6 个方面,即客户管理、连锁经营、移动商务、供应商管理、渠道管理、企业宣传。这 6 个方面涵盖了传统商务活动的方方面面,但更应从"互联网+"背景下来把握,从"互联网+"技术与商业的融合趋势来看,要善于从整个商业活动的过程出发,即本章认为的政府推动角度、服务商角度、商务平台建设角度、供应链角度、商业模式角度以及对传统企业的影响来分析。

【关键词】

"互联网+";移动互联网;物联网;云计算;供应链

【复习思考题】

一、思考题

1. 移动互联网、物联网、云计算、供应链的概念是什么?
2. 移动互联网、物联网、云计算、供应链的主要特点是什么?
3. 移动互联网业务的发展具有哪些特点?
4. 云计算的服务类型可以分为哪些?
5. HDFS 文件的读写操作流程是什么?
6. 供应链机制的特点是什么?
7. SCOR 模型的 4 个基本过程包括哪些?
8. 一个典型的供应链包括了许多环节,这些供应链环节包括了哪些?
9. "互联网+"技术对传统商业的影响主要体现在哪些方面?
10. "互联网+"技术在商业中的发展趋势如何?

二、讨论题

1. "互联网+"信息化平台是由哪些关键平台组成的?

2. 移动 IP 技术主要解决什么问题? 在电子商务领域的哪些方面得到了广泛的应用? 它的基本操作流程是怎样的?

3. 物联网的体系结构还没有统一的标准,但普遍接受的体系结构包括了哪几层? 每一层之间的联系是怎样的? 它们是怎么构成物联网的体系结构的?

4. 根据云计算的部署方式和服务范围,可以将云结构的基本层次分为哪几层? 这些层次分别的特点是什么? 有什么区别与联系?

5. 相对于市场机制来看,供应链机制和市场机制的内涵是什么? 它们之间有什么区别与联系?

6. 供应链是如何影响一个类似亚马逊这样的企业的成败的? 亚马逊的供应链是怎样运作的?

三、网络实践题

1. 了解朗科 K390,并简述其四大领先技术优势。

2. 了解网络漫画"做永不落马领导",并剖析其背后的网络效应。

3. 了解雅虎移动业务,并分析其面临的巨大挑战。

4. 了解 UC 浏览器,分析"屏幕尺寸是移动互联网特点非缺点"的含义。

参考文献

[1] Porter M E. Competitive Strategy: Techniques for Analyzing Industries and Competitors [J]. Social Science Electronic Publishing, 1980(2):86-87.

[2] Porter M E. The Competitive Advantage of Nations[M]. New York: Free Press, 1990.

[3] Rover D. GateWood, Hubert S. Field. Human Resource Selection[M]. London: Harcourt College Publishers, 2001:648-666.

[4] Porter M E. Strategy and the Internet[J]. Harv Bus Rev, 2001, 79(3):62-78, 164.

[5] Philip Kotler, Kevin Lane Keller. Marketing Management [M]. 14th Edition. Prentice Hall, 2012.

[6] Andrew Park. Michael Dell: Thinking Out of the Box[J]. Business Week, 2004, 24(10).

[7] Paul Kunert. Dell in Channel Embrace[J]. MicroScope, 2007, 7(May).

[8] Scott Campbell. Dell and the Channel: One Year Later[J]. Computer Reseller News, 2008, 11(Agust).

[9] Noriaki Kano. Attractive Quality and Must-be Quality[J]. Quality, 1984(14):23-28.

[10] Anderson, A. R.. Customer Response to Dissatisfaction in Loose Monopolics[J]. Journal of Customer Research, 1985(12):135-141.

[11] Crosby, L. A., Stephens, N.. Effects of Relationship Marketing on Satisfaction, Retention and Prices in the Life Insurance Industry[J]. Journal of Marketing Research, 1987(24): 404-411.

[12] File, K. M., Judd, B. B & Prince, R. A.. Interactive marketing: the influence of participation on positive word-of-mouth and referrals [J]. Journal of service marketing, 1992, 16(4):5-14.

[13] Boulding, W., Kalra, A., Staelin, R. and Zeithaml, V. A.. A Dynamic Process Model of Service Quality: From Expectation to Behavioral Intentions. Journal of Marketing Research, 1993(30):7-27.

[14] Rust, R. T., Zahorik A. J., and Keiningham T. L.. Return on Quality: Making Service Quality Financially Accountable. Journal of Marketying[J]. Journal of Marketing, 1995

（4）:58-70.

[15] Zeithaml,V. A.,Berry,L. L.,Parasuraman,A.. The Behavioral Consequences of Service Quality[J]. Journal of Marketing,1996(49):33-46.

[16] Ruyter,K. D.,Bloemer,J.. Customer Loyalty in Extended Service Settings[J]. International Journal of Service Industry Management,1999,10(3):320-336.

[17] Jelassi T,Enders A,Martinezlopez F J. Strategies for E-Business:Creating Value Through Electronic and Mobile Commerce Concepts and Cases[J]. Journal of Purchasing & Supply Management,2009,15(1):63.

[18] Orel,F. D. & A. Kara. Supermarket Self-checkout Service Quality,Customer Satisfaction, and Loyalty:Empirical Evidence from an Emerging Market[J]. Journal of Retailing and Consumer Services,2014,21(2):118-129.

[19] Srivastava,M. & D. Kaul. Social Interaction,Convenience and Customer Satisfaction:the Mediating Effect of Customer Experience[J]. Journal of Retailing and Consumer Services, 2014,21(6):1028-1037.

[20] Gordon Wyner. A Turning Point for E-commerce?[J]. Marketing Management,2016 (March).

[21] Gronroos,C.. Strategic management and marketing in the service sector[J]. Research Reports,Swedish School of Economics and Business Administration,Helsinki,1982.

[22] 曼纽尔·卡斯特. 网络社会的崛起[M]. 北京:社会科学文献出版社,2000.

[23] 田同生. 客户关系管理的中国之路[M]. 北京:机械工业出版社,2001.

[24] 丁秋林,力士奇. 客户关系管理[M]. 北京:清华大学出版社,2002.

[25] 董金祥,陈刚,等. 客户关系管理[M]. 杭州:浙江大学出版社,2002.

[26] 皮尔斯,鲁滨逊,王丹. 战略管理:制定、实施和控制[M]. 8版. 北京:中国人民大学出版社,2005.

[27] 内皮尔. 战略规划的高效工具与方法[M]. 北京:企业管理出版社,2007.

[28] 杨路明. 客户关系管理理论与实务[M]. 北京:电子工业出版社,2009.

[29] 颜军. 物联网概论[M]. 北京:中国质检出版社,2011.

[30] 菲利普·科特勒,何麻温·卡塔加雅,伊万·塞蒂亚万. 营销革命3.0:从产品到顾客, 再到人文精神[M]. 毕崇毅,译. 北京:机械工业出版社,2011.

[31] 杰拉希,恩德斯,等. "互联网+"战略:通过"互联网+"和移动"互联网+"创造价值:概念与案例[M]. 李洪心,译. 3版. 大连:东北财经大学出版社,2012.

[32] 郭晓科. 大数据[M]. 北京:清华大学出版社,2013.

[33] 彼得·迈因德尔,苏尼尔·乔普拉. 供应链管理[M]. 北京:中国人民大学出版社,2013.

[34] 方志远. 商业模式创新战略[M]. 北京:清华大学出版社,2014.

[35] 苏子航. 好模式胜过好渠道——移动互联网时代下的商业模式变革[M]. 北京:经济管理出版社,2014.

[36] 余来文. 企业商业模式:互联网思维的颠覆与重塑[M]. 北京:经济管理出版社,2014.

[37] 马云. 读懂互联网+[M]. 北京:中信出版社,2015.

[38] 唐国纯. 云计算及应用[M]. 北京:清华大学出版社,2015.

[39] 王新兵. 移动互联网导论[M]. 北京:清华大学出版社,2015.

[40] 陈灿. 互联网+:跨界与融合[M]. 北京:机械工业出版社,2015.

[41] 李亿豪. 互联网+:创新 2.0 下互联网经济发展新形态[M]. 北京:中国财富出版社,2015.

[42] 王吉斌,彭盾. 互联网+:传统企业的自我颠覆、组织重构、管理进化与互联网转型[M]. 北京:机械工业出版社,2015.

[43] 刘润. 互联网+战略版:传统企业,互联网在踢门[M]. 北京:中国华侨出版社,2015.

[44] 曹磊,等. 互联网+跨界与融合[M]. 北京:机械工业出版社. 2015.

[45] 龙再华. 互联网+:改变世界的新产业革命[M]. 哈尔滨:黑龙江科学技术出版社,2015.

[46] 石泽杰. 开放式战略——互联网+商业模式颠覆式创新[M]. 北京:中国经济出版社,2015.

[47] 希亚姆. 商业创新[M]. 北京:人民邮电出版社,2015.

[48] 苏尼尔·乔普拉,彼得·迈因德尔. 供应链管理[M]. 5 版. 北京:清华大学出版社,2012.

[49] 郑怀洲. 组织设计理论综述[J]. 河北机电学院学报,1993(03):65-72.

[50] 白长虹,刘炽. 服务企业的顾客忠诚及其决定因素研究[J]. 南开管理评论,2002(6):64-68.

[51] 迟国泰,李敏玲,杨德礼. 电子商务环境下的客户关系管理策略[J],中国软科学,2002(7):52-56.

[52] 盛亚,茅培华. 商业创新研究述评[J]. 商业经济与管理,2004(07):4-8.

[53] 宋小青,马永前. 互联网与传统企业转型漫谈[J]. 山西财税,2005(11):33-34.

[54] 俞立平. 中国互联网发展水平测度指标体系研究[J]. 中国流通经济,2005(12):32-34.

[55] 李宁琪,汪斌. 论情境变量对组织设计的意义[J]. 湖南行政学院学报,2006(01):54-55.

[56] 冯兵,罗新星,周永生. 不确定条件下客户关系管理策略的可靠性分析[J]. 商业经济与管理,2006(4):47-52.

[57] 欧阳卓飞. 战略联盟:营销渠道关系的理想境界[J]. 中南财经政法大学学报,2006(5):138-140.

[58] 庄贵军,周筱莲. 电子网络环境下的营销渠道管理[J]. 管理学报,2006(04):443-449.

[59] 武亚军. 战略规划如何成为竞争优势:联想的实践及启示[J]. 管理世界,2007(04):118-129.

[60] 侯明帅,李俊雅. 互联网发展对我国区域经济的影响[J]. 现代经济,2007(06):47-48.

[61] 张云鹏. 电子商务中的顾客价值创造策略[J]. 科技情报开发与经济,2007(8):150-151.

［62］艾明华.基于顾客价值链的顾客价值创造［J］.价值工程,2007(10):45-47.

［63］马钦海,李艺.服务消费顾客满意与顾客忠诚关系调节因素的实证研究［J］.管理科学,2007,20(5):48-59.

［64］冯务中,李艳艳."网络社会"概念辨析［J］.广西社会科学,2008(09):175-178.

［65］徐旻,杨路明.基于信息技术的中小企业组织结构模型研究［J］.工业技术经济,2009(2):22-24.

［66］贾薇,张明立,李东.顾客参与的心理契约对顾客价值创造的影响［J］.管理工程学报,2010(4):20-28.

［67］刘东明.移动互联网发展分析［J］.信息通信技术,2010(04):59-62.

［68］杨立钒.互联网环境下企业网络营销渠道选择研究［D］.南京:东华大学,2010.

［69］张宁.面向3G时代的移动互联网价值链竞争与商机［J］.世界电信,2010(05):32-36.

［70］陈卫华.多渠道整合战略在客户关系管理中的应用研究［J］.商业研究,2010(7):68-71.

［71］胡世良.移动互联网发展的八大特征［J］.信息网络,2010(08):44-46.

［72］李培馨,谢伟.电子商务模式与价值创造［J］.科技管理研究,2011(11):167-170.

［73］张波.O2O的商务行为互动——O2O的产品设计［J］.信息与电脑,2012(09):20-23.

［74］吴华明,林峰.顾客价值创造的路径机理:两个维度的组合［J］.当代经济管理,2013(1):14-18.

［75］孟小峰,慈祥.大数据管理:概念、技术与挑战［J］.计算机研究与发展,2013(01):146-169.

［76］吴玉辉,谢新洲.互联网等新媒体对社会舆论的影响［J］.当代传播,2013(03):69-72.

［77］黄勇军,朱永庆.新一代互联网发展趋势与技术浅析［J］.电信科学,2013(04):1-6.

［78］邱曦漫.互联网环境下的企业价值链重构［J］.环渤海经济瞭望,2004(05):40-42.

［79］不二君,鹏飞,苏俊铭.闲说"设计众筹"以梦为马卖出产品［J］.赢未来,2014(03):42-43.

［80］陈建功,李晓东.中国互联网发展的历史阶段划分［J］.互联网天地,2014(03):6-14.

［81］周芳.基于生态价值链的移动互联网产业盈利策略［J］.企业经济,2014(03):24-27.

［82］阙星文.大战略下的小应用——茄子快传与联想的互联网转型探索［J］.互联网周刊,2014(07):46-47.

［83］李海舰,田跃新,李文杰.互联网思维与传统企业再造［J］.中国工业经济,2014(10):135-146.

［84］徐雪萍.以小米社区为例:看手机品牌的虚拟社区营销［J］,现代商业,2014(36):33-34.

［85］徐红.传统营销渠道与网络营销渠道冲突的化解对策［J］.当代经济,2015(02):27-29.

［86］赵振."互联网+"跨界经营:创造性破坏视角［J］.中国工业经济,2015(10):146-160.

［87］刘国炳,李小青.现代营销渠道结构演变与企业渠道调整策略［J］.市场论坛,2015(10):23-24.

[88] 黄龙妍.浅谈"互联网+"环境下传统企业分销渠道建设[J].现代商业,2015(31):32-33.

[89] 田丽娟.移动互联网企业的扁平化组织结构浅议[J].经营管理者,2015(03):89-90.

[90] 罗珉,李亮宇.联网时代的商业模式创新:价值创造视角[J].中国工业经济,2015(01):95-107.

[91] 黄升民,刘珊."互联网思维"之思维[J].现代传播,2015(02):1-6.

[92] 刘金婷."互联网+"内涵浅议[J].中国科技术语,2015(03):61-65.

[93] 张兆安.实施"互联网+"战略推动传统产业升级[J].宏观经济管理,2015(04):24-28.

[94] 林娜.浅析我国互联网发展现状及存在问题[J].通讯世界,2015(04):71-72.

[95] 郭兰英.引入国际一流管理理念"互联网+服务"催生新业态[N].杭州日报,2016-09-06(A08).

[96] 黄楚新,王丹."互联网+"意味着什么——对"互联网+"的深层认识[J].新闻与写作,2015(05):5-9.

[97] 陈劲."互联网+"的保险怎么玩[J].金融电子化,2015(05):16-18.

[98] 安宇宏."互联网+"战略[J].宏观经济管理,2015(05):80.

[99] 张莉.以"互联网+"战略推进中国改革开放进程[J].今日中国,2015(05):58-61.

[100] 宁家骏."互联网+"行动计划的实施背景、内涵及主要内容[J].电子政务,2015(06):32-38.

[101] 黄璜.互联网+、国家治理与公共政策[J].电子政务,2015(07):54-65.

[102] 卿苏德."互联网+"技术的创新路径[J].电信网技术,2015(08):5-9.

[103] 王芬.互联网思维驱动与大众文化发展趋向——以中国互联网文化现象为例[J].管理世界,2015(08):184-185.

[104] 郝身永."互联网+"商业模式的多重竞争优势研究[J].经济问题探索,2015(09):41-44.

[105] 欧阳日辉.从"+互联网"到"互联网+"——技术革命如何孕育新型经济社会形态[J].人民论坛·学术前沿,2015(10):25-38.

[106] 王颖."互联网+"时代下的企业创新策略[J].新闻研究导刊,2015(11):290.

[107] 赵立昌.互联网经济与我国产业转型升级[J].当代经济管理,2015(12):54-59.

[108] 李岱素,徐淑琴.新技术·新模式·新业态——"互联网+"时代的企业创新探索[J].广东科技,2015(15):8-9.

[109] 孙立,杨斌,杨军,等."互联网+"趋势下产业链大数据整合与应用研究[J].科技进步与对策,2015(17):57-60.

[110] 杨帆."互联网+"环境下的组织设计研究[J].黑龙江社会科学,2016:76-79.

[111] 刘涛.浅析"互联网+"时代组织的核心竞争力[J].人力资源开发,2016:137.

[112] 陶晨晨.网络营销环境下不同渠道特征分析[J].现代商业,2016(3):32-33.

[113] 高春利."互联网+"4.0版:时代的灿烂之花[J].销售与市场,2016(5):23-26.

[114] 傅西洲.另一种互联网思维:共享经济下的组织结构变革[J].互联网周刊,2016(05):53-54.

［115］赵俊仙．"互联网+"时代企业营销渠道的选择分析［J］．中国市场，2016（05）：24.

［116］伍巧珍．传统企业在"互联网+"进程中的困境及对策研究［J］．商，2016（09）：190.

［117］刘建刚，钱玺娇．"互联网+"战略下企业技术创新与商业模式创新协同发展路径研究——以小米科技有限责任公司为案例［J］．科技进步与对策，2016，33（1）：88-94.

［118］林丽萍．基于网络组织的中小企业竞争力形成机理分析及其管理对策研究［D］．南京：南京理工大学，2007（157）.

［119］汤巨．基于互联网思维的旅游企业价值链研究［D］．海口：海南大学，2016：61.

［120］国务院．关于积极推进"互联网+"行动的指导意见（国发〔2015〕40 号）.

［121］2015 年十大国内互联网政策，腾讯研究院法律研究中心，2015，12.

［122］中国互联网络中心（CNNIC）．第 37 次中国互联网络发展状况统计报告［R］．2015.12.17：76.

［123］信息产业部电信研究院．互联网技术发展研究：发展脉络与体系架构［J］．现代电信科技，2007（7）.